第一信托丛书

DI YI XIN TUO CONG SHU

海外信托发展史

刘金凤　许　丹　何燕婷　等著

中国财政经济出版社

图书在版编目（CIP）数据

海外信托发展史/刘金凤等著．—北京：中国财政经济出版社，2009.4
（第一信托丛书）
ISBN 978－7－5095－1318－7

Ⅰ．海…　Ⅱ．刘…　Ⅲ．信托－经济史－世界　Ⅳ．F830.8

中国版本图书馆 CIP 数据核字（2009）第 038668 号

责任编辑：林治滨　　　　责任校对：张全录
封面设计：郁　佳　　　　版式设计：兰　波

中国财政经济出版社出版
URL：http：//www.cfeph.cn
E－mail：cfeph@cfeph.cn

社址：北京市海淀区阜成路甲 28 号　邮政编码：100142
发行处电话：88190406　财经书店电话：64033436
北京财经印刷厂印刷　　各地新华书店经销
787×960 毫米　16 开　27.25 印张　428 000 字
2009 年 5 月第 1 版　2009 年 5 月北京第 1 次印刷
印数：1—2 500　定价：38.00 元
ISBN 978－7－5095－1318－7/F·1117
（图书出现印装问题，本社负责调换）
本社质量投诉电话：010－88190744

总序

从历史的角度讲，信托业引入中国已近百年，但是信托作为一种制度被引入我国却是在信托业历经了几度风雨、几番沉浮之后。2001 年 10 月，《中华人民共和国信托法》的生效，标志着信托制度在中国的真正扎根。至今七载已过，我们欣喜地看到，中国信托业基本走上了“受人之托、代人理财”的正途，这棵金融业的“常青之树”正在神州大地上健康、茁壮地成长。事实表明，中国的土壤是适合信托业和信托制度生存与发展的。而且，随着国内社会财富积累程度的不断提高，社会公众和机构对信托产品的需求也将不断增长，信托业的发展空间将越来越广阔。信托具有信托财产独立、管理方式灵活、运用范围多样等特点，这使得信托制度必然在中国的经济社会发展中扮演越来越重要的角色，并将发挥越来越突出的作用。

同样需要正视的是，中国正式接受信托制度的时间还很短，就总体而言，社会大众对信托的认知度仍然比较低。因此，中国发展信托业不仅面临着向社会大众宣扬信托理念、普及信托知识的艰巨任务，还需要不断提高信托从业人员的素质以及提高信托公司受托管理信托财产的水平。

抓住机遇、应对挑战以发展信托业和信托制度，这需要理论和实践的有机结合与互动发展。在我国当前努力发展信托业和信托制度的大背景下，信托理论亟需创新和发展。回顾过去 20 多年的历史，部分信托实务人士和理论人士一直坚持研究信托理论，但由于种种原因，信托理论的创新和发展一直是金融、法律等研究领域中最为薄弱的环节之一，信托理论研究以及信托知识普及的水平已远远落后于信托业实践的步伐，这种理论与实践的脱节问题值得每一位关心和热爱信托的人士深刻警醒。

“第一信托丛书”是信托业界自发组织和自觉创新的信托研究丛书，其中包括普及信托知识、总结信托实践、提炼升华信托理论的一系列分册。该丛书无论从宣传、普及和推广信托知识的角度看，还是从推进信托实践和信托理论研究的角度看，均堪称是信托业界的第一套大型系列丛书。丛书的编撰出版是我国信托业界乃至金融界的一件大事，对于进一步促进信托业的规范和健康发展具有重大现实意义。

我们诚挚地希望《第一信托丛书》能够得到大家的关注和批评，并引发各方有识之士不断为信托业界和社会大众奉献出更多高质量的信托研究著作，同时衷心地祝愿中国信托业一路走好、不断发展壮大。

是为序。

丛书编辑委员会

2007 年 5 月

主编致辞

2001年《中华人民共和国信托法》的颁布，标志着一个新时代的开始，业者们和学者们称之为："新信托时代"。随后，中国人民银行《信托投资公司管理办法》（2002年6月5日）和《信托投资公司资金信托管理暂行办法》（2002年6月26日）的陆续颁布实施，初步构成了中国信托业"一法两规"的基本法律法规平台，结束了中国引入现代信托业至今一个世纪以来无法可依的历史。而中国银行业监督管理委员会2006年12月颁布的《信托公司管理办法》和《信托公司集合资金信托计划管理办法》（2007年3月1日生效）进一步重构了这一基本法律法规体系，把信托公司从"融资平台"向"受人之托、代人理财"的专业化机构的转型推上了制度轨道。中国信托业在新的"一法两规"体系下将会涌现出一大批风险可控、守法合规、创新不断、具有核心竞争力的专业化金融机构，中国信托业焕然一新、持续健康发展的时代已经拉开序幕。

人们或许并不熟悉现代信托自20世纪初叶被引入中国后的漫长发展历史，但对1979年我国第二次引入现代信托业——即以1979年中国国际信托投资公司成立为标志的行业恢复和发展的历史，都有着比较深刻的印象。但遗憾的是，不仅一般社会公众，就连一些经济学者甚至专门研究金融的学者对于信托制度、信托业务、信托功能及其定位，包括信托机构应该和能够做什么也缺乏全面了解，甚至还有不少谬见和误解，即便在我们的信托机构从业人员中，也存在不少的"信托盲"。当然，这不仅是我国信托法规滞后造成的，也与20多年来信托业的错误定位、信托本原业务荒废和信托从业人员岗位培训不足的情况因果相循。从另外一个角度来说，无论对于社会公众和私人投资者，还是对于企业和各类社会团体，甚或对于政府和行业领导机构而言，认识和学会运用信托这一现代金融工具，都具有特别重要的意义。所以，作为资深的从业人员，我们感到了应该为普及信托知识和信托法规做些什么的责任感和使命感。于是，在许许多多业者、学者甚至包括一些已经离开信托业的老同事们的鼓励下，有了组织编撰这样一套信托丛书的想法。

过去10多年中，曾经有不少信托书籍问世，不同程度地介绍和宣传了这一舶来的事物。但由于它们多为《中华人民共和国信托法》颁行前的过去时态，所以无疑需要结合新信托时代的法律法规进行更新。另外，由于这些读物多以单册刊行，往往不能顾及专业与普及的不同水平、无法满足精进与入门的不同需求，所以，存在对不同学术水平读者群体无法兼顾的缺憾。对此，我们决定采用丛书方式解决。

作为一套丛书，我们设计了6本不同分工的著述，分别是：《信托漫话》、《信托法基础理论研究》、《海外信托发展史》、《信托产品概述》、《信托产品的开发创新》、《信托业监管法律问题研究》。这些著作从不同的角度论述了信托制度、信托业和信托产品，基本上涵盖了与信托直接相关的理论和实务问题，比较系统、全面地介绍和宣传了信托制度、营业性信托业务和中国的信托公司群体。

自最初动议编纂丛书以来，至今已历时7年。时光荏苒、人事变迁，最早参与丛书编纂的团队已有不少变动，加之大家多处在信托实践的第一线，所以筹备编写的速度自然无法保障。

而由于政策、环境的变动屡屡发生，更使丛书的编写进程延宕再三。随着“新信托时代”信托行业的迅猛发展，信托公司业已初步地实现了作为专业理财机构的转型，产品品种、业务规模均增长迅速，在金融领域比较效益十分明显。但另一方面，行业规范发展也不断对制度体系的完善甚至重新构建提出要求，所以信托监管的法律法规也需要与时俱进。而无论是政策法规的不断微调，还是最具代表性的2007年中国银行业监督管理委员会新的“一法两规”的出台，都必然导致丛书计划的变动与修订。好在编辑一套由浅及深，体系较为完整、完善的信托理论著作已经成为信托发展共同的需求和愿望，所以，自我们2005年再次的提议此事，就有幸得到了多家信托公司的大力支持，还在中国信托业协会的帮助和召集下，专门召开了2005年10月份的青岛会议，并进而组成了专家委员会和编辑委员会。近3年来，在编辑委员会诸贤的努力工作下，不仅积极调整了出书计划与步骤，为了延揽业界内外一流人选、保证编撰质量，还特别设计了竞争机制，通过招标等方式产生了各个分册的作者。目前，各分册的编撰均在稳步推进、进展顺利，其中4册已经完成初稿，丛书将在一年之内陆续出齐。

相较于国内10多年来许多版本的信托读物，丛书编委会无论是从礼请各信托公司、行业监管部门负责人及著名专家学者组成专家团队，还是最广泛地集合业界、学界人才优势、业务创新和研究成果；无论是用不同分册来解决普及与专业矛盾，还是采用竞标方式确定最佳执笔人，由于诸多作法在中国信托理论研究界都是开创性的，因此，我们在2005年接受建议将这套筹备多年的丛书定名为《第一信托丛书》。

如果仅自1979年我国重新引入信托制度为起点来看，中国信托业在经历了20多年跌宕起伏的时光之后，可以说目前正处在一个前所未有的良好的法律和经济环境中。我们殷切地希望我们的

《第一信托丛书》能够成为无愧改革开放时代、反映太阳光芒的微小水滴，为信托业发扬光大时期的到来谱就序曲。

诚挚敬意予我们的读者、编者和作者。

2008年5月于北京

目录

第一章 海外信托发展概述

信托是一种特殊的财产管理制度和法律行为，同时又是一种金融制度，与银行、保险、证券一起构成了现代金融四大支柱。从海外各国信托业的发展历史可以看到，由于各国的国情和文化背景等各方面的差异，信托业表现出很大的不同；从各国的实践看，信托品种一直随着社会环境的变迁而不断创新。早期信托的主要利用者是个人，但发展到现代，公司企业早已是信托的重要利用者；早期的信托主要表现为一种家庭财产的授予与安排的民事信托，而信托的现代化发展则将它与商业有机联合起来，并因此使得信托更加富有生命力。信托金融化和商业化，成为现代信托的两大典型特征。本章主要从海外的视角介绍信托的起源、定义、职能、业务等基本情况。

第一节 信托的由来

谈到信托（Trust），自然会联系到英国，因为最早的世界信托制度是在英国“尤斯制”（Uses）的基础上发展起来的。英国作为信托业的鼻祖，信托业的出现之时就是世界信托业的起源之日。

作为一种财产管理理念的信托，传说在古代一些国家就产生了，可以说是伴随着私有制的产生而出现的，而其作为一种为他人利益管理财产的制度，在罗马法中就已存在。但是严格说来，现代意义上的信托制度（Trust）源于英国衡平法的创造[①]。

信托作为一种为他人利益而管理财产的制度，早在罗马法中就已经存在。罗马法上的信托观念来源于拉丁文“Fidei Commissum”，在古罗马，“Fidei Commissum”主要用于遗产转移，故被称为遗产信托，这实为罗马人为规避市民法严格规定的一种形式，遗产信托制度因而得以确立。但那时主要用于遗产转移，被称为遗产信托。显然，现代意义上的信托并非如同罗马中的古制，而主要源于英国封建时代的“用益权”（User）制度，那是英国衡平法中的一种为他人利益管理财产的制度。

一、信托业的起源

（一）信托产生的背景

1. 普通法与衡平法的分立。普通法是英国自1066年诺曼登陆以来，凭借强大的王权逐渐统一了英格兰的法律，形成了通行于全国的法律制度。衡平法则是为了克服普通法的繁琐与僵化，顺应社会与经济的发展，到14世纪末才出现的，由代表国王的王室大法官凭借公平和良心判案形成的法律制度。两套规则和制度虽是先后产生，但不存在互相替代，故在此后的英国形成了普通法和衡平法并行的局面。

衡平法与普通法的基本理念有所不同，二者主要有以下区别：

（1）衡平法补充普通法。它不能容忍对侵害权利的行为没有救济。即衡平法将进行干预以保护由于某些专业性方面的缺陷，在普通法上不能得到强制执行的权利。信托的强制执行即为典型的实例。也就是说凡是被告侵犯权利的行为是普通法所不能承认的，法院得给以衡平法上的救济。

（2）衡平法追随普通法。这是指衡平法并不否认普通法，而是承认普通法的权利与义务，只是进一步承认并强制执行其他权利与义务。在这一原则下，二者发生冲突从而衡平法背离普通法的情形几乎未出现过。

① 魏秋菊：“英国信托制度研究——兼论我国信托制度的发展”，http：//www. wtolaw. gov. cn. 2003年6月2日。

（3）衡平法关注实质。衡平法不会囿于形式。

2. 封建土地和继承制度。威廉一世及其后继者为了加强统治，在英国建立了金字塔式的封建土地分封制。在这种制度下，封建领主严格统治着土地和依附于土地上的农民。一方面，农民直接向上级领主承担交纳地租和税费、无偿服劳役等沉重的封建义务；另一方面，为了维护这种封建土地所有制，普通法规则下实行长子继承制，其他子女和亲属没有继承权。此外，英国财产法还规定，继承发生时还须交纳土地继承税，如果没有继承人，土地就要被领主收回，并且禁止公民间的土地遗赠。

（二）信托产生的过程

1. “遗产信托”。信托最早可追溯到古代罗马帝国时期（公元前510年~公元476年），其主要表现于“遗产信托”。《罗马法》原来在立法上，把外来人、解放自由人排斥于遗产继承权之外。为避开这样的法律规定，遗嘱人将他的财产委托移交给其信任的第三人，要求他为遗嘱人的妻子或子女的利益而代行对遗产的管理和处分，从而在实际上实现遗产继承权。罗马帝国后期，罗马本国人与外来人的差别逐渐弱化，《罗马法》在立法上也不得不接受了“遗产信托”的现实，规定：“在按遗嘱划分财产时，可以把遗产直接授予继承人，继承人无力或无权承受时，可按信托遗赠制度的规定，把财产委托或转移给第三人代为处理。”由此《罗马法》在立法上第一次确认了“遗产信托”制度①。只不过当时的信托还完全是一种无偿的民事行为，其信托法律关系所涉及的财产也仅限于遗产范围。

2. 用益制度（Uses）（又称尤斯制度）。“尤斯”，英语为“代而为之”之意，其解释为“对委托他人管理的财产的收益权”。据说这种制度最初是教徒（农民）为了摆托封建领主对土地的控制，并能向教会捐赠土地而创设的。即先将土地转让给他人，要求受让土地的人为了第三人的利益管理土地，并将土地上产生的收益全部交给第三人。这个做法不仅克服了长子继承的不足，而且更重要的是土地所有者死后不存在继承问题，也就不必缴纳土地继承税和承担与继承相关的其他义务。最初的受托人一般是受人尊重的教士，而且是无偿的。这种情况下，不需要衡平法的干预。

① 罗大钧：“信托法律关系之探析”（上），《政法论坛》2001年第2期。

普通法遵从形式主义的原则，认为土地的所有权不属于转让人或受益人，而属于受让人，相应的土地收益也归受让人所有，普通法不保护用益制。因用益制度而受到损害的转让人或受益人在衡平法中得不到救济，只有向王室大法官寻求正义。14 世纪时，大法官开始干预，他并不否认受让人在普通法上的所有权，只是强迫受让人按照土地转让人的指示或嘱托利用土地以及土地收益，承认了受益人在衡平法上的受益权。此后，用益权制度因得到衡平法的承认而确立。

3. 信托制度的产生。大法官的干预促进了用益制度的发展。另外，在 15 世纪长达 30 年的玫瑰战争①中，双方对于各自敌对方的财产采取没收政策，使得一些达官贵人也采取这种制度，掩藏自己作为财产主人的真实身份。到 15 世纪，用益制度已经变得十分普遍，结果国王和封建领主失去了许多土地上的收益。亨利八世当政后，于 1535 年颁布了《用益权法》（Statute of Use），规定用益制度下的土地所有权归受益人所有，其实质是试图废除用益制，以图重新收回失去的封建土地。但衡平法院通过限制性解释规定了三项例外。首先该法仅仅适用于在自由保有土地（Freehold Land）上设定的用益权，不适用于动产、租借地（Leasehold Land）和经官册登记的土地（Copyhold Land）；其次，该法仅仅适用于被动用益，不适用于主动用益。因此，只要受让人承担一定的积极责任如出租土地等，该法也不适用；最后，衡平法对于"双重用益"（Use Upon a Use）的承认，阻碍了《用益权法》的适用。双重用益就是指"甲将土地委托给乙，规定乙为丙的用益，丙又为丁的用益占有土地"。根据《用益权法》，丙是法律上的所有人，丁则一无所获。在 1635 年的萨班奇诉达斯顿案（Sambach V. Dalston）② 案中，衡平法院开始承认丁的用益权，为了区别，第二次用益被称为信托，其实质是古老的用益制度的翻版。

由此可见，用益制度是信托制度的最早起源；而 1535 年《用益权法》的颁布导致三项例外规定是信托制度产生的直接渊源；衡平法院在确认用益权和信托方面发挥了决定性的作用。因此，衡平法院被誉称为"信托之

① 蒋孟引：《英国史》，中国社会科学出版社 1988 年版，第 234 页。

② 张淳：《信托法原论》，南京大学出版社 1994 年版，第 103～104 页。

母”①。这也足以说明信托之所以产生于英国而不是大陆法系国家是有其特定背景与原因的。

二、现代信托业的发展

虽然信托起源于英国，但一开始就创造性地把信托作为一种事业，用公司组织的形式大范围地经营起来则是美国。美国最早完成了个人受托向法人受托的过渡、民事信托向金融信托的转移，为现代信托制度奠定了基础。

1822 年成立的“纽约农业火灾保险放款公司”可以说是美国信托业的鼻祖。1853 年，美国历史上第一家专门的信托公司——美国联邦信托公司在纽约成立，它的成立在美国信托业发展历程中具有里程碑的意义。1865 年，美国内战结束，为了适应战后重建经济需要，政府放松了对信托公司的管制。此时，一方面信托公司的数量剧增；另一方面信托公司的业务经营范围也得到了大力扩展。此后，信托公司开始涉足银行，银行也开始兼营信托业务。1913 年，随着《联邦储备银行法》的颁布，国民银行正式获准兼营信托业务，各州也相继修改州法，同意州立银行也可兼营信托业务。至此，商业银行兼营的信托业务成为一大经济现象并得到了快速的发展。由此，美国成为目前信托制度最为健全，信托产品最为丰富、发展总量最大的国家。

第二节
信托定义与特点

虽然英国人创立了信托制度，但从来没有给予信托一个成文法的定义。而将信托制度发扬光大的美国，同样如此。在其他英美法系国家，大多也没有信托的成文法的定义。其实，这一点根本就不影响信托制度在这些国家地区的广泛运用，同时也不影响信托业的发展②。

① 张淳：《信托法原论》，南京大学出版社 1994 年版，第 112 页。
② 杨林枫等：《信托产品概述》，中国财政经济出版社 2008 年版。

一、信托的定义

从以上对信托起源的考察中可以看出，信托的最初内涵是基本确定的。但是基于其机能富于弹性，发展很快，形式繁多，到现在已很难给出一个全面的定义。由于信托是一种法律行为或法律关系，因此在采用不同法系的国家，其定义有较大的差别。

世界上的法系分为大陆法系和英美法系两种。大陆法系，在此仅以中国、德国等为代表，法律一般为实体法，即有成文的法典存在；而英美法系主要以英国和美国为代表，其法律没有成文法典，由判例法、习惯法和司法实践的经验等组成。

按照英美信托法的信托定义，信托是一种衡平法义务，约束受托人为了受益人的利益，处理他所控制的信托财产，受益人可以要求强制实施这项义务，受托人的疏忽或者不当行为未得到信托或者法律豁免的，均构成违反信托，应承担相应的责任。英美学者认为信托是“拘束某人（受托人）为另一个人（受益人）利益管理他所支配财产（信托财产）的衡平法义务，受托人本人也可以成为受益人之一，且任何一位受益人都可以要求该义务得到履行”①。

大陆法系学者在解释产生于英美法环境中的信托制度时，这对他们来说，无疑是一种新的权利现象，但我们只要细细分析民法中的“意思自治”原则，就可以发现他们已经为信托制度提供了机制。虽然在大陆法系没有英美法系盛行的“双重财产权说”，但为了解释现实中存在的信托制度，在大陆法系国家也先后出现了不同的解说，如在日本就相继有“物权——债权”说、“法主体说”和“物权债权并行说”等②。

2001 年出台的《中华人民共和国信托法》，对信托的概念进行了完整的定义：信托是指委托人基于对受托人的信任，将其财产权委托给受托人，由受托人按委托的意愿以自己的名义，为受益人的利益或者特定目的进行管理或者处分的行为。

---

① see Patrick Mcloughlin & Catherine Rendell,“Law of Trusts”(1992).

② 刘书燃：“论国际信托的法律适用——兼谈我国涉外信托关系的法律适用立法”，《信托法律网》2006 年 12 月 18 日。

比较各国信托法的定义，中国台湾地区的信托法对于信托的定义是相对准确和完善的。中国台湾地区的信托法第一条就是对于信托的定义：“称信托者，谓委托人将财产权移转或为其他处分，使受托人依信托本旨，为受益人之利益或为特定之目的，管理或处分信托财产之关系”。

从以上定义可以看出，各国（地区）在归纳信托含义时往往结合本国、本地区实际情况理解信托制度，但是对信托的基本原理的继受则是一致的。

二、信托的特点

上述定义基本体现了信托财产的独立性、权利主体与利益主体相分离、责任有限性和信托管理连续性这几个基本法理和观念。具体而言，信托的特点表现在以下几个方面：

（一）信托是以信任为基础的财产管理制度

委托人对受托人的信任。这是信托关系成立的前提。一是对受托人诚信的信任；二是对信托人承托能力的信任。

（二）信托的基础是信托财产及财产权的转移

信托是以信托财产为中心的法律关系，没有信托财产，信托关系就丧失了存在的基础，所以，委托人在设立信托时必须将财产权转移给受托人，这是信托制度与其他财产制度的根本区别。财产权是指以财产上的利益为标准的权利，除身份权、名誉权、姓名权之外，其他任何权利或可以用金钱来计算价值的财产权，如物权、债权、专利权、商标权、著作权等，都可以作为信托财产。信托财产具有独立性。

（三）信托财产权利主体与利益主体相分离

信托关系是多方的，有委托人、受托人、受益人，这是信托的一个特征。并且，受托人以自己的名义管理处分信托财产，这又是信托的另一个重要特征。

这种信托关系体现了五重含义：一是委托人将财产委托给受托人后对信托财产就没有了直接控制权；二是受托人完全是以自己的名义对信托财产进

行管理处分；三是受托人管理处分信托财产必须按委托人的意愿进行；四是这种意愿是在信托合同中事先约定的，也是受托人管理处分信托财产的依据；五是受托人管理处分信托财产必须是为了受益人的利益，既不能为了受托人自己的利益，也不能为了其他第三人的利益。

（四）信托是一种由他人进行财产管理、运用、处分的财产管理制度

信托机构为财产所有者提供广泛有效的服务是信托的首要职能和唯一服务宗旨，并把管理、运用、处分、经营财产的作用体现在业务中，它已成为现代金融业的一个重要组成部分。与银行业、保险业、证券业既有联系又有区别。

与大陆法系的信托法相比，英美的信托定义则强调信托的义务性质，指出了信托的两个基本特征：

1. 信托是一项强制性义务，受托人接受信托后，只能按照信托文件及法律规定，实现委托人的愿望。

2. 区分信托财产的法定所有权与受益所有权（即普通法所有权与衡平法所有权）。受托人实际地控制信托财产，是信托财产的法定所有者。受益人依法享有信托财产的实质利益，是信托财产的实质所有者或者衡平法所有者，不仅享有信托的全部利益，并且有权强制实施信托。

信托义务的具体内容包涵注意义务、忠实义务、禁止享受信托利益等方面。注意义务是指受托人应以善良管理人的谨慎处理信托事务；忠实义务是指受托人应忠实于信托目的，为了受托人的利益处理信托事务，具体要求利益冲突之禁止和滥用优势地位之禁止；“禁止享受信托利益”则是各国信托法强加于受托人的一项基本义务，其基本含义是受托人除了可以以受益人之一的身份享有信托利益之外，不允许受托人为唯一受益人，也不得利用受托人管理财产的便利身份侵占受益人的信托利益。英国法最重要的就是体现了“受托人不得从信托中获益”这一更基本的原则中。这与信托的机能是一致的，因为信托的机能本身就蕴含了信托财产所有人与信托利益受益人的分立。若出现受托人与受益人合二为一时，信托的机能也就毫无价值，信托制度也就名存实亡。所以不难理解各国都明确禁止受托人兼为同一信托的唯一

受益人①。

信托财产的所有权性质极为特殊。按照英国信托法的传统，将其区分为普通法上的所有权和衡平法上的所有权，即受托人根据普通法享有信托财产的所有权，受益人根据衡平法对信托财产的收益享有所有权。然而在大陆法系没有普通法与衡平法之分，所有权是一个含义确定而完整的权利，即包括占有、使用、处分和收益四项权能。英国衡平法提出的“信托财产”，就其性质而言，在法律上是一种全新的特殊财产，极大地冲击了大陆法系国家的财产所有权观念。故有学者将受托人对信托财产的权利称为“所有权”，将受益人对信托利益的权利称为“受益权”。或者有学者将之划分为：受托人是信托财产名义上的所有人（The Nominal Owner），而受益人则是信托财产的利益所有人（Benificial Owner）。

尽管两大法系对信托财产权在定义叫法上存在差异，但在信托财产所有权与利益相分离、权利主体与利益主体相分离的法律性质上却是相同的，也是信托得到广泛发展与应用的旨趣之所在。

第三节 信托职能与作用

一、信托的职能

信托的职能是信托业务应有的职责和独具的功能。“受人之托，代人理财”是信托的基本职能。金融信托具有多种职能，但其最基本和最主要的职能有以下四个：

（一）财务管理职能

它是金融信托最基本的职能。信托机构通过各种业务渠道，为委托人管

① 魏秋菊：“英国信托制度研究——兼论我国信托制度的发展”，http：//www.wtolaw.gov.cn. 2003年6月2日。

理、经营财产，我们通称之为财务管理职能。具体体现在以下几个方面：

1. 管理内容上的广泛性。一切财产，无形资产，有形资产；自然人、法人、其他依法成立的组织、国家。比较典型的管理行为有委托投资、委托贷款等。

2. 管理目的的特定性。为受益人的利益。

3. 管理行为的责任性。发生损失，只要符合信托合同规定，受托人不承担责任；如违反规定的受托人的重大过失导致的损失，受托人有赔偿责任。典型的处理行为有代为出售或转让信托财产。

4. 管理方法的限制性。受托人管理处分信托财产，只能按信托目的来进行，不能按自己需要随意利用信托财产。代办事务则主要包括代收款项、代为发行和买卖有价证券等。

（二）资金融通职能

它是指信托机构通过办理自身业务所起到的融资及金融服务职能。对信托财产的管理和运用伴随着货币资金的融通。信托业可以通过自身的资金集聚功能，利用多种融通渠道进行资金融通，以满足社会各方面对资金的需求，受托人运用信托业务手段参与社会投资活动的职能，可以通过信托投资业务和证券投资业务来体现。在现代市场经济条件下，信托投资已成为信托业的一项最具代表性的职能。发展新兴技术和从事高科技产品开发需要大量资金，虽然高收益，但伴随高风险，一般银行难以适应这种需求。而信托业的信托投资职能正适应了这种需要，大力扶持高新技术产业，获得丰厚回报，从而也进一步扩展了信托投资的职能。

信托业的这一功能与信贷有质的区别，主要表现四方面：

1. 在融资对象上信托既融资又融物。

2. 在信用关系上信托体现了委托人、受托人和受益人多边关系。

3. 在融资形式上实现了直接融资与间接融资相结合。

4. 在信用形式上信托成为银行信用与商业信用的结合点。

因此，信托融资比信贷融资有显著优势。

（三）沟通和协调经济关系的职能

指金融信托机构通过开展信托业务，提供信任、信息与咨询服务等方面的职能。金融信托业务是一种多边经济关系，金融机构作为委托人与受益人的中介，在开展信托业务过程中，要与诸多方面发生经济往来，是天然的横向经济联系的桥梁和纽带。信托机构可以为委托人、受益人及其他客户提供多种与金融业务有关的服务。如财务、会计、保管、保险、纳税、投资咨询等多种形式的服务。通过办理金融信托业务，特别是代办经济事务为经济交易各方提供信息、咨询和服务，发挥沟通和协调各方经济联系的职能。

（四）服务社会公益事业的职能

指信托业可以为捐助或资助社会公益事业的委托人服务，以实现其特定目的功能。信托机构通过公共基金信托、失业保险信托、职工保险金信托、医疗保证金信托以及宗教、学术、教育、卫生、环保、科研等多种形式的公益信托，以促进社会福利的拓展和社会保障的加强。

二、信托的作用

信托制度自产生以来，被广泛应用于各个领域，世界各国也纷纷引进，充分说明了这一制度的优越性和生命力。

（一）信托的正面作用

在现实中，从管理学角度看，信托积极的作用具体表现在：第一，使得信托财产的管理更加灵活方便；第二，有利于提高财产收益，降低管理成本，提高效率；第三，使得信托财产可以长久的存在和运营，不再囿于受托人死亡或破产的限制；第四，节省了各种交易税费，促进了交易的进行。

从宏观层面来说，信托的积极作用则体现在以下方面：

1. 拓宽了投资者投资渠道。信托作为一种新型的投资工具，把众多投资者的资金汇集起来进行组合投资，由专家来管理和运作，经营稳定，收益可观，可以专门为投资者设计间接投资工具，投资领域可以组合资本市场、货币市场和实业投资领域，大大拓宽了投资者的投资渠道。

2. 信托具有长期融资功能，通过把闲散资金转化为投资，促进了产业发展和经济增长。信托吸收社会上的闲散资金，为企业筹集资金创造了良好的融资环境，实际上起到了把储蓄资金转化为生产资金的作用。这种把储蓄转化为投资的机制为产业发展和经济增长提供了重要的资金来源，特别是对于某些基础设施建设项目，个人投资者因为资金规模的限制无法参与，但通过信托方式，汇集大量的个人资金投资于实业项目，不仅增加了个人投资的渠道，同时也为基础设施融资提供了新的来源。

3. 信托促进金融市场的发展和完善。证券市场作为信托重点投资的市场之一，信托的发展有利于证券市场的稳定。信托由专家来经营管理，他们精通专业知识，投资经验丰富，信息资料齐备，分析手段先进，投资行为相对理性，客观上能起到稳定市场的作用。同时，信托一般注重资本的长期增长，多采取长期的投资行为，不会引起证券市场的频繁波动。信托有利于货币市场的发展。信托虽没有商业银行的资金优势、网络优势，但其可以直接联系资本市场和实业投资领域，自有其业务灵活性，对于企业不同的融资需求和理财需求能够设计个性化的方案，丰富货币市场的金融产品。

（二）信托的负面作用

在肯定信托积极作用的同时，其实我们还应看到其不足之处。因为从理论上讲，任何一种制度的完善总是相对的，找出其不足之处才能更全面地认识和利用并完善之。信托制度最大的弊端就在于交易的不安全性。信托本身具有极大灵活性，这也导致了其法律关系的不明确性。

1. 从当事人的角度，如何监督受托人对委托人和受益人负有一种信任义务的履行？这需要完备的事前的公示制度和事后的司法救济制度。一方面，本身公示制度和司法救济制度就不可能绝对完备；另一方面，更重要的是实际上对于委托人和受益人的保护程度是不够的。因为作为一种物权，受托人对受托财产的权利是十分强大的，难于进行事中的监督。当初的信托是以道德高尚的教士为受托人，也就是因为此缘故。当然，信托义务在现代则不仅仅是一种道德义务而是一种法律义务。

2. 从第三人的角度，如何区分受托人自己的财产和信托财产方面？由于信托财产的独立性，其被免于强制执行，这对第三人的影响很大。如果第三人与受托人进行交易，必须事先审查受托人的财产状况，这样不仅会使交易成本增加，公示制度的不健全也会给交易安全带来影响。同时，各国在要求受托人对其固有财产与信托财产分别记账的同时，还认为委托人和受益人的信托利益属于商业秘密或个人隐私，要求受托人保守秘密。这种信息的不对称对与第三人交易的安全性带来障碍。

3. 各国的历史文化背景和国民的基本素养的差异性，也会对信托法律关系的界定产生一定影响。

第四节
信托制度传播与业务创新

信托经历了从无偿到有偿，从民事领域到商事领域，从财产管理到金融投资，从个人私益到公益福利的发展过程，在基本法理相同的前提下，各国对信托的继受则主要集中在商事和公益领域。故而在谈到信托制度的扩张尤其是大陆法系国家对信托的继受时，商事信托是关注的重点。在考察商事信托时，我们会发现，信托的基本法理与巧妙的商事规则的结合衍生出无穷的创造力。这也是信托灵活性的正面体现。

信托制度因其富有活力而得到广泛传播，在美国引进并将之发扬光大后，大陆法系的日本、韩国也先后引进。美国承袭了英国信托法，并在商事领域将之发扬光大，大陆法国家如日本和韩国受美国影响较大。

一、信托制度的传播

（一）信托制度在美国

信托作为一种转移与管理财产的制度起源于中世纪的英国，但随后在美国及其他普通法系国家得以继受并迅速发展。在美国，信托适用的范围极广，领域甚宽，只要不违反法律及公共政策，可由当事人依据不同的目的创设各种信托，如教育信托、自由裁量信托、信用信托、慈善信托等等。

自19世纪初，信托就在美国兴起。由于资本主义经济的发展，商品的生产与流通亦随之大量化、多样化，交易行为的商业色彩日益浓厚，信托也由无偿管理财产的方法变为有偿的管理性、投资性的制度，形成了所谓的营业信托或商事信托，信托工具逐步创新，主要集中在以下领域：

1. 证券投资领域。虽然证券投资信托在各国的形式各不相同，英国称“单位信托”，美国称“共同基金”，我国称“投资基金”，但基本特征是相同的，即利用信托法理，集合大众资金，组成某种结合，从事证券市场上的投资行为。

2. 公司管制领域。公司制度的产生与信托有密切关系。现代英美法上的公司管制理论，仍然是以信托责任（Fiduciary Duty）为基础要求公司管理层履行忠诚义务和注意义务，以维护小股东和债权人的利益。

3. 公益领域。为了宗教、慈善、教育等公益目的设立信托，可不受管理人更替的影响而使该事业永远存续下去。

（二）信托制度在澳洲

同常见的欧洲殖民规则相一致，随着澳大利亚殖民地的建立，澳大利亚的非成文法同英国非成文法类似，都分为普通法和衡平法。在澳大利亚，信托设立有三种方式：

1. 最常见的是明示信托，即委托时明示其建立信托的意图。明示信托的有效必须符合三个“明确性”：第一，建立信托的意思表示必须明确；第二，信托的标的物（信托财产）必须明确，因为没有信托财产也就没有信托；第三，信托受益人（对象）必须明确，因为他们是可以执行信托的人。

2. 结果信托。某些时候交易本身可以暗示信托意图的存在，在这种情况下，将由法庭来判断信托是否有效。

3. 推定信托。法庭还可以强制认定一个信托以防止有人对财产所有权提出不合理主张，在最后一种情况下，法庭没有必要证明是否有建立信托的真实意图或推定意图的存在，不合理行为本身就能促成法庭认定信托的存在。

为了保护位于大陆法系缔约国境内的澳大利亚信托财产的实际所有权，澳大利亚批准了1985年的《海牙公约》，1991年为该公约配套颁布了联邦《信托〈海牙公约〉法》，《海牙公约》于1992年1月1日在澳大利亚生效，澳大利亚法院必须适用公约规定的条款或规则。

（三）信托制度在欧洲

由于受罗马法传统的影响，许多欧洲大陆法系国家都承认财产托管制度，尤其是承认财产托管的两种传统适用方式，即以担保为目的的财产托管和以赠与为目的的财产托管，这其实是一种类似信托的财产管理制度。

在德国法上，某些以经营为目的的财产托管仍具有重要作用，但在投资领域已经采纳了信托投资公司的模式。

在法国，大多数法国学者认为，英国信托制度建立于所有权的某些属性的基础之上，在大陆法系国家，这一制度的价值意义不大，即使这些国家承认受英国或美国法的影响而产生的信托行为的效果，该信托制度本身却不能被引进大陆法的体系。从总体上讲，法国的法律制度不是建立在英美法系的基础之上的，或者说它不是建立在衡平法的基础上的，它的建立基础是罗马法。但是法国在案例中也或多或少的承认信托的存在，如在 Tribunal de Grande Instance de Bayonne 一案中，法院也承认了受托人为信托财产的所有人，根据信托契约（the trust instrument）和衡平法（Equity）享有受到限制的所有权，而受益人虽然其权益受到衡平法的保障，但不享有所有权。

在荷兰法上，虽然没有“信托”这个概念，但财产托管却占有重要地位。在实践中表现为各种不同的“受朋友之托进行管理”，在某种程度上可以达到同样的效果，但是，荷兰批准了海牙《关于信托的法律适用及其承认的公约》，并于 1993 年颁布了《荷兰国际信托法草案》，以解决国际民事交往中日益增多的国际信托法律适用的冲突问题。

瑞士位居欧洲心脏部位，国土面积狭小，仅有 4.13 万平方公里。1648 年宣布独立并奉行中立政策，因此在政治上一直比较稳定。在第一次世界大战前后，许多国际资本因政治上、经济上或税法上等原因大量流入瑞士。瑞士为这些逃难资本设立了许多俗称“居所公司”或“房屋公司”。这些公司大多是家族式的持股公司，或单纯是家庭财产管理公司，均以管理或支配财产为目的，已具备了信托主要原则。瑞士真正的现代信托业始于 1930 年前后。当时，瑞士 6 家大银行联合投资成立了国家投资公司。1938 年，几家主要银行又投资设立了投资信托公司。这两家信托投资公司于第二次世界大战后，设立了基金型证券投资信托和不动产投资信托。到 20 世纪 70 年代，已占全瑞士投资信托（包括证券和不动产投资信托）的 60%，成为瑞士投资信托的主要机构。瑞士是信托投资发展较早的国家，并且和英国、德国等国一样，都是对外信托投资比重较大的国家。瑞士的信托投资在国际金融市场上居于重要地位。

列支敦士登（The Principality of Liechtenstein）是一个被夹在瑞士与奥地利两国间的位于欧洲中部的内陆小国，为世界上仅有的两个双重内陆国家之一。该国的商法很有特色，其对国外承认的所有法定形式的公司都许可存在，信托事业早在1928年就由法规作出了规定，规定信托组织可以具有或不具有法人资格，根据移民的选择从事商业或非商业活动。

比利时政府曾于1990年12月4日通过法律引入了一些新的投资工具，并给予这些工具以税收上优惠对待。SICAFI作为一种专门适用于不动产投资的投资工具在1995年正式产生。引进SICAFI前，集合投资在比利时很流行，但法律对其的限制较多。与荷兰的BI相似，比利时SICAFI投资直接指向国内财产，这意味着它们的成功与本国财产市场密切相关。目前比利时共有5个SICAFI运作，其市场资本化目前已达260亿美元。

在其他欧盟国家，如卢森堡、希腊、土耳其和西班牙，也同样存在着与美国REIT相类似的制度安排①。

（四）信托制度在亚洲

信托制度作为一种富有活力的财产转移和管理制度，不仅在普通法系各国普遍采用，在国际民事交往过程中，除了一些很传统的欧洲大陆法系国家外，在亚洲有一些大陆法系国家逐步接受了信托制度。

日本是最早引进信托制度的大陆法系国家之一。20世纪初，日本出现了大量的信托公司，为了明确其内容，使其规范化发展，1922年日本即制定了《信托法》和《信托业法》。随后，在日本信托银行取代了信托公司，成为日本唯一的信托业务机构，日本相继颁布了《担保附社债信托法》及《贷付信托法》等单行法。

韩国则基本上移植了日本模式，在20世纪60年代也建立了信托制度，颁布了《信托法》（1961）及其他一些相关单行法。

印度社会接受了现代西方法制文明，加入了普通法系的行列，在被世人称为“盎格鲁—印度法典”（Anglo - Indian Codes）的编纂中也包括了《信托法》（Trusts Act，1882）。

我国以及香港地区和台湾地区也都先后引入了信托法律制度。

① 何正荣：“不动产投资信托的全球化趋势——兼论对我国未来引入REITs的启示”（上），《公司法与证券法论丛》（第2卷），《信托法律网》www.trustlaws.net.

（五）信托制度在国际社会

第十五届海牙国际私法会议于1984年10月8—20日在海牙举行，该会议通过了《海牙公约（草案）》（该公约在1985年正式通过），该公约已于1992年1月1日正式生效，这是迄今世界上为解决国际信托法律冲突问题而签订的唯一的一个统一冲突法公约，也是国际私法统一化进程中的又一重要成果。由于英美法信托制度中的“双重所有权”理论，对深受罗马法“一物一权”这一物权法基本原则影响的大陆法系国家是很难理解的，公约试图解决普通法系国家与大陆法系国家在信托制度上有和无之间的分歧，并对实践中出现的问题作出了一般性规定，仍留下诸多问题让人们在适用公约时依具体情况而具体解决。

《海牙公约》共有5章32条，对信托的定义、可以适用公约的信托的类型、先决问题、法律适用、信托的承认、适用法律时应考虑的强行性规则及其他一般条款和最后条款都做了统一的规定。该公约规定，大陆法系国家如果接受此公约，并将其作为国际私法，而不是直接用为国内法，这对于他们在国内缺乏信托这种法律制度的情况下解决因信托而引起的涉外纠纷是很有帮助的。如本属于罗马—荷兰（Roman - Dutch）法系的南非最高法院，就在公约公布后不久在Braun v. Blann（1984）一案中，在没有国内法依据的情况下，适用公约规定承认了遗嘱信托的合法存在。

现在信托制度已经扩展到世界上很多国家，国际信托业务大量发生，这就可能导致法律冲突的发生。信托不仅仅是一种契约行为，也不仅仅是一种财产转移行为，其中还与冲突法中的物权规则相关，自然会引起与债权或人的能力有关的冲突法问题。再加上随着国际民商事交往的密切，英美法系国家的国民以其在大陆法系国家的财产设立信托制度的情况越来越多，这些国际信托也将会产生了大量的法律争议。

二、信托功能的创新

随着经济社会的发展，现代信托制度中的信托功能不断创新，表现出以下特征：

（一）定位信托业行为

由于信托业与资金、管理紧密相连，随着现代经济的发展，各国多将其定位于金融业。但这一定位显然是粗疏的。信托职能的扩张，信托品种的创新和信托自身机能的强大弹性，使信托的功能早已超出了金融业的范围。从现实的情况看，将信托业定位于财产、金融服务业似更为恰当。

（二）扩张信托在经济领域的功能

在现代市场经济的条件下，信托在经济领域异常活跃。社会经济生活中有什么样的需求，就会有什么样的信托出现。如“投资基金信托”（英国称为“单位信托”）就是适应大众投资的需要而出现的；“公司债信托”和“融资租赁信托”适应企业筹资需要出现的；“雇员受益信托”则是适应减缓劳资矛盾、维持企业稳定的需要而出现的。

（三）推广信托在其他领域的应用

从总体来说，信托总是同财产关系相联系的，但其功能却远远超出了经济范畴。如为适应发展社会公益和福利的需要，出现了众多以信托为基本形式的基金会；为维护政府和官员的廉洁形象，把信托又引入了政治领域，美、日等国设计出了“盲目信托”，称为“强制信托”。

（四）运用信托改造国企

除抓大放小，股份制改造等形式外，利用信托制度，对企业实行“托管”更有其独到的优势。这方面前民主德国对国有企业托管改造的经验已经有成功的范例。

三、信托法制的普及及成果

信托制度起源于英国，但在不到百年的时间内已为世界上多数国家所接受。他们积极引进信托制度，制定信托立法，健全信托法制，可以说目前信托制度已风靡欧、美、亚、澳各经济发达国家和地区。仅以亚洲为例，日本、韩国、新加坡、中国香港、中国台湾等国家和地区都较早引进了信托制度，并制定了信托立法并且还不断改造、不断创新，使信托制度日益健全、完善。可以说，这些国家和地区的经济崛起，信托制度的引进和信托法制的健全功不可没。

英国的信托法是衡平法的产儿，在法律结构上由判例和习惯构成。但大陆法系成文法的严谨性和概括性，对规范极为活跃的信托行为显示了独到的优势。英国人敏锐地意识到这一点，并最先在世界上制定了成文的信托法，即《受托人法》。与此同时，在法理结构上不存在信托制度的大陆法系国家，广泛吸收英美法之所长，积极引进信托制度完善信托立法，开拓信托的新领域，有力地促进了两大法系的交融。实践表明，信托制度恰好构成了两大法系相互融合、两类法理不断完善、趋同的契合点①。

信托制度这种新生经济关系，在与法律规范的磨合中，获得了英美法系基本理论的支持，产生了双重所有权理论。即在信托法律关系中，受托人是普通法上的财产所有人，受益人是衡平法上的财产所有人，二者并行不悖，不存在法理上的不妥与矛盾。问题在于大陆法系国家，由于市场经济的崛起，导致信托制度引进成为必然。然而由于法系的不同和法理上的差异，使信托法律机理的阐释遇到了困难。法学家们仁智各见，各执一词，但至今难见分晓。

（一）物权关系说

该学说是德国的一些法学家创立的，它认为，信托法律关系中虽然涉及了多种权利形式，但在本质上起主导作用的是物权关系，即受益人享有实际的财产所有权。信托关系的产生，始于委托人为受益人的利益而移转财产所有权；信托关系的运行，表现为受益人对受托人行使物权行为的监督；信托目的的实现，体现在受益人以实际所有权人的身份取得信托收益。而委托人在信托关系成立后，即失去了对信托财产占有、使用、收益、处分的权利。受托人虽然可以支配信托财产，但不得违背信托目的，且不能获得信托收益。

（二）债权关系说

以日本为代表的一些法学家主张信托的本质在于债权关系。他们认为用

① 罗大钧："信托法律关系之探析"（上），《政法论坛》2001 年第 2 期。

物权理论来解释信托关系，仅是看到了信托外在的特征而忽视了其内在本质。信托法律关系中，信托目的的实现，关键在于受托人履行对委托人的承诺，精心管理信托财产，保证受益人的收益。所以，这里存在着双重债的关系。一是受托人对委托人的承诺关系；二是受托人对受益人的保证关系。另外，受益人要取得收益需向受托人行使请求权，这又正是债权关系的最基本的特征。所以，信托法律关系的本质在于债权关系，而非物权关系。

（三）独立主体说

另有一批日本学者独辟蹊径，脱开主体的局限，把注意力转向信托财产，提出了“独立主体说”。即认为信托法律关系中，信托财产没有明确的归属问题，甚至也谈不上他的归属问题。信托财产自身就是个独立的主体。委托人将信托财产移转给受托人，这时，信托财产的归属即告消失；与此同时，信托财产取得了法律上的主体资格。它依据信托合同产生，遵循信托规则运行，以受益人收益为宗旨，以自身财产额对外独立承担财产责任，从而充分显示了一个独立主体的品格。特别是在法律上，信托财产以增值为目的独立运行；与委托人、受托人、受益人的个人财产严格区分；对信托当事人的债权人享有抗辩权等等。这些又都进一步显示了作为一个法律上独立主体的特征。

对信托的理解，首先应梳理英美法系的相关制度与理念。权威观点认为信托来自英美法系，但事实上罗马法中亦有相关的信托制度，如大陆法系中已经有双重所有权的规定。英国法的发展继受了罗马法的许多相关制度。物的流转与交易是现代民法的精髓，因而信托在现代民法中有产生的基础与契机。“信托”不仅是信托制度，更是理念[①]。

① 中国法学会商法学研究会：“第三届年会暨学术研讨会”，《会议简报》（三）2004 年 11 月 10 日。

第五节
信托业务的发展

一、早期的信托业务简介

信托制度源远流长。现存最早关于信托的记载，据说是公元前2548年古埃及人写下的有关信托自己财产的遗嘱。到了古罗马时代，这种遗产信托成为固定的制度，规定于《查士丁尼法典》中。而现代意义的信托，人们普遍认为起源于英国，充分发展于美国，并在日本得到了创新①。

到了近代，民事信托由无偿转为有偿，产生了商事信托，成为一个专门行业，并受到法律保护。英国政府1893年颁布的《受托人条例》，规定了个人受托人的权利和义务；1896年颁布了《官选受托人条例》，规定可由法院选任受托者为委托人办理信托事务；1906年又颁布了《官设受托人条例》，规定政府办的信托机构可作为承受委托的法人，从而打破了长期以来只能由个人为受托人的惯例，并实行有偿经营。1899年《公司法》颁布后，许多银行和保险公司都开设了信托业务，并以营利为目的，这时金融信托作为金融业的一项新业务得到了发展。

1776年美国独立之后，源于英国的民事信托制度传入美国。但此时民事信托已不能满足经济发展的需要，所以美国在信托业方面冲破了欧洲陈规陋习的约束，一开始就以高效率的公司组织形式推广商事信托业务，最早完成了从个人信托向法人信托的过渡。1792年美国成立了第一家信托公司；1830年前后，美国的信托公司大量涌现，在南北战争（1861～1865）结束时发展到鼎盛时期；到19世纪末商事信托已经基本上定型。随着经济的发展，美国的信托公司在受托管理不动产、钱款等信托财产后，将这些资金转用到铁路、矿山发行的债券、股票上。这样，就把单纯地进行财产管理的英国式的信托发展成为具有资金融通性质的美国式的信托，金融信托业得到了

① 朱大旗："金融信托法"（一），《中国民商法律网》2005年2月18日。

发展。

20 世纪初，英美信托制度传入日本。1906 年，日本成立了第一家信托公司，1922 年日本颁布了《信托法》和《信托业法》。日本的信托从内容到经营方式都有创新：受托经营的财产种类扩大到金钱、有价证券等各种动产和房屋、土地等不动产；受托的业务从财产物资的经营管理扩大到对人的监护和赡养以及咨询、调查等；受托人不限于信托公司（银行），普通银行通过设立信托部亦可兼营信托业务，等等。

美国的信托是从英国引进的。英国的信托是以个人之间的信任为基础发展起来的，而美国则一开始就把信托作为一种事业，用公司组织的形式大范围地发展起来。美国最早完成了由个人受托向法人受托的过渡以及民事信托向商事信托的转变，为现代信托制度奠定了基础。美国的信托机构在创立初期是与保险业结合在一起的，1822 年成立的"纽约农业火灾保险放款公司"被认为是美国信托业的鼻祖。1853 年在纽约成立的美国联邦信托公司，这是美国历史上第一家专门的信托公司，其业务比兼营的信托业有了进一步的扩大和深化，在美国信托业发展历程中具有里程碑的意义。

二、现代信托业务分类

现代信托的种类可根据形式和内容进行不同的划分。具体有以下几种：

（一）按委托人或受托人的性质不同分为：法人信托和个人信托

1. 法人信托又称为"公司信托"、"团体信托"，它包括营利法人团体（如公司组织、合作社组织及其他营业机构）和公益法人团体（如学术、宗教和慈善团体等）。凡以一个组织作为委托人的都是法人信托。法人信托业务综述：公司债信托、动产信托、雇员受益信托（养老金信托、财产积累信托、职工持股信托）、商务管理信托。

2. 个人信托是以个人为服务对象的信托业务，其委托者是个人，受益者也是个人。个人信托的形式虽有各种划分，但最常用的划分是生前信托和身后信托。

（二）按信托事项的性质不同可分为：商事信托和民事信托

1. 民事信托。凡是以民法为依据建立的信托称为民事信托，即民事信托是属于民法范围内的信托。如财产的买卖和抵押、个人遗嘱的执行等。

2. 商事信托。它是“民事信托”的对称，是以商法为依据建立的信托，属于商法范围内的信托业务。商法是国民经济管理和社会经济组织以及部分公民在经营活动中所发生的经济关系必须遵循的法律规范的总称。如代办公司的设立、登记、清算以及公司债券的发行等。

(三) 按受益对象的目的不同分为：私益信托和公益信托

公益信托是指委托人为学术、技艺、慈善、宗教等事业以及其他社会公共利益而设立的信托，其受益人是符合规定条件的不特定多数人。私益信托是指委托人为自己或其指定的特定人私人利益而设立的信托。

(四) 按受益对象是否是委托人分为：自益信托和他益信托

自益信托是指委托人和受益人为同一人的信托；他益信托是指委托人和受益人不为同一人的信托。他益信托类同赠与，故有些国家的法律规定，他益信托的受益人要交税，但特定赠与信托的受益人是残疾人的则可以免税。在我国信托实务中，自益信托占绝大多数。

(五) 按信托涉及的地域可分为：国内信托和国际信托

前者是指业务范围在本国境内的信托；后者是指业务范围涉及国外的信托。

(六) 按信托财产的不同可分为：资金信托、动产信托、不动产信托、其他财产信托等

1. 资金信托。又称为“金钱信托”，是指委托人基于对信托投资公司的信任，将自己合法拥有的资金委托给信托投资公司，由信托投资公司按委托人的意愿以自己的名义，为受益人的利益或特定目的管理、运用和处分资金的行为。

2. 动产信托。属于财产信托的一种。动产信托是以动产为标的物的信托。动产信托方式一般有三种：管理处理方式、处理方式和管理方式。

3. 不动产信托。是指以不动产作为信托标的物设立的信托，即委托人把不动产的产权转移给信托机构，信托机构作为受托人按照信托契约的规定

对不动产进行保管、管理或处理的一种信托业务。两种不动产信托，即“房屋信托”和“土地信托”。

4. 其他财产信托。是指委托人将自己的动产、不动产（房产、地产）以及版权、知识产权等非货币形式的财产、财产权，委托给信托投资公司按照约定的条件和目的进行管理或者处分的行为。

（七）按信托关系建立的方式可分为：任意信托、推定信托和法定信托

1. 任意信托（express trust）。指信托当事人（委托人、受托人、受益人）的意思要成立信托关系，明确订定在有关信托文件（契约或遗嘱）之中，即这种信托的成立完全以各方当事人的自由意思表示为依据，不受外力干预，故又称“自由信托”，又因其意思表示订定在文件上，亦称为“明示信托”。设定信托是指基于信托合同或遗嘱而设立的信托。

2. 推定信托（constructive trust）。凡信托关系的成立，并没有订立明确的契约或遗嘱等，而是由法院根据信托关系人的来往书信或其他有关文件记载研究推定三方当事人确曾有建立信托关系的意思，继而明确真正的信托关系的信托称为推定信托。

3. 法定信托（Implied or constructive trust）。是指依法律的规定来推测当事人的意思所发生的一种信托。即由司法机关确定其法律上信托的效力。法定信托是指国家有关机关依照法律规定指定委托人而成立的信托。

以上分类难免有交叉重复之处，例如按照收益对象划分，信托可分为私益信托和公益信托。区别私益信托和公益信托的另一个主要标准是信托目的。委托人为自己、亲属、朋友或者其他特定个人的利益而设立的信托是私益信托。私益信托可以是自益信托，也可以是他益信托。私益信托是信托业务中的主要部分，信托投资公司通过运用信托手段为受益人谋取信托收益。委托人为了不特定的社会公众的利益或者社会公众利益而设立的信托是公益信托。公益信托只能是他益信托。设立公益信托不得有确定的受益人，只能以社会公众或者一定范围内的社会公众作为受益人，并且必须得到税务机关或者公益事业管理机构的批准或者许可。委托人以自己为唯一受益人而设立的信托是自益信托。自益信托的委托人和受益人是同一人。自益信托只能是私益信托。凡委托人要求设定的信托，其目的是为第三者的收益，则为他益信托。被指定的第三者可以表示同意也可以拒绝接受，有时亦可采取默认方

式，因其并无明确的同意或拒绝的示意根据。动产信托是属于财产信托的一种。动产信托是以动产为标的物的信托。动产信托方式一般有三种：管理处理方式、处理方式和管理方式。

本章小结

信托，即“信任委托”之意，是指委托人基于对受托人的信任，将其财产权转移给受托人，受托人按照委托人的意愿以自己的名义，为受益人的利益或特定目的，管理或处分财产的行为。

信托是以信任为基础，以委托为根据而产生的。英文中的信托与信用是同一个单词。信托有三方当事人。即委托人、受托人和受益人。只有当委托人只有在对受托人充分信任的情况下，只有当委托人进行委托且受托人接受委托时，才能导致信托的成立。

信托制度源远流长。最早可追溯到公元前2548年古埃及人写下的有关信托自己财产的遗嘱。古罗马时代，在《查士丁尼法典》中可找到这种遗产信托成为固定的制度的依据，现代意义的信托，人们普遍认为起源于英国，充分发展于美国，并在日本得到了创新。信托的发展经历了以下轨迹：即由个人办理的非营利的简单民事信托，发展到法人经营的以营利为目的的商事信托，直至以金融信托业务为主的现代信托。

第二章 信托业的始祖——英国的信托业

世界的信托业起源于英国，英国的信托制起源于用益制。在用益向信托的转变过程中，有两个时刻或事件非常关键，一是1536年《用益法》的颁布；二是1635年的萨班奇诉达斯顿案结论的确立。前者为信托的独立发展提供了契机，后者最终确立了信托制独立发展的结果①。本章拟从英国信托业的制度及其特点入手，进一步介绍英国信托的起源、业务的发展及其监管，展示信托业的鼻祖信托发展历程。

第一节 英国信托业制度及特点

一、英国信托业的制度

公元17世纪，英国尤斯制（Uses）最早为其“衡平法系”所承认，随即发展为信托制度。在此基础上，随着经济的发展和信托观念的普及以及信托立法的逐渐完善，包括1893年的《受托人条例》、1896年的《官选受托人条例》和1899年《团体法人条例》，这些条例成为英国信托立法的根源，

① 余辉：“近现代英国信托法律制度的确立”，《法律科学》2003年第6期。

并成为推动英国信托业发展的基石，形成了较为完善的民事信托制度，并逐渐由个人型无偿信托演变为现代法人型营业信托。1925 年，《法人受托者》条例颁布后，由法人办理的以营利为目的的营业性信托才真正开始。

二、英国信托业的特点

受传统因素的影响，英国信托业具有以下特点：

（一）与封建制度关系密切

英国信托起源与封建时代土地间接遗赠的“尤斯”制，且持续时间长达 200 多年，因此，信托与封建制度关系甚密。

（二）长期实行无偿信托

英国的无偿信托曾持续了 100 多年才向有偿信托过渡。在很长的一段时期里，英国信托的开展是以私人间的情谊为基础。

（三）土地信托业务普遍存在

历史上，英国长期处于封建社会，农业在国民经济部分中的地位非常高，后来随着资本主义生产方式的出现和确立，英国的社会经济结构发生了改变，社会性质也由封建的农业社会变成了资本主义工业社会。土地作为财富的一种表现形式其所代表的财富所占整个社会财富总额的比例已经下降了，但是，作为一项不会流失和流动的财富，土地的计价功能依然发挥着重要作用。英国的信托业务起源于民事信托，而民事信托中所委托的信托财产均以土地等不动产为主，所以土地等不动产信托比其他国家都普遍。但由于经济的发展，英国现在土地信托也由过去较多限于土地信托财产的权益问题转变到以经营盈利为目的，以社会经济发展为目的的方面了。

（四）个人信托占据主导地位

如前所述，由于受传统的影响，英国民众习惯直接以个人作为信托受托人，这是和英国长期以来基督教的荣誉和良心的熏陶所分不开的。个人信托的业务量占到总业务量的 80%，法人信托则只占有 20% 的市场份额，这是英国的信托业务与其他国家相比最为显著的特点。信托的内容多是民事信托和公益信托，信托标的物以房屋、土地等不动产为主，这是英国传统习惯的延续。

（五）法人信托业务集中经营

虽然英国法人受托的信托业务比例不大，英国信托业却集中在国民威斯敏斯特银行、巴克莱银行、米特兰银行和劳埃德银行等四大银行所设立的信托部（公司），这 4 家占了英国全部法人信托业务量的 90%。与法人信托高度集中相对的是，英国的个人信托业务较为分散，这为其提供多种服务、促进行业竞争起到了积极作用。

（六）投资信托业务远及海外

作为老牌资本主义国家和殖民大国，英国有着极为广阔的海外发展空间。海外投资远自 1600 年东印度公司成立以来就广泛流行于英国。目前，英国国内产业饱和，而伦敦仍然是世界首屈一指的国际金融中心。海外投资成为运用国内信托资产，追求利润最大化的有效途径之一。

第二节 英国信托业起源

一、用益制度（Uses）（又称尤斯制度）的产生

公元 579 年，奥古斯丁奉罗马教皇的命令到英格兰开始传教，将基督教带入了英格兰并得到了大量民众的虔诚信奉，后来许多人加入了基督教成为了教徒。由于人们出于浓厚的宗教信仰，秉着“活着时多捐赠，死后可进入天堂”的教义，许多教徒都自愿在死后将自己土地的部分或全部遗留捐赠给教会。因为在英国的封建制度下，君主可以因为臣子的死亡而得到包括土地在内的贡献物，并且君主对教会占有的土地不课征徭役和赋税。随着教会土地的增加，这样就严重损害了君主利益。

13 世纪时，英国教会已经通过教徒捐赠及买入等方式占有了大量土地，

占有的耕地占全国耕地总面积的1/3之多——在封建社会，土地不仅是财富的重要组成部分，而且对土地所有权的控制还牵动着国家政权的神经，因此，教会土地的不断扩大让英国王室深感不安。为了增加财政收入、保证政权的稳固、防止教会土地的进一步增加，1279年，爱德华一世颁布《没收条例》[①]，规定公民捐献土地给教会必须得到国王或者大臣的同意，否则捐赠无效，该捐赠土地收归国家所有。这样，国王和教会间的矛盾进一步激化。

由于当时英国的法官大多数是教徒，他们竭尽所能为教会解困。于是，他们根据罗马法典中的信托遗赠制度和“用益权”而创设“尤斯”制度（以下均称用益制度）。该制度的基本内容是，凡是以土地捐献给教会者，不做直接的让予，而是先赠送给第三者，然后由第三者将土地上取得的收益转交给教会。这样教会虽没有直接掌握该土地的所有权，但能得到受益，所以，实质上还是由教会占有着教徒捐献的土地。根据英国的普通法，该土地的所有权归第三人所有，不构成捐赠行为，因此，不需要通过国王或者大臣的允许即可进行捐赠。通过使用用益制度，教徒们成功的规避了《没收条例》。因为教徒和捐赠土地的需要非常多，因此，用益制度在规避《没收条例》、向教会捐献土地这方面得到了大量的应用和推广，后来开始逐渐应用到其他方面。

二、用益制度（Uses）的应用

（一）规避封建地产制度

1066年，诺曼底公爵威廉征服了英格兰，在英格兰上建立了自己的王国。由于不满意新国王的统治，英格兰原王室及贵族经常挑起争端进行叛乱活动，企图推翻新政权。但是，这些叛乱最终都以失败告终。为了惩罚叛乱者，威廉没收了参与叛乱的贵族及骑士的土地，并宣布国王为全国所有土地的主人。为了加强封建统治、稳固政权，威廉将全国的土地的部分赏赐给诸侯、功臣以及自己的亲信们，作为回报，这些诸侯、功臣及亲信们必须要派出人员支持国王的军事行动即要服兵役。诸侯、功臣及亲信们构成了英格兰

① 即statule of martmiain，也被称为死手法。

封建体制的上层领主，成为了贵族阶层。这些贵族们再将土地分配给自己手下的骑士，骑士阶层构成了中层领主。骑士们再将土地分配给农民，农民则要缴纳封建税赋给骑士，然后骑士再交出部分赋税收入给自己的上层领主，最后再由上层领主拿出一部分交给国王，成为国王的收入的一部分。这样，下一级领主对上一级领主负有沉重的封建赋税义务，这些赋税包括缴纳钱财、义务劳役等。

（二）规避封建继承制

按照当时英国国王的规定，下一级领主（封臣）死后，其所占有的土地要交还给上一级领主（封君）。封臣的嗣子如果想继承其父亲遗留的土地，必须要缴纳一大笔钱财——相当于要缴纳沉重的遗产税。如果继承者尚未成年的话，那么由于不能履行随领主外出征战的义务，则将由其领主来作为监护人对该继承人及遗产进行监护，在这期间，领主往往会滥用监护权，掠夺财产及收益，使继承者出于十分不利的地位。并且，只有长子才能通过缴纳钱财后得到该笔土地遗产——直到1540年英国的普通法还规定只有长子才可以继承遗产，除长子外，其他庶子及所有的女儿都不能继承任何土地遗产。

（三）规避婚姻财产制度

根据英国当时的规定，男女结婚后，妻子的财产归丈夫所有，这对女方及其家庭很不利。为了保护妻子的财产，用益制度也被用来规避这一婚姻财产制度。通过“占有变更”，女方在结婚前就先将自己的财产转到第三人的名义下，从而结婚后该财产因名义上已不再属于妻子所有，所以可以不必再交给丈夫。此外，用益制度在婚姻上有另外一个应用，即规避婚姻税务。按照英国当时的规定，新婚的夫妻必须要缴纳一笔婚姻税，而这笔婚姻税是按照女方的财产的数额来计量的，即女方财产越多则要缴纳的税也就越多。但通过用益制度的财产转移功能，可以规避该项税负。

（四）保障家人的日常生活

英国中世纪战事较多，例如13世纪后期的十字军东征、15世纪的玫瑰战争等战争，封建领主和骑士们冒着战亡的风险参与战争，因此，从客观上讲，这些领主和骑士们在临战前就要将家庭的财产——主要是土地，转交给妻子儿女，但是，妻子儿女可能存在经营能力不足的情况，因此，有必要将这些财产交给一个善于管理的第三人代为管理，因该财产而产生的收益，再由该第三人交给骑士的妻子儿女，从而给了他们生活保障。如果领主或者骑士在战争中战亡，则根据之前的约定由其妻子儿女继承该财产，保障了其家庭成员生存的经济条件。

除了以上几个应用方面外，信托制度在其他方面也还有一些应用。如债务人为逃避债权人追讨债务而利用尤斯制将财产提前转移给第三人、罪犯害怕被判刑而失去土地从而利用用益制度事先将土地转移到他人名下、方济会教团的僧侣们为规避僧侣要绝对清贫的教规等等。

三、用益制度（Uses）的不足及其弥补

虽然在很多方面可以加以应用，但用益制度还只是信托制度的最初形态，还称不上是真正的信托。用益制度具有可以用来规避封建义务等的优点，但用益制度有着难以消除的弊端。在用益制度下，甲为丙的利益而将财产转移到乙的名下，即乙为丙的利益而进行财产管理活动并将该利益系数交给丙。但根据英国普通法，丙并不对甲转移给乙后的财产（尽管甲的真实意图是将财产转移给丙）占有法律上的任何权利，也就是说，如果乙不遵守诺言，对甲的财产并不进行妥善管理甚至将该财产据为己有，甲和丙对此都没有普通法上的诉讼权。所以对乙的选择就显得十分关键。委托人会选择自己较为熟悉且有一定社会地位的亲戚朋友或者教会里的神职人员作为受托人。所以，虽然因为缺乏普通法的法律保护，但尤斯制还是较为安全。

虽然普通法不承认委托人在该财产上有什么权利，但是，衡平法却对此可以施加救济。衡平法是相对普通法而言的，是大法官在审判实践中运用教会法、普通法和中世纪西欧商法的一些原则和规范，并加以改进和完善而形成的。同时，衡平法也是为了弥补普通法的一些不足之处而产生的，是大法官的判例形成的调整商品经济下财产关系的规范。与普通法相比，衡平法的形式更加灵活，在审判中更加注重实际而不固守僵化的形式。衡平法对应的法院被称为衡平法院。

到了约公元14世纪时，由大法官及判例等组成的衡平法院开始介入用益权关系，对尤斯制度下的利益受损却因为普通法不予保护而得不到救济的

案件进行公平、正义的审判。衡平法院认为，委托人基于对受托人的完全信任而将财产交由受托人保管，并且受托人在接受信托财产时给予了委托人以妥善保管并将收益交给收益人的承诺，如果受托人违约而委托人和受益人却又得不到普通法的保护，那么，这是不公平的。衡平法不允许权利被侵害而得不到救济。因此，衡平法院的法官可以对此侵权行为进行审判从而保护委托人和受益人的利益。衡平法官可以要求违约的受托人纠正行为或者赔偿对方的损失，并且衡平法院的审判是具有法律效力的。这样，在用益制度下受益人对信托财产的要求权在普通法下得不到保障，却在衡平法下得到了保护。

四、“双重尤斯制”

从上面的内容可知，教徒可以利用用益制度来绕开“死手法”的限制向教会捐赠土地，因而英国王室利益被侵害的情况并没有得到有效遏制，从而王室和教会间的矛盾也在用益制度下进一步激化了。制订规避用益制度的法律对英国王室和贵族来说已经刻不容缓，可是由于教会势力的庞大干预了国王权利以及制定法律的程序较为复杂和漫长，所以，直到1535年时才由亨利八世颁发《用益权法》（Statute of Use）（又叫《尤斯条例》），以希望能废除用益制度从而保障王室的利益。

根据《用益权法》，甲为丙的财产而将财产转移给乙，那么丙将被视为该财产的所有人。以教徒捐赠土地为例，教会只享受捐赠财产的收益，不是财产的所有者，因此不受《没收条例》的限制；但《用益权法》颁布后，教会将被视为财产的新主人，因而这样的捐赠受到了法律的限制。

《用益权法》在一定程度上制止了“尤斯”制。但是反而促使另一种财产寄赠方法的产生，即“双重尤斯制”（又叫“双重用益”（Use Upon a Use））。双重尤斯即在第一个尤斯上再进行一个尤斯，从而巧妙地再一次避开了法律的规制。具体做法是：甲要将财产如土地等转移到丁的名下，但由于法律的限制，现在已经不可能再用尤斯制可以直接实现，那么，就可以使用“双重用益”制度，即先将该财产转移到乙的名下，再由乙将该财产转移到丙的名下，并且约定，丙最后将该财产的收益交付给丁，从而丁实际上对该财产拥有了所有权和收益权。

甲 ——→ 乙 ——→ 丙 ——→ 丁

图 2－1　“双重尤斯制”中当事人关系

与尤斯制受到了衡平法院的肯定一样，双重尤斯也得到了衡平法院的肯定①。为了与之前的尤斯相区分，第二重尤斯被命名为“trust”，即信任——委托人正是对受托人有着充分的信任所以才将自己的财产通过受托人而过渡给指定的受益人的。为了区别，第二次用益被称为信托，因此，“双重尤斯”是信托的定型和完善，即现代信托的真正起源。到后来，不受《用益权法》规避的尤斯都被称为信托，信托后来成了尤斯的统称。可见，《用益权法》不仅没有取消尤斯制，却相反的导致了尤斯制发展到更高形态即信托制。

从英国信托制度的起源可以看出，由于封建制度的僵固而导致的民众对信托制度的实际需求和普通法的救济缺失导致的衡平法的积极干预，是英国信托产生的历史背景。

第三节
英国信托业发展

英国最早的信托是个人承办的，主要处理公益事务和私人财产事务。当时随着英国经济的发展出现一些特殊需要，如单身妇人、孤儿的财产管理，遗嘱的执行和管理遗产以及资助公益事业的财产管理等，要推举社会地位比较高和值得他人信赖的人士（如律师、牧师等）充当受托人管理财产。这种依靠个人关系而进行的信托，在管理和运用财产的时候，往往会出现一些纠纷，造成委托的财产蒙受损失。于是，英国政府 1893 年颁布《受托人法》，开始对个人充当受托人承办的信托业进行管理。1896 年，又公布了《官设受托人法》，如规定法院可以选任受托人，不过这仍然是以个人身份承办信托事务的制度。随着信托业的发展，1908 年英国成立“官营受托

① 双重尤斯在衡平法上被确认是在 1643 年著名的 Sambach 诉 Dalston 案中。关于该案件的详细介绍可参见余辉：“近现代英国信托法律制度的确立”，《法律科学》2003 年第 6 期。

局”，实行以法人身份依靠国家经费来受理信托业务。直到1925年，《法人受托者》条例颁布后，由法人办理的以营利为目的的营业性信托才真正开始。官营受托局在当时英国信托事业中居重要地位，但因英国工业革命后生产突飞猛进，社会上出现了大批富人，他们对财产的管理和运用有了更多的要求，伦敦出现了私营信托公司。从受托主体来看，英国信托业的发展贯穿“个人——→官选个人——→法人”这一主线①。

一、个人非营业信托

如上所述，信托的真正起源是为规避《用益权法》而使用的双重尤斯制度。因为民族习惯和社会风俗的传统观念影响，英国的信托自开始时都是由具有一定社会地位、信誉较好的人士如牧师、律师等作为受托人，且英国社会把能被别人请求作为信托受托人看作是一种莫大的荣誉②。与这种社会荣誉相对的是，信托的受托人把接受他人委托视为凭自己的良心对他人施加帮助之事，因此，最初的信托都是不收费的，即无偿的个人信托。后来，随着信托的发展，也有些受托人象征性的收取一点劳务费，但是，这和后来的营业信托是完全不一样的性质。早期的个人信托完全是尽一种道义上的义务而非处于赚取收入的目的，即使有收取劳务费的情况，一方面极为少见；另一方面收取的数额也非常少——象征意义上收取——多半是委托人的盛情难却的缘故；而后来的营业信托则是在一开始就是为了赚取收益为目的，是把信托当成一项生意来做，信托委托人为了得到信托服务要支付相应的费用，是信托服务的买方，受托人则是出售信托业务、收取劳务费，是信托服务的卖方。

二、个人营业信托

早期的营业信托是个人作为受托人的营业信托。如前所述，刚开始时，受托人把接受他人的信托请求、为他人代为管理财产作为一种莫大的社会荣誉的实现，是道义上的自愿行为，因而是不收取任何费用的，到后来才开始

① 马亚明：“发达国家信托业发展及其对我国的借鉴和启示”，《北方信托网》2003年12月4日。

② 如18世纪中叶的Hardwicke. L. C法官就认为信托“是一种荣誉，被授予信托的人基于自己的荣誉感和良心接受这样的责任，而不是出于获得金钱或是物质的动机。”

象征性的收取一点费用，再后来，由于信托业务的增多，就开始对信托业务收取合理的报酬了，为他人提供信托服务发展成为一个潜力巨大的行业，个人义务信托也发展到个人营业信托的阶段。由于受历史传统和民族习惯的影响，虽然英国的个人信托后来发展到法人信托，但直到今天，英国的个人信托业务依然占据着大量的市场份额，根据相关资料显示，其个人信托业务大约占总业务量的80%左右。如此之高的个人信托业务比例，是英国信托的一个显著特色。

三、官选个人信托和官选法人信托

官立受托人即由官方指定的信托受托人。其实早在1868年，经政府批准，就已经设立外国和殖民地政府信托。英国政府颁布的《司法受托人法》，规定在适当的情况下法院可以为委托人指定受托人，该受托人受法院监督和管理从而使官方对信托业务有了一定的控制，因为该法例被认为是一种半官方的受托人制度。当委托人找不到合适的受托人或者之前指定的受托人因为伤残导致丧失民事行为能力或者死亡时，可以向法院请求由法院指定受托人。不过这时候的管选受托人还仅限于以个人作为受托人的情况。后来才发展到法人亦可被指定为受托人。

四、法人信托和官立信托法人

（一）个人信托发展到法人信托

1. 原因。个人信托设立方便，但是也具有其不可避免的缺点。

首先，由个人作为受托人，受到个人的生命周期的时间限制，如果受托人遭受意外事故或年老等原因导致丧失行为能力或者死亡的话，客观上必须要更换受托人，因此不利于长期信托合同的存续；其次，随着社会经济的进一步发展，个人作为受托人其投资、管理信托财产的能力受到了限制。1588年，英国击败了西班牙的无敌舰队，建立了海上霸权地位，后来工业革命首先在英国开始，并大大促进资本主义经济的发展，英国社会由落后的封建社会向先进的资本主义社会转变。新机器的使用大大促进了其国内生产力的发展。后来英国在19世纪中叶时基本上完成了工业革命，在此期间，其社会经济迅速发展，国民财富迅速增加。英国确立了世界霸主的地位，其在世界各地的殖民地面积居然是其本土面积的113倍，自称日不落帝国。国民财富的大量增加导致了对资金管理的巨大需求。而个人作为受托人毕竟精力有限而且也不可能提供全方位的专业投资服务，特别是伴随着海外殖民地的扩张，客观上可以在海外追逐更高的投资回报率，而个人受托人则对此难以胜任。再者个人受托人资金有限，难以承接大额财产信托。总之，由个人作为受托人存在很多方面的限制。

2. 法人信托的出现。随着信托的发展，个人信托开始发展到法人信托。法人信托即由法人团体充当信托受托人的信托业务。与个人作为受托人相比，法人能集合更多的财产实现投资的规模效应，而且其内部各个部门分工明确、职责完备，能提供更加规范和专业的信托服务，也有利于保护信托财产和委托人、受益人的利益。1886年，伦敦信托执行和证券保险公司成立，这是英国第一家私营的信托机构。1888年，伦敦信托法律保证信托协会成立，这也是一家可以经营信托业务的机构。这样，英国的信托业就从个人信托发展到法人信托。

（二）官立信托法人

在颁布《司法受托人法》10年后，即1906年，英国政府颁布了《官立信托局条例》。根据该条例的规定，某些情况下可由政府指定某法人机构作为信托受托人。该法的颁布，意味着法人作为受托已经得到了法律上的承认，这对英国法人信托的发展起到了促进作用。根据《官立信托局收费章程》，官营受托人收取的费用一般较为低廉，主要用于冲抵提供该项服务而产生的成本支出而非盈利。随着信托业的发展，1908年英国成立“官营信托局”，实行以法人身份依靠国家经费来受理信托业务。在此仅就英国官立信托局的基本情况作一简要介绍。

英国官立信托局总部在伦敦——英国的金融中心也是世界级的国际金融大都市，同时，在各地设有分局。官立信托局的总负责人由高等法院的大法官任命，不过在任命之前，必须得到英国财政大臣的同意。信托局的总负责人要对法院和财政部负责并且要受监理官的监督。英国官立信托局主要有以下几项基本职能：

1. 管理1000英镑以下的小额信托财产。

2. 代保管有价证券以及其他一些证件。

3. 作为受托人执行遗嘱、管理财产等，同时，可以被法院指定为受托人。

4. 犯罪财产的管理人，包括对罪犯所侵害的受害者进行赔偿、代罪犯进行诉讼及家庭抚养方面的支出等。

官立信托机构这种由政府出面开办的信托机构虽然也收取一定的费用，但并不是以谋取利润为目的。官立信托局的受托业务范围较为狭窄，成立之初主要是为参战的英国军人提供方便，为其办理遗嘱信托，后来才在其他方面有所扩展，但不从事商事信托业务。官立信托局的出现，标志着英国的信托从个人受托转向法人受托时代的开始。

第四节
英国信托业务与监管

目前，英国金融信托业以个人受托为主，其承接的业务量占 80% 以上，而法人受托业务则主要由银行和保险公司兼营，专营比例很小，不仅如此，而且在银行的信托业务中，又有 90% 以上集中于 4 大商业银行，即国民威斯敏斯特银行（National Westminster Bank）、密特兰银行（Midland Bank）、巴克莱银行（Barclays Bank）和劳埃德银行（Lloyds Bank）。从经营业务来看，英国信托业仍偏重于传统性业务——个人受托（或称民事信托）和公益信托。除民事信托和公益信托外，英国的证券投资信托也正逐步盛行，信托作为一种很有活力的储蓄与投资形式，已广为人们所欢迎和使用。

英国较常采用的是“养老金基金信托”、“投资信托”和“单位信托”。为保护参加者利益，英国所有的职业养老金计划都通过“养老金基金信托”建立并进行管理。创设这种信托时，首先由雇主出资建立基金，再由受托人以受益人的利益为目的对基金进行管理和运用。现在养老基金已成为英国证券市场上的主要投资者，到 1993 年度，养老金基金的资产达 4600 亿英镑，拥有伦敦证券交易所 30% 左右的股票，到 1994 年为止，英国已有 1300 万人参加职业养老金计划。投资信托公司则为小额投资者分散投资提供了可能。

投资信托公司的自律性组织是 1932 年成立的“投资信托公司协会”（the Association of Investment Trust Companies），到 1994 年 8 月，这个协会已有 292 个成员，管理着价值 380 亿英镑的资产，而在 1963 年，还不到 30 亿英镑。单位信托是一种开放式的共同投资工具，这种业务发展迅猛，到 1993 年已有 1500 个单位信托，到 1994 年 5 月总资产达 950 亿英镑，而在 1959 年，仅有 50 个单位信托，总资产也仅为 1.2 亿英镑。单位信托的行业性自律组织是 1959 年创立的“单位信托和投资基金协会”（the Association of Unit Trusts and Investment Founds）。

一、英国信托业务

（一）英国的信托业务种类

如第一章所述，根据信托事项性质的不同，信托业的业务种类一般可分为民事信托和商事信托两大类。英国的民事信托主要为委托人进行财产管理、遗嘱执行等服务；英国的商事信托则主要为实现委托人或称投资人实现资本的增值的目的。另外，由于英国的公益信托开展也较早，且在国际上也有一定影响，在此也单独做一介绍。

1. 民事信托。一般民事信托按照委托对象是个人还是法人来分，信托的信托业务可以分为个人信托和法人信托两大块。其中个人信托的主要业务包括：财产管理；财务咨询；遗产执行；遗产管理等；财务咨询包括对个人财产在管理、运用、投资以及纳税等方面的咨询等等。个人信托业务以财产管理和遗嘱执行为主。这里所谓的法人信托是指委托人是法人组织的信托业务。法人信托的主要业务有：法人组织的股份注册及过户；年金基金的管理；公司债券的受托，其中又具体包括抵押品的保管、公司债券的证明、偿债基金的收付及本金和利息的偿还等；公司的筹备、并购、重组、解散等相关业务的服务。

2. 商事信托。19 世纪初时，英国工商界兴起了海外投资热，商事信托制度就是资本所有者投资的方式之一，当时的具体做法是：通过签订信托契约而将资本移交给律师并委托其代为投资；对投资所生的利润，除有关的手续费由律师从中扣除之外，其余部分全部由他们获取。这也是商业信托的最早形式。由于律师兼营信托业务有许多不便，为了方便商人在海外投资并维护其利益，英国政府财政部于 1863 年成立了历史上第一家信托投资公司——国际财政公司，从此，英国便出现了专营商业信托的行业，商业信托也借此得到极大的发展，并逐渐成为一种国际性的制度。后来商事信托于英国传入美国，并在美国获得了极大的发展。

英国的商事信托主要包括单位信托、开放式投资公司和投资信托三类，主要投资对象包括公司股票、公司债券、政府债券及一些期货、期权等。下面对这三类商事信托分别加以介绍。

（1）单位信托。单位信托是一种信托制开放式基金，委托人（投资者）通过购买信托单位和单位信托管理公司达成协议并享受投资收益、承担投资风险。单位信托的总数不固定，投资者随时可以买入或者卖出。单位信托的管理公司往往又将信托财产交给专门的投资管理公司管理。单位信托的受益人可以是投资者本人，也可以是投资者指定的其他人如自己的妻子儿女等。截至到 2003 年，英国的单位信托已有 20 多个品种，1600 多个产品可供投资者选择。这些单位信托可分为普通型、收入型、成长型及平衡型四种类型。有专门投资北美、欧洲、日本、澳大利亚等国的信托产品，也有专门投资于货币市场、金边债券等市场的单位信托。总之，英国的单位信托市场较为发达。

（2）开放式投资公司。开放式投资公司是公司制的开放式基金，因此也被称为是现代版本的单位信托。开放式投资公司以公司形式成立，委托人投入的信托财产反映在公司资产负债表上的所有者权益上，即构成公司的股本，因此对公司有一定的经营管理权等权力。开放式投资公司给予委托人或投资人的灵活性更大。开放式投资公司可以设立多个子基金，各个子基金可以有不同的投资策略和方向。截至到 2002 年 12 月，英国已有 71 家管理公司推出了开放式投资公司，这些投资公司包括的子基金更是高达 931 家之多。根据 2000 年 4 月份的数据显示，单位信托基金和开放式投资公司所管理的信托财产达 2540 亿英镑之多。

（3）投资信托。投资信托是公司制的封闭基金，在存续期内，基金份额是固定不变的，投资者如果可以将信托权益转让给他人但不可以要求基金公司赎回，这是和单位信托及开放式投资公司所不同的。到 2000 年 4 月，英国的投资信托公司管理的信托财产达 800 亿英镑。截至到 2003 年 2 月，英国已有273个投资信托产品①。

3. 公益信托。按受益对象的目的不同，信托可分为私益信托和公益信托。公益信托是相对私益相托而言的，是指为了公众利益如保护环境、保存历史文化古迹、救济贫困、发展教育等目的而创设，受益人群为不特定的多数人的信托。公益信托不以盈利为目的。

（1）特色项目——国民信托。在英国，公益信托又称慈善信托，即英国的公益信托事业较为发达，主要的公益信托机构是英国国民信托。其实公益信托及相关制度在英国古已有之。早在1601年，英国就已经制定了《慈善或公益用益权法》（Statute of Charitable Uses / Elizabethan Act），用来说明公益信托的公益目的，防止公益信托滥用并保障公益信托的推广等。在此我们以英国国民信托为例对英国的公益信托做一个简要介绍。

英国国民信托（National Trust）创办于1895年1月12日，其前身是共有地保存协会，该协会创办于1868年。英国国民信托的创办者是Miss Octavia Hill，Sir Robert Hunter 和 Canon Hardwicke Rawnsley。其中罗伯特汉特（Robert Hunter）是其中的主要人物，他是一名杰出的律师，以前曾是共有地保存协会的主要负责人；Octavia Hill 女士是一位社会改革者②，而Canon 则是一位牧师。英国国民信托通过筹集资金并用来购买土地等财产从而达到保护该财产并以此来给人们提供良好的生存环境。

（2）国民信托性质——法人机构。虽然名称是国民信托，但是，英国国民信托其实并不是政府机构，而是一个法人机构，并不从政府获得财政收入。英国国民信托的主要收入来自会员的会费及捐赠以及其他的一些收入，如门票收入、投资收益等。根据该协会2007～2008年度的报告显示，其目前已有356万会员，这些会员不仅有来自国内的，更有来自世界上其他国家的公民。任何人都可以通过缴纳会费而成为其会员③。该信托协会现在有709英里海岸线，250000公顷自然景色优美的土地，超过300处的历史遗

① 商事信托部分内容的数据，较多的参考了曾忠生："英国信托业发展及其对中国的启示"，《南方金融》2003年第10期。

② 在谈到创办国民信托的目的时，Octavia Hill 女士说是 'The need of quiet, the need of air, the need of exercise, and. . the sight of sky and of things growing seem human needs, common to all men'，即对安静、空气、锻炼和天空的美景以及其他任何人都需要的事物的渴求。

③ 英国信托协会的网址是 www. nationaltrust. org. uk，读者可登陆该网站查看详细信息。

迹、公园、古老的纪念碑、自然保护地等。公益信托是一种广义上的信托。以全体会员为委托人，公益信托机构为受托人，受益人则通常是会员但不仅仅限于会员——以观光景点为例，非会员可以通过现场购买门票进入参观，而对会员来说，进入景点参观则是免费的。据其2007～2008年度报告得知，其参观者达到1500万人，另外还有52000个志愿者为其提供免费劳务和服务。

除了国民信托外，英国还有其他公益信托协会，如英国文化资产委员会（English Heritage，EH）、英国市民信托组织（civil trust）、慈善委员会等等其他组织，其中最主要的是市民信托组织，该组织由Duncan Sandys在1957年创立，主要有四项工作内容：改变政策与态度、提升市民信托奖水准、公民社区运动及社区营造。市民信托组织有会员21万人。英国的公益信托事业较为发达（相关情况见阅读资料）。

（二）英国的信托机构

英国经营信托的机构主要是银行和保险公司，专业的信托公司所占的比重很小。按比例来看，银行所经营的信托业务占整个英国信托业务量的20%左右。不仅如此，而且在银行的信托业务中，威士敏斯特、密特兰、巴克莱、劳埃德4大商业银行设立的信托部和信托公司所经营的信托业务量占整个银行所经营的信托量的90%以上。

由于19世纪中期，英国产业革命的成功，出于对财富的不断积累刺激了人们的投资欲望，但是又由于缺乏专业知识，于是英国的个人受托向法人受托发展。1868年，英国政府批准，外国和殖民政府信托成立。1886年在苏格兰的爱丁堡市成立了“公共信托公司”，这是最早的法人受托的私人组织。同年还成立了伦敦信托执行和证券保险公司，次年又创立了伦敦法律保证协会。而后保险公司也纷纷经营信托，1903年皇家保险公司设立了信托部，在私营法人受托创设初期，英政府开始创办信托局。1906年，英国政府颁布了《官立信托局条例》和《官立信托局收费章程》。随着信托业的发展，1908年英国成立“官营受托局”，实行以法人身份依靠国家经费来受理信托业务。这种由政府出面开办的信托机构虽然也收取一定的费用，但不单纯以谋取利润为目的，而且其受托业务范围狭窄。当时，主要是为参战的英国军人提供方便，为其办理遗嘱信托，但是却标志着英国的信托从个人受托转向法人受托时代的开始。1925 年，《法人受托者》条例颁布后，由法人办理的以营利为目的的营业性信托才真正开始。19 世纪 60 年代，英国为适应中小投资者的需要，首创投资信托业务，现已成为资本市场的重要工具。英国的投资信托主要采取“契约型”。此时，信托业务已经发展到了以营利为目的，并且信托对象也由土地为主的不动产发展到动产信托。

二、英国信托业的监管

由于英国金融体系采取的是混业经营模式，因此，对于金融业的监管也是采取混业监管的模式。英国信托业的监管是采取混业监管的，同时也非常注重与各个行业协会的沟通。可以说，英国信托业的监管主要来自于三个方面：法律监管、法定机构监管和行业协会管理。个人信托业务须接受法院的监管，而法人信托的监管则由英格兰银行和“证券及投资委员会”负责。其中英格兰银行拥有信托机构的设立审批权和信托经营调查权；“证券和投资委员会”则负责对从事投资信托、养老金基金信托、单位信托等信托业务的监管。另外，英国还有一个民间监管机构，即金融服务局。

（一）法律监管

法律监管主要由法院负责。英国的法院负责对个人信托业务进行监督管理，主要是因为英国的个人信托业务占全部信托业务的比重较高、个人信托业务的委托人和受托人都较多的原因。英国属于英美法系国家，其法律体系以判例法为主，成文法较少。但英国的信托相关的法律法规中却有较多的成文法。

关于英国信托——或者说是英国信托的雏形的用益制或尤斯制——的法律应当追溯到 1225 年亨利三世为禁止国民将土地捐赠给教会而修正的大宪章。19 世纪以来，英国颁布的有关信托的法令多达数十种，其中较有代表性的包括：1893 年的《受托人条例》、1896 年的《官选受托人条例》、1925 年的《法人受托者》条例及 2000 年的《金融服务业务与市场法案》等。这些法律涉及信托关系的调整、信托业的市场准入条件及信托业务范围等方面，为英国信托业的发展提供了有力的法律保障。

1279 年，爱德华一世颁布《没收条例》或称《死手法》，规定教徒将土地捐献给教会必须事先得到国王或者诸侯的同意，否则捐献无效，捐献的土地收为国家所有。这也就意味着捐献土地给教会等其他类似的行为遭到了法律的限制。

1535年，亨利八世颁布《用益权法》或称《尤斯条例》，该法规定在尤斯行为中，财产的受益人为财产所有人因此对通过尤斯制来捐献土地给教会或者逃避封建税负义务等行为将被视为违法行为。

1601年，制定了《慈善或公益用益权法》，用来说明公益信托的目的、防止公益信托被滥用及推广公益信托事业。

1853年，制定了《公益信托法》，规定由政府设置委员会对公益信托进行监督。

1893年颁布的《受托人法》将散落于30多部法案中的有关受托人的条款进行综合，基本确定了受托人与委托人之间信托行为的准则，成为英国第一部明确指导受托人开展业务的法案。

1896年颁布的《官选受托人法》规定官选受托人由法院选任，开始提供有偿服务，并受到法院严格的监督。

1896年，《司法受托人》条例颁布，这是一种半官方性质的受托人制度。而1996年《土地信托和任命受托人法案》，1961年《受托人投资法案》，2000年《受托人法案》，则主要对受托人的行事准则、权限、衡量其投资收益的标准、购买土地等事宜及代理人和保管人的任命、受托人的报酬等方面作出了规定。

（二）法定机构监管

法定机构监管中的机构主要是英国信托业的监管机构，包括法院、英格兰银行和金融服务局（FSA）等。法院负责对个人信托的监管，英格兰银行负责监管吸收存款的信托机构，如受托储蓄银行、有限责任受托储蓄银行等，而金融服务局（FSA）则负责对经营投资业务的信托机构的监管。

英国法人信托的监管由英格兰银行和证券及投资委员会负责。英格兰银行是英国的中央银行，对全国的金融机构负有普遍的监管管理职责。在法人信托的监管上，英格兰银行主要负责市场准入制度的制定、设立法人信托机构的审批及调查法人信托公司的日常经营管理如检查其资本结构和风险状况等。证券及投资委员会对法人信托机构的监管主要指对其的投资业务的监督管理和风险防范，这些投资业务主要包括投资信托、单位信托和养老基金信托等业务，因此对其的监管也主要集中在这几项业务上。

（三）行业协会管理

行业协会管理是民间监督机构进行的。英国的监管体系比较重视信托业的自我管理。信托行业协会作为英国的信托业自律组织负有较重的监管任务，其中比较重要的行业协会有：投资管理协会（IMA）、保管人和受托人协会（DATA）、职业养老金管理局（OPRA）和法人受托人协会（TACT）。

另外，还有英国的金融服务局即 Financial Services Authority，是对英国金融市场进行全面监督管理的机构，但和国民信托一样，金融服务局也是非政府的私人公司组织。金融服务局成立于 1997 年 10 月，其前身是证券投资局。1998 年，该机构又将个人投资局、投资监督管理组织、证券和期货局及建筑协会等组织的相关职能和权力受转到自己名下。2000 年，英国颁布《金融服务和市场法案》。根据该法案的规定，金融服务局通过财政部对议会负责对整个金融市场进行监督管理和规范。因为是对整个金融市场进行规范，因此也涉及到对信托业的监管。个人和法人如果要从事相关的金融业务，必须要先得到金融服务局的批准。同时，该法案规定金融服务局有四项主要职能，即保持投资者信心、提高公众认识、保护消费者及防范金融犯罪。

本章小结

从本章的介绍可以知道，英国信托发展的历史比较悠久，信托制度的建立也比其他国家早——实际上，其他国家的信托制度都直接或间接的引自英国。

衡平法院在信托制度的产生和发展中起到重要作用。衡平法院先是肯定了尤斯制（即用益制度），后来又肯定了双重尤斯制即信托，因此被称为是信托之母。无论是《没收条例》还是《用益权法》，其目的都是为保护英国王室和贵族的权益而禁止公民向教会捐献土地或者逃避赋税，但是，与其立法初衷相违背的是，前者的颁布让尤斯制得以产生，后者则催生了双重尤斯，即现在的信托。

虽然英国是信托业的发源地，但现在的信托业务不如美、日等国发达。究其原因，可能是因为虽然很早就出现了信托制度，但是由于受传统的影响，英国人长期将接受信托当成是一项荣誉和义务，没有走市场化发展之路，所以，英国信托形成一个独立的行业或市场的时间并不长。另外，金融业包括信托业的发展又是和一国的经济发展水平紧密联系的，英国在二战后就已失去了世界霸主的地位，经济水平也落后于美国和日本，因此其信托的发展反落后于这两个后起之秀的国家也就不足为奇了。

英国信托大事记

1225 年，亨利三世修正大宪章，禁止土地捐赠给教会。

1279 年，爱德华一世颁布死手法（Status of Mortmain）。

1446 年，衡平法院作出判例，保护信托（USE）土地受益权。

1535 年，亨利三世颁布用益法 Statute of Uses（USE），土地 USE 受到限制，但受托管理不动产之 USE 仍然被承认，此形态后来被法院称为 TRUST。

1540 年，遗嘱法制定，扩大财产所有人处分权，传统 USE 势微。

1601 年，制定了《慈善或公益用益权法》（Statute of Charitable Uses / Elizabethan Act）。

1825 年，颁布《信托土地法案》。

1850 年，颁布《受托人法案》。

1853 年，制定了《公益信托法》，规定由政府设置委员会对公益信托进行监督。

1863 年，成立了英国历史上第一家信托投资公司——国际财政公司。

1868 年，共有地保存协会成立，为国民信托前身。

1886 年，伦敦信托执行和证券保险公司成立，这是英国第一家私营的信托机构。

1888 年，伦敦信托法律保证信托协会成立，这是一家可以经营信托业务的机构。

1889 年，颁布《信托投资法案》。

1893 年，颁布《受托法案》，英国第一部明确指导受托人开展业务的法案。

1895 年，创办英国国民信托(National Trust)，其前身是共有地保存协会。

1896 年，颁布《司法受托人》条例颁布，这是一种半官方性质的受托人制度。

1899 年，颁布《团体法人条例》，确立了官选受托人的法人资格地位。

1903 年，皇家保险公司设立了信托部。

1906 年，英国政府颁布了《官立信托局条例》。

1907 年，通过国民信托法。

1908 年，英国成立“官营信托局”。

1910 年，公布官设受托人法（Public Trustee Act)，银行开办信托业务。

1925 年，新受托人法（Trustee Act）公布。

1931 年，苏格兰国民信托成立。

1932 年，成立的“投资信托公司协会”（the Association of Investment Trust Companies)。

1957 年，成立市民信托（Civic Trust)。

单位信托的行业性自律组织是 1959 年创立的“单位信托和投资基金协会”（the Association of Unit Trusts and Investment Founds)。

1961 年，颁布《受托人投资法案》。

1965 年，成立地标信托（Landmark Trust)。

1976 年，成立建筑遗产基金（The Architectural Heritage Fund)。

1979 年，古代纪念物与考古地区法通过。

1980 年，托儿信托（Daycare Trust)。

1981 年，萧伯纳信托（Shaw Trust)。

1983 年，国家文化资产法通过，设立英国文化资产委员会（EH)。

1986 年，军事遗迹与遗物保护法通过。

1996 年，颁布《土地信托和任命受托人法案》。

1997 年，金融服务局成立，其前身是证券投资局。

2000 年，颁布《受托人法案》。受托人法案主要对受托人的行事准则、权限、衡量其投资收益的标准、购买土地等事宜及代理人和保管人的任命、受托人的报酬等方面作出了规定。

2000 年，颁布《金融服务业务与市场法案》。

阅读资料

一、英国国民信托（National Trust）运动

国民信托（National Trust）运动于1895年发源于英国，起初是由一位律师一位牧师及一位女性社会改革者，共同发起而成立的公益法人，其中最主要人物乃身为律师的罗伯汉特（Robert Hunter），他于1868年起担任《共有地保存协会》的律师，常为保存各种共有地而打官司，其中尤以将王室6000英亩的森林开发成为共有地的胜诉，更奠定了国民信托运动在英国发展的契机，成立以后的第一个信托为威尔斯地区的4.5英亩海边崖地，是由所有人捐赠；第二个案子为英格兰东南部一栋1350年兴建的牧师会馆，只以象征性10英镑的价格购入（Waterson，1994）。

早期的发展可谓荜路蓝缕，1913年第一任会长汉特律师去世时，当时的资产有信托基金2063英镑以及62处土地及建筑，会员也只有700人。到了1993年时，会员增加至219万人（个人会员32英镑，家庭会员42英镑，青年会员9英镑，终身会员550英镑，60岁以上终身会员300英镑）。到了2005年，会员更增加340万人。其他的信托组织尚包括皇家鸟类保护学会（RSPB）、苏格兰国民信托（TNTS）及野生动物信托（WT）。

以英国国民信托（UKNT）组织为例，其所信托的资产有土地61.2万余英亩（约24.8万公顷）、历史建筑物215栋、庭园130处及海岸线704英里、31处自然保护区、28个古堡、12处灯塔、127处工业史迹、78处磨坊、19处酒吧、47处鸽舍、25处中世纪谷仓等，另外尚藉由契约保存一批古迹、教会、工厂、森林、运河、沼泽、铁路等，甚至还包括57个小村庄、437处科学景点及8000幅画与100万本书，已经成为英国民间最大的土地拥有者，其拥有土地占全国国土的2.7%（Dwyer & Hodge，1996）。因此，英国国民信托宣称：80%的国民其居住地周围20英里处一定有信托公共财产；任何地方开车40分钟一定可达信托公共财产。

英国的国民信托运动能如此蓬勃发展，和立法的支持有绝对的关系，1907通过的国民信托法（National Trust Act）第四条明白宣示："国民信托的目的乃是为了全体国民的利益而保存优美或有历史价值的土地及建筑物"；第二十一条规定受信托的资产不能转让（inalienable），此条款使得捐赠人能安心地将土地或建筑物信托给基金会。该法也规定所有信托资产应对

大众公开，并得收取门票作为维护管理之用，但会员免费。依基金会的年度报告，每年约有500万人购票参观访问各种信托处所，20世纪80年代最多的一年有660万访客。2005年，已达1200万人。

1937年国民信托法有了修正，其范围更加扩大，即由点到面——建筑物的周边环境也一并成为信托的范围，另外也由外到内——建筑物内部的家具、绘画也一齐纳入信托。由于基金会所拥有的资产越来越多，单靠门票已不能维护及管理，因此信托法1937年的修正也同意基金会可以另外“置产”或经营事业以赚取维护费用，由此而获得的资产为其“经营资产”，以有别于“信托资产”及“保存资产”（Newby，1995）。

保存协定（Convernant）的制度是1937年修正“国民信托法”的重点，本协定由土地或建筑物所有人和基金会共同签订，内容包括不开发、不伐木、保持建筑物外观等，一经签约所有人可减免遗产税。此类“保存资产”并不需要对大众公开，但几乎可预见过了几年拥有人大半会捐给基金会而成为“信托资产”。换言之，保存协定其实是透过减免税金的诱因来“预订”优美或有历史价值的土地及建筑物，这一类“保存资产”的土地约有8万英亩。

相关税法对国民信托业务的减免具有显著的鼓励意义，1910年的财政法已规定捐给国民信托基金会的各种资产一律免税。1931年修正的财政法再规定“保存资产”免征遗产税，上述之“保存协定”乃依本法办理，但如果后代捐赠出来，则仍可居住在里面，不过只是部分公开。后来免税的范围日渐扩大，1949年修正的财政法也包括了基金会的“经营资产”，1951年又涵盖了建筑物内容的动产，到了1972年对于大笔捐款也得以免征遗产及所得税。

二、英国国民信托与博物馆

英国国民信托（苏格兰）拥有的公共财产分成10类，博物馆散布在10类中，因此博物馆并非分类之一。依英国政府（Museums Libraries and Archives Council）规定博物馆需要注册认证。因此1990开始注册，1992～1995年间，共注册认证约100家博物馆；1995～2004年间再注册认证49家。换言之，英国国民信托拥有149家注册认证的博物馆，占全英国8.5%。

2005 年，英国国民信托向政府提出申请成为博物馆认证组织（AMA：accredited museum authority），2006 年 4 月成为英国最大的 AMA，一方面它拥有 149 个博物馆；另一方面，它开始拥有认证其他博物馆的权力。英国国民信托长期以来一直论辩是否规划与经营博物馆，2006 年的认证成功，正式宣告：博物馆产业将成为英国国民信托未来的主轴。而许多期望自家未来成为博物馆的“潜在信托者”或“潜在保存契约者”将大为增加。

英国国民信托所拥有的博物馆 100%“原汁原味”，从未新建博物馆，因此历史味与故事性无可替代。例如古堡成为博物馆（19 世纪 Penrhyn Castle，1951 年信托），非常具有法国生态博物馆的精神。除了原有的环境（维多利亚花园、大草坪、古堡建筑等），内部原有的装潢、厨房、家具与当时主人收藏的艺术品与画加上故事，接着才是认证的两个博物馆：洋娃娃与铁道博物馆。又如工业史迹博物馆（Quarry Bank Mill & Styal Estate，信托于 1939），完整保存整套的棉花工作磨坊。名人故居成为博物馆者更是“原汁原味”，如前印度总督 Lord Curzon 故居博物馆（Kedleston Hall，信托于 1987 年）、前贵族勋爵故居等。Ellen Terry's 英国著名女演员 1899 ~ 1928 年期间所居住的故居（Smallhythe Place，1939 年信托）成为戏服与戏剧博物馆。最为一般人熟悉的披头四合唱团（Beatles），其中两位（Sir Paul McCartney and John Lennon）孩童时代的在利物浦的两处故居已被信托（Merseyside and Mendips），正在规划成博物馆。

全世界也 23 个国家与地区参加“世界国民信托协会”，早期英国殖民地的国家采用“英式国民信托”，例如澳洲、马来西亚。纽西兰亦有国民信托，但是称为“史迹或古迹信托”（The Historic Place Trust），系依 1954 年之古迹法（The Historic Place Act）而运作，则较像美国国民信托，以史迹或古迹为主轴。日本国民信托以协会方式运作，下有 54 个团体，团体名称有 2/3 未冠信托字样。韩国则由政府补助成立。不管何种方式，业务与博物馆结合是时代趋势。

三、英国公益信托：慈善委员会

英国最主要的公益信托业务由慈善委员会负责监督与管理，迄今已有 16.8 余万信托基金，每年业务金额超过 100 万英镑的基金有 5241 个，每年操作约 42 亿英镑之经费用于各种公益用途。如此多的公益信托基金中，依慈善委员会的主册纪录，基金名称有艺术者 32 个，文化保存者 28 个，古迹者 30 个。

表 2－1　　2007 年英国公益信托（Charitable Trust）一览表

（A）年捐款分类（£ 英镑）	（B）公益信托案	（C）主册公益信托百分比（%）	公益年总金额（£）bn（10 亿英镑）	百分比（%）
£ 0－1000	35636	21.11	0.008 bn	0.02
£ 1001－10000	59944	35.51	0.276 bn	0.66
£ 10001－100000	48846	28.94	1.663 bn	3.94
£ 100001－250000	10510	6.23	1.692 bn	4.02
£ 250001－1million	8617	5.10	4.250 bn	10.09
£ 1m－5m	3847	2.28	8.304 bn	19.71
£ 5m－10m	743	0.44	5.232 bn	12.41
£ 10m and over	651	0.39	20.713 bn	49.15
合　计	168794	100.00	42.138 bn	100.00

Source：Charity Commission，2007.

四、英国市民信托组织（civic trust）

与国民信托分庭抗礼的是英国市民信托组织（civic trust），由 Duncan Sandys 创立于 1957 年，有四项工作内容：改变政策与态度、市民信托奖提升水准、公民社会运动与社区培力。但是主力用于居住所在地的社区营造与历史建筑保存与活用，并以此与国民信托区隔。其社区营造部分包括市镇中心改善、都市再生、闲置空间再利用等。英国市民信托组织过去的一些成绩建立了公信力，包括抢救 Covent 花园以免沦为 6 线大道、抢救 Piccadilly 圆环以免沦为钢构怪兽、抢救保留新苏格兰场、协助保存 York 与 Bath 历史城镇等。因此在 Civic Amenities Act 立法过程中扮演推手角色，也建立了保存区（conservation area）之制度。

英国市民信托组织在文化资产教育上，每一年 9 月举办 3～5 天的“文化资产开放日”，号称英国规模最大的民间文化活动，例如在 2007 年共举办 3526 个活动（www.heritageopendays.org/）。其次，该组织配合英国文化资产委员会（EH）的绿色大旗奖，推出绿色文化资产处所（Green Heritage Site），特别针对有历史意义的公园与绿色空间，这些处所不一定在 EH 所列管的国家历史公园与庭园类文化资产清单（NHRHPG）中，但一定要超过30年，迄今已有557处成为绿色文化资产（标章如下）。另一个类似的奖称为绿色小旗奖（GPA），特别颁奖给由社区与民间团体管理的公园与绿色空间，目前已有58处得奖。

英国市民信托组织最重要的鼓励是年度市民信托奖，已举办49届，将于2008年迈向第50届，每届挑选了100件左右的成功个案奖励之，颁奖典礼隆重举行，例如2007年典礼选在新堡举行，新堡是一个西元2世纪开始的古老城市，人口约19万，市内就有两处国民信托的历史建筑，一处英国文化资产委员会（EH）托管的历史建筑，并成为该组织的地区总部；第二处列管的古代纪念物处所，13处博物馆与美术馆等。

该组织四大项工作之一的公民社会运动与社区培力尤其重要，英国市民信托组织是750个民间团体的平台，其会员人数有21万人，声称代表1/4的英国人民。常使用网络召开公民会议，不但互相声援展开行动，并且讨论如何游说改变政策。

五、英国文化资产委员会

国民信托虽然强调民间社会力，但仍然需要公私协力（PPP），尤其文化资产保存与活用具有较强的国家信托性格。公私协力的伙伴团体当然包括各相关部会与民间团体，其中最重要的伙伴单位为英格兰历史建筑与纪念物委员会，简称英国文化资产委员会（English Heritage：EH），依据1983年的国家文化资产法而设立，成为政府的法定咨询单位，协助主管机关文化、媒体与体育部（DCMS）执行文化资产相关业务，并透过部长向国会负责，因此，EH是一个非政府的公共部门。但是它也扮演与其他政府的桥梁，在横向方面从事文化资产保存，例如与CLG（国务院社区与地方政府）与DEFRA（环境、粮食与乡村事务部）。

英国文化资产委员会的经费主要来自政府拨款，部分收入则来自其专家服务，且收支并列，回归文化资产事务。以2006年为例，该委员会之政府拨款经费为1.29亿英镑，其他收入为4190万英镑。不但托管巨石群遗迹（Stonehenge）与超过400处文化资产，而且负责维护两个主要清单：文化资产清单与国家纪念物记录。在此过程中，与国民信托与市民信托组织产生很强且必要的协力关系。其中上述的世界遗产巨石群遗迹，正由委员会进行地区整合与管理计划，以巨石群遗迹为中心，整合附近的景观与文化资产，包括已完成的一处大草坪与游客中心，另外规划 2.1 公里长的隧道，以解决交通问题。

英国文化资产委员会办理一些特别的计划来保存与活用文化资产，例如文化资产发展五年计划，以 3000 万英镑的预算来发展各个文化资产的商业与产业潜力，期望未来活用之后可以财政自立。支持计划大自如 Kenilworth 城堡的整修到小计划如更新解说与导览系统等。自 2006 年 5 月起，英国文化资产委员会发动宗教祈祷处所（教堂、回教祷告堂等）文化资产维护计划，全英国有 16151 处各种宗教祈祷处所，其中 4200 处被列为一级历史建筑，占所有历史建筑的 45%。该委员会所作的一项研究指出：宗教祈祷处所文化资产之维护，估计每年需要 1.85 亿英镑，但是目前只有 6700 万英镑，每年短缺 1.18 亿英镑。急需各个团体联合募款，因此，委员会提出五点策略，包括要求文化资产乐透基金支持及培力“教堂保存信托组织”，争取募款。教堂保存信托组织（CCT）原名冗赘教堂基金会成立于 1969 年，1994 年改名转型，专门处理闲置教堂。

另一个特色计划为乡村历史环境计划，英国文化资产委员会协助 DEFRA（环境、粮食与乡村事务部）执行，希望在乡村地区能保存农舍、古墓与战场。英国文化资产委员会也常态性的推动文化资产保存技术，发展文化资产保存的市场。在 2004 年，委员会启动拯救街道计划，教导道路工程师与道路使用者，如何设计与地方景观整合，而且过程鼓励居民参与。当然每年举办的文化资产开放日，由市民信托承办，已成传统。

自 1998 年起，每一年英国文化资产委员会公布“受威胁文化资产清单”，依据 2007 年清单，英格兰部分有 30544 处历史建筑列入一级与二级文化资产，其中有 1385 栋被列入受威胁清单，所幸自 1999 年以来，43.8% 的受威胁文化资产已从清单中移出，例如 2006 年时，有 88 栋被处理后移出清单，但却追加新受威胁的 52 处。同年委员会补助 4400 万英镑整修 75 栋历史建筑，仍有 21% 的历史建筑被列为最优先抢救名单中。英国文化资产委员会估计需要 4 亿英镑才能整修所有受威胁文化资产，因此需要各种信托组织的协助募款整修与活用，目前有 12.5% 的整修由民间协助。

自 2002 年起，英国文化资产委员会代表国家历史环境执行委员会（HEREC）整理提出年度文化资产要览（Heritage Counts），说明该年度文化资产的国家状况，其2007年指标见表2－2。

表2－2　2007年英国文化资产委员会提出之年度文化资产指标

指标	数据	说明
世界遗产数	17	11（2001年）
受威胁文化资产比率	3.2%	3.8%（1999年）
成人参访历史环境景点比率	70%	
参访历史环境景点次数	6280万次	
历史环境景点营收率	+6%	与2002年比较
国民信托会员数	350万	比2001年成长20%
志工数	50万	
学校参访历史环境景点次数	250万次	
高教相关课程开设增加率	13%	与2002年比较
文化资产相关专业培训率	－13%	与2005年比较
文化资产相关专业人员征求困难率	50%	50%的地方政府找不到人
文化资产乐透基金经费支持比率	－13%	与2001年比较
英国文化资产委员会经费支持比率	－11%	与2001年比较
经费支持总减少数	5000万英镑	经费已被移往支持2012奥林匹克运动会

资料来源：Source：英国文化资产委员会，2008年。

注：本章的阅读资料主要来源我国《台湾国民信托》网站。

第三章 信托业的后起之秀——美国的信托业

美国作为当今世界上唯一的超级经济大国，虽然不是信托业务最早起源的国家，但却是当今世界金融行业最发达、信托业最丰富的国家。美国信托业发展的经验对我国信托业的发展具有十分重要的参考和借鉴意义。本章通过对美国的信托业的发展进程、业务特点和信托立法的介绍，旨在呈现美国的信托业的全貌。

第一节 美国信托制度与特点

一、美国信托制度的发展

美国是世界上信托业最发达的国家，其信托法律制度非常完善，现代信托法中的很多原则和制度都来自美国的信托法。美国信托法的发展可以分为早期阶段、发展阶段、成熟阶段和统一阶段。

（一）早期阶段（从接受信托到独立战争时期）

随着英国对美洲的殖民，英国的法律传到了美国。信托法充当主体的衡平法体系也为美国殖民地的大部分地区沿用。从仅存的很少一些早期信托的案例可看出信托在美国出现得很早。而在信托的数量上殖民地的信托要比英国的少很多。在美国东部经济比较发达的地区，信托在社会和经济生活中发挥着重要的作用；在西部新兴地区，财富积累得较少，信托发挥的作用相对小些。但随着经济的发展，西部地区的信托也日益增多。总之，美国在17世纪已出现了一些有关信托的案件，信托案件出现的数量与经济的发达程度成正比，东部经济发达地区比西部新兴地区多。早期阶段的信托主要是民事信托，人们出于血缘和友谊的关系，担任受托人，无偿管理信托事务。信托法的主要内容脱胎于英国宗主国，并没有形成自己的特点。

（二）发展阶段（从独立战争后到第二次世界大战前）

1781年独立战争胜利为美国资本主义的发展扫清了道路。在此期间，美国的股份公司组织发展较快，社会财富大量增加，并由实物形式的土地、商品，向股票、公司债券等形态转化。因此，某些金融机构在业务经营范围上有所扩展，对信托的要求渐增。纽约州在1822年授予农业火险和借款公司（the Farmers’ Fire Insurance &Loan Company）特许权，允许其充当受托人。这是第一次给予法人充当受托人的权利，开创了信托法发展历史上的重要一页。保险公司兼办信托，在美国信托史上被认为是以后美国信托蓬勃发展的先导。1853年，一家专营信托的“美国信托公司”（United States Trust Company）在纽约成立，从此信托业和保险业开始分离。1861~1865年，美国发生了南北战争。战争结束后，美国经济在东西部都得到了飞速发展，相应地给信托业的发展提供了有利的条件：社会财富增加，积累上升，投资者要求资金的出路；为了满足社会集资，股份公司采用分股征集资金的自治形式，给分散的社会小额资金提供了方便，资金容易转让，公司的成立时间又比合伙企业长，很受投资者欢迎；美国政府对信托的管理政策有所放宽，并允许信托公司扩大业务经营范围，有权吸收存款和经营其他银行业务；公司组织增加，亟须专业人士理财，而信托公司就可以提供这样的服务。由于这些因素，使得美国的信托业在南北战争之后得到了很大的发展。美国的信托法主要体现为判例。随着信托业的繁荣，有关信托的判例也越来越多，丰富了信托法。由于经济的发展，同时由于美国的国民性比较活泼，美国在信托制度上有了很多创新，如首次使用（比英国早将近80年）法人受托人。法人受托人的出现导致了信托公司和银行信托部的迅速发展，繁荣了信托业，这是对信托的最大贡献。另外，美国信托法中有关信托投资的重要规则——"谨慎投资人规则"开始确立。这是美国随着经济发展不断调节信托投资规则的一个典型例子。此外，1935 年美国法学会完成了美国《信托法重述》，其内容涉及到信托的设立、管理等内容，在理论上对这一时期信托法的成就作了总结。

（三）成熟阶段（从第二次世界大战后至 1999 年）

第二次世界大战后到 20 世纪 50 年代，信托业的发展较平稳缓慢。到了 60 年代，信托业又急剧发展起来。70～80 年代，计算机和通讯技术的不断完善开拓了信托业的业务领域，美国信托业进入了快速发展的时期。在今日美国，信托观念已经深入人心。总之，第二次世界大战后国内金融环境和政府经济政策的变化刺激了经济的高速发展，而经济的发展又带动了信托业的大规模发展。美国信托业始终是服务于美国经济发展的，而信托业的繁荣和发展也使得信托法更加完备。这一时期通过的《信托法重述》第 2 版和第 3 版，对以前的信托立法经验进行了总结。

（四）统一阶段（从 2000 年至今）

基于英美法系法律文化的传承，美国信托法与英国一样，主要由衡平法上的判例规则构成。但自 20 世纪初以来，伴随成文法运动的发展，信托法的成文化也有了显著进展。其成果包括：第一，各州信托法的法典化。目前多数州的信托法均已成体系。综合性的信托法规已在一些州，特别是在加利福尼亚和德克萨斯州广为人知；第二，联邦成文信托法。目前已有美国国会通过的四部成文信托法，分别是《信托公司准备法》（Trust Company Reserve Law）、《统一信托收据法》（The Uniform Receipt of Trust Act）、《投资公司法》（The Investment Company Law）和《信托契约法》（Trust Indenture Act）；第三，统一州法委员会制订的与信托相关的"统一法"。从 1937 年的《统一信托条例》（The Uniform Trust Act）到 1994 年的《统一谨慎投资人法》（Uniform Prudent Investor Act，简称 UPIA）共计 11 个文本。这些都被不同数目的州引用颁行，成为这些州正式的成文法。其中最被广泛应用的是《统一谨慎投资人法》，到 2002 年有 35 个州颁布了该法。相反的是1954年《统一慈善信托受托人监察法》（Uniform Supervision of Trustees for Charitable Purposes Act），目前仅有4个州将其颁行。美国统一信托法（The Uniform Trust Code 2000，简称为UTC）是美国统一州法委员会在以上成果基础上，集7年之功完成的。哈特莱特（Maurice Hartnett）法官领导的一个研究委员会于1993年奉命开始工作。2000年8月，美国统一信托法（UTC）的正文由统一州法委员会通过。UTC的详细的注解和附录分别在2001年4月和2001年8月完成。2001年、2003年和2004年，统一州法委员会又对文本的少数条款进行了修订。UTC于2000年颁布后，即有6个州立即在本州施行，有超过30个州开始研究，并且后者中的大多数计划实施。2004年6月，全美国已有10个地区实施UTC，有20个以上的州分别在2006年前将UTC列入州立法计划。10个已实施UTC地区分别是：哥伦比亚特区、缅因州、堪萨斯州、密苏里州、内布拉斯加州、新汉普郡州、新墨西哥州、田纳西州、犹他州和怀俄明州。UTC的制订受到了美国信托法学界的普遍称赞。美国法学会信托法研究委员会称，UTC是美国法律一次意义重大的进步，确信其将给颁布它的州带来公正和稳定的信托规则。UTC的制订颁布是对美国信托法的一次系统性调整和整合，是美国信托法发展中的重要里程碑。它初步完成了美国信托法律的系统化，并使其基本形成了以UTC为基本法，其他信托法为特别法的格局。

二、美国信托法的发展特点

美国的信托法非常发达，这是与其信托业的发达紧密相联的，信托业的发达相应地丰富了美国的信托法律制度。纵观美国信托法发展的历史，可以看出美国信托法发展具有以下几个特点：

（一）确立了本国特色的信托法规则

如美国确立了现代投资信托的重要规则——“谨慎投资人规则”。谨慎投资人规则要求投资人尽到三方面的义务：

1. 注意。受托人在投资之前，应以合理的注意对投资对象的安全和获益性进行调查，必要时还得征求各方面专家的意见，以供参考。

2. 技能。受托人应具备与所从事的投资行为相适应的技能，否则如果投资有损失，应负责任。

3. 谨慎。受托人不仅应为职务上的注意和尽其所能，并且应谨慎行事，即应以合理的方式（如分散投资）获得合理的收入，尽量避免投机性行为英国信托法最初采用的是“合法名单”规则，即将受托人可投资的项目罗列出来，受托人仅可就这些项目投资。而美国则发展出了“谨慎投资人”规则。

“谨慎投资人”规则最初产生于1830年马萨诸塞州的一个著名案例：哈佛大学诉阿莫里案（Harvard College v. Amory）。这一规则在与“合法名单”规则的斗争中发展成熟，并最终在20世纪40年代确立起统治地位，被美国的大多数州采用，并且成为现代世界许多国家投资信托的规则。

（二）美国信托法的法典化程度较高

信托法的法典化趋势最明显、最典型地体现在美国的立法中。美国的信托法是州法，纽约等州已相继出台了全面调整信托关系的信托法典或单行的成文信托法。与各州信托立法的发展相适应，在美国统一各州法制的运动中，信托法也是一个重要的内容。美国的统一各州法律委员会自1960年以来先后拟定了9个关于信托以及与之有直接联系的成文法草案。美国国会也相继颁布了4个成文信托特别法，其中除1933年的《统一信托收据法》（The Uniform Receipt of Trusts Act）于1952年废止外，1906年《信托公司准备法》（Trust Company Reserve Law）、1939年的《信托契约法》（Trust Indenture Act）和1940年的《投资公司法》（The Investment Company Law）则都沿用至今或经修订后至今仍然适用。另外，美国的信托立法具有很强的针对性和可行性，如1940年的《投资公司法》就是针对投资基金问题进行的立法。这保证了信托多方面功能的发挥，对美国金融的发展起到了积极作用。

（三）美国信托业的法律监管完善

与美国的信托法分为联邦法规和州法规两个体系相对应，美国信托业的监管也分为两级。美国的信托业机构主要是兼营信托业务的银行以及兼营银行业务的信托公司。信托机构受联邦一级和州一级的双重监管，同时也受联邦储备体系的监管。美国联邦一级的监管机构有财政部的通货管理官、联邦储备银行、联邦存款保险公司，州一级的监管机构有各州的通货管理官，州银行管理机构等。其具体分工为：国民银行及华盛顿特区的某些银行的监管机构为通货管理官，作为联邦储备体系会员银行的州立银行接受州银行管理机构和联邦储备体系董事会通过联邦储备银行进行的监管，非联邦储备体系会员银行的州立银行接受来自州银行管理机构和联邦存款保险公司的监管，信托公司则处于州银行管理机构的监管之下。由于存在国民银行、州立银行以及信托公司的区别，各级监管机构在审批信托权方面所遵循的程序会有所不同。国民银行欲从事信托业务，首先要向通货管理官提交申请，由后者根据《国民银行的信托权和信托投资基金》（即条例九）进行审查。只有在符合该条例且与当地法律不冲突的情况下，通货管理官才会批准国民银行的申请。州立银行则需要取得州政府管理机构的许可，如果是联邦储备体系会员的话，还需要得到联邦储备体系董事会的许可，才能取得信托权。而且，所有的信托机构都应接受政府管理机构定期和事先不通知的检查。美国信托业监管体系包括三部分，即信托立法、央行的监管和行业自律。由于法制及政府和央行的监管比较完善，美国的信托业行业自律组织的作用相对较弱。在美国，信托行业的自律组织称为信托部分会。

第二节
美国信托业发展进程

美国的信托制度继受于英国，但却是商事信托的主要发展者。18 世纪末至 19 世纪初，美国从英国引入了民事信托，并逐步完成了信托业务从民事信托转换为商事信托以至发展成为现代金融信托的历史使命。美国早于英国大约 80 多年创立了信托机构，仅在 1820 ~ 1840 年的 20 年时间，美国就有 31 家公司获准从事信托业务。到了 1853 年，美国最终成立了世界首家专门经营信托业务的信托公司。南北战争后，美国急需资金用于恢复建设，信托作为筹集资金的有效手段，信托业发展到了鼎盛时期。大致从 1918 年银行获准兼营信托业务开始，美国的信托业务便后来居上，且早于英国几十年就完成了个人受托向法人信托的过渡、民事信托向金融信托的转移，成为当今世界上信托业最为发达的国家。

一、美国信托业发展历史

美国金融信托业发展开始于19世纪30年代，纽约州率先允许保险公司兼营信托业务成为美国信托业的先导，美国纽约农业火险与放款公司（后更名为纽约农业放款信托公司）被称为美国信托公司的鼻祖，其后宾州和俄亥俄等州相继跟进，宾州州立人寿保险公司、俄亥俄人寿保险与信托公司、纽约人寿保险与信托公司、北美信托及保险公司等先后经营信托业务，通过其不断创新快速发展，开创出了一个以公司组织形式、以盈利为目的的占主导地位的商业信托模式，很快超过了信托业发源地——老牌传统的大英帝国。

1853年，又是在纽约成立了美国联邦信托公司，这是美国历史上第一家专门的信托公司，其业务比起兼营信托业务有了进一步的扩大和深化，在美国信托业发展历程中具有里程碑的意义。1865年美国内战结束后，为了适应战后重建的经济需要，政府放宽了对信托公司的管制，一方面便利了信托公司的设立，使信托公司数量迅速增加，资产迅速壮大；另一方面扩展了信托公司的业务经营范围，1868年罗德岛医院信托公司获准可以兼营一般银行业务，标志着美国信托业发展历程中信托公司既主营信托业务、又兼营银行业务的开始。

1913年美国国会和联邦政府批准《联邦储备银行法》，允许国民银行兼营信托业务，后来各州政府批准州银行也被准许开办信托业务。其主要的方式有通过在银行内部设立信托部、或者将银行改组成信托公司、或者银行购买信托公司股票间接操纵信托公司等。到1924年全美信托公司达到2562个，资产超过132亿美元，进入20世纪30年代，信托公司数量由于大危机和“罗斯福新政”的影响有一定减少，但是信托资产在美国金融资产中的占比却不降反升，到1932年，全美信托公司数量只占银行数量的6%，而信托资产总额却占金融总资产的23%。

第二次世界大战以后，美国政府加大了国家干预调节经济的力度，随着美国经济的快速增长，信托业获得更好的发展环境和开拓空间，包括公司债券信托、职工持股信托、企业偿付性利润分配信托、退休和养老基金信托等多种新的业务、新的方式层出不穷，信托资产的规模迅速扩大。1980年同1970年相比，美国商业银行的信托财产从2885亿美元增加到5712亿美元，翻了一番，占商业银行总资产的比重则分别为41%和57%。

到了20世纪90年代，随着对20世纪30年代中期以来建立起来的社会保障体系特别是《雇员退休收入保障法》的进一步完善，美国养老金和退休金信托获得了长足的发展。由于养老金占GNP的比例不断提高，从1960年的4%和1990年的8.8%，1990年私人和各级政府设立的养老基金持有资产约为3万亿美元，超过保险公司持有资产2万亿美元的规模，信托基金资产也从1980年的400多亿美元增加到1990年的2149亿美元①。退休和养老基金成为美国广大企业雇员把短期收入进行长期投资的主要渠道，因此，美国社会由投资专家信托理财就像律师打官司、法官审案一样，观念已经深入人心，这也是促使美国资本市场发展的一个重要因素。

二、美国信托业的发展特色

美国信托业的发展是与该国的经济环境和社会风俗习惯有关的。第一，经济的全球化和美国经济证券化使得美国经济的高速发展，为其积累了巨大的信托财产，由于美国较盛行股权制，这些财产一般都直接转化成为了证券。而经济的发展又带动了信托业的大规模发展；第二，美国发达的资本市场和较为成熟完善的法律体系，又为美国的证券信托提供了依据和空间；第三，美国是个移民国家，人民普遍比较喜欢冒险，也比较率直，他们愿意把自己的财产交给别人管理。总之，美国信托业始终是服务于美国经济发展需要的，并形成了以下的特色②：

（一）信托业务多由银行兼营

美国信托业经营机构包括专门的信托公司和兼营信托机构两种，但专门的信托公司数量较少，而兼营信托机构则比较多，信托业务基本上由大的商业银行设立的信托部所垄断。由于美国社会具有崇尚法制的传统，在1913年美国批准《联邦储备银行法》允许国民银行兼营信托业务后，各州相继批准州银行开办信托业务，使美国成为特色鲜明的金融业银、信兼营的代表

① 于研、郑英豪：《信托投资》，上海译文出版社2003年版，第218页。

② 马亚明："发达国家信托业发展及其对我国的借鉴和启示"，《北方信托网》2003年12月4日。

国家。据资料记载，美国现在14000多家商业银行中，超过4000家设立了信托部，占30%。

（二）信托业务与银行业务相互独立

信托业作为长期金融和财务管理的专业机构，是沟通货币市场和资本市场的有效途径和重要桥梁。美国商业银行与投资银行隔离的政策，体现在信托方面就是，在商业银行内部信托业务与商业银行业务也是分离的，商业银行可以设立信托部，但必须是独立的信托部。一方面，对信托从业人员实行严格的资格管理；另一方面，绝对不允许从事银行业务人员担任受托人。这种经营模式上的兼业经营与业务独立的管理模式体现了美国信托制度的独特。

（三）个人信托业务品种齐全

一般说来，美国的信托机构将个人信托业务分为三个部分，并相应设计了不同的产品和服务：针对累计金融资产在25万~200万美元的客户，信托机构提供共同基金的投资咨询服务；针对可投资资产在200万~5000万美元的客户，信托机构提供分别管理账目以及专业化投资管理服务；针对可投资资产超过5000万美元，并且其财务管理要求特别复杂的客户，信托机构除了投资管理服务外，还提供专业化的信托服务、财务计划、托管以及慈善行为等咨询服务。

（四）有价证券是信托业的主要投资对象

美国是世界上证券业发达程度最高的国家之一，按照美国法律规定，商业银行不允许直接经营买卖证券和在公司中参股，因此，银行为了避开这些法规限制，大多设立证券信托部代理证券业务，既为证券发行人服务，也对证券购买者和持有者服务。20世纪90年代以来，全美信托财产中，仅普通股票投资占48%，企业债券占21%，国债和地方政府债券占18%，其他信托财产占13%左右。另外，通过商业银行信托部，美国发明的一种商务管理信托方式——即“表决权信托”，就是代表集合的股东权益来行使表决权，以取得在董事会的发言权，从而参与企业决策控制等。

（五）信托业地位显赫

在美国经济发展和居民日常生活中，信托业扮演着极为重要的角色。在美国的金融体系中，信托机构与商业银行享有同等地位，只要符合条件，任何信托机构都可以成为联邦储备体系成员，目前大多数信托公司都加入了联邦储备系统。从资产拥有情况来看，美国的信托资产、银行资产和保险资产三分天下，信托机构地位十分显赫。

第三节 美国信托业务及其创新

一、美国的信托业务分类

美国的信托业务，按委托人法律上的性质分为三类：个人信托、法人信托、个人和法人混合信托。个人信托包括生前信托和身后信托两种，委托信托机构代为处理其财产上的事务和死后一切事务，具体包括：受托管理财产、受托处理财产、指定充当监护人或管理人以及私人代理账户。法人信托主要是代理企业和事业单位发行股票和债券（如发行公司债券信托），进行财产管理（如商务管理信托），代办公司的设立、改组、合并及清理手续等业务。个人和法人混合信托有职工持股信托、年金信托、公益金信托等（见表3－1）。

表3－1 美国的信托业务分类

<table>
<tr><th>信托业务分类</th><th colspan="2">具体品种</th></tr>
<tr><td>个人信托</td><td colspan="2">生前信托、身后信托</td></tr>
<tr><td>法人信托</td><td colspan="2">附担保债券信托、无担保债券信托、建设公债信托、设备信托等</td></tr>
<tr><td rowspan="2">个人与法人混合信托</td><td>员工福利信托</td><td>年金信托、员工分红信托、节约储蓄计划信托、员工人股信托、个人退休账户转账信托</td></tr>
<tr><td>公益信托</td><td>余存财产公益信托、主导公益信托、集合运用收益基金</td></tr>
</table>

此外，美国还开发了许许多多新型的信托投资工具，比如 MMMF（货币市场互助基金）、CMA（现金管理账户）、CMA（现金管理账户）、MTF（共同信托基金）、融资租赁业务以及把信托资金投资于 CD（大额存单）、CP（商业汇票）和 TB（国库券）等短期资金市场等。伴随新技术革命的到来，美国的信托业为适应市场的变化和满足投资者对资金运用的选择要求，其业务项目还在不断扩展。

二、美国的特色信托业务

（一）房地产投资信托

1. 美国房地产投资信托的发展历程。房地产投资信托（Real Estate Investment Trusts，REITs）是一种通过对外发行股份或受益凭证，吸收公众资金，委托专业机构管理，投资于房地产权益资产和房地产抵押贷款（包括抵押支持证券）等债权资产，风险收益由股东或受益人按比例承担和分享的封闭式基金。

REITs 的理念起源于 19 世纪中叶的美国，产业革命带来的财富积累催生了人们对房地产投资的需求。在马萨诸塞，为规避州法律对房地产直接投资的限制，借助信托方式间接进入房地产市场的模式应运而生。但这种以规避管制为目的的产品在被政府正式承认和规范前是难有作为的，因此，直到大约 100 年后，市场环境逐渐成熟，在信托公司等多方游说下，美国政府终于在 1960 年通过了《房地产投资信托法》，第一只公开上市交易的 REITs 从此诞生。

在此后的 40 多年里，美国 REITs 的发展道路并不平坦，在经历了 20 世纪 60 年代末期的繁荣后，经营模式的缺陷随着房地产市场的滑坡显露出来，使 REITs 在 20 世纪 70 年代渡过了一段艰难时期，政策法规调整和管理者经营思路的转变使被冷落一时的 REITs 在 20 世纪 80 年代重新焕发活力。20 世纪 90 年代 REITs 通过结构创新和专业化经营，进一步提高了市场竞争力和抗风险能力，吸引了大量机构投资者和证券分析师的关注，特别是养老基金的参与使 REIT 市场规模迅速扩大。1999 年颁布的《REIT 现代化法案》（REIT Modernization Act，RMA）是 REITs 发展的又一重要里程碑，除相关法规进一步完善外，REITs 的理念和成功经验迅速向世界传播，其活跃和维护房地产市场健康发展的作用日益受到世界各国的广泛关注。

2. 美国房地产投资信托的种类。美国 REITs 根据资金投向不同，分为权益型（Equity REITs）、抵押型（Mortgage REITs）、混合型（Hybrid REITs）三种基本类型。从权益信托看，它是以收购现存房地产或即将开发的房地产作为投资，通常是购物中心、公寓、办公楼、仓库等收益型房地产。通常房地产拥有人可以与信托公司或投资银行共同组建 REITs，并通过向公众发行受益凭证来募集资金之后，该 REITs 就可以利用所筹集到的资金去购买该拥有人的房地产。外界的商业实体也可以通过与 REITs 的发起人签订合同，以收费的形式为后者提供房地产管理及顾问服务。

权益信托能够为投资者提供以下机会：第一，由专业的管理人员将资金投于多样化的房地产组合；第二，所拥有的股权可以有组织地进行交易，与直接购买房地产相比变现性更强。股权信托一般分为空白信托、购买或规定信托、混合信托、杠杆 REITs 与非杠杆 REITs、有限寿命与无限寿命 REITs、限额与不限额 REITs、交换信托、开发合资股权 REITs 等。

从抵押信托看，一般是金融机构以发行受益凭证的方式募集资金，用于发放各种抵押贷款或者购买住房抵押贷款的债权，收入主要来源于发放抵押贷款所收取的手续费和抵押贷款利息，以及通过发放参与型抵押贷款所获抵押房地产的部分租金和增值收益。抵押信托使整个住房金融市场与资本市场直接联系，降低了金融机构开展住宅抵押贷款的成本，扩大融资渠道，并为广大投资者增加新的投资机会。抵押贷款房地产投资信托与股权信托的区别在于前者不拥有房地产的所有权，它们所拥有的是以基础房地产为抵押品的抵押贷款合同。影响此类抵押贷款合同收入的因素有抵押贷款票据的利率、取得债务时的折价（或溢价）以及未偿贷款额。抵押信托作为一种贷款（尤其是建筑和开发贷款）来源，由于其放贷政策受到的管制较少，而且能够直接涉足公开的证券市场，填补了房地产融资市场上的一个空白。尽管其短期借入资金的成本比较高，但此类信托所发放的建筑或开发贷款的利率比其他信贷来源高，借款成本与贷款收入之间的这一差额可以保证投资者得到很好的回报。

从混合信托看，混合信托不仅进行房地产权益投资，还可从事房地产抵押贷款，其收益比抵押信托稳定，但不如权益信托收益高。由于其持有一部分抵押贷款，收益会在一定程度上受到利率变动的影响。

美国 REITs 早期以权益信托居多，20 世纪 60 年代末，抵押信托风靡一时，随着 20 世纪 70 年代房地产泡沫破灭，导致大量开发商破产和贷款违约，抵押信托受到了沉重打击，相比之下，权益信托以其良好的抗风险能力获得了更多投资者的青睐。从收益角度看，尽管在房市场繁荣时期抵押信托的收益能够超过权益信托，但长期而言，抵押信托和混合信托的年均回报一般低于权益信托，所以，当今美国市场上权益信托的数量占近 80%，市值占 90% 左右。

3. 美国房地产投资信托的发展趋势。

（1）业务渠道多元化。为了应对其他经营性房地产公司竞争，RMA 开始允许 REITs 以不超过 20% 的资产控股纳税 REITs 子公司，REITs 可以通过子公司从事非房地产业辅助业务。此举提高了 REITs 主动经营能力，增加了收入的灵活性，使 REITs 逐步从单一的房地产投资主体发展成追求战略优势和长期目标的一体化经营公司。

（2）投资者成分机构化。美国《1993 年综合预算调整法》针对养老基金修改了 5/50 规则，允许养老基金按其所有者数目计算投资人数，以避免其作为单一投资者违背 5/50 规则，这一调整大大提高了以养老基金为首的机构投资者参与 REIT 的兴趣，同时也吸引了更多证券分析师的关注，从而使 REITs 的市场规模成倍增长，市场影响力和流动性进一步增强。

（3）组织结构新型化。20 世纪 90 年代，以伞形合伙 REITs 为代表的创新结构的出现是推动 REITs 发展的重要因素。伞形合伙 REITs 融合了合伙制投资特色和 REITs 所有权结构特点，这种结构由 REITs 和经营合伙公司两个实体组成，经营合伙人（主要是房产所有人）提供经营合伙公司股份，REITs 用募集的资金购买经营合伙公司股权，这样就可以避免直接购买房地产发生的税费，同时利用经营合伙公司的股份去置换房地产，在 REITs 已将大部分应纳税收入作为红利派发的制约下，为其规模扩张预留了空间。

（4）投资策略专业化。专注于某一领域的（如办公、商业、住宅、仓储等）投资策略逐步取代多样化投资策略是 REITs 发展的又一趋势，专业化减少了管理范围和运营成本，且信息优势也更加明显，能有效提高 REITs 的经营业绩。同时，专业化的 REITs 也便于投资者分析投资，容易受到市场追捧，流动性也得以改善。

（5）投资范围全球化。在全球经济一体化背景下，美国 REITs 的国际化程度日益提高，在本国市场趋于饱和的情况下，REITs 将视线转向广大发展中国家，这不仅为他们争得了更大的市场份额，同时，不同国家和地区房地产周期差异也为市场波动带来不利的影响。

作为 REITs 的发源地和行业领导者，美国 REITs 模式为其他各国效仿打造符合自身国情的房地产金融产品树立了典范，其适应市场环境变化所进行的完善和创新也为后来者展示了 REITs 的发展方向。

（二）证券投资信托

证券投资信托在西方发达国家是一种十分普及的信托制度。它是一种由众多投资者的不等额出资汇集成基金，交由专业管理者用于股票、债券等有价证券投资，获得收益后由投资者按出资比例分享的制度。在美国，证券投资信托作为一种有效金融工具，已经成为当今美国金融体系不断发展和完善的主要标志。

美国证券投资信托的法律形态属于公司型。依据 1940 年《投资公司法》的规定，投资公司分为面额证书公司、单位型投资信托公司和管理型投资公司。

1. 面额证书公司。公司发行的面额证书表示发行者于未来某个固定日期支付的债务，公司将由此筹集的资金投资子债券、普通股票等。投资者可以通过一次性或分期付款的方式来认购公司面额凭证，在面额证书到期之前，投资者可以凭此获得固定的利息收入，到期之日，公司向投资者偿还本金和支付一定数额的投资收益。这种投资方式风险小，通常由公司不动产或与凭证期限相同的其他公司债券作为担保品。目前这类投资公司已很少。

2. 单位型投资信托公司。公司依据契约发行一个特定单位的投资信托证券，向投资者出售，将所募资金投资于有价证券，投资者凭借所持有的受益证券按股份的净资产价值取得一定的收益。在投资信托证书未到期之前，公司不得为追加资金而发行新券。目前，单位型投资信托公司发展较快，种类也不断变化。

3. 管理型投资公司。除上面的两种类型之外的投资公司都属于管理型投资公司。依照《投资公司法》，管理型公司可分为封闭型多样化管理公司和开放型投资管理公司。前者只发行固定数量的股份，其股票与一般股份公司的股票一样，一经原始认购，即可在二级证券市场上进行公开交易。开放型投资管理公司即互助基金或共同基金，其资本形成不是完全固定的，其股份是根据公司资产净值加上手续费而不断以证券形式向欲购股的投资者出售股份，并随时赎回要求退出该基金的投资者的股份。

美国证券投资信托的投资方式很多，开放型的管理型公司一般采用的投资方式有：

（1）普通股分散式：信托财产运用以分散投资于普通股为原则。

（2）特定产业基金：限定于特定产业的投资。

（3）均衡型基金：采用适当的比例分别投资于普通股、优先股及公司债。

（4）所得型：其投资重点放在危险性较大但收益性较高的证券。

（5）加拿大型及国际型基金：投资重点放于加拿大证券及国外证券。

（6）公司债、优先股型：投资重点放在公司债和优先股上，以收益的安全性为重。

上述六种投资方式中以普通股分散式最多。

（三）企业年金信托

1. 企业年金信托的发展背景。企业年金信托是与公共养老金相对的，主要由经济实体包括企业、公共部门、社会组织的雇主根据经济状况为雇员或其他个体防范老年经济风险而建立的养老金信托。企业年金信托是典型养老保障体系中的第二支柱，其作为公共养老金制度的补充，在众多国家的养老保障制度中发挥着重要作用。

1875 年，铁路运输企业美国运通公司为其雇员建立世界上第一只正式的年金信托。与现今的企业年金信托不同的是，美国运通公司最初建立的年金信托只针对“永久残疾”工人提供伤残抚恤金。1918 年该年金信托随美国运通公司的铁路运输业务一并转交给美国铁路快运公司，1921 年该信托失效，而美国铁路快运公司在同一年建立了一个新的年金信托。

19 世纪末，美国经济的迅速工业化、家庭养老方式的转变和退休制度的确立促成了年金信托的出现和发展。除了美国运通公司外，巴尔的摩和俄亥俄铁路运输公司于 1880 年建立了自己的雇员年金信托，而其他一些铁路公司也以非正式形式向其退休雇员发放退休金。此后，其他行业如市政府的电气公司、公共汽车公司、银行机构以及一些制造业企业开始建立雇员年金信托。20世纪的前20年，美国企业年金信托的增长出现了一个高潮。至1920年，美国的大部分主要铁路运输公司、煤气电气公司、银行、煤矿及石油公司都建立了正式的年金信托。同时，一些机器制造公司、农庄、化学公司、橡胶公司、纸张和印刷产品公司和行业工会等也都有类似的年金信托。随着世纪年代经济大萧条的到来，大量年金信托面临资金储蓄不足的问题，雇主不得不采取各种紧急措施以减轻经济上的损失。或降低承诺的退休金水平，或放慢雇员退休速度，有的公司甚至取消强制退休的规定。美国联邦政府接管了铁路运输业年金信托，并将一部分公共资金注入信托，同时还发展出雇主与雇员共同缴费的年金信托。

第二次世界大战开始以后，美国联邦所得税开始大幅度提高，缴纳个人所得税的人口占有收入人口的比例和所得税的税率分别由1935年的4.1%和4%左右上涨到1945年的65.3%和23%。而退休金计划缴费一定比例可在税前列支以及退休金信托投资收入在分配前的免征联邦所得税等税收政策，极大地激励了雇主的积极性，加之第二次世界大战和朝鲜战争期间美国社会对工资和物价的控制，导致了美国工人对以工资为主以及其他的福利待遇要求，使企业年金信托在战后如雨后春笋般发展起来。

1974年，针对企业年金运行中对参与年金信托的雇员的不利因素和公众对企业年金制度存在的诸多缺陷的批评，美国国会通过了《雇员退休收入保障法》，对企业年金计划的设计和管理运作进行规范。这一法规的出台、对企业年金制度有着深远的影响，在保护参加年金计划的雇员利益、赋予年金发起人更大责任的同时，促进了企业年金制度的完善和发展。

根据美国雇员福利研究所的《退休金投资报告》，到2003年底，固定待遇制年金信托总资产为18930亿美元，其中股票9000亿美元，债券4230亿美元，现金及其等价物1870亿美元，其他资产3830亿美元。固定缴费制年金信托拥有退休资产为21780亿美元，其中股票7390亿美元，债券2290亿美元，现金及其等价物1310亿美元，其他资产10800亿美元。美国当年的企业年金总规模已达到9.057万亿美元①。

2. 企业年金信托的种类。美国企业年金信托种类的基本分为二类：一类是待遇确定型年金信托，一类是缴费确定型年金信托。

① 黄瑞："美国企业年金计划及启示"，《当代经济》2004年第5期，第61页。

待遇确定型年金信托中，退休雇员可按月领取固定金额的退休金，年金信托通常是由雇主缴费，雇主不必为每个参与信托计划的雇员分别建立个人账户，而是将所缴的费用集中起来进行管理；雇主需要为雇员设立退休金水平的目标，实际给付水平通常是由计算公式确定。计算公式是将雇员退休前一定年限的平均工资、雇员的服务年限和按年计算的固定受益率三者相乘而得到的金额作为雇员应得到的退休金。

缴费确定型年金信托由雇主和雇员共同缴纳一定比例的费用，雇主为每个雇员建立个人账户，将缴费及其投资收益分别存入每个雇员的个人账户；雇员对账户中积累的资金拥有投资方式决定权，并承担相应的投资风险。雇员退休时能够享受到的年金退休金水平决定于向账户的缴款和投资运作收益的积累额总和。缴费确定型年金信托受《雇员退休收入保障法》约束小，不受该法案有关年金终止条款限制，因此，不必向企业养老金保险公司缴纳再保险费。年金信托终止时，也不形成对企业养老金保险公司的负债。与待遇确定型年金信托依精算假定确定缴费额相比，雇主对缴费确定型年金信托缴费额是确定的，因此，企业成本、利润可以准确地计算出来。雇员也可以及时了解本人个人账户上的金额，并据以推测以后可享受的企业退休金水平，对雇员尤其是年青雇员更有激励作用。

（四）员工持股信托

所谓员工持股信托，是指由企业内部员工出资认购本企业部分股权，委托一个专门机构（如信托基金等）以社团法人身份托管运作，集中管理，并参与董事会管理，按股份分享红利的一种新型股权安排方式。

美国企业的员工持股信托是以“福利型”为主，其直接目的是为企业员工谋取福利，吸引员工和保留人才，增加企业对职工的凝聚力。其实现形式多样，总体上可分为“杠杆型”和“非杠杆型”两种，占主流的是杠杆型员工持股，它是在公司之外成立员工持股信托基金，由公司担保，该基金出面向银行贷款购买公司股东手中的部分股票，购入的股票由信托基金掌握，并利用分得的公司利润归还银行贷款的利息和本金。随着贷款的归还，按事先确定的比例将股票逐步转入职工账户，贷款全部还清后，股票即全部归员工所有。

非杠杆型员工持股是指公司直接将股票交给员工持股信托基金，由基金为每个员工建立账户，员工每年从企业利润中按其持有的股票分得红利，并用这些红利来归还股东或公司以股票形式形成的赊账，还清后股票即属员工所有。除了福利型员工持股信托，也有一部分美国企业实行风险型员工持股信托，其直接目的是为提高企业效率，特别是为提高企业的资本效率。风险型员工所持股份通常要求在较长期限内不能转让或兑现，以此形成风险共担、利益共享的机制。它与福利型员工持股的主要区别在于企业实施风险型员工持股时，如果企业的效率没有变化，则员工不能得到收益，只有企业效率增长，员工才可受益，而福利型员工持股是在企业现有效益状况下，仍可给员工增加一定的收益。

三、美国信托产品的创新

信托业务的发展离不开想象力和创造力，信托产品是最具有创新力的理财工具，美国信托产品的创新很好印证了这点。

（一）人寿保险信托

人寿保险信托是将信托与保险结合起来的一种信托业务。一般情况下，人寿保险的被保险人死亡后，保险机构会一次性支付起全部保险赔偿金给被保险人的亲属，至于被保险人亲属能否妥善使用保险金，则保险机构不需要考虑。为了弥补人寿保险这一缺陷，被保险人可在投保人寿保险的同时设立一项人寿保险信托，指定某个亲属为受益人。当被保险人死亡后，受托人将按照信托合同的规定为受益人管理并支付保险金，以保证受益人有稳定的生活来源。

（二）子女信托

在美国，父母为自己的子女设立专门财产信托是一种非常普通现象，其目的在于满足孩子的教育和其他重要支出。美国税务局为鼓励父母设立子女信托，还给予这种信托特定免税额。子女信托设立后，由特定的受托人持有并管理该信托财产，其好处在于子女虽然享有信托收益，但不能对财产进行自由支配，这样有助于防止子女在自理能力不足时浪费财产。

（三）隔代转让税信托

美国针对财产转移的税收很多，除遗产税和赠与税之外，还有专门针对向孙子女赠与财产征收的隔代转让税。但美国税务局同时又规定隔代财产转让可以享受 100 万美元的免税额，因此很多美国人为隔代子女设立了数额在 100 万美元以内的信托以转赠财产。在少数一些允许信托永久存在的州，这种信托可以一直存在，财产可子子孙孙传承下去。

（四）激励信托

激励信托通常是父母为子女而设立的，当然委托人也可以是其他人。这种信托的意义在于利用信托财产对受益人进行奖励，根据受益人取得成绩的情况对信托财产进行分配，由此可激励受益人以某种符合委托人意愿的方式进行学习或者工作。例如，当孩子在学校取得很好的成绩或取得其他重要成就时，他就可以得到相应的信托财产奖励。

（五）人生保全信托

这是以配偶及子女为受益人的信托。设立这种信托的意义在于当夫妻一方去世后，能为另一方和子女提供稳定的生活保障，因此，这种信托通常以配偶及子女为受益人。这种信托的另一个好处是防止家庭财产被幸存方的再婚配偶侵占。与这种信托相似的还有被称“A 信托”的身后信托，它是用来专门保护第一任配偶和继承人的；以及被称为“B 信托”的可终止受益权信托，它是专门用来保护第二任配偶和继承人的。

（六）离婚赡养信托

这是一种专门以离婚配偶为受益人而设立的信托。比较富有的一方用部分财产设立离婚赡养信托，目的在于为经济条件不佳的离异配偶支付赡养费，离异配偶可以不断收到赡养费却不能动用全部财产。很多美国人利用这种信托，既可以履行赡养义务，又可以避免在日后和离婚配偶发生财务纠纷。在实际生活中，这种信托还有一个好处是可以防止居心不良的人利用婚姻骗取巨额财产。

（七）个人住宅信托

设立这种信托的目的是规避赠与税或遗产税。拥有房产的人可以用自己的住宅设立信托，将房产转入信托中，指定自己享有房产的使用权，继承人是信托的最终受益人，只有等到信托终止时，受益人才能最终取得所有权。这种信托的好处在于房产在使用期间会不断贬值，待信托终止时，房产已经贬值大半，继承人在合法取得房产时所须交纳的赠与税或遗产税将被大大降低，而且如果房产价值已经低于免税额，当事人干脆不必缴纳税金了。

（八）自由裁量信托

自由裁量信托是最主要的避税信托形式之一。这种信托通常有多个受益人，信托财产的收益需要在受益人之间进行分配。这种信托的受托人拥有很大的权利，可以根据具体情况自己决定财产收益的分配和积累事项，比如决定是否分配收益、向哪个受益人分配收益、何时分配以及分配多少收益等等。通常受托人会综合考虑受益人的收入状况和税收待遇做出具体决定。由于这种信托具有突出的自由度，因此通常被用于规避最主要的所得税。

（九）离岸信托

离岸信托又称外国信托，是美国人在海外设立的专门财产信托。设立这种信托的目的通常是为了保护自己的财产，比如防止债权人追债、规避经营风险等。事实上，避税是设立离岸信托的一个重要动因，对于在海外有投资的美国人来说，通过设立在海外避税地的信托，可以将海外所得进行不断累积，从而享受延期纳税的好处。

第四节 美国信托业的法律监管

美国的信托立法偏重于法人信托，同时兼顾个人信托。由于美国实行联邦制，美国的信托法也分为联邦法规和州法规两级，许多州制定信托法的单行法。与英国相同，美国目前也不存在全国性的完整单一的信托法典，大部分法律以司法判决为基础。

《海牙条约关于信托及其认定的适用法律》将“信托”定义为以下情形中产生的法律关系：财产授与人为受益人或为某一特定目的将资产置于受托人控制之下。信托解决了法律体系的局限性，但产生了规避法律、违法行为的风险；允许合格受托人为多个受益人集合管理资产，但也产生了不合格或不诚实受托人滥用信托权利导致大额集体损失的可能性；保护资产免受财产授与人债权人影响，但可能产生针对财产授与人债权人的欺诈行为。因此要防范和降低风险，必须采取多种措施。

一、美国信托业监管的特点

同信托法一样，美国信托业的监管也为二级，信托机构即受联邦一级的监管，也受州一级的监管，同时也受联邦储备体系的监管①。联邦一级的政府管理机构有财政部的通货管理官、联邦储备银行、联邦存款保险公司；州一级的则是各州的通货管理官、州银行管理机构等。检查的范围主要是看信托机构的业务经营和管理是否符合有关立法、条例等的规定。由于法制及政府和央行的监管比较完善，美国的信托业行业自律组织的作用相对较弱。

二、美国信托业的法律监管

（一）信托各方有权私下执行条款

所谓私下执行是指如受托人“违反信托约定”，受益人须有有效救济，即受托人必须有充分的资源为其错误承担责任和受益人必须有有效的寻求法庭或其他执法渠道解决手段；受托人必须有能力处置信托财产，并有其他对抗第三方的法定权利。

（二）对受托人进行监管

对受托人监管则表现在诸多方面，其中关键因素是要求其财务良好，另外，营运能力、对关键流程控制、管理能力也是要考虑的因素。

① 张慧：“西方国家信托业监管体系及其借鉴”（上），《经济纵横》2007年7月3日。

（三）对信托实质条款的监管①

法律可能要求或禁止某些条款，例如《1990年信托契约改革法案》，对低于某些最低标准受托人债务施加限制的“辩解条款”要予以限定，限制利益冲突。行业标准合同，可参照美国律师协会《标准债券契约条款》。

（四）其他结构性保护

主要包括一些信用评级公司如私人评级公司对受托人业绩进行评级；保险公司也要对信托业务进行审查；信托协议中的报告明确规定需要向受益人和其他有关各方报告的信息；律师、会计师意见也是要听取的，资本市场要求信托文书强制受托人寻求合格律师、会计师对某些关键流程、变动的专业意见，如定期审计，对关键计算进行确认，如对信托修改出具律师意见。

REITs是美国一个有特色的信托产品品种，美国REITs的发展和在社会经济中的贡献为世界各国提供了宝贵经验：其中有两点就与美国的法律及其保护密切相关。

1. REITs的发展有完善的法律法规提供良好的外部环境。可以说美国REIT的发展过程也是相关法律法规不断修缮的过程。美国的REITs自1960年被立法到现在已经历了40多年的市场洗礼，才在法律、税务、透明性、公正性以及内部经营管理等方面逐渐完善。这40年间，REITs经历了多次的失败，也曾遭受严重损失。在这种情况下，美国通过不断的立法改善和调节投资环境使得REITs作为新的金融商品能够客观地、理性地成长，从而带动了REITs的健康快速发展。

2. REITs的长期健康发展有完善的投资者保护措施。只有投资者的利益不受损害，REITs才能够健康发展，为此美国对REITs的许多方面都作出了严格要求，其中包括在收益分配方面要求将应税年度90%的收入以现金方式分配给股东；在股权结构方面不允许超大股东的存在；在收入结构方面要求源于房地产经营收益和4年以上房地产的处置收益，防止REITs频繁的

① John M. Rosenthal. “信托：法律及金融工具，监管难题”，2006年12月8日。

短期操作；在信息披露方面要求 REITs 尽职履行初次信息披露、持续信息披露和重大事项信息披露等。这些措施有效保证了 REITs 的规范运作，降低了大股东侵犯小股东利益的风险，为投资者的利益提供了保障，从而使得更多投资者参与到 REITs 当中①。

美国的信托业制度和信托业监管制度对中国具有借鉴意义。可以借鉴的地方包括：引进 REITs，促进中国房地产开发的健康发展；引进股权投资基金，并借鉴美国股权投资基金中一般与有限合伙人的做法，将基金经理与投资者利益捆绑，强化股权投资基金中受益人对受托人的制约力；引进信托产品交易机制，部分规范化标准化产品可以在证券交易所上市，并通过银行柜台和银行间债券市场代理信托产品的转让交易。

本章小结

美国作为当今世界上唯一的超级经济大国，虽然信托业是从英国那里学来的，但却超过了信托业发源地——老牌传统的大英帝国，已成为当今世界信托业的后起之秀。

美国金融信托业发展开始于 19 世纪 30 年代。第二次世界大战以后，随着美国经济的快速增长，信托业获得更好的发展环境和开拓空间。始终服务于美国经济发展需要的美国信托业务多由银行兼营，且与银行业务相互独立，个人信托业务品种齐全，信托业的主要投资对象为有价证券，信托业地位显赫。20 世纪 80 年代以来，随着经济全球化和金融自由化的发展，世界各国国家对金融管制的放宽，美国信托业发生了很大的变化，出现了职能多元化、经营模式混业化、业务国际化及品种创新化等发展趋势。

美国的信托业务中，房地产投资信托、证券投资信托及企业年金信托尤其具有美国的特色。信托产品是最具有创新力的理财工具，美国的人寿保险信托、子女信托、隔代转让税信托及激励信托等创新信托产品很好印证了这点。

① 美国 REITs（房地产投资）发展分析报告（2008 年 3 月）。该报告是《中国房地产投资信托（REITs）发展研究》报告的附件一。

美国信托业发达，与其有着非常完善的信托法律制度分不开。美国信托法的发展可以分为早期阶段、发展阶段、成熟阶段和统一阶段。美国很早确立了本国特色的信托法规则，而且信托法的法典化程度较高，信托业的法律监管完善。

美国信托大事记

1822 年，授予农业火险和借款公司（the Farmers' Fire Insurance & Loan Company）特许权，允许其充当受托人。

1853 年，一家专营信托的"美国信托公司"（United States Trust Company）在纽约成立，从此信托业和保险业开始分离。

1868 年，罗德岛医院信托公司获准可以兼营一般银行业务。

1906 年，颁布《信托公司准备法》(Trust Company Reserve Law)。

1913 年，美国国会和联邦政府批准《联邦储备银行法》，允许国民银行兼营信托业务。

1933 年，颁布《统一信托收据法》(The Uniform Receipt of Trusts Act)(1952 年废止)。

1935 年，美国法学会完成了美国《信托法重述》。

1937 年，颁布《统一信托条例》(The Uniform Trust Act)。

1939 年，颁布《信托契约法》(Trust Indenture Act)。

1940 年，颁布《投资公司法》(The Investment Company Law)。

1947 年，第一届历史保存大会于华盛顿特区举行。

1949 年，美国总统杜鲁门签署法令合法化国民信托。

1951 年，维吉尼亚州的 Woodlawn Plantation 成为第一号信托保存文化资产。

1954 年，颁布《统一慈善信托受托人监察法》(Uniform Supervision of Trustees for Charitable Purposes Act)。

1960 年，通过了《房地产投资信托法》，第一只公开上市交易的 REIT 从此诞生。

1974 年，美国国会通过了《雇员退休收入保障法》。

1994 年，颁布《统一谨慎投资人法》(Uniform Prudent Investor Act，简称 UPIA)。

1999 年，美国通过了《金融服务现代化法》，彻底废除了分业经营体制。

1999 年，颁布的《REIT 现代化法案》(REIT Modernization Act, RMA)。

2000 年 8 月，美国统一信托法（UTC）的正文由统一州法委员会通过。

2004 年 6 月，全美国已有 10 个地区实施 UTC 。

2006 年前，有 20 个以上的州分别将 UTC 列入州立法计划。

第四章

以法律制度引导信托业的发展——日本的信托业

如前面章节所述，信托最早起源并形成于英国，但是营业性信托却在美国得到了极大的发展；同样，日本在美国引进信托后，对信托和信托业加以规范创新，从而让信托制度在其本国有了巨大的发展和进步。现在，日本是世界上信托业最发达的国家之一。在本章中，我们将对日本的信托业加以简要介绍。

第一节　日本信托业特点

日本的信托制度主要是借鉴美国的信托制度并予以成文化引进的。正如美国从以个人信托和土地信托为主的英国引进信托后，在国内的具体环境下将其发展成了以有价证券信托为主要信托品种一样，日本的信托制度和信托业结合本国国情和民族习惯走了一条与美国相当不同的发展之路，即以金钱信托为主，结合实际情况不断开发适合经济发展需要的信托品种。日本信托业的主要特点如下：

一、法律制度健全，信托业务依法而设

健全的信托法律体系对日本信托业的发展起到了巨大推动作用。日本的信托法律体系主要由《信托法》、《信托业法》、《兼营法》、《贷款信托法》、《投资信托与投资法人法》、《抵押公司债券信托法》、《日本信托业务及方法书》等构成，其中《信托法》和《信托业法》都颁布于1922年，并都于次年开始实施。这两部法律是其信托法律体系的重中之重，具有非常高的法律地位。《信托法》是日本信托法律体系的基本法，是规范信托行为和信托关系的基本法规，该法对信托的概念、信托各方当事人的权利与义务、信托财产的范围等很多方面都做出了规定。这部法律对韩国、中国以及我国台湾地区的《信托法》都有很大的影响。除了《信托法》之外，日本还制订了《信托业法》、《兼营法》、《抵押公司债券信托法》等与营业性信托有关的法律，这些法律相对《信托法》而言是信托经营的特别法；《贷款信托法》、《投资信托与投资法人法》又是相对《信托业法》、《兼营法》的特别法。

日本信托业的一大特点是许多新创设的信托业务都是依据相关法律法规而加以创设，如在1952年通过《贷款信托法》，次年就依据该法而开创了贷款信托这一新型信托业务。与信托相关的法律法规还有《法人税法》、《福利养老金保险法》、《继承税法》等，依据这三部法律分别设立了退休金信托、福利养老金信托及财产信托。

因为有着较健全的法律法规加以规范，日本信托业严格按照法律办理相关的信托业务，这使日本信托业的发展除第二次世界大战期间及战后初期有较大变化外一直都保持着稳定而迅速的发展。法制的健全大大促进了日本信托和信托业的健康、平稳而又快速地发展。日本信托法制对信托行业的影响还表现在另外一方面，即信托法制的重新规范能大大的改变其信托业的整体格局和结构。对此，本章后面将有更详细的叙述。

二、结合国情实际，适时开发信托新业务

日本的信托制度不是内生的制度，而是外来植入的制度，国民缺乏信托传统。日本人家族观念很强，如果父亲去世留下遗产给年幼的子女的话，习惯由其家族中有才干有威望的亲属代为照看管理而不愿意委托他人加以管理，这样的国情使得日本只能通过营业性信托的发展带动信托观念的培育和

发展，因此，日本形成了以金钱信托业务为主的信托业务体系。

日本信托业根据本国的具体国情，适时开发出新型信托业务，如贷款信托、财产形成信托、年金信托、职工持股信托、特定赠与信托、收益期满兑取信托等。很多信托业务都是配合经济发展形势要求的产物，其中贷款信托就是一个典型。第二次世界大战后，日本国民经济基本上陷入瘫痪，为恢复经济需要大量资金来对电力、煤炭、钢铁、矿业等基础工业加以重建。但是，由于通货膨胀严重，银行资金来源非常少，无力提供充足资金为其国民经济的恢复融资。在这样的背景下，日本政府制定了《贷款信托法》，并根据此法创立了贷款信托，为日本经济的恢复和发展筹措长期建设资金。

三、寡头垄断的经营格局，促进信托业发展

日本信托业的寡头垄断格局是在其不断发展中产生的一种现象，其表现形式是通过先后三次信托公司的集聚来体现的①。

（一）第一次集聚

在创办初期，即上世纪初时，日本对信托业的监管及市场准入机制都较为宽松，从而导致其信托机构数量呈现了爆炸式的增长，信托业务由信托公司专营。为规范信托业的经营管理，1922 年，日本颁布了《信托法》及《信托业法》，并于次年生效，日本信托业在经历清理整顿后数量大为减少，由 1921 年的 400 多家锐减到 1928 年的 36 家。

（二）第二次集聚

1943 年，日本再次对信托业进行大规范，信托机构的数量进一步减少。第二次世界大战后，日本为了恢复和发展遭到战争破坏的经济，采取了一些特殊措施。为了发挥信托的筹资作用，日本设法先让信托公司改为信托银行，再按兼营法批准银行兼营信托业务。20 世纪 50 年代后，日本信托业管理机构对信托业的准入进一步做了严格限制，致使要新成立信托机构实际上已变得非常困难。日本政府还对信托业确定了分业经营的模式，并提出了长

① 马亚明：“发达国家信托业发展及其对我国的借鉴和启示”，《北方信托网》2003 年 12 月 4 日。

期金融和短期金融分离的方针，要求信托银行发挥长期金融职能，以信托业务为主，而原来兼营信托业务的银行相继不再经营信托业务；日本只有7家信托机构，即三井信托、三菱信托、住友信托、安田信托、东洋信托、日本信托、中央信托，日本的信托业务也集中在7家信托机构手里。

（三）第三次集聚

20世纪90年代，随着泡沫经济的破灭，日本各信托公司的资产严重缩水，使日本金融机构的国际竞争力受到了严重的挑战。在内忧外患的情况下，日本的各大信托银行也都不得不与其他金融机构一起走向了合并重组之路。经重组后，日本现有的信托银行主要有：日本中央三井信托控股株式会社（Chuo Mitsui Trust Holdings，Inc.）、三菱UFJ信托银行公司（Mitsubishi UFJ Financial Group Inc.）、住友信托银行公司（Sumitomo Trust & Banking Co.）、瑞穗信托银行有限公司（Mizuho Financial Group Inc.）、理索纳信托和银行公司（Resona Trust & Banking company）等。这5家信托公司和另外3家银行以及国外银行在其国内的分支机构经营日本的信托业务，其中其本国的这5家信托公司占据了主要市场份额。国外银行在日本的分支机构主要有：JP摩根信托银行有限公司、日本花旗信托银行公司、State Street信托银行等。日本信托业的这种寡头垄断经营格局带来行业规模效应，一定程度上促进了日本信托业的发展。受此次美国次贷危机的影响及在金融全球化的背景下，日本信托业可能会通过重组合并而进一步集中。

四、信托机构履行长期金融职能，支持国家经济建设

从20世纪50年代到90年代，日本实行信托业与银行业分离的方针，信托机构在日本金融体系中被作为长期金融机构存在。各信托公司结合日本的国情和经济发展状况，开创了“金钱信托”等种种独具日本特色的业务品种，并借此对铁路、矿上等行业进行中长期贷款或投资，信托机构开始执行长期金融的职能，使其地位仅次于以经营短期资金为主的普通银行，成为强有力的金融机构。

日本政府通过各种法规和行政条例对信托机构的各项业务范围提出了严格的分业要求。除7家信托银行和3家商业银行之外，其他银行都不得经营信托业务，而兼营银行业务的信托银行也仅限于在信托有关的范围内进行。

在具体的业务经营中，日本的信托业还根据政府“长、短期金融相分离”的原则，利用日本的信托财产大都是长期稳定财产的优势，确立起了自己在长期金融领域中的重要地位，与长期信用银行成为日本长期金融业务领域中的主要从业者。此外，日本的信托业还基于本国的国情，开创了大量的特色业务，促进了日本信托业的不断繁荣与发展。

五、营造良好的信托业发展环境，推动信托观念的普及

日本是基于为工业部门筹措长期建设资金以促进国民经济发展的目的而从英美引进信托制度的，因此从一开始就非常重视对信托法律制度的宣传教育，甚至在小学课本上都会有关于信托的内容介绍。到现在，信托思想和观念在日本已经非常普及。日本良好的信托业发展环境着重体现在以下几方面：

（一）创立信托业协会（1919 年创立，1926 年成为法人组织）

最初时命名为“Trust Companies Association”，即信托公司协会，1922 年日本《信托法》和《信托业法》颁布，信托公司协会也于次年改名为“Trust Companies Association of Japan”，并于 1926 年改制为法人组合社团，其成员为当时日本国内经营信托业务的信托机构。

（二）信托协会创办了《信托杂志》

定期举行信托讲习会，研究日本及外国的金融体系和社会福利政策、税收制度、信托制度等，还定期做出提案、建议等。

（三）创立了信托研究奖学金制度

此外，信托银行开办年金信托、财产形成信托、职工持股信托等集团信托（委托人为多人）与国民大众密切联系，也起到了对信托事业间接宣传的作用[①]。

① 《中国信托研究网》：“发达国家信托业发展及其对我国的借鉴和启示（1）”。

六、四通八达的服务网络，提供优质高效服务

日本的信托银行机构遍布全国各主要城市和地区，为适应各地的需要而提供高质量的综合性金融服务，从而发展迅速。到1993年9月末，日本信托银行的分支机构已达405个，其中包括在中国的机构14个（但这些机构受到中国金融法律制度的制约，已经设立的分行只取得商业银行牌照，只经营商业银行业务）。到1995年3月，仅日本国内信托银行的机构网点数就已达588家。截至1994年底，日本信托银行在海外的分行有64家，海外办事处43家，当地法人机构57家。

七、资金信托占据绝对比重，形成信托业特色基础

在所有信托业务中，金钱信托或叫资金信托，其业务量占全部信托的90%以上。这是日本信托的一个最为显著的特点。

第二节
日本信托业发展历程

如第二章所述，信托起源于中世纪时的英国，当时的英国宗教信仰较浓厚，教徒们受“活着时多捐赠，死后可上天堂”教会思想的影响而常在死前立遗嘱将自己的土地捐赠给教会以期盼能在死后升天，这样以来，教会占有的土地就越来越多从而不利于英国王室的土地税征收，因为教会的土地按当时法律规定是免税的。为了制止臣民继续将土地遗赠给教会，英国亨利三世在13世纪颁布了《没收条例》。为规避《没收条例》中关于教徒遗赠土地给教会须经君主许可的规定，英国的教徒创设了“尤斯”制度，后来经过进一步的发展，“尤斯”制发展成为“双尤斯”制，而“双尤斯”正是现代信托制度的雏形。英国信托以土地捐赠为直接动机而产生，从而形成了英国信托以土地信托和个人信托为主的特色。同样，当信托由英国传到美国后，在美国当时股份公司大量出现、与有价证券有关的各项业务大量增加的经济背景下，美国的信托以有价证券信托的形式开始大力发展。直到今天，

以有价证券信托为主要品种依然是美国信托的特点之一。同样，信托传到日本后，亦在日本本国具体经济情况的影响下，走了一条与英国、美国所不同的发展之路。在本节中，我们将对日本信托的发展历程作一个简要介绍。

在大陆法系的国家当中，日本是第一个从制度上引进信托的。但是，相比于英国、美国的信托业发展历史来看，其信托业发展历史是很短的——日本直到明治维新后期开始发展信托事业。明治维新后，日本的经济快速发展，纺织业等轻工业发展迅速。后来随着工业的进一步发展，资金不足的制约开始显现。为了支持本国产业发展、缓解资金不足的瓶颈，日本开始自欧美引进信托制度。日本信托制度和信托业的发展历程大概可以分为以下阶段[①]：

一、日本信托业的萌芽期（明治维新后期到19世纪末）

经过明治维新，日本的国民经济水平得到很大程度的发展，生产力水平得到很大程度的提高，这为日后信托在其国内的发展打下了坚实的经济基础。明治维新后，日本从美国了解到信托制度，并完成了对信托制度的理解、消化、吸收，经济界头面人物也认识到信托作为筹资手段对发展重工业的重要性开始极力宣传，这对后来日本信托制度和信托业的发展打下了思想基础。这一时期是日本信托的早期萌芽期。

二、日本信托的初创阶段（1900～1922年）

1900年，日本制订了《日本兴业银行法》，该法规首次正式允许兴业银行经营地方债券、公司债券、股票等信托业务。1902年，日本兴业银行成立，并且根据在此之前制定的《日本兴业银行法》关于允许经营信托业务的规定开始开办信托业务，从此信托业务开始在日本发展起来。不久，安田银行（今富士银行）、第一百银行（今三菱银行）和三井银行等几家主要的银行也都先后开办了信托业务。1904年，东京信托公司成立，成为日本第一家专业性信托公司。这家信托公司的成立，是日本信托事业大发展的开端。1906年，东京信托公司根据日本公司法改组为股份公司，名称改为东

① 李维刚："日本信托业历程对我国信托业发展的启示"，《中国金融家网》2008年8月11日。

京信托株式会社，公司的业务主要是经营不动产管理和不动产抵押贷款，东京信托公司是日本国内第一家将日本的信托业务从证券代理提升到为委托人承受财产管理的层次。紧随东京信托公司之后[①]，各类信托机构纷纷设立，并随着日本经济的起飞而获得了极大的发展。到1921年，日本国内已经有信托公司488家，经办的信托业务也达到了30多个品种。但是，这几百家信托公司可谓是鱼龙混杂、良莠不齐，大部分都资本不足——80%的公司资本金不足100万日元，并且由于缺乏健全的法律规范，许多公司内部管理不善，各信托公司的业务经营也异常混乱，许多公司实际上在从事高利贷等其他业务。

三、日本信托的规范发展阶段（1923~1943年）

由于缺乏必要的法律规范，日本的信托业发展到1922年时已经非常混乱，到了不得不加以规范的时候。1922年，日本制定规范信托法律关系的基本法律《信托法》和监督经营信托业的《信托业法》。《信托法》其实是民法的特别法，而《信托业法》又是《信托法》的特别法。这两部法律都在颁布的次年开始正式实施。

《信托法》对信托的定义、信托财产的管理及处理、当事人的权利义务等许多方面都作出了基本规定。《信托业法》则对信托营业机构做出了规范，其第二条规定："信托业，非资本金一百万日元以上的股份有限公司不得经营。"[②] 而如前所述，在488家信托公司里，80%的资本金都不足100万日元，真正完全符合《信托业法》要求的信托公司只有50家[③]，因此，大量信托公司都在这次整顿中关闭了。另外，经过整顿，还实现了信托业和银行业的分离。经过1923年的这次清理整顿，日本的信托公司到1928年时只剩下了37家。在这次大整顿中留存下来的信托公司都是资本雄厚、信誉卓著的规模较大的公司，在有法律加以规范的良好市场环境下，这些公司得到了迅速的发展，日本的信托业也得到了极大的发展，整个信托业经营的信托财产总额从1924年即整顿初期的1亿日元猛增到1928年的12.6亿日元。

① 如：1906年，福岛信托公司、横滨信托公司成立；1907年，神户信托公司成立；1912年，关西信托公司、济生信托公司成立。等等。

② 详见《日本信托业法》第二条。

③ 田守正笃："日本信托业的发展"，《金融时报》2001年12月6日第8版。

并且，这次留存下来的优质信托公司，根据本国国情和经济发展状况，适时地创立了一些新型信托业务品种如金钱信托等，从而使日本的信托业有能力为国民经济的发展提供长期稳定的资金来源，具有了长期融资功能，从而使日本信托业在国内金融结构中的地位和重要性迅速攀升，后来日本信托业在其整个金融体系中的地位仅次于从事短期金融业务的商业银行，成为日本金融业的三大支柱之一。

四、日本信托业的混业经营阶段（1943～1953年）

为筹集第二次世界大战的战争经费、实现吸收存款的效率化，1942年下半年，日本政府开始鼓励普通银行兼营信托业务，并于次年即1943年通过了《关于普通银行兼营信托业务的法律》（简称《兼营法》）。《兼营法》规定商业银行可以兼营信托业务。在激烈的市场竞争和第二次世界大战期间动荡的国民经济环境下，大量信托公司破产倒闭，幸存的也多被商业银行吸收兼并。到第二次世界大战结束时，只有三井、三菱、住友、安田、川崎和第一劝业6家信托公司以及专门从事投资信托受托业务的日本投资信托公司共7家机构作为专门的信托公司留存下来。日本的信托业在法制的规范下又得到了整顿。

战后，日本经济一片混乱，而1948年大藏省颁布《证券交易法》规定信托公司不再办理除国家债、地方债和政府担保债以外的证券业务，更是让举步维艰、惨淡经营的日本信托业雪上加霜。为帮助仅存的7家信托公司渡过难关，以便更好的发挥信托公司的金融筹资功能，从而加快恢复生产、发展经济，日本政府根据1943年颁布的《兼营法》的规定，并为了绕过1922年《信托法》中关于信托公司不得兼营银行业务的规定，允许信托公司先变身为银行，再允许其兼营信托业务，以帮助7家信托公司中的6家转型为信托银行，另一家则转化为了证券公司。在日本政府的帮助下，该7家信托公司最终渡过了难关。事实证明，日本政府当初的保护措施是非常明智的，因为如果不对其加以保护，那么日本的信托业很可能在战后的经济低迷中夭折，而如果要再重建信托业的话其成本是相当高的。通过将信托公司转型为信托银行，日本的信托业进入混业经营阶段。

五、日本信托业的分业经营阶段（1953 年到 20 世纪 90 年代初）

如前段所述，根据《兼营法》关于商业银行可以兼营信托业务的规定，各商业银行开始进入信托市场，之后在日本政府的帮助下，原信托公司更名为信托银行，可以兼营银行业务即与信托业务相关的业务。混业经营让日本的信托业生存了下来，但是，混业经营也有其本身所固有的弊端。在混业经营下，金融业竞争激励，经营情况较为混乱，并且，混业经营也带给金融监管带来了很大的难度。1953 年 6 月，日本的金融监管机构大藏省决定对金融业进行整顿，提出了“信托分离”建议，1954 年，日本政府对金融业进行规范和整顿，将信托业和银行业分离，长期金融和短期金融分离。日本政府要求信托银行要以信托业务为主业，执行长期金融职能，信托银行可以继续经营银行业务，但是只能在与信托业务有关的范围内开展。同时规定其他商业银行一般不能再兼营信托业务。经过此次银行业的大调整，日本政府就将商业银行转变为短期金融机构，将信托银行转变为了长期金融机构为国民经济的发展提供长期资金融通服务。虽然信托银行可以在与信托业务有关的内经营银行业务，但是在其内部却还是要严格的加以分别核算、分开经营，并且对其的监管也是分业监管。经过调整，日本的信托业务再次集中到信托机构即三友三井信托银行、三菱信托银行、住友信托银行、安田信托银行、东洋信托银行、中央信托银行及日本信托银行下，日本特有的信托银行体制也就此形成。在日本信托业的这个分业经营阶段，也正是日本经济高速发展的黄金时期，作为上层建筑的信托业也跟随经济的发展而得到了蓬勃的发展。

在此阶段，日本信托业务品种不断推出，创设了许多基于本国国情和国民经济需要的新品种，如在 20 世纪 60 年代依据《法人税法》和《福利养老金保证法》创设退休金信托和福利养老金信托、1971 年设计出可以转让交易的“收益证券”、1981 年创设“收益到期领取型”品种贷款信托等。同时年金信托、财产形成信托、住宅贷款债券信托、公益信托、特色赠与信托、财产奖金信托等业务逐渐走向成熟，并根据欧美的传统业务“土地信托”及“有价证券信托”等发展本国的信托业务，进一步完善了信托产品结构，增加了信托产品供给，使其本国信托业的金融服务功能和财务管理功能得到进一步增强，不但促进了信托业的发展，也促进了其国民经济的快速发展。

六、日本信托业发展的调整、重组及重新探索阶段（20世纪90年代初到现在）

20世纪80年代中期后，日本经济开始出现泡沫，即股市和房市等资本市场价格急剧上涨，形成了所谓的泡沫经济。在泡沫经济形成的过程中，日本的许多信托银行也不可避免的牵涉于中，从而在20世纪90年代泡沫破灭后遭受了严重的经济损失导致公司资金大幅缩水，不良债券大量增加，并且泡沫破灭后的日本经济的长期低迷导致了这些信托公司陷入了困境。而就在日本本国的信托公司因经济泡沫破灭而举步维艰的时候，欧美等国的金融机构得益于由分业经营转向混业经营而得到了很大的发展，其服务范围进一步扩大，金融产品也日趋丰富，成了名副其实的“金融百货公司”。在全球经济一体化和金融全球化浪潮的冲击下，1984年，日本与美国达成协议，即日本向美国等其他西方国家银行开放本国的信托市场。随后，美国摩根银行、纽约化学银行、花旗银行、英国巴克莱银行、瑞士联合银行等获得正式批准开始在日本开展信托业务。与此同时，西方国家也向日本的银行开放其国内信托市场。在此背景下，信托业的竞争日趋激烈，而在来自国外金融机构的激励竞争和国内经济持续低迷的双重压力下，日本信托银行不得不走向合并重组之路以达到优化资源配置，求得国内信托行业生存的目的。1999年，排名第3的三井信托和排名第6的中央信托合并；2000年，三菱信托、日本信托和东京三菱银行决定实行联合经营。2005年10月1日，三菱信托银行和UFJ信托银行合并，组成三菱UFJ信托银行，成为三菱金融集团的重要成员之一，也成为了日本信托业的巨无霸。2007年末，住友信托银行决定收购英国巴克莱银行在日本的信托业务。2008年12月16日消息，花旗集团将以约2.76亿美元将其在日本的信托银行售予三菱UFJ金融集团（MUFG）旗下分支。尽管如此，到目前为止，日本的信托业仍处在自20世纪90年代开始的调整和整顿的过渡期。2007年开始，美国的次级贷款危机导致了全球经济的增速下滑，日本经济也不可避免的受到了影响，这给日本信托业的发展带来了一定的负面影响。据有关媒体报道，2008年1月，日本投资信托基金海外资产出现了自1989年以来的最大降幅，且扭转了该数据 2007 年 12 月时的扩大之势①。

以上就是日本信托业自形成以来的六个发展阶段。通过自 20 世纪初的起步开始发展到现在，日本已经成为了世界上信托业最为发达的几个国家之一。在这短短的 100 多年里，日本信托发展的成绩是有目共睹的，相比英美等国的发展历史来看，日本信托业发展速度是惊人的。

纵观日本信托业发展的历程可以看到，即使是在法制如此健全的日本，其信托业的发展也并非一帆风顺。信托业的发展受到经济基础发展情况的影响和制约：当国民经济健康发展平稳运行时，国民财富增加，民众的财富也增加了，从而促进了对信托产品的需求、增加了对信托筹资的资金供给从而促进了信托和信托业的发展；当社会动荡、经济萎靡不振时，信托业也同样难以有很大的发展后劲。在日本信托业的发展历程中，日本政府从法制规范等方面发挥了极大作用，在日本信托业限于困境时高瞻远瞩帮助其渡过了难关。从创立之初的混业经营，到 1923～1943 年间的分业经营，再到 1943～1953 年的混业经营，并在 1953 年后又实行分业经营模式，日本信托业可谓是灵活多变。日本政府根据经济发展情况和国内具体环境来实行对信托业的宏观调剂以使其更好地为国民经济服务，并且做到适时、适度，收到了很好的效果，这对世界各国来说都是个很好的借鉴。虽然现在日本信托业的发展因为国内经济的低迷和美国次贷危机的影响而徘徊不前，但是，相信在日本政府的正确引导和帮助及日本信托业自身的积极努力下，日本信托业终将走出低谷，重新走向健康发展的高速公路。

第三节
日本信托业务及其规范

一、日本信托银行的信托业务种类

信托业务是日本信托银行的本业，也称“固有业务”，早在 20 世纪 50

① 何海红：“日本投资信托基金大举缩减海外投资”，《中国证券报》2008 年 2 月 17 日。

年代，其业务量占到业务总量的80%以上，而现在却有所下降，大约为50%以下。日本《信托业法》规定，信托公司（即现在的信托银行）可以承受金钱、有价证券、金钱债券、动产、土地及其定着物、地上权及土地租借权等财产信托。

（一）常规的分类

一般而言，日本的信托可分为以下三大类：

第一类，金钱信托，其中包括金钱信托、金钱信托以外的金钱信托两个小类，其中的金钱信托又可再细分为指定金钱信托、特定金钱信托和无指定金钱信托，具体包括金钱信托、贷款信托、年金信托、形成财产信托和证券投资信托；而金钱信托以外的金钱信托则具体包括基金信托、员工持股信托和以有价证券为目的的指定金钱信托。

第二类是非金钱信托，非金钱信托是指以金钱以外的符合信托法规定的其他形式的财产作为信托财产的信托，包括有价证券信托、动产信托、不动产信托、附抵押公司债信托和金钱债权信托，其中金钱债权信托包括一般金钱债权信托、人寿保险信托和住宅贷款债权信托三种。

第三类是金钱与非金钱相兼的信托，这种信托是其标的物既有货币形式信托财产，亦有非货币形式的信托财产的信托。主要包括公益信托、特定赠与信托和遗赠信托三种。

（二）《日本（信托）业务种类及方法书》的分类

根据《日本（信托）业务种类及方法书》的分类，日本信托银行的信托业务可以进行如下分类：

1. 金钱信托。
2. 金钱信托以外的金钱信托。
3. 有价证券信托。
4. 金钱债权信托。
5. 动产信托。
6. 土地及其附着物信托。
7. 地上权信托。
8. 土地租赁权信托。

9. 包括（综合）信托（对信托业法第 4 条各号所列举的财产，将两个以上不同种类的财产，以一项信托行为而接受的信托）。

（三）按功能的分类

目前，若按照功能区分，日本的信托产品大体上有以下三大类：

一类是财产管理、继承类信托产品：主要包括生前信托、遗嘱信托、特定赠与信托等。

二类是资产运用类信托产品：主要包括贷款信托、证券投资信托、特金信托、土地信托等。

三类则是社会、公益类信托产品：主要包括年金信托和各种公益信托。

随着全球经济金融自由化、国际化的不断发展，日本信托银行业务日趋多元化、专业化，新的金融工具正不断地被开发和使用，以促进日本经济的发展。

（四）按目的和用途的分类

根据信托财产和信托目的及信托财产投资途径的不同，日本信托业的业务种类分为 14 类，如图 4－1 所示。

1. 金钱信托。金钱信托又称资金信托，指在设立信托时委托人转移给受托人的信托财产是货币形态的资金，到信托终了时，受托人交给受益人的还是货币形态的资金。在信托存续期间，受托人可以根据需要将信托财产转换成其他形式如有价证券等①。根据运用方式的不同，日本的金钱信托可以分为特定金钱信托、指定金钱信托、非指定金钱信托。特定金钱信托是指金钱信托在日本信托业的地位相当高，在其行业内占的比重相当高。根据日本信托协会提供的数据，截至 2008 年 6 月底，日本的金钱信托业务财产额占其总信托财产额的 22.1%。

2. 贷款信托。贷款信托可谓是日本信托业的独创和特色，是根据 1952 年《贷款信托法》的有关规定为筹措长期建设资金而创设的。贷款信托是指将信托财产以贷款的形式发放出去从而获得收益的信托。具体做法是信托

① 日本信托法律规定，受托人有责任确保金钱信托的本金不受损失，这是和英美等国显著不同的规定。我国信托法则规定受托人不可以承诺本金不受损失。

机构先确定筹资期限，发放“受益证券”给委托人购买，这类似于发售基金。贷款信托一般向重工业部门进行长期贷款。贷款信托的受益期限有 2 年期和 5 年期两种，其中 5 年期约占成交额的 90%。贷款信托中途不可解约但是可以转让和贴现，并且贷款信托的收益率一般比银行存款利息高，而且更重要的是，根据《贷款信托法》的规定，信托银行保证贷款信托本金的安全，所以推出后很受日本民众的欢迎。贷款信托曾经是日本信托业务最重要的品种。贷款信托的创设一方面可以说是日本信托根据国情适时开发新品种的成功范例；另一方面也反映了日本信托“法制先行”的特点。贷款信托开发出来后很受市场欢迎，通过贷款信托，为工商企业提供了大量的资金支持，促进了战后日本经济的快速复兴。不过发展到今天，贷款信托在日本信托业的地位已经明显下降，贷款信托财产额所占比重已经非常微不足道了——根据日本信托协会提供的数据，截至 2008 年 6 月底，贷款信托所占整个行业业务量的比重只有 0.14%。这项业务即将退出历史舞台。

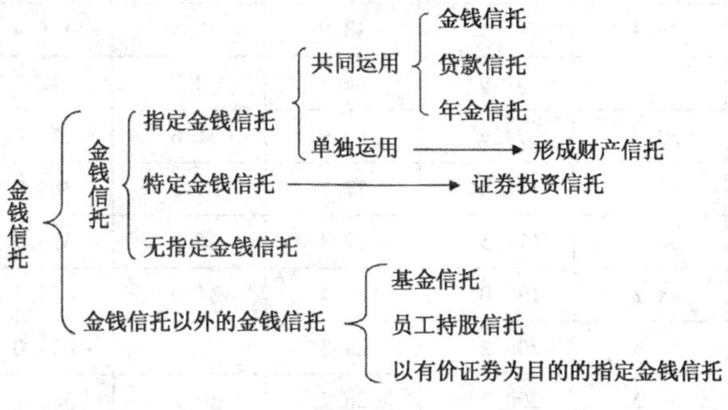

图 4 - 1①

日本信托业贷款信托以及信托账目上的贷款变化（与国内贷款总额的关系）的相关数据见表 4 - 1。

通过表 4 - 1 的数据可以看出：20 世纪 70 年代，贷款信托约占信托账目资产（负债）总额的一半，是信托银行的主力产品。通过贷款信托收集的资金运用于向企业发放的贷款。20 世纪 70 年代，在信托账户上的贷款约占国内贷款总额的 10%，信托银行对间接金融发挥了很大作用。

20 世纪 80 年代以后，贷款信托在信托账目资产中的占比、从信托账目

① 杨林枫：《中国信托理论研究与制度构建》，西南财经大学出版社 2004 年版，第 105 页。

发放的贷款在国内贷款总额中的占比均有下降的趋势，到 2006 年 3 月时，其所占比例已下降到了 0.5%。贷款信托余额也在经历了 1993 年的高峰期后转为减少，现仍不断下降。

表 4-1　日本信托业贷款信托以及信托账目上的贷款变化　单位：万亿日元

年末	(A) 贷款信托	(B) 信托账目的资产(负债)总额	(A)/(B) (%)	(C) 信托账目上的贷款	(D) 国内贷款总额	(C)/(D) (%)
1971 年 3 月末	4.5	8.1	55.7	5.4	51.6	10.4
1973 年 3 月末	7.2	13.6	52.4	8.4	80.2	10.4
1975 年 3 月末	9.6	18.6	51.5	10.9	102.8	10.6
1977 年 3 月末	12.5	26.2	48.0	13.8	127.8	10.8
1979 年 3 月末	16.1	36.5	43.9	15.5	152.7	10.1
1981 年 3 月末	19.4	44.2	43.9	17.8	176.4	10.1
1983 年 3 月末	24.3	51.9	46.8	20.0	212.7	9.4
1985 年 3 月末	30.5	74.9	40.9	21.6	257.8	8.4
1987 年 3 月末	33.7	122.6	27.5	24.2	303.7	8.0
1989 年 3 月末	38.4	171.5	22.4	26.9	358.9	7.5
1991 年 3 月末	48.2	190.0	25.4	34.0	413.3	8.2
1993 年 3 月末	56.6	200.2	28.3	35.3	428.0	8.2
1995 年 3 月末	54.2	206.7	26.2	30.1	506.1	5.9
1997 年 3 月末	41.8	219.4	19.0	24.6	505.3	4.9
1999 年 3 月末	27.1	237.1	11.4	18.3	486.4	3.8
2001 年 3 月末	18.1	344.9	5.2	11.2	469.2	2.4
2003 年 3 月末	7.5	430.3	1.7	8.9	424.8	2.1
2005 年 3 月末	4.0	525.8	0.8	6.3	396.0	1.6
2006 年 3 月末	3.0	653.1	0.5	5.8	401.5	1.4

资料来源：住友信托银行。

3. 养老金信托。养老金信托是由信托机构为企业代理对雇员养老金的积累、支付等事务的信托。根据日本税法的规定，企业积累的养老金超过一定额度要纳税，并且企业作为一个经济单位，本身就存在倒闭破产的风险，而一旦破产，则积累的养老金须首先用于清偿债务，所以把养老金留在企业内部存有弊端。同样，如果企业正常经营不至于倒闭破产，员工在退休时一次性拿到全部养老金后却也会因为缺乏专业的投资技能从而不利于其以后的生活。在这样的背景下，养老金信托就应运而生。

4. 财产形成信托。日本的财产形成信托创设于 1971 年，其依据是《促进劳动者财产形成法》。为了促进劳动者的财产形成，由企业或者财产形成基金把信托资金交给信托公司管理以期望该财产可以增值，这种信托就是财产形成信托。财产形成信托的委托人可以是企业，也可以是财产形成基金。财产形成信托的受益人是企业员工。财产形成信托有财产形成给付金信托和财产形成基金信托两种具体形式，其中前者以企业作为直接的委托人，后者则先由企业和员工在为员工设立基金即财产形成基金后再由该基金作为委托人同受托人签订信托合同。

5. 证券投资信托。证券投资信托即受托人在接受委托人的委托后将信托财产投资到各类证券的信托业务。日本的证券投资信托就是中国所说的证券投资基金。日本的证券投资信托的投资管理由专门的投资信托公司（性质上与中国的基金管理公司相同）。这与我国台湾地区的情况一样。

6. 金钱信托以外的钱财信托。它是指金钱信托以外的金钱信托的市场份额不是很大，只占整个行业的 1.9%。

7. 有价证券信托。有价证券信托是指以股票、债权等有价证券为信托财产的信托。有价证券信托和证券投资信托是不同的信托品种，前者是指信托机构受理的信托财产是以股票、债权等有价证券形式表现的，而后者则是受托人接受信托资金后以各类证券为投资对象以实现信托目的。日本的有价证券信托创设于 1975 年。在创建后很长一段时间内，日本有价证券信托发展较为缓慢。但随着近年日本直接融资资本市场的发展，日本的有价证券数量和种类大大增加，从而其有价证券信托亦有了较大较快发展，现已在日本信托业里占据了一定的市场份额，到 2008 年 6 月，有价证券信托已占到日本信托业务市场总量的 7.3%。

8. 金钱债权信托。金钱债权信托指委托人以金钱债权作为信托财产移转给受托人，由受托人在信托合同范围内代为管理、支配和处分该信托财产。例如人身保险信托，委托人保有人身险，对保险公司享有赔偿的债权。在信托关系成立时，委托人转移给受托人的产权，不是实物形态的信托财产，而是将来收取保险公司赔偿的保险金的债权。又如催还信托，受托人承受的是催还欠款的债权证书，也并不是实物形态的信托财产；受托人经过代为催要或诉讼，收回所欠款项交付受益人。据来自日本信托协会的资料显示，到2008年6月底，日本金钱债权信托占其行业业务总量比例为4.2%。

9. 动产信托。动产信托即委托人以自己合法的所有动产作为信托财产交给信托机构代为出租或出售的一种信托业务。动产信托的“动产”即信托财产主要包括：车辆及其运输设备如汽车、火车、飞机等；机器设备，如建筑机械、医疗器械、生产机器等；贵重金属或者其他等。

10. 土地信托。土地信托是以土地作为信托财产、在信托的土地上建立房产项目，由受托人即信托机构进行全面系统的管理，属于不动产实业信托。根据具体取得收益的形式，可将土地信托分为出租型土地信托和销售型土地信托两类，其中前者是将建成的不动产出租来获取收益，后者是直接将建成的不动产销售出去以取得收益。在日本，出租型土地信托占土地信托的大部分。

11. 公益信托。公益信托是指为促进社会公共利益的发展需要而设立的信托。公益信托的信托目的有为促进社会科学技术的发展、为社会文化教育事业的发展、为社会医疗卫生保健事业的发展、为社会福利、为环境保护等等。日本的公益信托出现的时间比较晚，直到1977年才出现。

12. 特定赠与信托。特定赠与信托是指对特别残废者免征赠与税的一种福利信托。该信托以特别残废者为受益者，以资助其生活上的稳定为目的由个人将金钱和有价证券等委托给信托银行作长期、安全的管理和运用，定期支付现金给受益者以满足其生活和医疗上的需要。因为可能遇到受益者在某一特定时期急需资金的情况，所以，特定赠与信托的财产必须能够产生收益并且要易于变现，故限定如下财产作为其客体：金钱、有价证券、金钱债权、树木及其生长的土地、能继续得到相当代价的租出不动产等。日本的特定赠与信托在日本出现的时间比较晚，直到1975年才创设①。

13. 遗嘱信托。遗赠信托也叫死后信托，是指通过遗嘱而设立的信托，即委托人以立遗嘱的方式，把财产交付信托时，就是所谓的遗嘱信托。遗赠信托的具体形式为：委托人预先订立遗赠，将财产的规划内容，包括交付信

① 我国目前还没有该类信托。

托后遗产的管理、分配、运用及给付等，详订于遗嘱中。等到遗嘱生效（即委托人死亡）时，再将信托财产转移给受托人，受托人依据信托合同的内容约定管理处分信托财产。与金钱、不动产或有价证券等其他个人信托业务比较，遗嘱信托最大的不同点在于，遗嘱信托是在委托人死亡后才生效。遗嘱信托分为执行遗嘱和管理遗产两种业务。执行遗嘱信托是信托机构在接受委托人的委托之后，根据遗嘱或有关的法院裁决，在遗嘱人死亡后，代遗嘱人办理债权债务的收取和清偿、遗嘱物品交付以及遗产的处理和分割等其他有关的执行事宜。执行遗嘱信托大多是因为遗嘱人财产较多、遗产的分割处理关系比较复杂且缺少可靠执行人等原因而设立的。

管理遗产信托是信托机构受遗嘱人或法院委托，在某一时期内代为管理遗产的信托业务。这种业务又分为“继承未定”和“继承已定”两种情况。“继承未定”管理遗产信托，是在没有遗嘱、遗产继承存在纠纷或遗嘱中的继承人尚未找到的情况下，由遗嘱中指定的受托人在处理分割遗产前暂时代为管理遗产的遗赠信托形式。“继承已定”管理遗产信托是指，继承人虽然继承了遗产，但因为某种原因（如继承人年幼）不能自行有效地保护和经营其财产，以至无法运用这些财产提供自身的生活和教育费用，甚至使财产蒙受损失。在这种情况下，就需要由遗嘱人或其亲属或法院指定或选任受托人，在遗产继承后的一定期限内代继承人管理遗产，等到继承人具备了保护、经营和管理该遗产的能力时时再交还给继承人。

14. 附抵押公司债信托。附抵押公司债信托是一种财产权信托，是公司债券的债权人将作为债券发行抵（质）押物的实物资产上的担保权信托给信托机构，信托机构为受益人及全体债券债权人的利益，管理和行使担保权的一种外部财产管理行为。例如，某上市公司拟发行企业债券，并且用自有的不动产作为抵押担保，由于公司不能与每位债权人签订担保协议，也无法将不动产分割办理抵押登记。因此，在设计企业债券的时候，就与信托公司协商一致，每位债权人将担保权利委托给信托公司行使。到期不能偿还债务时，信托公司代表所有债权人处分抵押物。

二、日本信托业各信托品种业务量

日本信托业各信托品种业务量情况如表 4－2 所示。

表 4-2　　日本信托业各信托品种业务量及其占比

信托品种	金额单位：百万日元	所占比例（%）
金钱信托	178283462	22.11
年金信托	35252585	4.37
财产形成给付信托	42411	0.01
贷款信托	1151188	0.14
投资信托	100425920	12.45
金钱信托以外的金钱信托	15573627	1.93
有价证券信托	58862731	7.30
金钱债券信托	34058650	4.22
动产信托	38220	0.00
土地及其附着物信托	2201930	0
地上权信托	—	—
土地及其附着物借贷权信托	4741	0
包括信托	380435346	47.18
其他信托	15554	0
合计	806346485	

截至 2008 年 6 月底

资料来源：日本信托协会。

除经营信托业务外，日本信托银行还经营银行业务。日本《兼营法》规定，信托银行可以经营与信托业务有关的银行业务，这些业务具体包括：存贷款业务、国内汇兑、国际业务以及按银行法规可以办理的附带业务等。日本信托银行的银行业务必须要和信托主业相关，因此，从范围上来讲相比普通商业银行来说要少，这也营销了银行业务给信托银行带来的收入和利润。

另外，日本信托银行还有其他兼营业务，这些业务包括不动产买卖和租借的媒介、不动产鉴定评价、证券代办业务、投资管理和咨询、代理债券和股票的募集、发放股息和红利、保管和出租保险柜、执行遗嘱、会计检查等。

三、日本信托业对信托财产的运用

委托人将财产信托给信托机构，大都是想凭借信托结构的专业投资技能对其财产加以管理、处分和运用，从而实现财产的保值、增值。同时信托银行本身亦经营部分银行业务，可以吸收短期银行资金。因此，如何管理资金对信托银行来说非常重要。在本节中，我们将对日本信托银行如何运用信托财产以及其他资金加以简要介绍。

日本信托银行对信托资金采取分散化投资，其投资对象非常广泛，具体包括股票、政府债券、贷款及票据贴现、商业票据、信托收益证券、不动产、银行存款等。日本的信托银行作为其国内的长期信用金融机构之一，金融融资功能非常突出，第二次世界大战后，在政府的引导下对国家重点项目投放了大量的贷款，因此，在20世纪60～70年代，日本的信托银行有50%的资金作为长期贷款发放给了急需资金的重点项目以促进战后日本的经济复兴。事实证明，信托银行所提供的长期资金对促进其经济的快速发展也的确起到了明显作用。但随着后来其国内泡沫经济的破灭导致的国内经济低迷，经济发展停滞，从而信托机构发放的贷款也大大减少，到1997年时只占信托财产总量的10%左右。到2008年6月底，更是下降到了只占其日本信托业总资产的0.76%。

在投向贷款的资金比例大量减少的同时，投向有价证券的资金比例却在逐渐增加。到1997年，有价证券投资所占比例已经达到了41.3%，到2008年6月底，这一比例进一步上升到约44%。

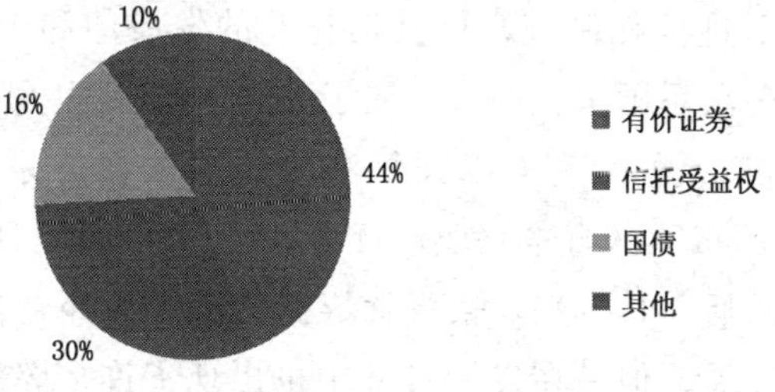

数据来源：日本信托业协会2008年6月底。

图4－2　日本信托业投资去向饼状图

投资比例排在有价证券之后的是信托受益权。根据日本信托协会提供的数据显示，2008年6月底时止，投资信托受益权的资金比例已达30%左右。另一个占较大比例的投资品种是国债。截至2008年6月底，日本信托业投向国债的资金比例约为16%（见图4－2）。从上面的数据可以看出，有价证券、国债、信托受益权这三类投资品种所占的投资比例之和约为90%，而其他投资所占比例只有10%。由此可见，日本信托业的投资去向还是主要集中在少数几个品种上。

第四节
日本信托业监管

信托业作为日本金融体系组成部分的重要成员之一，监管亦必不可少。与美、英相比，日本的信托业起步较晚，但发展很快，尤其在依法监督方面。《信托法》和《信托业法》是日本对信托业的两部单独的立法，除此还有一套较为完整的配套法规，如《贷款信托法》、《信托投资法》及《关于普通银行兼营信托业务的法律》等。日本信托业的监管，以1998年为界，可以分为两种模式，即由日本大藏省为主导的监管体系和由日本金融厅为主导的监管体系。与世界各国一样，日本的信托监管体系主要由四个部分组成，具体如下：

一、信托法律体系

日本自美国引进信托制度，但其信托业的发展却和美国大不相同。英国、美国都是英美法系国家，而日本属于大陆法系国家，其法律法规以成文法的形式表现出来，这和英美以判例法为主的法律体系是不同的。早在1902年，日本就颁布了《日本兴业银行法》，按其规定，日本兴业银行可以经办信托业务。随后，日本兴业银行就依据该法开始经营信托业务。之后，日本信托业迅速发展，但是在发展过程中也出现了许多弊病，如经营混乱、信誉低下等。认识到法制缺失对信托业产生了如此不利影响后，日本政府开始注重完善信托法律体系。1922年，日本政府颁布《信托法》和《信托业法》，并于次年开始实施。此后，日本政府又颁布了《兼营法》、《贷款信托法》、《证券投资信托法》（经过多次修改后改称《投资信托与投资法人法》）、《抵押公司债券信托法》、《法人税法》、《福利养老金保险法》、《继承税法》等多部法律法规，这些法律法规以及其他的政府行政性规定等共同构成了日本完善的信托法律体系。

二、政府和央行的监管体系

历史上，在政府和央行的监管体系方面，日本信托业的监管一直由日本财政部即大藏省根据《信托业法》对信托业实施集中监管，而名义上同样有监管权的日本银行其监管内容和范围以及自身权限远不如大藏省。由于日本的信托银行可以兼营与信托业务有关的银行业务，因此在信托银行内部既有信托业务又有银行业务，另外还有一些兼营业务。对信托银行，大藏省规定其信托业务和银行业务要严格分开经营，分别核算，对其的监管也是行业内部分别监管。

大藏省在日本政府部门的地位相当高，因为其拥有预算决策权，其他部门的预算开支很大程度上要由大藏省通过。在对金融部门的监管方面，大藏省大权独揽，既有监督监察权，又有行政命令权。大藏省的监管权很大，而且具有行政强制力。大藏省不仅负责信托机构的准入机制以及对信托机构的经营及业务实施监督检察管理权，还负责信托登记管理及会计处理管理等，可以随时指令信托公司报送业务报告，可以检查信托公司的业务和财务状况。对违规者，大藏省可以令其停业或者改选董事、监察人，或者对信托机构相关的董事、监察人、清算人予以罚款，甚至可以取消违规信托公司的营业资格。从一定意义上说，大藏省完备的职能和较高的监管效率保证了日本信托业的正常运行和健康发展，但是，由于权利过于集中，大藏省的监管也出现了一些问题。如个别信托监管官员收受贿赂从而对违规的信托公司的违规行为采取放任和包庇的态度，造成了不良影响，让社会对日本信托监管体系的制度合规性产生了质疑。

1997 年，由于亚洲金融危机爆发，日本经济亦受到明显影响，日本的金融体系也受到较大冲击，因为监管不善，导致日本民众对金融体系改革的呼声越来越高。日本政府也认识到其金融监管体系的确存在不少的问题，于是开始进行金融体系改革。1998 年 6 月之前，日本金融监管的主体是大藏省，集金融行政权和金融监管权于一身；之后，日本政府决定将金融监管权从大藏省分离出来，成立金融监管厅（简称旧 FSA）。旧 FSA 在总理府直接管辖下，负责对大多数金融机构，比如银行、证券公司、保险公司和小金融机构的监管。同年 12 月，日本政府又决定成立金融重建委员会（简称 FRC）。FRC 与大藏省平级，由国务大臣任委员长，对濒临破产的金融机构采取及时校正措施。2000年7月，旧FSA更名为金融厅（简称新FSA），接收了原属于大藏省的金融政策制定权。新FSA同时拥有金融监管权和金融政策制定权。2001年1月，FRC解散，其对濒临破产的金融机构进行处理的职能也归到新FSA；同年，日本中央政府机构改革以后，大藏省改称财务省，原来大藏省所属的金融计划、立案机构（金融计划局）提前于2000年7月合并到由金融监督厅改组的金融厅，至此，日本的金融监管权再一次高度集中①。

三、行业自律监管体系

日本信托业的行业自律监管主要指日本信托业协会的监管。日本信托协会（Trust Companies Association of Japan）成立于1919年，1926年时获得法人组织资格。日本信托协会本身并不具有法律上的行政权及监督权，但是，因为可以通过发表提案将自己的观点立场表达给相关的部门和机构，所以，日本信托协会实际上也发挥着极大的监管作用。日本信托协会还发行月刊《Shintaku》，即《信托》，对促进日本信托思想的普及和行业本身的监督管理发挥了积极作用②。

日本信托业的行业协会组织除了日本信托协会外还有日本全国银行协会（Japanese Banks Associsition，JBA）和其他一些银行协会，如地区银行协会（Regional Banks Association of Japan）、第二地区银行协会（the Second Association of Regional Banks）等。日本全国银行协会由日本的主要银行组成，其历史最早可追溯到1945年。到2007年10月底，已有成员249个，其中银行128家，银行控股公司3家，57家Associate Members及61家特别成员（银行协会如东京银行协会）。日本全国信托业协会对日本信托银行同样有一定的监管作用，如规范其业务操作以提升银行业的客服服务水平以及提出政策建议以促进整个行业的发展等。由于立法的完善和监管的高效率，日本信托协会的监管任务相对较轻。

---

① 何德旭、王卉彤："日本统一金融监管的教训及启示"，《中国经济时报》2005年8月10日。

② 关于日本信托业协会及日本信托的更多具体信息可以登陆其网站：http：//www. shintaku - kyokai. or. jp.

四、企业内部监管部门

在科技发展日新月异、全球一体化进程越来越快的今天，来自各方面的威胁企业生存发展的风险也越来越多，企业的风险控制能力也显得越来越重要。一般企业如此，金融类企业更是如此，因为金融业本身就是在经营不断变动的业务，如利率、汇率、金融衍生产品等等。日本信托银行设有内部监管部门即风险管理部门（risk management system）以加强自身监管，防范金融风险，特别是操作风险等。除了银行内部设立风险管理部门外，日本银行之间还形成相互委托监管的特殊关系。

以上日本信托银行的监管体系的四个组成部分中，政府和央行的监管体系无疑发挥着巨大的作用。日本大藏省也曾因为对银行业的高效率的监管而广受赞誉，而后来当以大藏省为主导的监管体系因为权利过于集中，导致了一些腐败事件和对银行业的监管力也出现了下降。经过日本政府金融改革，金融监管机构也几经变迁，目前已形成了以行政机构监管为主，行业团体自主管理为辅的金融监管系统。行政监管机构主要是金融厅、日本银行和财务省。行业团体主要有全国银行协会、信托协会、全国地方银行协会、全国信用金库协会等各种银行团体，还有日本证券业协会、投资信托业协会、人寿保险业协会、日本财产损失保险协会等团体，他们负责制定和实施本行业的营业规则，对本行业经营的实行自主规制①。目前，日本信托银行现行的监管体系已经较为健全和完善。

本章小结

日本信托业务在世界上可谓非常发达。日本信托业的发展大体上经历了一个从创立到走向成熟，从信托公司到信托银行的历史过程。日本在1900年左右从欧美引进信托制度，此后日本信托业的发展大致上走过了几个历史的发展阶段，日本信托业经历了一个银行业、信托业分业经营到银行业、证券业、信托业混业经营的过程。日本根据自己的情况，一开始就大力发展金

① 宁国强："论桥本政府的金融改革——日本金融大爆炸"，渤海大学2008年。

钱信托，后来又创造了贷款信托，对其战后国民经济的恢复和高速成长都产生了极大的影响。日本首先通过立法，从法律上确认信托业这一金融行业后，才有真正的信托业务。日本的信托具有财务管理和长期金融两种基本职能。1999 年 10 月，日本当局完全废除了对信托银行子公司的业务限制。自此，银行业与信托业之间的行业界限基本消除。

日本信托业发展大事记

1900 年，制定了《日本兴业银行法》，在该法规中，日本首次正式允许兴业银行经营“地方债券、公司债券及股票等信托业务”。

1902 年，日本兴业银行成立并根据《日本兴业银行法》的有关规定开始开办信托业务，从此信托业务开始在日本发展起来。

1904 年，东京信托公司成立，成为日本第一家专业性信托公司。

1905 年，出台了《附抵押公司债信托法》。

1919 年，信托会社（公司）协会成立。

1922 年，《信托法》和《信托业法》颁布并于次年开始施行。

1923 年，5 家信托公司依据《信托业法》取得开业执照。

1924 年，三井信托成立。

1926 年，信托协会成立。

1927 年，三菱信托设立，随后，各银行信托部纷纷设立。

1929 年，《信托业法》修订，新增遗嘱信托与会计监查。

1943 年，通过了《关于普通银行兼营信托业务的法律》，规定普通银行也可以兼营信托业务。

1948 年，大藏省颁布《证券交易法》规定信托公司不再办理除国家债、地方债和政府担保债以外的证券业务；各银行信托部改称信托银行，日本信托银行成立，这是日本第一家信托银行。

1951 年，《证券投资信托法》实施，后在 2000 年对该法进行了修改。

1952 年，《贷款信托法》颁布并实施。

1954 年，日本政府对金融业进行规范和整顿，将信托业和银行业分离，长期金融和短期金融分离。

1955 年，动产设备信托业务开始。

1962 年，退休金信托业务开始。

1966 年，厚生年金基金信托业务开始。

1971 年，设计出可以转让交易的“收益证券”。

1972 年，财产形成信托业务开始。

1973 年，住宅贷款信托业务开始。

1975 年，特定赠与信托业务开始；财产形成给付金信托业务开始。

1977 年，公益信托业务开始。

1978 年，财产形成基金信托业务开始。

1981 年，创设“收益到期领取型”品种贷款信托；信托统一账户业务开始。

1982 年，财产形成年金信托业务开始。

1984 年，土地信托业务开始。

1985 年，外资银行纷纷成立信托银行，Morgan Bank 为第一家在日本开始信托业务的外国银行。

1988 年，财产形成住宅信托业务开始。

1989 年，金钱信托业务开始。

1991 年，个人年金信托业务开始。

1991 年，国民年金基金信托。

1993 年，信托代理店业务开始。

1993 年，地方金融机构开始经营信托业务。

1997 年，颁布新《日本银行法》，并于次年 4 月 1 日开始实施。该法以法律形式宣布了对日本金融体系的改革特别是金融监管体系的改革开始。该法规定日本中央银行拥有更大的独立性以及其他方面的规定。

1998 年，《特定非营利活动促进法（NPO 法）》实施。

1998 年 6 月 5 日，参议院审议通过了《金融体系改革法》是日本金融体系变革最重要的法律，由证券交易法、银行法、保险业法、证券投资信托法等 22 项与金融体系变革有关的法律组成。

1998 年，颁布《与资产的流动化有关的法律》，2000 年修改，扩大了流动化可能资产的运用，引进了特定目的信托。

1999 年，退休给付信托业务开始；排名第 3 的三井信托和排名第 6 的中央信托合并。

2000 年，三菱信托、日本信托和东京三菱银行决定实现联合经营。

2004 年，《信托业法》修订实施。

2005 年，朝日信托株式会社开始营业。

2005 年 10 月 1 日，三菱信托银行和 UFJ 信托银行合并，组成三菱 UFJ 信托银行。

2006 年，《信托法》修订公布，新增信托监督人；增加新型信托：有限责任信托、自益信托与目的信托。

2007 年，内阁府设置公益认定等委员会。

2007 年 4 月 26 日，英国巴克莱银行 4 月 16 日宣布，已经以现金 49 亿日元的价格将在日本经营信托和资产管理业务的 Barclays Global Investors Japan Trust & Banking 公司出售给住友信托银行。

阅读资料

日本住友信托银行简介

银行名称：日本住友信托银行股份有限公司

The Sumitomo Trust & Banking Company Limited

注册地址：日本国大阪市

注册时间：1925 年 7 月

总行网址：http：//www. sumitomotrust. co. jp/ 2

注册资本：287015 百万日元（2005 年 3 月末）

资产总额：16018500 百万日元（2005 年 3 月末）

海外主要分支机构：

分　行：

英国 伦敦分行。

新加坡 新加坡分行。

美国 纽约分行。

代　表　处：

中国　北京代表处、上海代表处。

韩国　汉城代表处。

泰国　曼谷代表处。

印尼　雅加达代表处。

注册公司：

中国　住友信托财务（香港）有限公司。

卢森堡　住友信托银行（卢森堡）有限公司。

美国　住友信托财务（美国）有限公司。

第五章　信托业的特殊模式——德国的信托业

在金融模式的选择上，欧、美各国基本上都经历了混业——分业——混业的反复过程。在 20 世纪 90 年代金融自由化浪潮的推动下，绝大部分发达国家都采取了混业经营的模式。在欧洲，典型的例子是德国，表现为它的全能银行制度。作为欧盟成员国的一员，德国不仅金融业比较发达，而且其金融发展模式也对整个欧盟金融业的发展形成重大影响。德国金融模式的一个重要特点是商业银行混业经营。正因为德国实行的是全能银行制度，所以在德国没有专门的金融信托机构，所有的金融信托业务都由商业银行内部的专业职能部门（或其控股子公司）负责。

第一节　德国信托业特点

德国是当今世界上信托业发展中素以全面为代表的国家。德国信托虽渊源不长，与其他发达国家相比发展却异常的顺利，多次的世界经济动荡，似乎并未对其产生过什么大的影响。一方面这和德国人注重稳健守规的性格有关，比如说德国有世界上最为完善的监管；另一方面这不能不说是得益于其由来已久的全能银行制度。德国的信托业务具有业务经营面宽，产品设计贴近普通老百姓，方式方法灵活多样等特点。德国在信托业务的发展上主要呈现以下特征：

一、金融机构可经营信托业务

在德国全能银行制度的金融模式体制下，信托业务的开展是由银行内部的专门职能部分负责。尽管在银行内部，银行与信托的两个部门是明确分开的，但信托业务部门所提供的金融产品和金融服务，却与传统银行业务部门所提供的无明显区别。银行趋向于把信托业务和其他银行产品分件交易，重新组合，以向客户提供更新的金融服务。此外，信托业务与证券业的关系也日益密切，两者之间在同一业务范围的竞争也相当普遍。

二、信托职能呈现多元化

信托的基本职能是财产管理，包括对个人、法人、团体等各类有形及无形财产的管理和处理。德国金融机构在继续强调信托的管理基本职能的同时，对信托的其他职能也愈加重视。其中属于管理基本职能方面的主要包括三项，一是融资职能，信托业务的活动加大了吸收社会游资的力度，成立了国内大众的重要的储蓄机构；二是投资职能，除将所吸收的资金用于中长期贷款业务，还为产业部门提供设备资金，为个人购买住宅提供融通资金等；三是金融职能，在传统的代理证券业务、代收款项业务的基础上，信托业务将有关的金融服务推广到纳税、保险、保管、租赁、会计、经纪人及投资咨询服务等领域。信托职能的多元化，使信托投资渗透到国家的一切经济生活之中，使信托派生出各种各样的社会机能，概括起来最主要的有三项：一是通过信托资金的运作，发挥投资和融资功能，促进经济发展；二是通过公益信托的运作，促进社会公益事业的发展；三是通过雇员受益信托的运作，配合国家福利政策推行社会福利计划，发挥社会安全与稳定功能。

三、兼理公司的财会账务成为信托公司基本业务

这个特点是德国与其他国家有明显的不同。德国信托公司担当了为德国银行对企业贷款和投资前的安全检查，主要是受托检查对方企业财会情况。而且信托公司把它作为自己的基本业务之一，一般信托公司都办理这种业

务。尤其是第一次世界大战后，德国经济界变化很大，各种公司的业务内容变化更是惊人。凡是接受信托公司检查后的公司，其社会信用度更高；公司债券和股票出售情况也会看好。对公司来说，主动接受信托公司的检查是很乐意的事。实际上，信托公司本以其丰富的经济知识和经验作为副业经办的财会检查，由此却成了德国信托公司的一大特色。

四、信托业务产品运用领域广泛

德国的信托品种虽不如欧美等国那样纷呈复杂，但在推陈出新上一点也不落后。德国的信托一直在随着社会环境的变迁而不断创新，这主要得益于高效的全能银行制度，所有的金融业务都统一在商业银行内部进行，有利于各职能部门充分合作，进行产品创新。例如，将保险业务和传统商业银行业务合并开发金融产品，保险公司和全能银行共同进行保险产品与银行产品的推销和服务。在德国，现代信托，不仅在家事领域被用作传继和积累家产、管理遗产、照顾遗族生活、保护隐私等等，而且在商事领域还被用作中小投资者的投资工具、方便企业融资的手段、经营企业的方式等等；不仅在社会公益领域广为运用，而且也广泛用于社会福利领域，甚至在政治领域被用作一种防范权钱交易、维护政治清廉的工具。而今的德国信托，早已走近寻常百姓，被应用在社会生活的各个领域。

五、全能银行主宰基金业

德国基金资产管理集中化程度很高。德国的几大银行管理着90%以上的集合投资计划，同时拥有最大的基金销售网络。银行通过自己的营业网点销售基金。德意志银行拥有德国最大证券基金管理公司DWS；德累斯顿银行拥有第二大证券基金管理公司德意志投资信托公司和最大的地产基金管理公司DEGI；德国第三大基金公司Deka是一个由各地储蓄银行联合组成的基金公司，储蓄银行同时拥有地产基金管理公司Despa。目前，德国的基金发行完全由这几家大银行控制并主导，集中化程度比较高。前联邦德国所有的证券投资信托均为“契约型”，且为“开放型”，管理证券投资信托基金者为资本投资公司，并限于股份有限公司或有限公司的组织形式。在两德合并之后，另一种公司型法律结构的基金也开始出现。目前，德国的契约型投资基金包括两种，一种以大众投资者为发行对象的公募基金；另一种以养老院、教会或者基金会等机构为发行对象的专项基金。

六、房地产投资信托业务市场规模庞大

德国的房地产投资信托虽然起步很晚，但发展势头非常迅猛。从市场规模来看，如今已是德国信托市场上的主要业务之一。德国房地产投资信托是投资信托公司通过其选定的保管银行发行投资信托证券，并将所收受的资金投资于房地产或其他特别财产，保管银行根据投资公司的指示负责现金及有价证券等特别财产的保管、信托收益分配、信托基金资产评价以及房地产业务的监管工作。为保护投资人的利益，投资公司设置了监督委员会、选定保管银行、固有财产与信托财产分别管理、投资范围限制等强制性规定。可以投资的房地产限于租赁居住及商业用房地产以及符合该条件的在建工程（不超过信托财产价值的10%）和土地。

德国房地产投资信托的特点，在于基金资产的运用业务与保管业务的分离。现代德国不动产信托的目的，已由过去较多限于土地信托财产的权益问题转为以经营盈利为目的，以社会经济发展为目的方面了。德国投资信托业务远及海外，海外投资成为运用国内信托资产，追求利润最大化的有效途径之一。

七、信托投资业务经营的国际化

伴随着第一次世界大战前的德国经济腾飞，德国的金融机构开始其国际化进程。当时的德国金融机构国际业务还基本仅限于欧洲国家范围，随着其全能银行体制的日趋完善，德国的金融机构在资金上充裕起来。尤其是第二次世界大战后德国经济的迅速起飞，其商业银行开始真正意义上的全球化经营。伴随着银行的国际化，德国的信托业务也开始在国际信托市场上大展手脚，一大批规模巨大的海外信托投资基金活跃在全球市场。特别是20世纪80～90年代，世界主要发达国家先后向外开放国内信托市场，刺激了各国同行新业务的开发，信托业的国际竞争也日益加剧。德国独特信托模式的优势愈加地显现出来，推动了其业务的国际发展。

八、高效的外部监管环境

德国虽然没有独立的信托监管体制，但其完备的监管体制和良好的法律

环境依然足以提供完善的监督依据。自2002年德国联邦金融监管局成立之后，德国对金融机构的各项业务实行的是一体化监管方案。即原先分别进行的银行、保险、证券、信托业务监管的部门职能统一到该局之下。统一的监管机构使得监管当局在进行监管，尤其是对趋同的产品和新涌现的金融集团实施监管时可以更有效地利用专业知识和经验。德国迄今没有针对信托业务进行专门的立法，其与信托有关的法律法规散见于不同的法律当中。例如，德国主要的房地产投资信托业务方面的法律规范被归入《德国民法典》有关房地产经营的法律条文之中。德国有关信托制度方面的两个最重要的法律是《联邦银行法》与《银行法》，此外还有众多适用于专门业务的专门法规对信托业务也有所涉及。

第二节 德国信托业的发展及其现状

一、德国信托的发展历程

德国信托业的发展可以说先后经历了缓慢期和快速期。

（一）德国信托业的缓慢发展期

据有关学者研究，德国信托具有久远的历史，最早可以源于19世纪50年代，其工业化的膨胀导致对长期资金的需求，德国全能银行制度的产生，那时德国银行业务迅速地从传统的金融业务拓展到包括证券、债券、保险等各种新兴业务上，不过却没有像英美那样发展起来。在很长一段时期里，德国人处理遗产时多采用让通晓经济的人当监护人或管理人进行照看的方法，而不是采取像英国的信托方式，即明确地把自己的财产交给他人管理。但这并不意味着德国就没有信托的存在。实际上，德国在达到继承过程中保护当事人目的方面，根据其很早时候的继承法，通过多种工具结合使用的办法就可以使第一继承人只享有继承财产的利益，而由第二人管理财产，并由第三人享有财产的所有权，只是没有设立信托机构和制订信托法律。直到19世纪末起德国才开始模仿英、美等国家的信托制度，并建立了信托公司。

（二）德国信托业的快速发展期

到第一次世界大战前，随着德国经济的腾飞，德国金融机构业务开始国际化，信托业务的海外投资得到了很大的发展。第二次世界大战后，德国分成民主德国和联邦德国。1949年，联邦德国设立了德意志有价证券投资信托公司，次年正式开业。1957年颁布《投资公司法》，联邦德国的金融信托业务得到真正发展，表现为信托投资基金的数量和规模大幅增加。两德统一后，德国的信托制度沿袭原联邦德国的信托制度。

所以说现代意义上的德国金融信托起始并发展于20世纪50年代，当时的前联邦德国在1949年由18家金融机构（主要是银行）参加，设立了全德意志有价证券投资信托公司（委托公司），1950年正式开展业务。前联邦德国的金融信托业的真正发展，是1957年颁布《投资公司法》以后。自颁布该法至欧洲共同市场成立为止的4年间，基金数增加了1.5倍，发行证券份数增加了30倍，资产总额增加了30倍①。20世纪70年代初，前联邦德国有13家信托投资公司，所运用基金分为股票信托投资基金33个，债券信托投资（公债、公司债信托投资）基金10个，共计43个基金。其中，在信托条款中明确投资于国内证券的只有5个基金，大多数都是海外投资基金。海外投资基金，可分为兼作国内投资的混合型与限定仅作海外投资的基金。限定仅从事海外投资的基金又可分为：仅以欧洲为投资对象的地区基金，特定投资于一国或两国的基金与不限制国家的广泛进行国际投资的基金等三种。

前联邦德国的《投资公司法》明确规定投资基金一律采用契约型。该法规定，投资公司募集并管理的基金，由于其特殊的法律地位，对特别财产，投资公司和保管银行不得对其强制执行。这与信托财产并无二致。该种基金模式用两个契约规范投资者、投资公司、保管银行之间的法律关系。一是投资者和投资公司订立信托契约；二是投资公司和保管银行订立保管契

① 有资料显示：从第二次世界大战后引入信托投资制度到1960年为止，从这段期间的信托量增长的角度来看，信托投资成长率最高的国家就是日本和前联邦德国。

约。投资者购买受益证券的同时，取得信托契约委托人和受益人的地位，投资公司处于受托人的地位，负责财产的运营。保管银行负责财产的安全与完整，并按照投资公司的指示处置该财产，同时负责监督投资公司依信托契约办事，并在其有违法行为时对其提出诉讼，直至直接停止投资公司权力的行使。

前联邦德国所有的证券投资信托均为“契约型”，且为“开放型”，管理证券投资信托基金者为资本投资公司，并限于股份有限公司或有限公司的组织形式。投资公司基于风险分散的原则，发行代表受益凭证持有人的权利凭证，投资于证券或不动产，储蓄者的款项、证券、不动产，亦即基金的资产，组成“分别资产”，与管理公司的财产分开。前联邦德国的投资基金，其所有权的归属，完全按照基金的规则，确定是属于投资公司所有抑或属于受益人全体所有；但基金的资产则必须保管于负责发行及买回凭证的前联邦德国保管银行，以保证基金的安全。前联邦德国的国内信托投资大多由银行发起设立，主力银行也不例外地拥有子公司（包括海外子公司）的信托投资，通过自己的银行出售子公司所运用的信托投资证券。

而前民主德国实行的银行体制是与前联邦德国“全能银行制度”完全不同的前苏联模式，即禁止金融机构开展银行业务，各原民营金融机构被没收，重新成立的地方银行和储蓄银行接受原有银行的人、财、物，并成为新银行的决定性构成要素。针对以前大银行作结构性调整，银行制度实行中央集权制度，且须配合中央政权的计划经济政策。两德统一后，德国联邦银行对前民主德国银行进行了改组。打破了前民主德国银行在业务上的严格的分工格局，引入竞争机制，建立“全能银行制度”（即混业经营制度）。由于德国工商业对金融资本的依赖和德国政府对银行提供全面金融服务的鼓励和支持，德国银行业迅速地从传统的金融业务扩展到包括股票、债券、保险等各个领域，为工商业提供了广阔的融资渠道。至此，德国金融制度经历了从混业经营到被迫分业经营再到重新混业经营这一变迁过程[1]。

在德国实现统一的过程中，信托曾经在属前民主德国的国有资产处理问题上发挥了重要的作用。当时，合并后的德国政府成立了一个名为德国信托

① 陈柳钦：“美国和德国金融制度变迁分析及其思考”，《价值中国网》2005 年 8 月 1 日。

局的官方机构来处理前民主德国的大量国有企业。德国信托局首先将这些企业进行集中产权重组，然后根据各个企业的不同情况或包装出售、或停业关闭，不能出售或停业的进行清理整顿、整改，最终基本实现大量国有企业的私有化。

二、德国信托的发展现状

随着金融全球化的深入发展，尤其是20世纪90年代以来金融并购浪潮的兴起，绝大部分的发达国家采取了混业经营的模式。因为德国实行的是全能银行制度，即以全能银行对社会大众的服务供给，又通过一系列的专业性银行和特殊信贷机构加以补充，所以在德国没有专门的金融信托机构。存款业务、贷款业务、贴现业务、信托业务、证券业务、投资业务、担保业务、保险业务、汇兑业务、财务代理业务、金融租赁等所有的金融业务均为全能银行的经营范围。广义的全能银行等于商业银行加投资银行加保险公司再加非金融企业股东。其特征主要有以下几方面：

（一）业务领域的充分多元化

从业务范围看，全能银行自身可以涉足金融领域的任何业务，从业务审批上看，德国银行申请得到的业务许可证上所标明的业务范围包括所有金融领域业务。

（二）股权投资业务网络化

从德国全能银行的治理结构来看，全能银行较为普遍的特征之一是，除了在境内外设立不具有独立法人资格的分行和代表处之外，全能银行集团通过股权投资的方式，普遍建立了具有独立法人地位的全资或控股的专业性金融机构。这些专业性金融机构在传统的双重银行体制下会被视为非银行金融机构。通过全能银行集团内部的交叉持股，全能银行的业务范围成为一个具有内在联系性的网络体系。

（三）国内金融市场垄断化

德国的投资银行发展模式的特色还在于其市场由几家大的金融集团主导

(类似于美国资本市场的投资银行竞争格局)，而这些大机构几乎清一色依附于大型商业银行。如德国资本市场几乎被德意志银行、德累斯顿银行及商业银行这三家所垄断。

(四) 集团外部相互持股广泛化

全能银行具有广泛的集团外部相互持股结构。这表现在两个方面。一方面，全能银行和其自身股东相互持股，在世界银行体系中独创了“整体金融服务”的经营理念；另一方面，与世界上大多数银行体制不同的是，德国的全能银行能够直接或间接地持有非银行部门的债务类有价证券和股本类有价证券，并作为股东代理机构，参加非银行部门公司的股东大会，行使股东权利。

(五) 业务经营混业化

1999 年 10 月 20 日，美国的《1999 金融服务现代化法案》在美国国会获得通过，并于同年 11 月 12 日获得正式签署，这不仅意味着统治了美国金融业近 70 年的《格拉斯—斯蒂格尔法》寿终正寝，更重要的是结束了美国银行、保险、证券分业经营、分业监管的格局，开启金融业从分业经营走向混业经营的新纪元。这对美国金融业乃至全球金融业的管理模式和经营格局产生了深远的影响，对全球其他金融市场的未来产生巨大冲击。最直接的表现是全球范围内金融业从分业经营向混业经营回归已成为全球金融业发展的必然趋势。

随着世界经济一体化和资本经营国际化进程的加快以及众多国家对金融管制的放宽，发达国家信托业的制度和经营模式发生了很大的变化。由于信托机构与其他金融机构业务交叉，机构交叉，二者这种紧密的融合，使信托机构与商业银行的概念开始含混不清。尤其是在德国，银行兼营信托业务和信托机构从事银行业务成为普遍现象，有的是银行内部设立信托，有的是信托银行化。尽管在银行内部或信托机构内部，银行与信托的两个部门是明确分开的，二者在性质和业务重点上不同，内部结算也自成体系，但界限已经越来越模糊，而目信托所提供的金融产品和金融服务，与银行所提供的也无明显差别。此外，信托与证券的结合也是前所未有的紧密，两者之间在证券业务上表现为既竞争又合作。不少国家在信托机构经营证券业务方面，几乎没有什么法律限制。目前，德国的信托业主要采取混业经营的模式，进行兼业经营、分账管理。所有的现象表明，德国独特的全能银行制度，在金融环境日益复杂化的今天，无疑是最适合信托这一最具灵活性、创新性金融安排的发展平台。

全能银行首先是金融中介；其次是集多种金融业务于一体的金融平台或“金融百货公司”；第三意味着综合性经营。Universal Banking 本义就是综合性经营，是银行角度的综合性经营。德国的全能银行享有以机构投资者身份进行证券投资的独占权。事实上，德国的证券市场完全是由银行来组织和控制的。20 世纪 90 年代在金融自由化的浪潮的推动下，德国全能银行制度愈加趋于完善和全面，因此，在德国没有专门的金融信托机构也不足为奇。德国金融信托业务的拓展与长期资本市场的发展呈现同步发展之势，信托业的发展使整个金融资产不断扩大。今天的德国信托业，依然是完全地实现了和保险业务、证券业务甚至是与部分传统银行业务的全面糅合，被统一地在资产管理服务项目下进行。

第三节 德国信托业务及其机构

总体来说，德国信托业尚不及欧美等国发达，这从德国的信托机构和信托业务规模就可以看出来。在德国，所有的金融信托机构都完全附属于商业银行或者由商业银行控股，其信托业务产品一般也是在商业银行的经营过程中根据客户的需求来设计。从功能角度讲，德国的信托产品虽然也可以通过一系列的搭配从而实现英美等国信托产品相同的信托目的，但其过程较复杂，存在着客户不易理解、接受等缺点。

一、德国信托业务

和很多国际同行一样，德国提供信托服务的金融机构根据客户的不同通常也将信托业务划分为个人信托业务和法人信托业务。

（一）个人信托

个人信托指信托机构承办为个人管理、监护财产、执行遗嘱、管理遗产以及代理账户等信托业务，其主要特点在于信托受益人多数为委托人以外的第三人，如委托人的家属、特定的个人等，信托财产一般为非生产性的个人财产。德国的个人信托业务主要为了满足客户对于不动产规划、获取税收减免、加强财产的保密性和受保护程度、国际投资、公益捐赠、防止受益人挥霍而对财产进行保值增值以及使未成年的或是伤残的受益人在经济上能有所依靠等需求。个人信托业务针对不同客户的个别要求，因而具有很强的灵活性。德国主要的个人信托业务包括：财产监护信托、退休养老信托、保险金信托、子女保障信托、遗嘱信托、有价证券信托、不动产信托、公益信托等。这些建立信托的目的绝大部分也体现了信托的传统作用即信托在家庭财产和公益捐赠处理事务上是可以满足当事多方的有效方法。

（二）法人信托

法人信托又称“公司信托”、“团体信托”，它是以法人作为委托人的信托业务，即委托人不是某个人，而是公司、社团等具备资格的法人委托受托人办理信托业务。在这种信托业务中，委托人是公司、社团等法人，受托人只能是信托公司等信托机构，任何个人都没有受理法人信托或代理法人信托的资格。这里的“法人”是指根据法定程序成立的能够独立承担经济责任的社会组织，其基本特点是能够以自己名义从事经济活动、享受经济权利、承担经济义务，并能在法院起诉、应诉的企业、机关事业单位社会团体、慈善机构。德国银行向来是全能银行的代表，这一特点在其法人信托业务上体现得非常明显。由于信托安排所具有的灵活性，德国的金融机构可以向客户提供一站式的金融服务。结构性融资和证券化业务、贷款和股票/债券的发行、第三方账户、单位信托和共同基金的管理、养老金和员工受益计划、公司信托和基金会、表决权信托、公司重组、专属保险等业务为各个发展阶段的企业提供了可以选择的金融产品和服务。在每一项业务下面还有更明细的服务分类，并且随着经济金融环境的不断变化，新的业务种类也是层出不穷，信托公司被称为“金融百货公司”确实名副其实。

此外，在德国，基金（又称作集合基金）绝大部分都是以信托的形式持有。德国的基金按投资对象不同主要分为两种，一种是主要参与有价证券市场交投的开放式基金；另一种则是以投资房地产为主的半开放半封闭的基金。根据受益凭证的发行对象不同，德国投资基金还被分为大众型的公共基金（亦称零售基金）和机构型的专项基金。前者受益凭证的发行对象是大众投资者，是基金市场的主流；后者则为专业机构和法人团体，这些机构投资者主要是保险公司、养老院、教会及基金会等。

截至2000年6月底，专项基金共有4984只，公共基金1625只，市场总值达到9220亿欧元（8880亿美元）。地方银行占公共基金销售市场的95%。而保险公司、国外基金公司和私人基金公司则通过提供多种基金品种扩大市场份额。过去几年里，专项基金市场发展相当迅速。专项基金具有税收和管理等方面的优越性。它们是养老计划和保险公司外部托管首选工具之一。专项基金资产的增长也带动了资产委托管理业发展。随着外部托管量的增加，专项基金市场将有长足的发展。专项基金的任何税收优惠的改变都必须十分小心，因为它将极大地影响该市场的发展。公共基金由投资管理公司管理。投资管理公司通常隶属于银行或保险公司。投资管理公司向个人投资者出售基金凭证，证明其拥有一定比例的某种基金。

二、德国信托业的机构

（一）德国金融机构的分类

德国经营金融业务的机构可以按照两种原则分类，一是按业务性质可分为两类：一类是全能银行，可从事多方面的业务；另一类则为专业银行，业务范围较窄、较专门。二是按法律形式可分为三种，按私法建立的银行称为私营银行，以营利为目的，按合作社法律建立的银行称为合作银行，按公法建立的银行称为公营银行，这种银行一般不以营利为首要目的，它们的债务由各级政府负责，同时公法授权它们从事特别业务。

目前，在德国联邦金融监管局备案开展信托业务的机构有近百家（基本全为全能银行控制下的信托机构，包括外国银行在德国设立的信托公司。另有一些大型实体企业集团设立的小型信托公司不包括在内，这些信托机构的业务对象往往是集团内部成员）。德国本土信托机构基本为其10大商业银行[①]所控制。外国银行在德国设立的信托公司主要有：RBS Trust Bank Limited、Société Générale Bank & Trust、Northern Trust Global Services Ltd、City & Trust Finance Limited、Mitsubishi UFJ Trust International 等。

（二）德国主要信托机构

德国的基金主要依托各大银行进行运作。

1. 证券基金管理公司（DWS），是德国最大的证券基金管理公司，有较小证券基金管理公司（DVG）以及地产基金管理公司（DG）。它们都隶属于德意志银行。

2. 德意志投资信托公司，是第二大证券基金管理公司；地产基金管理公司（DEGI），是德国最大的地产基金管理公司。它们均被德累斯顿银行拥有。

3. 德国第三大基金集团（Deka）是一个由各地储蓄银行联合组成的基金公司。德国各地约有 700 家储蓄银行。它们联合组成了国家最大的财团，拥有营业网点 2 万多个。储蓄银行同时拥有地产基金管理公司（Despa）。

4. 联合投资公司，位居第四。受德国合作银行业控制。合作银行业的首脑机构 DG 银行，本身也是一家商业银行。它和另外 3 家合作银行的清算银行共同持有联合投资公司 70% 的股本，其余股本由外国银行、私人银行和保险公司分别持有。

尽管德国国内银行主宰了基金销售业，但近来有减弱趋势；贴现票据经纪商和直接财务服务公司正在扩大其销售市场份额。保险业占基金 7% 的销售份额；有的保险公司拥有小型基金管理公司，有的与一些基金公司签有基金协议。约有 15% 的基金销售是由独立公司进行。德国的独立财务公司很少销售基金，仅占 2% ~3%。

① 德意志银行（Deutsche Bank）、德国商业银行 + 德累斯顿银行（Commerzbank + Dresdn er Bank）、巴符州立银行（Landesbank Baden – Württemberg）、德国信用合作银行总行（DZ Bank）、裕宝银行（HypoVereinsbank）、巴伐利亚州立银行（Bayern LB）、Hypo Real Estate 地产抵押银行、德国复兴信贷银行（KfW）、西德意志州立银行（WestLB）、欧洲抵押银行（Eurohypo）。

注：德国商业银行兼并德累斯顿银行的交易已经各自董事会同意，尚未开始真正交易。

第四节 德国信托业的监管

德国是全能银行的起源国。经过长时间发展后已经成为当今世界上混业经营体制最为发达的国家。同时，德国是西方国家中银行监管制度较完善，监管效果较理想的国家之一。严格的金融监管，保证了德国金融业的健康发展，也促进了社会市场经济的稳定与增长。从1997年6月开始的东南亚金融危机以及随后而来的全球性金融动荡，波及面大，连美国这样的金融霸主也受到很大影响，但德国金融业却能相对稳定。这也从一个侧面充分反映了德国金融监管严格的作用。德国的金融监管实行的是一体化监管方案，所以没有特定的针对信托监管模式。对信托的监管与银行、保险、证券等业务一起被统一在联邦金融监管局下。

一、德国的金融监管

（一）德国金融监管的特点

现代德国金融监管具有以下特点①：

1. 内部监管与外部监管相结合。前者是指自我监管，后者则是指社会监管与联邦银行、联邦金融监管局监管，这是现代德国金融监管的突出特点。自我监管以建立金融机构的内部治理结构为基础，建立股东大会、理事会、监事会之间的相互制约和制衡机制，以年度业务报告和股东大会为依据。社会监管则通过一些银行设立独立的审计机构，对银行资产营运做出结论，并将其审计报告报送联邦金融监管局。这些社会性质的审计机构要对其审计结果负相关责任。

2. 对大银行分支机构实行“并账管理”。这是德国金融监管的另一大特点。德国拥有为数较多的大银行，在国内外设有众多的分支机构，资产总额

① 陈柳钦：“美国和德国金融制度变迁分析及其思考”，《价值中国网》2005年8月1日。

巨大。若这些银行的业务经营出现风险，不但对德国经济金融产生重大影响，而且对全球的经济金融活动带来一系列的后果。因而对它们的监管是非常重要的。

德国中央银行和联邦金融监管局在对大银行的监管中，除要求各大银行必须建立内部自我约束机制和内部监控体系以防范风险外，还要求各大银行将国内外各分支机构及银行集团的资本、资产及负债进行汇总，从整体上对其资本充足率、资产质量、抵御风险的能力、债务清偿能力、资产的流动性等进行定期的分析评价。德国的大型全能银行大多是股份制银行，产权关系明确，内部治理结构和监督机制健全。

3. 依法监管全部金融业务。既以法律为准绳进行金融监管，把全部金融活动都纳入法律范畴，制定一套严格而缜密的金融法律制度体系，这是德国金融监管的另一个显著特点。

德国的监管强调各金融监管部门的协调配合。德国银行采取的是混业经营模式，混业经营强调各金融监管部门的协调与配合，银行监管委员会和联邦银行在监管业务中充分合作，相互信息共享，对银行运行方面的意见及时沟通交换，各类信息数据互不保密。联邦银行的各分支行负责日常的监管，负责审查商业银行报表、监督银行运营情况将有关情况报告给银行监管委员会，银行监管委员会据此采取措施。

工作中，德国银行监管委员会监管目标明确，手段行之有效。德国银行监管委员会的主要目的就是保证银行的正常支付能力，维持银行系统的正常运行，防范银行机构债权人可能遭受的损失，减少银行业不良运作对国民经济的危害。其监管手段有：要求各银行机构及时提供各种信息、报告、材料，对银行进行审计检查，要求银行报送报表，对银行发出月度报告和资产报表，对银行发出监管指令和警告，限制和禁止银行对股东分配利润和继续发放贷款，要求银行撤换经理人员，收回银行经营许可证。同时，各银行机构进行自我监管和接受社会监管。

（二）德国金融监管的机构

德国的金融监管机构主要有联邦银行、银行业监管局、有价证券交易监管局和保险监管局。德国金融管理当局在金融监管方面具有权威性，有关监管的一整套法规制度及管理办法为监管当局履行这一职能提供了充分的法律保障，较好地体现了稳定性、效率性和公平性的要求，完备的监管体系使其能从容面对各种困难和危机，为保障德国金融体系的稳定和发展发挥了重要作用。

德国的银行监管由政府和私人两部分组成，前者包括联邦银行监管局（FBSO）和德意志联邦银行（德国中央银行）。这两个联邦机构与外部审计师和私人银行协会共同承担了监督管理的职责，如图 5-1[①] 所示。

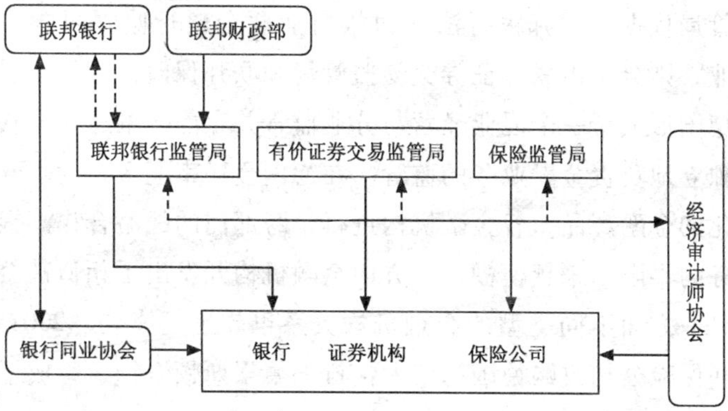

图 5-1　德国"全能金融"的金融监管体制框架

联邦银行监管局是德国金融监管的决策机构。它可以独立行使银行业监管工作，属于准部级机构；行政上隶属于联邦财政部，局长由联邦政府听取联邦银行提名并由总统任命。在联邦银行监管局内设有 4 个主要监管司，即私人银行监管司、储汇银行监管司、合作银行监管司、投资证券和外资银行监管司。作为德国银行业监管的主要机关，联邦银行监管局依据《联邦银行法》的规定，所有银行信贷机构都必须接受联邦银行监管局和联邦银行的监管。其法定的职责为：颁布规章制度、发放和吊销银行执照、命令实施专项审计以及采取强制措施等。在德国的金融监管体制中，外部审计师担当着辅助但却是非常重要的角色。经济审计师协会作为监管机构的依托，现场的监管大多数由它承担，是银行检查的主要执行人。外部审计师的活动则必须遵守联邦银行监管局和联邦银行共同制定的并由联邦银行监管局颁布实施的管理规定。另外，银行同业协会制定一些同业规则，也具有辅助监管作用。总体来讲，联邦银行监督局侧重于对微观金融机构的具体监管；联邦银

① 陈柳钦："美国和德国金融制度变迁分析及其思考"，《价值中国网》2005 年 8 月 1 日。

行则侧重于对宏观金融市场的监管。

（三）德国金融监管的改革

值得一提的是，德国是当今世界上混业经营体制最为发达的国家。但在2002年以前，德国在长时期内采取的是一个混业经营与分业监管并存的金融运作模式，金融监管当局采取的依然是分业监管，由德意志联邦银行和联邦银行监管局依据《联邦银行法》对银行业联合履行监管职能，至于证券业、保险业，则分别由联邦证券交易监管局和联邦保险监管局予以监管。在长时期内德国形成了一个混业经营与分业监管并存的金融运作模式。这3个机构各自独立地负责金融业务的监管。在德国金融市场上，为了开发客户需要的一体化的金融产品，各金融机构进行了跨部门的战略合作。银行、信托和保险业务的界限越来越模糊，一方面金融机构开发出了相似甚至相同的金融产品；另一方面不同类型的金融机构关系也越来越密切。2001年德国保险巨头安联保险公司收购德国第三大银行—德累斯顿银行，组成了全球第四大金融体就是例子。

在2002年5月1日，德国联邦金融监管局成立后，德国金融监管的局面就改变了。德国国会通过把国家对银行、证券、保险业等的监管职责集中由一个财政部直属的联邦金融监管局来负责。金融监管局合并了原银监局、证监局和保监局三个机构，依照原有的《德国银行法》（KWG）、《保险监管法》（VAG）和《德国证券交易法》（WPHG）三部实体法，履行对德国金融业统一监管的职能。由原来的银行、证券、保险分业监管改为统一监管。它是具有法人资格的联邦金融监管机构，直接对财政部负责。德意志联邦银行和2002年成立的联邦金融服务监管局相互配合，共同担负对德国金融行业的全面监管职责，成为德国实施金融监管的左右手[①]。

鉴于上述情况，德国各州的监管机构首先开始了一体化进程，用统一的监管机构来实现监管过程中的信息共享从而推动更有效的监管。统一的监管机构使得监管当局在进行监管，尤其是对趋同的产品和新涌现的金融集团实施监管时可以更有效地利用专业知识和经验。考虑到金融业内部存在着一定

① 陈柳钦："德国金融混业经营的监管机制"，《国务院发展研究中心信息网》2008年11月4日。

的差异性，金融监管局按照德国金融机构的业务和功能，对其组织机构进行了特别的设计。金融监管局的职能机构包括理事会、咨询委员会，并专门有3个分别接替原银监局、证监局和保监局职能的委员会，对不同的部门仍采取经验证明较为成功的针对性的监管方法。另设3个特别委员会负责整个金融市场的监管工作。

根据《联邦金融监管局法》、《关于联邦金融监管局章程的条例》和《联邦金融监管局章程》的规定，联邦金融监管是“联邦直属的、具有权利能力的、公法上的行政机关，受联邦财政部的法律监督和业务监督”；履行对金融市场的国家监管职能，在其职责范围内代表德国参与相关国际事务。联邦金融监管其收入来源分两部分，一是各金融机构按资产规模一定比例上交费用；二是直接审计收入。属独立法人的公共机构，有较强的独立性。联邦金融监管局在实施监管的同时并不过多干涉银行内部的经营业务，它不能指定某个金融机构向特定的个人或企业贷款，或禁止其发放某笔贷款，甚至连这方面的建议也不能作。它采取的监管方式主要是通过委托经纪审计公司进行，或根据经纪审计公司提交的审计报告，组织专业人员进行审计。金融监管局的监管目标主要包括：第一，保证德国金融业整体功能的发挥；第二，保证德国金融机构的偿付能力；第三，保护客户和投资人的利益，维护金融体系的稳定。德国将原银监局、证监局和保监局3个组织合并成统一的金融监管局，其一个主要的原因就在于能够减少重复劳动，加强信息资源共享，实现人力资源的有效配置从而提高监管效率。

二、德国信托业监管的法律基础

完备、严格的金融法律制度体系是加强金融监管的前提和保障。而德国金融监管系统是一个法律、法规相当完备，自我监管、社会监管和政府监管相结合，法律裁决作为终审判决的有机整体。

（一）德国信托业法律监管的渊源

德国信托理论以罗马法信托法律行为理论和所谓日耳曼或德国法信托理论为基础发展而来。其中，罗马法信托法律行为理论从零散地解释特定的信托法律形式出发逐渐发展到系统的理论，而日耳曼信托理论则逐渐失去重要性。早在19世纪末，德国法学家瑞格尔斯伯格就以古罗马的信托为基础提出了信托法律行为（fiduziarisches Rechtsgeschaeft）的概念。这一概念被帝国最高法院采纳，后被翻译成德文 Treuhand。19 世纪 80 年代，瑞格尔斯伯格从古罗马法历史中将信托制度（fiducia）挖掘出来，认为信托法律行为是当事人真正希望的法律行为，双方通过达成信托协议使受托人行使权利时受到一定的限制，信托合同和物权转让都是有效的行为。该理论有效地解决了信托法律问题，逐渐得到理论界和司法实践的认可。信托在德国是不同信托法律形式的总称。信托一般被理解为：某人受委托为他人利益或客观目的而处分物或权利。其中，受托之物或权利构成信托财产（Treugut 或 Treuhandvermoegen）。委托人（Treugeber）和受托人（Treuhaender）都既可以是自然人也可以是法人。在多数情况下，委托人就是受益人（Beguenstigter），在某些情况下，受益人也可能是受托人或第三人，第三人为受益人的，称为受益第三人（Drittbeguenstigter）。

德国的立法属于大陆法法律体系，它以成文法典为主要法源，与法国、意大利等国的法律一样具有共同特点，原则上不承认判例作为法源。德国对金融业实施监管的思想最初源于 1874 年起草的《帝国银行法》。1934 年《帝国银行法》开始生效，此后曾作过多次修改，它对金融监管的各个方面均作出了详细的规定，是德国对金融业进行监管的重要法律依据。1900 年，德国颁布过《德国民法典》，这是一部保护垄断资本主义的法典，信托法内容包含在其“民法典”之中。在德国的信托法规中，至今尚无能够完全包含一种规定受托人在法律经济上的一切法律地位的单行法规，关于信托和信托概念的认定还要依据德国最高法院和初级法院的判例。对信托关系的成立依据 1914 年 2 月 19 日的判决而确定，受托人经办的信托业务依据 1922 年 10 月 20 日初等法院的判决而确定。

（二）德国信托业法律监管的特点

1. 德国法律没有对信托进行系统性的规定。德国信托法没有继受英美的信托法，有其自身的特点。抽象和系统是德国立法的一大特色，信托法却是其中的例外。一部分信托法律形式，例如，权利能力的财团、遗嘱执行、遗嘱负担、投资公司、股份公司股东投票权信托等在各法律法规中得到规定，但大量的信托法律形式缺乏相应的专门规定。与德国法的抽象原则相应，信托法律关系通过两个法律行为成立，即信托合同和委托人转让信托财产的处分行为。在德国法中，信托合同并没有作为一种独立的合同形式得到调整。根据信托合同的基本特性，有偿的信托合同视为有偿事务处理（Entgeltliche Geschaeftsbesorgung，《民法典》第675条），无偿的信托合同属于委托（《民法典》第662条）。如合同有益于第三人的，合同还可被定性为为第三人利益订立的合同（《民法典》第328条）。有关信托合同法律问题，如合同的成立、双方当事人的权利义务、合同无效及无效的原因、合同撤销、合同终止等等均适用《民法典》中的一般规定，法律法规对相应性质的合同有特别规定的，适用特别规定。

2. 德国银行监管的法律基础是《联邦银行法》和《信用制度法》（KWG）。前者规定了联邦银行在金融监管方面的权力，并规定银行的证券业务要接受《有价证券交易法》管辖，同时接受证券存款审计；后者则规定了从事信用活动的金融机构，要在哪些方面接受金融监管机构的监管。1961年的《联邦银行法》规定联邦银行可以进行除保险代理业务之外的几大金融业务，包括信托、证券、存贷、外汇及中间业务等，另外，《联邦银行法》还规定了联邦银行在金融监管方面的权力，并规定银行的证券业务要接受《有价证券交易法》管辖，同时接受证券存款审计。因此，仅这个法律就规定了德国银行进行混业经营的法律规则。1961年7月10日通过的《银行法》进一步明确：凡是从事银行业务并且这种业务的规模已达到商业化、有组织水平的企业都是信用机构。可见在德国，通过立法，已将银行与信用机构视为一体。从而为银行的混业经营留下了广阔的法律空间。该法还授权建立了德国联邦金融服务监管局（BAFIN），这是一个独立的联邦监管机构，直接隶属于财政部。按照《银行法》规定，基金管理公司被认为是一种特殊的银行组织，因此受到BAFIN的监督。在所有国家关于银行业务的法律定义中，如此明确地规定了包括众多非银行业务领域，德国最为典型。在法律基础方面，除规定了银行业务的范围，德国银行法律规定的严密健全也为全能银行的发展提供了制度空间和外部约束。根据《信用制度法》的规定，对德国商业银行业务的监督与调节，主要来自两方面，即联邦金融监管局（BAK）和德国联邦银行。联邦银行必须与金融监管局密切合作，共同完成对银行业的监督和管理。而在联邦金融监管局和德意志联邦银行监管范围内有一个明确的职能界定：主管权属于联邦金融监管局；在制定有关条规和做出重大决策（如对大银行业务的处理意见）之前，监管局必须同联邦中央银行协商并取得一致认识；联邦银行必须对信用机构进行经常性的定期的监督，并对信用机构的年报和其他报告进行分析：在中央银行研究设计监管局业务的事项时，监管局局长有权参加联邦中央银行的中央理事会；联邦银行和金融监管局共同合作，相互间信息共享，除涉及内部人事变动情况外的各类信息、数据互不保密。

3. 虽无专项立法，但有多个适用于专门业务的专门法规。德国有关信托制度方面除有两个最重要的法律是《联邦银行法》与《银行法》外，还有众多适用于专门业务的专门法规，如《德意志合作银行法》、《复兴银行法》、《负担平衡银行法》及各州的储蓄银行法等，投资公司有《投资公司法》，证券信托银行有《证券保管和收购法》、《证券交易法》等。

另外，德国信托业中充当资产管理人的金融机构要受到所属部门法规以及《安全托管法》的约束。在市场准入方面，德国在欧盟资本充足性指令（将资产管理人的初始资本规定为 5 万欧元、12.5 万欧元、73 万欧元）的基础上，确定了本国的最低资本规定。德国还要求在资产管理公司的流动资本中用于日常支出的资本占到固定日常支出的 25%。在行为规范方面，德国要求资产管理人为第三方管理的资产与自有财产分离，且管理与保管由不同的机构承担。

4. 历史上曾先后三次修订银行经营模式的监管法律。第二次世界大战期间，德国被分解为前民主德国和前联邦德国，前者是按照前苏联模式来建设银行体制的：一切金融机构禁止开展银行业务，各原民营金融机构被没收，重新成立的地方银行和储蓄银行接受原有银行的人、财、物，并成为新银行的决定性构成要素。同时，也进行了针对以前大银行的结构性调整，银行制度也是实行中央集权制度，且须配合中央政权的计划经济政策；后者被迫实施美国式的银行制度（即美国当时实行的分业经营制度）。1990 年两德统一后，前联邦德国的金融制度改组了前民主德国的金融制度，德国统一后的金融制度就以前联邦德国为模式建立起来了，前联邦德国的法律就成了目前德国的法律，与信托业相关的法律也不例外。德国中央银行即为“联邦银行”。在 1999 年欧洲中央银行体系确立之后，德意志银行失去了独立制定货币政策的功能。在此背景下，德意志联邦银行的重组改革提到了议事日程上；2002 年 4 月 30 日新颁布的《德意志联邦银行法》在未改变联邦银行的基本职能的前提下，建立了新的德国联邦银行体系。在欧洲经济一体化的大环境下，为使证券监管和执法与欧盟的要求相协调，德国一直按照欧盟的法律理念进行监管体系和执法制度的改革。至此，德国金融制度经历了从混业经营到被迫分业经营再到重新混业经营这一变迁过程。

本章小结

德国金融制度最大的特点就是长期以来一直坚持混业经营制度。就单个银行而言，混业经营的全能银行制度要比分业式经营优越得多。信托投资的兼营理论认为，信托机构作为财务管理和长期金融的专业机构，是以大众的货币储蓄和财产积累为前提的，一旦通货膨胀，业务很容易陷入困境。而信托机构兼营银行业务，在长期金融业务的基础上兼及短期金融业务，可在一定程度上保障信托机构的经营稳定和收益来源[①]。银行兼营信托业务也有着相同的意义。

在德国，金融信托业务的拓展与长期资本市场的发展两者呈现同步发展之势。本章通过梳理德国金融混业经营制度的发展历程，可以得出一个结论：德国能够坚持混业经营制度的重要原因在于具备了一套高效而且适合金融业发展规律的监管制度。德国金融监管系统不愧是一个法律、法规相当完备，自我监管、社会监管和政府监管相结合，法律裁决作为终审判决的有机整体。

德国金融、信托发展大事记

1874 年，起草帝国银行法（1934 年帝国银行法开始生效）。

1948 年，成立德国联邦银行，即德国的中央银行，决定国家货币政策、负责货币发行并管理外汇黄金储备。

1949 年，联邦德国设立了德意志有价证券投资信托公司，次年正式开业。

1957 年，颁布《投资公司法》。

1957 年 7 月 26 日，颁布《联邦银行法》。

① 盖永光：《信托业比较研究：历史演进、定位与发展》，山东人民出版社 2004 年版。

1961年7月10日，通过的《银行法》，进一步明确：凡是从事银行业务并且这种业务的规模已达到商业化、有组织水平的企业都是信用机构。

1962年，修改《信用制度法》（KWG）。

1994年，对1896年颁布的《证券交易法》进行修改。

1995年，成立证券部门的监管机构——有价证券交易监督局，负责对证券部门进行监管。

1997年7月，巴伐利亚联合银行和巴伐利亚抵押和汇兑银行合并后组成了德国第二大商业银行——巴伐利亚抵押联合银行。

1999年，欧洲中央银行体系确立之后，德意志银行失去了独立制定货币政策的功能。

2000年3月9日，德意志银行和德累斯顿银行又宣布合并，这两家银行组成了当今全球最大的商业银行，合并后的总资产达到25万亿马克。

2001年，德国保险巨头安联保险公司斥资210亿美元收购德国第三大银行——德累斯顿银行，组成了全球第四大金融体使得德国出现了大型金融服务集团，也使得德国银行的数量不断减少。

2001年初，德国第二大的抵押贷款联合银行与奥地利最大的奥地利银行正式宣布合并，成为欧洲第三大银行。被其兼并的奥地利银行俄罗斯分行通过并购当地的国际莫斯科银行而成为了俄罗斯的第四大贷款银行，使抵押联合银行冲开了俄罗斯金融市场的大门。

2001年9月，德国中心银行与德国合作银行联手组成了新的合作中心银行，并以3600亿欧元的业务规模一跃成为德国第六大银行。

2002年1月，《证券收购和兼并法》生效，第一次将企业兼并监管纳入联邦证券交易监管局的职责范围。

2002年4月22日，颁布《金融监管一体化法案》，为德国当前实行的混业监管提供了法律基础。

2002年6月2日，颁布《第四部金融市场促进法案》，该法案涉及22部法律或相关法律的修正案，其中最核心的内容是颁布新的《交易所法》和颁布《有价证券交易法》修正案。

2002 年 5 月，德国在合并了原银监局、证监局和保监局三个机构的基础上成立新的金融监管局。德国联邦金融监管局成立之后，德国对金融机构的各项业务实行的是一体化监管方案。

2005 年 6 月 12 日，意大利联合信贷银行以换股形式并购德国第二大银行集团联合抵押银行。

2008 年 11 月 4 日，德国第二大银行德国商业银行请求德国政府提供 82 亿欧元现金和 150 亿欧元债务担保额度。

第六章

中国香港地区信托制度与信托业

本章主要从香港地区单位信托基金和房地产投资信托基金两个方面介绍中国香港地区的信托。全章分为四节，介绍了香港地区单位信托基金和房地产投资信托基金的发展、特点以及香港地区信托的制度和业务。

第一节 中国香港地区的信托制度

中国香港地区的法律制度属于英美法系，其法律继承了英国的法律传统。信托法是英国首创的法律制度，当然被香港地区法律所吸收。《中华人民共和国特别行政区基本法》第八条规定：中国香港地区回归以后，其原有的法律即普通法、衡平法、条例、附属立法和习惯法除同本法相抵触或经香港特别行政区立法机关作出修改外，予以保留。这就是说承袭了英国信托法的香港地区信托法已被保留。

一、中国香港地区信托制度概述

中国香港地区的信托法由判例、规例和单行法规组成，有关信托的法规主要有：《信托法例》、《受托人条例》、《信托基金管理规则》、《司法受托人规则》、《信托变更法例》以及有关公益信托的《娱乐慈善信托》等。中国香港地区信托法的主要内容规定有：信托种类、信托的运作，此外，对信托的设立、变更和无效等也作出了详细规定①。

中国香港地区的信托法律规范有两种表现形式：一是由衡平法所积累的英国信托判例法；二是由香港地区立法局自行制定颁布的香港地区信托制定法。信托判例法起源于衡平法院的判例。它涉及信托的基本分类及相应规范、信托财产的法律地位、信托关系成立、变更、消灭的要件，信托参加人之间的权利义务关系等方面内容。由于判例法晦涩难懂，而且内容极其庞杂，因此，香港地区立法局为了补充完善判例法，而仿效英国自行制定了一些信托制定法。其中《受托人条例》、《司法受托人规则》在内容上与英国的《受托人法》、《司法受托人法》基本一致；《香港政府证券受托人条例》和《信托基金管理规则》是基于本地信托投资发展的需要制定的；《信托承认条例》则规定适用于信托的法律和信托的承认及海牙公约在香港地区的适用；《娱乐慈善信托》则规定了有关公益信托的内容。这些制定法有些是信托判例法中相应条文的具体化，有些则是新创制的规则②。

二、中国香港地区信托法的特点及其法理分析

信托经过数百年的发展，已形成了定型化的法理，中国香港地区继承了英国的信托后，其信托制度即具有如下特点：

（一）所有权与利益相分离

根据中国香港地区信托法，委托人将财产转移给受托人后，信托关系即成立。此时，信托财产的所有权表现极为特殊：一方面受托人享有信托财产的所有权，管理处分信托财产。第三人也都以受托人为信托财产的权利主体和法律行为的当事人，而与其从事各种交易；另一方面，受托人不能为自己的利益而使用信托财产，其处分权也不包括从物质上毁坏信托财产的自由，更不能将所生利益归己享受。相反，他必须妥善管理、处分信托财产，把信托利益交给受益人。这就是信托法上有名的“二元所有权”观念。这种所

① 宋旺兴、王琪：“略论中国香港信托法律制度——兼谈我国大陆信托制度及现状”，《河南省政法管理干部学院学报》2001年第4期，第113页。

② 马铮：“香港与内地信托制度的比较分析”，《五邑大学学报》2004年第1期，第70页。

有权与利益相分离，也正是信托区别于代理、行纪等财产管理制度的本质所在。

（二）信托财产独立化

信托关系成立后，信托财产即从委托人、受托人和受益人的自有财产中分离出来，成为仅服从于信托目的的独立财产。委托人将财产交付信托后，即丧失对该财产的所有权。信托利益不归受托人享有；受益人虽享有受益权，但只是信托利益请求权。在信托期间，受益人并不享有信托财产的所有权。信托财产也不属于受益人的自身财产，这就是信托财产的独立性。此独立性又产生了如下极其重要的法律后果：受托人在管理过程中，必须将信托财产与自身财产加以区别；委托人、受托人和受益人三者任何一方的债权人都无法以信托财产偿债；因处理信托事务所产生的损益，在原则上都归信托财产本身。正因为信托财产独立性具有上述法律后果，有人认为信托的本质在于信托财产独立的法律人格。

（三）有限责任

信托财产的独立性导致了信托的有限责任，这从信托内、外部关系中表现出来：

1. 从内部关系看，信托一成立，委托人即退出信托关系之外。新的内部关系仅发生在受托人和受益人之间。受托人负有管理信托财产的义务，受益人享有赢得利益的权利。只要受托人没有失职或违反义务，其对信托财产的损失不以自有财产负任何责任。反之，则要承担责任。

2. 从外部关系说，委托人、受托人和受益人实质上对因信托所发生的债务，都只以信托财产为限负有限责任。这是信托法的一项基本原则。

（四）信托管理的连续性

信托是一种具有长期性和稳定性的财产管理制度，这根源于信托管理的连续性。具体表现为三方面：

1. 信托不因受托人欠缺而影响其成立。尽管信托设立后需要有受托人予以管理，但受托人欠缺时，法院不会因欠缺受托人而宣告信托无效。此时可以由信托文件中指定的任命人任命受托人或由法院选任受托人。这是香港地区信托法上的一条普遍原则。

2. 已成立的信托不因受托人的更迭而影响其存续。受托人即使因死亡、解散、破产等终止信托职务时，信托关系并不因此消灭。此时，可由信托文件中指定的任命人任命或由法院选任新受托人。

3. 公益信托中的“类似原则”。此是指当公益信托所定的公益目的不能实现或实现无意义时，只要受托人在信托文件中有将全部信托财产用于公益事业的一般性意思，法院将使信托财产运用到与初始信托“尽可能类似”的其他一些公益目的，使公益信托继续下去。这就是信托法上著名的“类似原则”。

三、中国香港地区信托法的弹性空间

中国香港地区的信托法在践行财产转移和管理功能时，具有极大灵活性。其表现如下：

（一）设立方式多样化

在中国香港地区设立信托的依据是多元的。绝大多数信托依委托人意思表示而成立称为明示信托。还有无需委托人表示的法定信托和默示信托。法定信托是依据法律的直接规定而设立。依法院的推定和拟制设立的称默示信托。其中又有回归信托和拟制信托之分。此外，信托既可由生前行为设立，也可由遗嘱设立。信托的灵活性由此可见一斑。

（二）信托财产多元化

凡具有金钱价值的东西，如动产和不动产等，都可以作为信托财产。此外中国香港地区的信托法还规定，专利权、商标权、著作权、股票、债券等无形财产，都可充当信托财产。由此构成了其财产多元化的特点。

（三）信托目的的自由化

只要不违背法律强制性规定和公共秩序，委托人可以为各种目的创设信托。其目的自由化，是信托弹性空间的集中体现。

（四）实务领域广泛化

实务上利用信托的种类极其繁多，领域极其广泛。在中国香港地区，举凡民事、商事和社会公益领域，信托都得以频繁运用，实可谓无孔不入。信托一词在英美法律生活中的用处，如同茶在英国人日常生活中的用处一样大。

四、中国香港地区信托法的运作

（一）配合隐私权的信托设计

信托因有受托人承受名义上所有权，可使受益人处于隐蔽状态。这常用于隐私权的保护。中国香港地区信托法对此有具体规定。如某人有情妇或私生子，又不想为他人所知，用信托安排，经由受托人交付信托利益，则可避免别人的注意。因为信托文件是不公开的。又如，为了隐藏财产的真正所有者，委托人可将金钱交由受托人，由受托人以本身名义购置并管理房地产。如此，外人只知道房地产是受托人的物业，而不知是委托人的财产。

（二）迂回规避法律的信托设计

如为满足《香港公司条例》最少两名股东的要求，保护绝对控股权。假设某人要成立有限公司，除本人直接持有的99%的股权外，将其余1%股权交由其妻持有，其妻则签署信托声明，确认该1%股权仍替其夫持有。如此则满足了公司条例的要求，又保证了绝对控股权，从而规避了法律。

（三）避免家庭财产被浪费

这是指通过信托对家庭成员的利益提供保护，又称“死亡之手”，指死者意志仍能控制活人生活。如某人考虑到死后把财产直接交给妻儿，会导致财产被挥霍成性的妻儿浪费，但如果他将财产设立信托，则可授权受托人在一段时间内付钱给受益人时，受托人有权决定其数量。受托人又可以以信托的形式为受益人保管财产，并在保管方式的设计上保障信托在受益人破产时，不会被财产管理人接受，从而避免家庭财产被浪费。

（四）根据未发生的情况，作出未来的馈赠

这主要是指信托可用于应付将来不测事件。如某人有三个儿子，他希望其遗产能尽力资助将来最穷的儿子，但目前无法预测谁将来最穷。他可通过遗嘱成立信托将遗产交给受托人管理，并根据贫穷原则自由决定信托利益的分配。即对特定时期最穷的儿子可以多分。

（五）通过信托进行投资

这即是中国香港地区信托法有名的单位信托，其做法是：由受托人购买公司的大量股份，然后就购入这些股份的资金成立信托基金并将该基金划分为许多等值的单位，向社会公众出售。透过单位信托设计，广大中小投资者能以较少的资金、经验、风险，获得较高的投资回报。现在，单位信托已风靡各地，成为一种很受欢迎的大众投资，在国际上誉为大众投资的恩物。

单位信托与内地所称的证券投资基金性质相同。

（六）为退休雇员或家属提供退休金

此即有名的养老基金信托。具体做法是由企业拿出一部分利润同时定期从雇员收入中扣除一部分做信托财产，由受托人予以投资管理，雇员退休或丧失工作能力时作为养老金支付给雇员，从而解决了雇员的后顾之忧。不仅提高了雇员的工作主动性，又有助于社会的安全和稳定。近年来，中国香港地区政府通过税收优惠大力扶植养老基金的信托管理，根据《香港职业退休金条例》规定，公司若将退休金交付信托管理，一经注册登记，便可享受税收优惠。之所以这样，是因为退休基金交付信托即不受公司破产的影响，从而保证了退休基金的安全①。

五、中国香港地区信托制度与内地信托制度的比较

（一）信托财产所有权的归属

英美法系国家的信托理论认为，信托一旦有效成立，委托人便与信托关

① 宋旺兴、王琪："略论中国香港信托法律制度——兼谈我国大陆信托制度及现状"，《河南省政法管理干部学院学报》2001 年第 4 期，第 114 ~ 115 页。

系相脱离，一般情况下对信托财产和受托人不再享有任何权利，除非在信托文件中对某些权利作了保留。中国香港地区的信托法对信托财产所有权归属于受托人也是持明确的肯定态度，根据中国香港地区信托法，委托人将原属于自己的财产转移给受托人之后，信托关系即成立。信托财产所有权也随之转移给受托人，受托人可管理处分信托财产，第三人也可以以受托人为信托财产的权利主体和法律行为的当事人，而与其从事各种交易。

大陆法系国家在移植信托制度时，一方面，考虑到信托尽管为受益人的利益而设立，但其中存在委托人的意愿，因此在信托设立后，委托人不应完全退出信托关系；另一方面，由于大陆法系“一物一权”的物权理论很难接受普通法上“一物二权”的理论原则。因此，大陆法系国家在确定信托财产的性质和归属时，一般只规定委托人向受托人转移财产，但对财产所有权的归属不作明确规定，并保留了委托人信托关系当事人的地位，而且对信托财产的管理拥有多种权利。

我国内地在信托立法时，也规避了信托财产所有权的归属问题，却更加突出了委托人的地位。《中华人民共和国信托法》第二条规定：“本法所称信托，是指委托人基于对受托人的信任，将其财产权委托给受托人，由受托人按委托人的意愿以自己的名义，为受益人的利益或者特定目的，进行管理或者处分的行为。”财产权应包括财产的所有权，此条中“财产权的委托”不仅在内涵上与“财产权转移”不同，而且其实施效果也不能够导致包括财产所有权在内的任何财产权被转移给受托人。

《中华人民共和国信托法》第十五条还规定：“设立信托后，委托人死亡或者依法解散、被依法撤销、被宣告破产时，委托人是惟一受益人的，信托终止，信托财产作为其遗产或清算财产”。此条即说明，信托在设立后，其财产权并未随之转移给受托人，否则信托财产不会作为遗产或被清算的财产。即使委托人是惟一受益人，则受益人享有的也仅是信托财产的受益权，而非信托财产的所有权。显然，中国在信托立法时是有意回避了信托财产所有权转移给了受托人这一基本信托制度的设计，而更倾向于信托财产所有权由委托人享有。

与中国香港地区信托财产所有权规定相比较，内地对此归属权的界定存在着明显缺陷，这一规定未能给遗嘱信托情形下信托财产所有权归属提供法律依据。《中华人民共和国信托法》第八条规定：信托可以通过遗嘱的方式设立。然而，遗嘱信托是在委托人死亡时才生效的，而已经死亡的委托人根据《民法通则》的规定其民事权利能力已经终止，也就不可能再享有包括信托财产所有权在内的任何权利，此时信托财产所有权由何人享有？对此，内地的信托法理论显然无法回答。因此，内地关于信托财产所有权归属界定的科学性明显不及中国香港地区信托法。

（二）委托人的权利划分

英美法律下，信托一经有效设立，除非在信托文件中对某些权利作了保留（比如终止、变更信托条款以及信托财产管理的指示等权利的保留），委托人对于信托财产和受托人不再享有任何权利，信托关系的利害主体实为受托人和受益人。因此，委托人在信托关系成立后的作用不明显。而我国内地信托立法着重突出了受托人的地位，对于委托人享有的干预信托的权利与香港地区的规定有所不同。

1. 解任权。《中华人民共和国信托法》第二十三条规定："受托人违反信托目的处分信托财产或者管理运用、处分信托财产有重大过失的，委托人有权依照信托文件的规定解任受托人，或者申请人民法院解任受托人。"这条规定突出强调了委托人的权利，赋予委托人对受托人的直接解任权。虽然这种直接解任权必须在信托文件中有明确规定，若无规定或规定不明确，委托人也只有向人民法院提出申请，才能达到解任受托人的目的，但这种通过信托文件直接解任受托人的规定是香港地区信托法中所没有的。

2. 选任新受托人的权利。《中华人民共和国信托法》第四十条规定："受托人职责终止的，依照信托文件规定选任新受托人；信托文件未规定的，由委托人选任委托人不指定或无能力指定的，由受益人选任。"在按照信托文件规定或信托文件未做规定时由利害关系人指定或申请法院任命这一点上两地是一致的，但在香港地区，根据《受托人条例》，由法院任命的受托人称为"司法受托人"，他与普通受托人并不相同，他要作为法院职员行事，接受法院的指示、监督和命令。这反映了英美法院对信托的介入给予了特殊的照顾，但内地法院所选任的受托人并非法院的职员，不受法院的监督，一旦成为受托人（虽为法院指定）便与普通受托人相同，这反映了内地法不以公权介入私人信托的意图。

3. 解除信托的权利。《中华人民共和国信托法》第五十、第五十一条明确规定，在委托人与受益人分别是不同人的他益信托中，若发生受托人对委托人有重大侵权行为，经与受益人协商同意或者信托文件规定的其他允许委托人解除信托的事由发生时，委托人可以解除信托。在委托人为受益人的自益信托下，委托人享有完全的解除权。香港地区信托法则认为委托人在设立信托后即退出信托关系，委托人除非保留撤销权，否则原则上不得解除信托关系。

两地关于委托人权利划分的不同，是基于两大法系的传统以及信托理念的基础不同产生的。《中华人民共和国信托法》更多地强调委托人在信托关系中的地位，因此赋予其更多的权利，从而使委托人可以通过这些权利的行使实现对信托运作的监控，而无须必然经过司法程序。这样，不仅使监控能够及时有效，而且在程序上也显得简单方便，更利于保护受益人的权利和信托财产的有效使用，也利于内地在无信托传统的背景下，更好地实现信托移植的本土化①。

第二节
中国香港地区信托业特点

在中国香港地区金融体系中，除了接受存款的机构外，主要的非银行金融机构有两大类：一类是单位信托基金；另一类是保险公司。在这两类非银行金融机构中，其中单位信托基金是1980年以后发展起来的，是仅次于认可的接受存款机构的另一种重要金融机构。

一、中国香港地区单位信托基金的特点

单位信托基金是一种运用他人资金进行投资的组织，它通过发售“单位”来吸纳个别投资者的款项，将资金汇总后交由专业投资管理公司负责管理，进行投资，组成一项分散的投资组合。香港地区信托基金市场的迅速发展使香港地区单位信托基金具有以下几个特点：

① 马铮：“香港与内地信托制度的比较分析”，《五邑大学学报》2004年第1期，第72页。

（一）运作规范

在中国香港地区，单位信托基金属于契约型，它由基金经理人（基金管理公司）、基金受益人（购买基金单位的投资者）和基金信托人构成，基金经理人即基金发起人（创办人）和经营者，它必须是专业基金管理公司，通常由商人银行或其他经认可金融机构的附属公司担任，基金受益人即购买及持有基金单位的投资者，是基金所有资产的最终拥有人，基金信托人受托对基金各项资产进行保管，并代表基金受益人对基金经理人的投资活动进行监督，主要有挂牌银行及其附属公司以及信托投资公司担任，单位信托基金根据基金经理人和基金信托人之间签署的“信托契约（Trust Deed）”运作，该文件具有法律效力。管理公司是基金的设计者和基金动作的决策者，信托人是独立于基金管理公司之外的监督基金资产的专门机构。在投资过程中，个别投资者则由信托人代表，根据一项名为“信托契约”的协议所赋予的权利来监督管理公司所做的投资工作。

香港地区的单位信托基金实行认可制度。成立基金首先要向证监机构申请认可，获认可地位的基金（Authorized Status Fund）方准在市场上进行推广销售。未申请或未经认可的基金（Unauthorized Status Fund）也可以存在并报价买卖，但在宣传推广方面要受到严格限制。

（二）法律健全

1978年颁布的《单位信托及互惠基金守则》是中国香港地区单位信托投资基金成立及运作的主要法规，它规定了基金信托人和经理人的资格，要求基金的契约稳健，必须列明有关基金投资的目标、政策、限制及投资风险等，还必须列明所有成本和费用，并要求每个财政年度至少编制两份财务报告等。

为具体规范基金的运作，保障各方利益，同时约束各方权利，香港地区还制订了一系列相关的法规文件，如《信托条例》、《保障投资人士条例》、《职业守则》等。此外，香港地区基金市场还要接受《证券条例》中有关条例的约束。

单位信托投资基金法制健全、程序严密，基金运作完全置于管理机构和公众的监督之下。主要表现为：

1. 基金市场准入的法规要求十分严格。《证券条例》第十五条规定了基金认可地位的有关条件，经单位信托基金委员会审核通过后，证监会还要对申请上市基金信托人和管理公司的身份、素质、相互关系等进行审查，根据信托契约的条文给予投资者的权益保障状况等各项指标，最后作出决定。

2. 坚决防止监管人员的舞弊行为。为防止信托人在监督工作中出现的舞弊行为，香港地区制订了专门的《信托人条例》。该条例规定基金信托人的委任及运作规范。作为基金投资者权益代表，信托人不得与基金管理公司有任何联系。或批准的信托人一般是挂牌银行或根据条例注册成立的信托公司，其账目必须独立核算。

3. 保障基金宣传和基金广告的规范运作，避免误导基金投资者的投资行为。香港地区《保障投资人士条例》规定了基金宣传的规范。任何基金吸引投资的广告必须经证监会审批，广告宣传方式包括报纸、广播电视、海报和网络上的电子广告等。1987 年股灾之后，香港地区又制订了《基金广告守则》，以保障投资者从基金广告中获得充分真实的信息，避免虚假广告和不真实的宣传误导投资者，防止基金市场的大幅波动。

（三）开放型为主

香港地区的基金多为开放型基金（Open - end Fund），即单位发行数目不受限制，可以任意增加或者减少，无需获得的单位持有人大会的通过，市场反映良好时即可增加发行数目，市场反应冷淡时则可赎回。与发行数目固定的封闭型基金（Close - end Fund）相比，开放型基金经营管理难度较大，但颇为灵活，方便投资者，从世界各国情况看，基金由封闭型向开放型转变是一个趋势。

（四）高度国际化

中国香港地区是亚洲地区仅次于日本的基金管理中心，可以为亚洲地区乃至世界提供基金管理服务，目前有超过 90% 的地区性或国际性基金管理公司的亚太总部设于香港地区，香港基金业管理的资金有大约 50% 来自欧美，30% 来自本港，20% 来自其他亚太国家和地区，香港基金市场高度国际化的原因在于，香港地区奉行自由经济原则，基金灵活度高。此外，政局稳定，法制健全，外汇自由和低税制，通讯发达，专业人才丰富等，也是吸引国际资金的重要原因。

（五）因地制宜管理特殊投资基金

对于一些新出现的特殊基金，如基金中基金、港元货币市场基金、“雨伞”基金（伞型基金）和两年基金等，香港地区通过修改基金守则，设立限制条件加以监管。这里着重分析基金中基金和“雨伞”基金管理。

1. 基金中基金的管理。对于基金中基金，规定基金公司不许再投资于其他基金中基金，以避免出现因多重循环而难以控制的局面；规定不许投资于基金中基金以外的其他证券，不许投资于地产、期货以及未获认可的基金，不许买卖期货、期权。另外，还规定至少要投资于 4 个基金，而且投资于每个基金的金额不得超过本身资产值的一半。

2. “雨伞”基金管理。对由一个母基金和依附于母基金所衍生的多个子基金构成的“雨伞”基金，为防止子基金无限扩大引起混乱，香港地区规定子基金的增设必须同普通基金一样申请认可和缴纳有关费用，母基金宣传资料不能刊载未获认可的子基金的信息。

二、香港地区房地产投资信托基金（REITs）的特点

房地产投资信托基金（REITs）是高流动性、有长期稳定收益的资产支持证券，是一种证券化的产业投资，通过发行股票（基金单位）集合公众投资者资金，由专门机构经营管理，通过多元化的投资，选择不同地区、不同类型的房地产项目进行投资组合，在有效降低风险的同时通过将出租不动产所产生的收入以派息的方式分配给股东，从而使投资人获取长期稳定的投资收益，REITs 通过在股票市场发行股票筹集资金后，持有和管理房地产资产，投资者通过购买 REITs 股票（受益证券）间接投资于房地产，并可以在股票市场进行交易，获得资本利得和流动性。

香港地区在 2003 年 8 月 1 日公布的《房地产投资信托基金守则》（以下简称《守则》）规定了 REITs 必须是信托形式；必须有一个从职能上独立于 REITs 管理公司的受托人，并以信托单位持有人的利益为行为准则；必须委托一家香港证监会所接受的公司为管理公司；必须委托一个独立的地产评估人。且受托人、管理公司、房地产估价师必须相互独立。

在实际运作中，香港地区房地产投资信托基金（REITs）具有以下特

点：

1. 它是一种集体投资计划（即内地所称的集合投资计划），可以在公开市场筹集，这样就决定了其资金规模较大，与房地产业的资金要求相匹配。

2. 其收益来源于房地产的租金收入，相对比较稳定且收益率高于银行同期存款。

3. 它是一个可以长期经营的金融工具，这在一定程度上可以规避短期的投机行为，有利于维护投资者的利益。

4. 有规范的法律构建的制度要求，从而避免了制度性风险。

第三节 中国香港地区信托业发展历程

一、香港地区单位信托基金的发展

20世纪80年代以来，单位信托基金在香港地区得到了迅速发展。目前，香港地区已经成为除日本以外亚洲最大的基金管理中心。

（一）早期的香港地区信托——受外界影响大

基金在香港地区出现的历史，早在20世纪60年代初期。1960年香港地区第一个单位信托基金成立，信托人为汇丰银行，该基金寿命期定为10年，于1970年终止。1969年，海外投资基金在香港地区成立，这是香港地区早期的单位信托基金，当时适逢香港地区股市牛市，因此，海外投资基金吸引的投资者甚多。随后其他基金相继成立推出，基金数目开始缓步增加。但是在整个20世纪60年代，基金发展并不理想。其原因一方面在于当时华人观念较为保守，并不接受基金人“代人托管投资”的观念；另一方面，也是主要的原因，当时香港地区经济还处于起飞阶段，相对于香港地区居民的积累财富来说，基金的最低投资额较高，所以基金的销售对象仅限于在港工作的外籍人士，本地华人则很少投资。

20世纪70年代初期，一家在港经营的名为 Bernic Cornfields Inverstor

Overseas Service（IOS）的国际性基金组织倒闭，令投资者蒙受重大损失，这件事不仅打击了投资者的信心，也打击了基金行业的发展，其后香港基金停滞多年。然而，20 世纪 70 年代后期，由于香港地区经济稳步发展，居民基金数目有所积累。基金市场的发展潜力开始逐渐被认识到，所以基金数目和资产总量均开始出现较大增长。1973 年，香港地区认可基金数只有 8 家，资产总值只有 4.1 亿美元；但到 1979 年，认可基金数猛增至 80 家，是 1973 年的 10 倍，资产总值增至 10 亿美元，增长了 143.9%。

（二）发展中的中国香港地区信托——进入政府管理视线

基金数目的增多和资产的扩张引起香港地区政府的关注。1978 年 6 月，政府制定了《香港单位信托及互惠基金条例》，将基金组织纳入了管制范围，对其成立、运作与推广加以管制，以保障公众投资者的利益，这标志着香港基金业开始进入正常发展轨道。

表 6－1　　1980～1987 年香港地区认可的基金数目一览表

年　份	基金数目
1980	69
1981	78
1982	88
1983	109
1984	126
1985	161
1986	212
1987	504

资料来源：香港地区单位信托基金公会。

进入 20 世纪 80 年代后，香港地区的基金业真正进入其发展的黄金时期。一方面 1983 年以来香港地区经济表现卓越，令港人积累了相当财富；另一方面基金投资的好处逐渐被认识，加上基金经理人的积极宣传，基金数目和资产迅速上升，新的基金类型相机涌现。表 6－1 列出了香港地区 1980～1987 年认可基金的数目，由 1980 年的 69 个迅速增至 1987 年的 504 个，期间增幅 7.3 倍，平均每年增加 91%；资产总值也由 20 世纪 80 年代初的 10 多亿美元增长到 120 亿美元。参与基金投资的已经不再局限于外籍或富裕人士，普通投资者亦趋之若鹜，一度掀起基金热潮。

同时，20 世纪 80 年代，基金投资产品种类不断增多，投资对象有存款证、股票、债券、商业票据、黄金、外币、期货和期权等，雨伞基金、基金中的基金、创业基金等特殊类型的基金相继推出。基金种类的增多，更好地满足了投资者的不同需求，投资者由过去的外籍中上收入者迅速扩展至香港地区本地广大居民。许多基金公司为吸引小投资者，致力发展基金零售市场，锁定最低投资限额并不很多（有的甚至低于 1000 美元），收入较低的居民阶层亦有能力购买。相比之下，许多小存户在银行小额存款，因为受利率协定的最高利率限制，所得利息不如投资基金回报高，故小存户的资金大多流向各种基金，银行为避免存户资金流失，遂纷纷创办自己的基金，这也是推动 20 世纪 80 年代香港地区基金发展的原因之一。此外，各基金公司之间的竞争在 20 世纪 80 年代以来也趋于激烈，除加强广告宣传攻势之外，许多基金纷纷成立基金中心，向投资者提供咨询和世界各地金融市场行情资料，以加强服务的手段来吸引投资者。

（三）与股市发展比较中的香港地区信托——稳健获益

1987 年 10 月，世界性的股市风暴涉及香港地区，令香港地区股市和期货市场投资者损失惨重，基金业一度也受到牵连。然而，稳健基金持有者的损失要比直接持有股票的投资者损失小得多。所以，股灾后，基金更受广大投资者的青睐。与此同时，股灾后，香港地区政府成立了基金业检讨委员会，其工作之一就是检讨基金守则，加强基金业立法。同时也加强了香港投资基金工会在基金行业管理和咨询方面的作用。此后，香港基金业获得了平稳、迅速的发展。1987 年年底，香港地区的基金数目就已达 504 个，到 1989 年年底又增至 787 个，增幅为 56%，到 1990 年年底，基金数目增至 936 个。

表 6 - 2 是香港地区单位信托基金工会提供的亚洲基金管理情况。可以看出，香港地区现已成为日本以外亚洲最大的基金管理中心，基金经理数目有 35 个，基金资产总额高达 106 亿美元。并且与日本基金业绝大部分只为当地投资者服务不同，香港地区为整个亚洲区提供基金管理服务。香港地区得以发展成为亚太地区基金中心，其中政局稳定，无外汇管制、通讯发达、法制健全、高效率的金融系统、低税制等都是香港地区极为有利的竞争条件。

表 6-2　　亚洲基金管理业基本情况一览表①

国家和地区	基金数目	基金经理数目	资产总额（百万美元）
日本	1520	12	245000
中国香港	238	35	10600
澳洲	135	23	7400
韩国	112	9	5300
印度	18	4	5200
中国台湾	8	4	420
新加坡	9	4	250

注：以上资料以 1987 年 6 月底为准。

资料来源：香港地区单位信托基金工会。

（四）内地基金涌入香港地区信托市场——深受欢迎

进入 20 世纪 90 年代以来，基金的发展承接 20 世纪 80 年代末期的强劲势头，走向高潮，除国际基金继续蓬勃发展和香港经济依然强劲有力的因素之外，更为重要的因素是中国改革开放的深入发展。上海、深圳两家证券交易所于 1992 年 2 月起先后推出了“B 股”的人民币特种股票，专供港、澳、台以及海外投资者以外币购买，以便直接吸引海外资金。这是引发香港基金市场推出中国概念基金的直接原因。自从中国推出“B 股”之后，香港基金市场立刻兴起了中国基金热，许多著名的基金经理人公司，如富达、亿顺、怡富、汇丰投资、丰盛、道亨、景泰、宝源、法国东方、野村、新鸿基等都纷纷推出中国基金。在不长的一段时间内就有一大批中国基金涌现出来，并且受到市场的普遍欢迎，反应极为热烈。在中国基金的带动下，其他基金也非常活跃，数目猛增。

香港基金市场上的中国基金所设立的投资范围、对象和目标虽然有很大差异，如有的以中国大陆、中国香港地区和中国台湾地区的大中华圈为投资范围、对象和目标，但绝大多数集中在中国大陆，并且只要以“B 股”为投资对象和目标。

① 表中所称的基金经理与内地所称的基金经理的概念完全不同，这里的基金经理是指基金管理公司。

香港基金市场上大批中国基金的出现，将加强香港国际金融中心的地位和声誉，促进香港地区经济金融的繁荣和稳定，并对当时香港1997年回归祖国、平稳过渡，中英两国对香港地区政权的顺利交接产生了积极的影响。

1992年，香港先后成立和注册的基金有900多只，基金投资的总额约2000亿港币。1995年，香港认可单位信托及互惠基金数目达1183个，比1980年的69个增加16.1倍。1989年基金在香港地区销售额是7.64亿美元，1996年达44.87亿美元，比1989年增长4.8倍。据香港投资基金公会的调查显示，1995年年底，公会会员聘出424名基金经理，管理着942亿美元的资产，其中约220亿美元投资于港股，占港股市值的7.3%。942亿美元中，约30%来自香港地区投资者，70%来自海外投资者。香港投资基金公会现有45个会员公司，90%以香港地区为亚太地区总部。从大部分基金公司以香港地区作为亚太地区总部，且管理的资产大部分来自海外这一特点，清楚的说明香港地区是亚太区的基金管理中心。

据香港投资基金公会基金销售数据显示，1996年基金业销售成绩极佳。创历年最高总销售额，首次突破40亿美元，而全年净销售额亦为历年次高；在1996年，差不多每一季都有约10亿美元的总销售额，为历史罕见。在净销售额方面，1996年的数字差不多是1995年的3.2倍。

二、香港房地产投资信托基金（REITs）市场的发展情况

和亚洲其他国家和地区一样，香港地区的REITs发展也是通过专项立法的形式产生的。REITs的全称为Real Estate Investment Trusts，即房地产投资信托基金。香港证券及期货检查委员会（香港证监会）在《守则》中解释道："房地产投资信托基金是以信托方式组成而主要投资于房地产项目的集体投资计划。有关基金旨在向持有人提供来自房地产的租金收入的回报，房地产投资信托基金通过出售基金单位获得的资金，会根据组成文件加以运用，以在其投资组合内维持，管理及购入房地产。"从这个概念可以看出，REITs是一种集体投资计划，其利润来源于房地产本身的租金收入，是一个在设立之后可以再投资的发展平台。

《守则》对REITs的设立条件、投资范围等方面作出明确的规定。由于香港地区本身地域有限，为了发挥投资与风险分散化的原则，增强香港REITs市场的吸引力，2005年6月6日，香港证监会修订了《房地产投资信

托基金守则》，撤销了香港房地产信托投资基金投资海外房地产的限制，让REITs可以投资于全球各地的房地产。

2005年6月底，香港证券交易所修订了《房地产投资信托基金守则》，允许在香港地区上市的房地产基金投资于全球各地的房地产。

2005年11月8日，由香港房屋委员会（HKHA）发起，香港地区第一支REITs重新发行成功，募集金额1100多亿港元。

2005年11月25日，作为香港首个上市的、全球集资额最高的房地产投资信托基金——领汇（股票代码：0823. HK）正式挂牌上市。领汇上市后表现远远超出预期，随后，2005年12月16日和17日，泓富产业信托（Prosperity REITs，0808. HK）和越秀房地产投资信托基金（GZI REITs，0405. HK），分别上市，成为第二、第三支香港房地产投资信托。其中，越秀REITs是香港证监会修订《房地产投资信托基金守则》允许香港REITs投资海外物业之后，第一支包含内地物业的上市REITs。

截至2007年11月底，香港地区已有7支REITs，总市值达到了90亿美元[①]。

第四节 中国香港地区信托业务及其监管

一、香港单位信托基金业务

（一）基本运作规则

香港单位信托基金经过了20多年的发展，已有了较完善的监管体系，如授权证监委批准基金认可地位的《证券条例》、管制基金信托人委托与运作的《信托人条例》和规定限制基金宣传推广的《保障投资人士条例》等。除此之外，香港证监委还颁布了《单位信托及互惠基金守则》，根据《单位

① 附件二："亚太地区REITs发展研究"，2008年3月4日。

信托及互惠基金守则》的规定：基金组合除了履行证券及期货监察委员会所制定的明确义务外，还必须由一位属证监委所辖的有限公司团体作为受托人或代管人，并且要获得证监委的认证；基金组合每年至少要公布两个财政年度报告，并且必须清楚地列出费用的开支和运作成本。同时还规定：在介绍该基金组合的文件中，必须清楚地阐述该基金的投资目标、政策和限制内容等；还要说明该基金各项投资可能出现的任何风险后果及风险等；另外，守则还规定基金管理公司在收到投资者购回申请表格后，在1个月内必须向投资者缴付购回金。

根据香港基金条例和守则,基金组合所涉及到的当事人有三个:一是基金经理,一般是专业的基金管理公司,负责资金的运用和投资;二是基金受益人,即基金投资者,购买和持有基金,享受资产权益,承担投资风险;三是基金信托人,负责保管基金资产,保障受益人的权利,一般由金融实力强、信誉好、经验丰富的银行、保险公司和财务公司等有限公司团体来承担。

基金组合的开办，一般是先由一个或若干个经济实力雄厚的召集人筹集一笔开办费，注册成立基金管理公司，在香港地区，成立基金管理公司的最少注册资金是100万元港币，然后，选择好基金信托人，协约保管基金管理公司的资产；最后，基金管理公司向社会公布该基金的投资种类、回报预测和投资风险等情况，并开始向社会募集基金。

基金单位持有者（基金投资者）手中的基金投资受益证，是证明其参加基金投资和领取基金投资回报的凭证，此凭证类似股票，可以在二级市场上转让、流通，但与股票不同的是，基金可以退还（赎回）。为此，有一些经营好的基金，经常用高价位回收该公司的基金投资受益证。

基金组合的核心是信托契约，即基金投资信托合同，是由经理人和信托人签订的协议，以其名义托管基金内的资产。信托契约内容广泛，包括基金成立、运作乃至终止的方方面面，是基金组合的灵魂。

基金管理公司的费用开支来源有两个：一个是由基金投资者负担的管理费，通常为基金投资额的2%；另一个是基金投资的利润分成，一般为10%，但一些经营效益好的基金管理公司，有时也不是将所有的利润全部返还给基金投资者，而是相应的或者提高公司的利润分成来增加公司的管理费，或者留用于该公司的资产增值。

基金管理公司在一般情况下,要保证基金投资者的协议收益率,如出现资不抵债时,基金管理公司就得破产。基金管理公司的运营情况一般是一年(随积极公司的年度财政报告)公布两次,但有的短线类投资基金,如投资与股票、外汇、期货和黄金的基金,或一季一公布,或每月每周甚至每天一公布。

（二）香港基金的买卖、费用及税项

1. 买卖。在香港地区买卖的各种基金都在《香港单位信托及互惠基金守则》允许的条件下激励向投资者推广销售，投资者买卖基金十分方便。在证券交易所上市的基金可以在证券交易所买卖，非上市的基金可以同该基金经理人公司直接联系买卖。香港地区的财经报刊每天都刊登各基金的报价，绝大多数基金都报出买入价和卖出价，也有的只报出每单位资产净值。投资者可根据报价自由选择购买或随时将所持有的基金单位卖出。

2. 费用。基金经理人和基金信托人会分别收取管理费用和托管费用，收取多少各基金并不完全相同，一般而言，以年度计算两项费用加起来约达基金资产的1% ~2% 。

此外，还有基金买卖的手续费用，反映在基金单位买卖差价上最少达5% ~6% 。

3. 税项。基金的征税在香港与其他证券属于同一类别。由于香港是世界上著名的自由港及低税区，因此，对包括基金在内的证券征税也相当低，甚至可以说，基金收入基本上不必缴税，如基金分派盈利予基金单位持有人就不必缴税。只有在下列情形下才有缴税问题。

（1）基金单位持有人以买卖基金单位为其在相关的业务或其业务的一部分，其盈利则需缴纳利得税，香港地区的利得税自第二次世界大战后以来最高为18.5%，最低为16.5%；

（2）基金单位转让时如同股票转让时一样买卖双方各需缴纳同等印花税，其税率原为0.4%，后自1987年3月6日以来连连降低，1993年4月1日起降至0.15，但基金经理人发行及赎回基金单位应缴纳的印花税，则全部由基金经理人支付①。

① 武为群："香港基金市场的发展"，《国际金融研究》1996年第4期，第37页。

（三）监管

香港基金市场的最高管理机构是证监会，证监会下设单位信托基金委员会（Committee on Unit Trusts），具体对基金业进行管理，但其最主要的任务是审查基金是否符合上市条件，包括对基金说明书、向投资者提供的公开材料、从业人员资格进行审查。单位信托基金委员会是一个专业性组织，其成员包括香港投资基金工会主席，两名基金管理公司代表，两名信托公司代表，一名精算师代表。

证监会根据《证券条例》第十五条，由此批准或撤销基金的认可地位。证监会下属的单位信托基金委员会代表证监会具体负责管理香港基金业事务。该委员会由一名投资基金公会主席、两位信托公司代表、两名基金管理公司代表和一名精算师代表组成。委员会主要职责是审查基金的上市条件，包括基金公司及主要从业人员的条件，基金上市所需提供的资料、基金管理公司董事资格等。香港还有多家投资基金公会参与管理。作为行业性组织，投资基金公会负责基金咨询及宣传推广。公会会员由正式会员和联系会员组成，正式会员多为基金管理公司，联席会员多为各信托人公司等基金管理专业机构。公会领导机构是由 12 名委员组成的委员会，选举产生公会主席，参与单位信托基金委员会的管理。

香港基金市场的行业自律组织是香港投资基金公会(其前身为香港单位信托基金公会),它的主要任务是基金咨询和教育(推广)。在咨询方面,公会代表基金业与政府及有关机构联系,就影响基金业的法制措施进行磋商,提出意见;在教育(推广)方面,主要是向公众介绍基金投资的基本常识。公会会员包括两类,一类是正式会员,多为基金管理公司;另一类是联席会员,多为信托公司。律师、会计师及其他参与发起和管理的专业机构。

香港单位信托基金的迅速发展同样得益于权利与义务相制衡的行业自律。香港制定有一套行业自律性质的《投资基金职业守则》，其主要内容为：基金公会会员必须遵守有关法规、条例，并与证监会等有关管理部门通力合作；会员必须遵守职业道德，通过正当途径，尽责处理事务；会员必须确保其下属职员具备应有的知识、素质，并依照有关管理条例有效地履行职责；会员必须确保所有介绍文件信息充分，使投资者对该基金可以作出明智的判断；会员必须及时提供基金持有人咨询所需的有关资料，若资料介绍的情况发生变动，须及时通知。虽然《职业守则》并不具法律效力，但若有会员违反，将被取消会员资格。香港市场经济高度成熟，信誉是参与市场竞争并获得成功的基本保证，极少有人去冒这样的风险。除了职业守则之外，香港基金公会会员还必须遵守《单位信托及互惠基金守则》所规定的各项规定。该守则主要内容为：各单位信托及互惠基金必须有一位由证券及期货事务监察委员会管辖的单位基金委员会认可的受托人或代管人；此人必须与有关单位信托或互惠基金公司保持独立；基金管理必须获得证监会下属的单位信托基金委员会认可；基金介绍文件必须详细列出所有有关基金的成本及费用，该文件还必须清楚的说明投资目标、政策和限制，并明确说明可能的投资风险；基金公司在收到投资者赎回申请后 1 个月必须将赎回费归还投资者。

总之，香港地区单位信托基金监管是实行集中监管和行业自律相结合的模式。

二、香港地区 REITs 业务①

从设立 REITs 的角度来看，整个过程可以分为资产重组阶段、上市准备阶段、上市发售阶段、发售后的运营阶段以及最后 REITs 的终止。在整个过程中涉及到如下主体：基金的发起人、管理人、受托人、托管人和基金单位的持有人以及必要的特设公司和中介公司。受托人，负有受信责任，以信托形式为持有人的利益而持有有关计划的资产，及监察管理公司的活动是否符合该计划的信托约定及监管规定，确保管理公司的所有投资活动均符合有关计划的投资目的和政策，且符合持有人的利益。受托人必须是持牌照银行或附属信托公司；独立审计；资本至少为 1000 万港元等。管理公司，为 REITs 持有人的利益管理房地产投资信托，对房地产投资信托资产在金融和经济方面进行专业管理，包括投资、借贷、物业租赁和管理等，并对受托人和公众具有报告的义务。管理公司必须获得证监会根据《证券及期货条例》第Ⅴ部分颁发的许可证，并且具体担任房地产投资信托管理人时还要经过证监会的批准。房地产估价师，必须每年一次，或在新发单位时进行全面估

① 张伟伟：“房地产投资信托基金（REITs）融资模式的法律分析——以越秀房地产投资信托基金（香港）为蓝本”，《房地产金融》2007 年第 4 期，第 43 页。

价。必须采用香港测量学会的《物业估价准则》，或国际估价准则委员会《国际估价准则》。总估价师最多连续3年为一房地产投资信托进行估价，退任3年后不得再委任。主要人员必须是香港测量学会的资深会员或会员，资本在100万港币以上。

（一）资产重组阶段

在整个REITs设立过程中，资产重组虽然并不一定会鲜明体现在法律框架或者基金的说明书中，但它却是一个必要的准备阶段。只有先将发起人所拥有的不动产进行重新整合，实现拟发售资产与发起人的资产的独立，才能保证投资人的权益而避免关联交易等风险，从而为基金的设立奠定基础。

此阶段先后经历了三个环节：

1. 资产筛选。发起人可以根据自身情况及市场预期和风险防范等目的挑选拟发售资产，形成不同的资产组合，从而获得投资人更多的认同。具体而言，商用写字楼等资产具有较高的租金收入，但是如果只有单一的资产则可能会随市场波动而出现整体疲软，从而影响基金的收益。发起人可以考虑将不同类型的资产进行整合，从而保证比较稳定的收益率。

2. 资产清理。即假若拟发售资产本身有抵押等不便于资产转移的负担，发起人要变更资产所有权状态使之恢复为完整的所有权。

3. 资产转移。即发起人要通过买卖的方式将拟发售资产转移给特设公司，并拥有向特设公司请求拟发售资产取得对价的债权，这个债权是在上市发售成功之后特设公司将持有人认购的资金转移给发起人的基础。这样的转移也是实现《守则》中所要求的REITs只能“透过特别目的的投资工具持有房地产项目”（《守则》第7章“使用特别目的的投资工具”）的要求。通过特设公司持有拟发售资产，实现了拟发售资产与发起人其他资产的独立，从而降低了关联交易的风险，也为下一阶段的信托契约的签订做好铺垫。当然，资产转移之前要有必要的资产评估程序。

以越秀房地产投资信托为例，在越秀城市建设开发集团有限公司（简称越秀城建）的安排下，越秀城建将其拥有的白马商贸大厦、维多利亚广场、城建大厦、财富广场四处地产以信托方式委托给柏达、金峰、福达及京澳4家注册于英属群岛的BVI① 的离岸公司。这4家离岸公司为越秀投资有限公司（简称越秀投资，注册于香港的上市公司）所特设的全资子公司。在这个信托关系中，越秀城建为委托人及4处房产的实益拥有人（受益人），4家离岸公司为受托人及四处房产的注册拥有人，受托人有义务在基金上市发行之后将投资人认购基金单位的资金转付委托人以实现信托目的，越秀城建因此享有对4家公司的债权。由此可见，信托制度在此处发挥了隔离资产以保证信托财产独立性的功能。

（二）上市准备阶段

上市准备阶段即按照相关法律的要求来组织REITs的结构。《守则》的“一般原则（GP）之GP1清晰的法律形式及拥有权结构”的规定以及《守则》对REITs的受托人，管理人等作出了风险防范。REITs作为一种融资模式，其规范的结构要求是它得以蓬勃发展的一个重要原因。

在REITs中存在着信托和基金双重法律关系，因而出现了基金的管理人、受托人、基金发起人、持有人等主体。

本阶段有以下四个环节：

1. 选定合格的受托人。法律要求REITs需以信托形式组建，因而上市前的准备也就是依据法律要求来建立信托的架构。受托人需要符合一定的条件。《守则》中要求受托人必须是根据香港地区的《银行业条例》第十六条的规定而获发牌的银行，或者上述银行的附属信托公司，或者是在香港境外成立而获得证监会接纳的银行业机构或信托公司。受托人负有以信托形式为持有人的利益而持有有关计划的资产及检查管理人行为的目的性的一般责任。受托人应将拟发售财产与自身财产相隔离，并在国内公开上市发售之后将发售所得作为信托资产的对价支付予委托人。

2. 设立资产管理公司作为基金的管理人。管理人须拥有足够的可动用的财政资源以及良好的公司架构。管理人的职责为以持有人的利益来管理运营基金资产，具体而言包括对外以基金资产为基础的借款及其限额，投资性的房地产项目，管理基金资产产生的现金，确定股息支付的时间，管理基金

① 即British Virgin Island，英属岛，位于加勒比海，1967年获自治权，1984年引入国际商业公司法例后，离岸金融业务发展迅速，在该岛注册的公司为BVI公司。

资产的物业及修缮，负责出租及租金收取事宜等。

需要特别指出的是受托人和管理人必须相互独立。同时，受托人对管理人有监督之职责。受托人在管理人资质出现问题，出于持有人利益的考虑有充分的理由或者应除管理人外持有基金单位价值 75% 的持有人书面要求的情况下，可以通过书面通知辞退管理人。

3. 订立信托契约设立 REITs。至此 REITs 的结构业已经初步显现出来：受托人为基金的受托人，管理人为基金的管理人，而基金单位的持有人为基金的受益人。

4. 管理公司必须获得接纳或者另行委任上市代理人，以新申请人的身份向证券交易所申请上市的具体筹备工作。在此，管理人必须确保有足够的资源和专业知识来应对法律的要求。

以越秀房地产投资信托为例，在此阶段越秀投资选择 HSBC 作为越秀房地产投资信托基金的受托人，信托人另行设立 Holdco 来独立受托拟发售资产。越秀投资将柏达、金峰、福达和京澳 4 家公司已发行的股份全部转让给 Holdco。由此，Holdco 成为四家公司的股东，而四家公司分别是广州城建大厦、白马商贸大厦、财富广场以及维多利亚广场四处地产的名义拥有人，因而 Holdco 实现了对 4 处地产的名义上的持有即以信托方式持有。这也就意味着原本 4 家离岸公司的偿付地产的出让价款的债务转移到 Holdco 身上，即 Holdco“向越秀投资签立及交付承付票据的方式”交付拟发售资产的对价。越秀城建通过股权转让的方式将与 4 家离岸公司的信托关系延伸到 Holdco 身上，Holdco 业通过受让股权而实现了对四处地产的持有。

应该说越秀模式中最终通过股权转让的方式实现信托计划是较为特别的，期间的特设公司也较多，会使人认为 REIT 的设立过程过于复杂。在一般情况下，信托契约的设立可以在上市准备这个阶段来架构而不必过早开始。但是越秀模式中这样的操作也是有其特定目的的，值得指出的是越秀投资如此复杂的变动，除了清晰所有权结构以符合香港证监会《房地产投资信托基金守则》“使用特殊目的投资工具”章节的监管要求外，使用 BVI 公司而非注册于内地的公司持有物业单位还有着显著的税收优势。

（三）上市发售阶段

上市发售就是将 REITs 的基金单位在证券市场上公开挂牌交易。基金单位的发售过程与新股发行在销售方式上大体一样。持有人在证券市场上购得的基金单位可以在证券市场上自由流转。

在发售过程中，发起人可以根据自身需要认购一部分基金单位以保持在持有人大会上的发言权以及享有相应比例的基金收益。越秀投资在越秀房地产投资信托基金中持有33.1%的基金份额。

在发售结束后，受托人应将发售所得资金用以偿付对发起人所负的债务，从而也就实现了信托目的。

除了《房地产投资信托基金守则》之外，香港REITs还需要受到香港《证券及期货条例》（SFO）以及香港联合证券交易所（简称“联交所”）上市规则的监管。

本章小结

单位信托基金是一种运用他人资金进行投资的组织，通过发售基金单位来吸纳个别投资者的款项，将资金汇总后交由专业投资管理公司负责管理，进行投资，组成一项分散的投资组合。1960年香港地区第一个单位信托基金成立。1969年，海外投资基金在中国香港成立，这是香港地区早期的单位信托基金。20世纪70年代初期，IOS的倒闭，打击了基金业的发展，香港基金停滞多年。然而在20世纪70年代后期，由于香港地区经济的发展基金数目大幅增加。1978年6月，政府制定了《香港单位信托及互惠基金条例》，将基金组织纳入了管制范围，对其成立、运作与推广加以管制，以保障公众投资者的利益，这标志着香港基金业开始进入正常发展轨道。20世纪80年代以来，单位信托基金在香港获得了迅速的发展，目前，香港已经成为除日本外亚洲最大的基金管理中心。进入20世纪90年代以来，随着内地改革开放的发展，香港单位信托基金的发展承接了20世纪80年代末期的强劲势头，走向高潮。

香港单位信托基金是契约型基金，以开放型为主，根据“信托契约”运作，受《单位信托及互惠基金守则》等法律法规约束，实行集中监管和行业自律。虽然香港地区单位信托基金高度国际化，而且能够因地制宜地管理新出现的特殊基金，但是，香港地区单位信托基金与欧美等发达的基金市场相比，仍然处于成长时期。

房地产投资信托基金是以信托方式组成而主要投资于房地产项目的集体投资计划。2003年7月30日，香港证券和期货事务检查委员会颁布了《房地产投资信托基金守则》，对REITs的设立条件、投资范围等方面作出明确的规定。2005年6月底，香港证券交易所修订了《房地产投资信托基金守则》，允许在香港地区上市的房地产基金投资于全球各地的房地产。2005年11月8日，香港第一支REITs重新发行成功。2005年11月25日，香港地区首个上市的、全球集资额最高的房地产投资信托基金——领汇正式挂牌上市。

香港地区的REITs模式主要借鉴了美国税法中规定的REIT必须满足的条件，对REIT产品提出设立条件和监管要求。但是。香港REITs与美国以及亚洲国家的REITs在投资的地理区域、分配要求和税收优惠等3个方面存在差别。

香港地区的法律制度属于英美法系，其法律继承了英国的法律传统。香港地区信托法规定，受托人享有信托财产的所有权，管理处分信托财产，但是，受托人不能为自己的利益而使用信托财产。同时，信托财产具有独立性。也正是由于其独立性，导致了信托的有限责任。虽然香港信托的法律健全，但仍存在一定的弹性发展空间。

中国香港地区信托大事记

1960年，香港地区第一个单位信托基金成立。

1969年，海外投资基金在香港成立，这是香港地区早期的单位信托基金。

1978年6月，《香港单位信托及互惠基金条例》出台。

2003年7月30日，《房地产投资信托基金守则》的出台，对REITs的设立条件、投资范围等方面作出明确的规定。

2005年6月底，香港证券交易所修订了《房地产投资信托基金守则》，允许在香港地区上市的房地产基金投资于全球各地的房地产。

2005年11月8日，香港地区第一支REITs重新发行成功。

2005年11月25日，香港地区首个上市的、全球集资额最高的房地产投资信托基金——领汇，正式挂牌上市。

阅读资料

案例——越秀 REITs

香港地区最初的 REITs 条例只允许由香港本地物业组成的 REITs 上市。2005 年香港证监会修改了《房地产投资信托基金条例》，该规定开始接纳非香港地区物业组成的 REITs。这一变化使得原计划在新加坡发行的“越秀 REITs”立即将上市地改为香港地区。2005 年 2 月 21 日，“越秀REITs”在香港地区联交所正式挂牌上市。“越秀 REITs”是在香港地区独立上市的首只以内地物业为注入资产的房地产投资信托基金。此次上市共发售 10 亿份基金单位，其中越秀投资持有31.3%，越秀集团持有0.8%，其余67.9%为社会公众份额。以发行价每份 3.075 港元计，REITs 在市场中共募集资金约 20 亿港元。这次越秀 REITs 的上市对我国房地产行业来说具有划时代影响。越秀投资大胆启用新的金融工具与经营模式，开辟了房地产领域又一融资渠道，进一步促进了房地产实业与金融的融合，引起了国人广泛关注。

越秀投资注册了 6 家 BVI 公司（海外离岸公司），将白马大厦、财富广场、城建大厦和维多利亚广场等 4 个国内优质物业，分别转让给柏达、金峰、福达和京澳这 4 个 BVI 公司。这 4 处优质物业总建筑面积约 16 万平方米，物业性质为写字楼、零售商长及其他商业用途收益性物业。以出让这 4 处物业为代价，“越秀投资”取得了“越秀 REITs”支付给其的约 33 亿港元现金，并仍然持有“越秀 REITs”31%的股权。在完成 REITs 发行后，“越秀投资”总共获得了约 20 亿港元的账面确认收益。而这 4 个 BVI 公司都是 GCCD BVI 的全资子公司。

“越秀 REITs”上市方案确定后，“越秀投资”将该 4 家 BVI 公司的所有已发行股票打包卖给在香港注册的 Holdco，同时“越秀投资”以 Holdco 的资产设立一个信托基金，由汇丰机构信托服务（亚洲）作为信托人，由越秀房地信托管理（越秀的关联子公司）作为管理人。最后信托资金申请在香港主板上市，所得款项支付给越秀投资作为 Holdco 资产的部分对价。而资产管理公司、物业租赁代理公司和顾问公司，都是由越秀控制的子公司（见图 6-1），这就形成了一个较为完整的 REITs 运作体系。

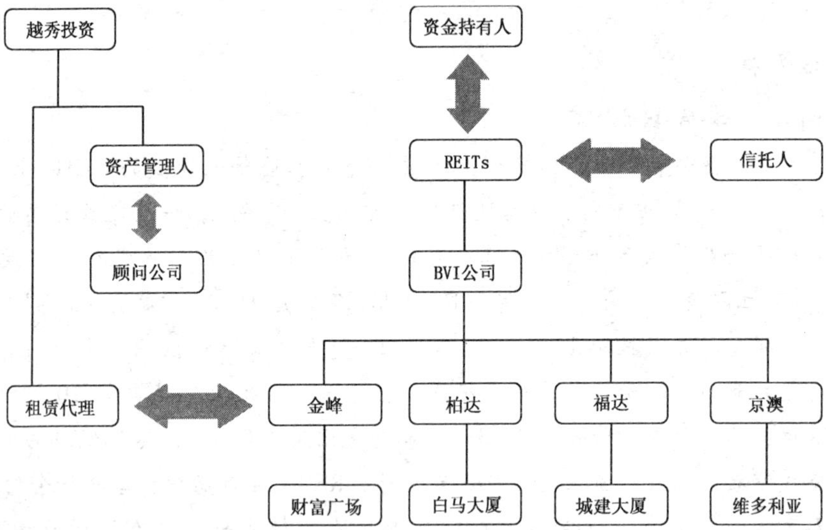

图 6－1　越秀 REITs 架构

第七章 中国台湾地区信托制度与信托业

中国台湾地区的信托制度是为了配合商业及金融环境的需要而实行的。20世纪60年代，台湾当局为吸收岛内外长期资金，引导民间资金流入投资事业，开始批准设立信托投资公司，由此信托业得以在岛内发展。本章主要介绍中国台湾地区信托的制度、特点、发展经历以及业务开展情况。

第一节 中国台湾地区信托制度

一、台湾地区信托制度的简介

我国台湾地区于1996年与2000年分别制定了《信托法》和《信托业法》。2001年5月29日又通过了七大信托相关税法的修正案，从而使财产信托法和与之配套的税制体系日趋完备；同年九月亦配套增修信托登记相关规定①。

《信托法》、《信托业法》是其基础法律，其他相关法规、条例均是对

① 我国台湾地区《信托业内部控制及稽核制度实施办法》，本办法依据《信托业法》第四十二条第三项规定订定之，自发布日施行。

《信托法》、《信托业法》的细化和延伸。以下仅就台湾地区信托的主要法规制度进行简要介绍，《信托法》和《信托业法》是基本法律，并且其《信托法》与日本以及中国大陆的《信托法》的架构和内容相近，在其他文献中也大都能见到，故不再赘述。

（一）信托业内部控制及稽核制度

1. 建立信托业内部控制制度的目的。

（1）促进信托业健全经营，确保会计资讯的可靠性及完整性，提升经营效率，并遵循法令及管理政策，以达成预期目标。

（2）调查、评估内部控制制度是否有效运作及衡量营运的效率，并适时提供改进建议，以确保内部控制制度得以持续实施，协助董事会及管理阶层确实履行其责任。

2. 信托公司内部控制制度适应的范畴。信托公司内部控制制度应涵盖其内部职能与一切业务活动所须实行的程序及规定，内容包括订定各项组织规程或公司章则以及依内部牵制原理制定各项作业手册。

3. 信托公司规划内部稽核的组织、编制与职掌。

（1）组织工作。信托公司设置隶属董事会的稽核单位，建立总稽核制，以超然独立之精神，编制内部稽核工作手册，综理稽核业务。稽核单位应定期向董事会及监察人报告。信托公司因内部管理不善、内部稽核制度未落实或稽核单位对查核结果有隐匿未揭露而肇致重大弊端时，总稽核及稽核单位主管应负连带责任。

（2）编制工作。信托公司于执行稽核工作后，要撰写内部稽核报告，其内容应至少包括抽查范围、营业单位的资产品质、经营绩效、电脑作业管理、各项业务重要法令规章的遵循及内部控制办理情况。信托公司应制定自行查核基本格式，供各单位执行自行查核工作，撰写自行查核报告。信托公司内部稽核报告、自行查核报告及其工作底稿，至少应留存5年备查。

（3）检查工作。信托公司应切实建立内部控制制度，总经理应与总稽核审慎评估内部控制制度执行情况，就是否已遵守相关法规及健全经营原则自我评估后出具声明书，并于每届营业年度终了，报财政部门备查。具体应抓好三个环节：

第一，信托公司稽核单位对营业单位、资讯单位及财务保管单位每年应至少办理一次一般查核及一次专案查核，对其他管理单位每年应至少办理一次专案查核。

第二，信托公司应制订自行查核训练计划，对于自行查核人员施以适当训练，稽核单位并应定期评估自行查核办理的绩效。

第三，信托公司稽核单位对金融监理机关、金融检查机构、信托业商业同业公会、会计师、监察人、公司各单位自行查核及本单位所提意见或发现的问题及其改善办理情况，应定期以书面提报董事会、监察人核议，并做成纪录。

（二）银行经营信托业务风险管理规范①

台湾地区的信托业主要由银行经营，因此，法律对银行经营信托业务的风险管理有相应的规范。

1. 银行经营信托业务与其他业务间共同行销应依下列规定办理：

（1）信托业务与其他业务间的共同行销，得由各相关业务单位共同拟订，但其中有关信托财产的管理、运用及处分，应单独由信托业务专责部门制定，银行总行其他部门及各分支机构（以下简称银行其他部门）不得以银行信托业务专责单位的名义，代为前述各项与信托业务相关的决策。

（2）信托业务与银行其他业务的共同行销，可在银行其他部门的营业场所进行。银行在信托业务专责部门的营业场所，仅得就与信托业务相连接的业务从事共同行销。

（3）信托业务与银行其他业务共同行销时，应于营业柜台标示，充分告知下列事项：

第一，银行办理信托业务，应尽善良管理人之注意义务及忠实义务。

第二，银行不担保信托业务之管理或运用绩效，委托人或受益人应自负盈亏。

第三，信托财产经运用于存款以外之标的者，不受存款保险之保障。

（4）信托业务人员从事信托业务与银行其他业务共同行销时，应妥为

① 我国台湾地区《银行经营信托业务风险管理规范》，本规范依据《银行经营信托或证券业务之营运范围及风险管理准则》第三条第二项规定制定之，经理事会决议通过并报请主管机关核定后实施，修正时，亦同。

处理或利用因从事信托业务所取得的客户个人资料，并不得违反《银行法》、《信托法》、《信托业法》以及电脑处理个人资料保护法之规定。

（5）银行信托业务专责部门拟定各项共同行销规范时，不得违反信托业商业同业公会会员自律公约。

（6）银行得与信托业务共同行销之业务项目应制定作业流程，提供从业人员据以遵行。

2. 银行经营信托业务与其他业务间资讯交互运用时，应依下列规定办理：

（1）客户的资料除法令另有规定外，得由银行信托业务专责部门或银行其他部门专案建档列管。

（2）与信托业务有关的各种款项收受交易记录得由银行各总分支机构留存，相关的信托财产管理处分之资料统筹由银行信托业务专责部门控管，信托财产报告书类须经信托业务专责部门编制后传送予客户。

（3）银行信托业务专责部门与银行其他部门间，应注意信托财产的内容、运用方式及交易记录等内部资讯控管流程，并指定专人负责，以防止资讯的不当流用。

（4）与信托业务相关的交易资料，如需经由各分支机构经办人员传递给客户者，应由银行信托业务专责部门就流程予以明订。

（5）客户的资料应予保密，资料内容应区分为基本资料、账务资料、信用资料、投资资料、保险资料等，并依客户所同意的内容运用且予控管，惟不得有利害冲突与损及客户权益的事情。

（6）银行信托业务专责部门应就前款客户资料运用的系统使用相关控管事宜，于内部控制制度中订定。

3. 银行经营信托业务与其他部门共享营业设备时，应依下列规定办理：

（1）银行信托业务专责部门为信托业务建置的电脑或其他设备，其他部门为服务客户，得共享之，惟不得有利害冲突与损及客户权益的事情。

（2）银行依前款共享电脑或其他设备，应就资讯系统间的保密及使用权限订定相关规范，以维护客户资料的安全性。

4. 银行经营信托业务与其他部门共享营业场所时，应依下列规定办理：

（1）银行各总分支机构办理信托业务，其营业场所应以显著方式标示。

（2）信托业务专责部门有独立的作业及营业场所，但若与银行其他部门地处同一建物或楼层，须有明显之区隔。

（三）集合管理运用金钱信托流动性资产范围及比率准则①

信托业办理信托资金集合管理及运用业务时，应保持适当的流动性，其持有流动性资产的范围如下：

1. 现金及银行存款。
2. 公债。
3. 短期票券。
4. 其他经台湾地区“财政部”洽商“中央银行”同意之资产。

信托业办理信托资金集合管理及运用业务，持有的流动性资产占所设置个别集合管理运用账户净资产价值的最低比率为5%。

信托业未达前项所定比率者，应即调整之。台湾地区“财政部”于必要时得洽商台湾地区的“中央银行”后调整之。

（四）信托业办理不指定营运范围方法金钱信托运用准则②

不指定营运范围方法金钱信托（以下简称不指定金钱信托），指不指定单独管理运用金钱信托及不指定集合管理运用金钱信托。

信托业办理不指定金钱信托时，其营运范围以下列各款为限：

1. 现金及银行存款。
2. 投资公债、公司债、金融债券。
3. 投资短期票券。
4. 其他经“财政部”核准之业务。

银行存款，应存放于经台湾地区“财政部”认可的信用评等机构评等达到一定等级以上的金融机构。

公司债、短期票券，应经台湾地区“财政部”认可的信用评等机构评等达到一定等级以上的金融机构保证或承兑，未经保证或承兑者，其发行人应经台湾地区“财政部”认可的信用评等机构评等达一定等级以上。金融债券，指经台湾地区“财政部”认可的信用评等机构评等达一定等级以上

① 本准则系依我国台湾地区《信托业法》第三十六条规定制定之，自发布日施行。
② 依我国台湾地区《信托业法》第三十二条第二项规定制定之，自发布日施行。

的金融机构所发行的金融债券，与经台湾地区的“中央银行”及“财政部”核准的国际金融组织来台所发行的债券。

信托业办理不指定金钱信托时，营运范围的限额，具体规定如下：

(1) 信托业受托管理不指定金钱信托，存放于同一金融机构的存款、投资其发行的金融债券或其保证或承兑的公司债或短期票券金额，合计不得超过投资当日其所受托管理不指定金钱信托净资产总价值10%及该金融机构净值10%。

(2) 信托业受托管理不指定金钱信托，投资于同一公司发行的公司债或短期票券金额，合计不得超过投资当日其所受托管理不指定金钱信托净资产总价值5%及该公司债或短期票券发行公司实收资本额5%。

(3) 信托业受托管理不指定单独管理运用金钱信托，存放于同一金融机构的存款、投资其发行的金融债券及其保证或承兑的公司债或短期票券金额，合计不得超过投资当日个别不指定单独管理运用金钱信托净资产总价值20%；投资于同一公司发行的公司债或短期票券金额，合计不得超过投资当日个别不指定单独管理运用金钱信托净资产总价值10%。

信托业受托管理不指定单独管理运用金钱信托，其接受委托人委托管理运用资金的最低限额，由台湾地区“信托商业同业公会报”请财政部门核定之。

二、台湾地区信托业的义务

为健全信托业的经营与发展，保障委托人及受益人的权益，1991年7月9日，台湾地区财政部门依据《信托业法》第六十二条制定发布《信托业法施行细则》，该施行细则第十三条规定：信托业应负的义务及相关行为规范，由同业公会具体定之。信托业商业同业公会[①]受信托业法施行细则第十三条规定拟“信托业应负之义务及相关行为规范”，共分总则、信托业应负的义务、信托业相关行为规范等三章，共计五十条，其要点如下[②]：

① 该公会成立之目的在于配合信托业务之发展需要及因应信托业法规及主管机关对信托业管理之需求。会务推动与运作除依据商业团体法相关规定外，悉依台湾地区“财政部”订颁之《信托业商业同业公会业务管理规则》办理。

② 我国台湾地区《信托业应负之义务及相关行为规范总说明》，《法源法律网》1993年1月19日。

1. 指出本规范之指定依据及制定目的（第一条、第二条）。

2. 明定信托业之守法义务及忠实义务（第三条至第七条）。

3. 明定信托业之善良管理人之注意义务、保管信托财产之义务、告知义务及未尽善良管理人注意义务之情形（第八条至第十条）。

4. 明定信托业之分别管理义务、直接管理义务、信托财产纪录与标示之义务及通知与报告之义务（第十一条至第十四条）。

5. 明定信托业经营管理之一般规范，包括遵守法令及信托契约约定，订定风险管理及内控内稽制度、维持适足之资本与适当分层授权等规定（第十五条至第十八条）。

6. 明定信托业为广告、业务招揽及营业促销活动之定义及各信托业务共通之规范（第十九条、第二十条）。

7. 明定信托业兼营证券投资顾问业务办理全权委托投资业务之广告、业务招揽及营业促销活动之规范（第二十一条）。

8. 明定信托业办理共同信托基金业务、集合管理运用账户信托业务、特定金钱信托业务之广告、业务招揽及营业促销活动之规范（第二十二条至第二十四条）。

9. 明定银行经营信托业务营业场所之标示及信托业应公平竞争等规定（第二十五条、第二十六条）。

10. 明定信托业成立信托行为之规范，包括信托业务风险及信托业资料之告知、揭露、信托报酬及费用之告知、信托契约之订定及必要文件之签署、委托人资料之知悉等规范（第二十七条至第三十条）。

11. 明定信托财产管理运用之行为规范，包括信托业人员之资格、银行兼营信托业应遵守之规范、信托财产管理运用之决策及执行、信托财产之运用涉及有价证券借贷、委托人及受益人资料之保密原则、利益冲突与防火墙之设置等规范（第三十一条至第三十六条）。

12. 明定信托业作业处理之行为规范，包括信托财产之保管、委任第三人代为处理信托事务应遵守之规范、以电子媒体联系相关规范、资讯揭露与定期报告、账簿及记录之保存等规范（第三十七条至第四十一条）。

13. 明定信托业就员工管理应遵守之行为规范，包括员工适任之确保及在职训练、员工收受财物馈赠及利益之管理与限制等规范（第四十二条至第四十三条）。

14. 明定不动产信托业务及其他信托业务之行为规范（第四十四条）。

15. 明定信托业风险管理之行为规范（第四十五条）。

16. 明定信托业应制定防制洗钱应行注意事项并遵守该规定（第四十六条）。

17. 明定信托业业务纷争处理之规范，包括应订定纷争处理程序、公告纷争处理程序、员工遵守纷争处理程序及文件保存等规范（第四十七条至第四十九条）。

18. 明定本规范施行及修正之程序（第五十条）。

三、台湾地区“七大税法修正案与信托”

所谓台湾地区“七大信托相关税法修正案”是2005年5月台湾地区信托税法的一次大修订，其增订的法律条文包括：“《所得税法》”第九条、“《遗产及赠与税法》”第八条、“《土地税法》”第四条、“《房屋税条例》”第二条、“《平均地权税条例》”第四条、“《加值型及非加值型营业税法》”第二条及“《契税条例》”第二条。“七大信托相关税法修正案”，为信托提供多重赋税节省的“法源”依据。透过信托而形成的财产移转行为，在房屋税、遗产税及赠与税等都有赋税优惠，节税带来的优势，让台湾地区信托业者进一步规划多元化的信托商品（即大陆所称之“信托产品”），更是直接刺激信托商品的买气。在此背景下，各式新种信托商品也不断推出，到现在，信托制度及其信托产品已经深入台湾地区社会的各个方面，成为台湾地区人民财产管理和投资理财不可或缺的重要工具①。

“七大税法修正案”涉及有关信托方面的具体内容如下：

1. 土地为信托财产时，其信托关系人间移转，不课征土地增值税。信托财产为不动产，其他信托关系人间移转不课征契税。

2. 房屋为信托财产者，以受托人为房屋税的纳税人，而公益信托供公益活动使用的房屋免征房屋税。

3. 明订信托利益的受益人为信托所得的纳税人，但受益人不特定或尚未存在时，以受托人为信托利益的纳税义务人。为避免信托财产发生的所得因为累积不分配，致受益人在实际取得年度运用较高累进税率，规定信托所

① 秋日：“台湾信托市场的发展与现状”，《中国台湾网》2005年12月27日。

得原则上应于发生年度课征所得税。

4. 为鼓励公益信托的设立，明订营利事业提供财产成立、捐赠或加入符合规定标准的公益信托者，受益人享有的信托利益可以免纳所得税。

5. 明订信托基金当年度发生的信托利益，除营利所得、短期票券利息所得、证券交易所得以及政府举办的奖券中奖奖金外，在次年度未作分配者，应就其未分配部分，以受托人或证券投资公司负责人为扣缴义务人，按10%税率扣缴所得税。

6. 明订遗嘱信托具有遗赠性质，其信托财产在遗嘱人死亡时仍属遗嘱人所有，应并入遗嘱人的遗产课征遗产税。信托关系存续中，受益人死亡时，其所遗享有信托利益的权利未领受部分，应课征遗产税。

7. 信托契约约定信托利益的全部或一部分是以第三人为受益人的他益信托，受益人虽尚未实际取得信托利益，但实际上已享有信托利益的权利，依法应课征赠与税。

8. 因遗嘱成立的信托，在成立时以土地为信托财产者，如属应课征土地增值税的情形时，其原地价是指遗嘱人死亡日当期的公告土地现值。

9. 明订受托人因公益信托而标售、义卖与义演的收入，除支付必要费用外，全部供作该公益事务之用者，免征营业税且不计入受托人的销售额。

10. 受托人移转信托不动产给委托人以外的归属权利时，应申报缴纳赠与契税。

台湾地区税法的上述修正体现了信托法的基本原理，加强了对公益信托的税法支持，并明确了遗嘱信托的遗赠性质和他益信托的赠与性质，确立了以受益人为纳税人的各项信托税收法律制度，从而为各类信托项目的有效开展提供了税法制度保障。相比之下，大陆目前并未开征遗产及赠与税和平均地权税，但是，应该看到，尽管海峡两岸税制上存在着差异，而且这些差异势必影响各自对信托税制的设计，但台湾地区信托税法对大陆的借鉴意义是不容置疑的，我们设计信托税制时完全可以借鉴其制度上的合理性安排①。

① 夏雨："从台湾地区经验看我国大陆信托税制的修改与完善（1）"，《信托法律网》2006年11月22日。

第二节 中国台湾地区信托业特点

一、台湾地区信托与一般信托的共性及其特性

（一）台湾地区信托的共性

在信托诸多的特点中，台湾地区信托制度主要具有其中以下共性：

1. 所有权和受益权分离。可以灵活地处理诸如捐赠、公益事务及其他特殊业务。

2. 信托财产独立性。能够有效维持信托和受益权的稳定性，免于遭受委托人、受托人的债务追偿。

3. 灵活的分配方式。可通过信托文件灵活多变的设计，实现多样化利益分配要求。

4. 管理连续性。信托一经设立即具有相当的稳定性，信托财产的管理不受各种情况变化的影响。

（二）台湾地区信托的特性

台湾地区信托制度和信托业不仅具有上述信托的共性，还具有自己的特性：

1. 注重个人业务，个人信托理财的品种较多。台湾地区的信托机构主要为混业经营的商业银行，由于其大量的营业网点、工作人员和客户群，为其广泛开展个人信托业务提供了条件。另外，由于相关法律法规没有对信托资金集合管理账户的人数进行限制，也减少了个人信托业务开展的制约因素。台湾地区的个人信托业务，强调全方位、全过程的理财服务，即对不同的个人或家庭，在不同的年龄提供不同的理财产品，以期满足个人的创业、资产增值、资产转移、资产保全、养老、子女教育等多重目的。

2. 资金信托业务中，信托资金的使用以投资各类证券或证券投资基金

为主。这与台湾地区的证券市场的发展程度和证券类投资工具的多样化有关系，同时也是因为台湾地区的相关信托法规对信托资金使用方向的诸多限制有关。

3. 信托与保险公司的合作密切。台湾地区的信托机构主要为混业经营的商业银行，其原本就是保险公司一些保险产品的代销机构，开展保险金信托一方面可以满足个人投资的相关投资需求；另一方面也促进了保险产品的销售。

4. 资产证券化发展迅速。近几年台湾地区的信托业务发展比较迅速和成功的莫过于资产证券化了。台湾地区的资产证券化分为金融资产证券化和不动产证券化两种。台湾地区资产证券化业务虽然起步晚，但发展迅速，2003 年信托业务总量 1.62 兆，97% 为资金信托，次位是金融资产证券化（债权信托）167 亿元。目前，台湾地区资产证券化种类多元，证券化标的包括信用卡、车贷、房贷、企业贷款、商用不动产等，是亚洲地区最多样化的，市场规模 2004 年也达到了亚洲第四的位置。

二、台湾地区信托业法规与大陆信托业法规的差异

台湾地区的信托业法规的立法精神和具体规定条款，与大陆的相应法规非常相近，比较之下，其主要差异表现在如下方面：

1. 信托并非信托专营机构的专属业务。除以信托业务为主营业务的专业信托投资公司外，商业银行经审批后亦可以开办信托业务。从台湾地区目前情况来看，其信托业务主要都是由混业的商业银行来开办的。

2. 委托人不制定用途的资金信托的资金运用范围较大陆有着严格规定。台湾地区的资金信托业务中的信托资金的运用限制较明确，严格限定在流动性较高的投资品种上，如现金、债券、银行票据等。

3. 集合资金信托（集合资金管理账户）与大陆的集合资金信托计划相关规定差异较大，主要表现在：

（1）没有 200 份合同之规定①。

① 2007 年 1 月，中国银行业监督管理委员会发布新修订的《信托公司管理办法》、《信托公司集合资金信托计划管理办法》等信托监管规章，取消了对集资信托计划 200 份合同份数限制，集合信托 200 份合同限制成历史。此处没有剔除这点区别是为了说明台湾地区的集合资金信托与大陆的集合资金信托计划相关规定曾存在这样的区别。

(2) 必须先有信托账户、再有集合运用之计划，强调必须是集合运用特点对象之特点资金。

(3) 信托资金运用，有以下之禁止行为：除已获准上市、上柜而正办理承销中之股票外，不得投资未上市、未上柜公司股票及柜台买卖第二类股票，不得办理放款或提供担保，不得从事证券信用交易。这与大陆信托资金运用范围和对象的广泛性存在很大的差异。

4. 集合资金信托除集合资金管理账户外，还有可以向不特定多数人募集资金的共同信托资金。

5. 台湾地区的信托业务、税收、信托登记等方面较大陆而言，有明确的相关规定，相应的法规较齐备。

第三节
中国台湾地区信托业发展经历

中国台湾地区的信托业开始于20世纪60年代，发展于70年代，规范于90年代，在亚洲有影响于21世纪初。

一、台湾地区信托产生的历史背景

20世纪60年代，台湾地区经济发展逐渐由“进口替代”转向“出口扩张”，台湾当局为吸收岛内外长期资金，引导民间资金流入投资事业，以提高生产技术水平和出口能力，除了大力推动民间储蓄活动之外，也希望台湾地区企业界加强投资厂房与设备，因此在金融政策上渐趋开放，并于20世纪60年代核准民间设立信托投资公司，试图经由金融机构的数量增多、规模扩大以及种类多元化，达到为企业提供中长期投资所需的资金的目的。

二、台湾地区信托机构的建立及其发展

1970年3月6日，台湾地区“行政院”批准《信托投资公司设立申请审核原则》，正式接受岛外华侨及台湾地区企业界人士申请设立信托投资公司，除台湾地区省营的台湾地区土地开发投资公司因改组而设立外，有8家

信托投资公司于1970～1971年先后获准成立（详见表7－1）。“中华开发信托投资公司”原领有银行执照，于1977年6月改领信托投资公司执照后才成为信托业一员。

表7－1　台湾地区信托投资公司成立概况

公司名称	负责人	核准成立日期	开业日期
中国信托投资公司	辜振甫	1970年12月22日	1971年7月9日
国泰信托投资公司	蔡万春	1970年12月23日	1971年7月28日
台湾地区第一信托投资公司	孙治平	1970年12月29日	1971年5月3日
中联信托投资公司	张仁滔	1970年12月22日	1971年10月12日
亚洲信托投资公司	郑周敏	1971年12月19日	1972年7月7日
华侨信托投资公司	李其昌	1970年11月26日	1971年8月6日
荣华信托投资公司	赵聚钰	1972年1月14日	未开业
侨联信托投资公司	王冠英	1971年4月9日	未开业
台湾地区土地开发信托投资公司	省　营	改 组	1972年7月1日
中华开发信托投资公司	林柏寿	1959年5月14日	1977年6月（改领信托投资公司执照）

资料来源：何朝干：《台湾银行季刊》1997年第1期，第28页。

由表7－1可知，华侨投资的信托投资公司原本有3家（即亚洲、华侨、侨联），但最后只有亚洲及华侨两家公司开业。在信托投资公司设立初期，台湾当局对侨资有较大的优惠，希望能长期吸引华侨资本投资于台湾地区信托业。例如，1968年3月18日，台湾地区“行政院”批准的《华侨投资公司信托投资公司审核原则》（其业务范围包括信托、授信、证券及直接投资业务）的业务范围就比1969年5月14日同样由“行政院”批准的《民间设立信托投资公司审核原则》（其业务范围并无信托业务、证券信托投资业务及直接投资业务）较为宽泛。

在信托投资公司成立初期，先由“中国”、国泰、台湾第一、中联及华侨等5家公司于1972年5月2日组织成立了“台北市信托投资商业同业公会”，其后“亚洲”、“中华开发”才陆续加入。

三、台湾地区信托机构的改制

早期，信托投资公司积极从事股票及不动产投资，加上高利揽金，曾被冠以“金融怪兽”之名。有鉴于此，从1991年底起台湾当局开始鼓励信托投资公司改制商业银行或并购。根据台湾《信托业法》第六十条的规定，信托投资公司应于5年内将其兼营的证券自营商业务、生产事业直接投资、住宅建筑及企业建筑投资业务分割、出售或缩减完毕后，依“银行法”改制为商业、工业或其他专业银行，或依信托业申请信托营业执照。因此，到2005年7月，台湾地区仅剩的3家信托投资公司：台开信托、亚洲信托与中联信托分别改制后，台湾地区可经营信托业务的法人将全部为银行信托部与专门的信托公司。

目前，台湾地区可以办理信托业务的机构包括信托投资公司及银行信托部，两者信托业务的主要差别在于台湾地区现行“银行法”第六章中制定了“信托投资公司”专章，而台湾当局“行政院”另颁订的“信托投资公司管理规则”，对于信托投资公司的业务有种种规定与限制，台湾地区“财政部”与“中央银行”会随时派员检查其信托业务办理情况，而银行信托部则属银行的兼办事业，或仅有办理证券代理业务，或兼办一般服务性质的信托。

在台湾地区，凡任何欲经营信托业务的信托业者必须向台湾地区“财政部”申请营业执照，待其核准并且在加入信托业同业公会后，业者才得以经营并开办业务。台湾地区信托公会的成立，对促进信托业务发挥功能，健全信托业经营，保障委托人与受益人权益，督促会员自律，共谋业务上的改进、联系与协调，办理业者之间的查核、辅导也起着重要的作用。

四、台湾地区信托业发展中的法律规范

1993年7月2日台湾当局公布施行《公务员财产申报法》，对“公职人员”有关财产明文规定了“强制信托”条款，此举极大地促成了台湾地区《信托法》与《信托业法》的诞生并促使社会对信托制度的关注。

台湾地区《信托法》和《信托业法》分别于1996年1月26日和2000年7月19日实行，对于信托业的发展以及目前台湾地区积极推动的投资信托业务、资产管理业务、《都市更新土地信托业法》、不动产投资信托以及金融资产证券化业务，均取得“法源”依据。而2001年5月底通过的“七大信托相关税法修正案”，更是为信托提供多重赋税节省的“法源”依据。透过信托而形成的财产移转行为，在房屋税、遗产税及赠与税等都有赋税优惠、节税带来的优势，让台湾地区信托业者进一步规划多元化的信托商品，更是直接刺激信托商品的买气。在此背景下，各式新种信托商品也不断推出，到现在，信托制度及其信托产品已经深入台湾地区社会的各个方面，成为台湾地区人民财产管理和投资理财不可或缺的重要工具。

第四节 中国台湾地区信托业务

一、台湾地区信托业务的基本范围

关于台湾地区信托投资公司的经营业务范围，依据1970年3月6日台湾地区“行政院”批准的《信托投资设立申请审核原则》第三条规定，台湾地区信托业务范围包括三大类：一是指定用途信托资金业务；在委托人交付信托资金予受托人时，对其管理范围加以指定；二是代为确定用途信托资金业务；应在信托资金运用于特定项目前，对该项目履行尽职调查程序；三是证券承销业务。

1975年7月4日修正的台湾地区《银行法》，将“信托投资公司”纳入《银行法》第六章后，台湾地区信托投资公司的业务范围依法包括以下五大类25项：

1. 信托业务。主要包括：受托管理运用各种信托资金、受托管理各种财产、受托管理各种年金及其他基金、担任证券投资信托的受托人、担任发行公司债的受托人、受托执行遗嘱及管理遗产、受法院命令受任为重整监督人。

2. 证券业务。主要包括：承销各类证券、自营买卖或代客买卖各类证券、经营证券投资信托业务、提供证券发行及私人募集的顾问服务、担任债券或股票发行签证人、代办证券发行、登记、过户及股息红利的发放事项、担任店头交易的经纪人。

3. 一般投资业务。主要包括：直接投资于生产事业、投资开发工业区、投资兴建企业用房屋与居民住宅、投资政府公债、“国库券”、公司债、金融债券及公司股票。

4. 授信业务。主要包括：对生产事业中长期放款、以租赁方式办理融资业务、办理兴建自用住宅或办公用房屋的贷款、保证发行公司债及经台湾当局"财政部"核准办理的岛内外其他保证业务，其与外汇有关者应先经台湾当局"中央银行"核准。

5. 其他业务。主要包括：经台湾当局"中央银行"核准办理与信托业有关的外汇业务、经营仓库及保管箱业务、其他台湾当局"财政部"核准办理的业务。

上述五类业务，台湾当局"财政部"在1983年5月修正公布《信托投资公司管理规则》时，将原有"证券业务"与"一般投资业务"合并为"投资业务"，并取消了原"一般投资业务"中规定对生产事业、住宅建筑及企业建筑的投资。1991年4月20日，台湾当局"财政部"修正公布的《信托投资公司管理规则》中，再次将信托投资公司经营的业务范围重新订为五类，并沿用至今，即信托业务、投资业务、授信业务、其他业务、经"中央主管机关"核准办理的其他有关业务。当然，其业务内容随着历年数次的修改也有了相当大幅度的改变。

二、台湾地区信托业务简介

下面仅就台湾地区比较普遍、常见的具体信托业务进行简要介绍。

（一）集合管理账户业务

信托资金集合管理运用[①]，即信托业受托金钱信托，依信托契约约定，委托人同意其信托资金与其他委托人之信托资金集合管理运用者，由信托业就相同营运范围或方法之信托资金设置集合管理运用账户，集合管理运用。

1. 定义与特点。集合管理运用账户，指信托业就营运范围或方法相同的信托资金为集合管理运用所分别设置的账户。集合管理运用账户信托受益权，指受益人因委托人将信托资金交付予信托业集合管理运用，而于个别集合管理运用账户项下所得享有信托利益的权利，并由信托业以记账方式登载；受益人，指依持有集合管理运用账户信托受益权的比例，而享有该信托

① 该概念引自我国台湾地区《信托资金集合管理运用管理办法》。

受益权者。

集合管理账户具有以下特点[①]：一是账户设置的目的是为委托人的信托财产提供有效率信托服务；二是对象为特定多数人、为信托财产运用的行为、非属募集资金的行为、集合账户信托受益权不得转让、不得另外收取信托报酬、不出具受益证券，为记账方式。

2. 特别限制。

（1）信托业可以通过广告、公开说明会等其他公开活动方式，向其客户及潜在客户，推广特定集合管理运用账户业务。信托业仅能公开于媒体单纯登载提供集合管理运用服务，但不能涉及任何特定集合管理运用账户商品的广告。

（2）不得有对不特定人公开招募特定信托资金集合管理运用账户的行为。

（3）不得有使人误认集合管理运用账户为类似证券投资信托基金或共同信托基金的行为。

（4）不得对于特定集合管理运用账户的未来状况或表现，做任何预测或影射，但对于集合管理运用账户所投资的市场经济、股票市场、债券市场及经济趋势预测，或为了了解集合管理运用账户相对报酬与风险所采用的统计理论，则不在此限。

（5）不可以让人误认为该项投资可保证本金安全或保证获利。

3. 运用范围。信托业办理信托资金集合管理运用的运用范围，以具有次级交易市场之投资标的为原则，并应遵守下列规定（除已获准上市、上柜而正办理承销中之股票外）：

（1）不得投资未上市、未上柜公司股票及柜台买卖第二类股票。

（2）不得办理放款或提供担保。

（3）不得从事证券信用交易。

（4）存款行或金融债券发行银行信用评等须达一定等级以上。

（5）投资于短期票券或公司债，应经“财政部”认可之信用评等机构评等达一定等级以上之金融机构保证或承兑，未经保证或承兑者，其发行人应经“财政部”认可之信用评等机构评等达一定等级以上。

① http：//www. trustsz. com/news/2004/7/2/xintuo/xintuo－15－15－03－143. shtml.

（6）投资于同一公司股票、短期票券或公司债之金额，分别不得超过个别集合管理运用账户投资当日净资产总价值10%。

（7）同一信托业所设置之全体集合管理运用账户，投资于任一公司股票之股份总额、短期票券及公司债之金额，合计不得超过投资当日该公司实收资本额10%。

（8）存放于同一金融机构之存款、投资其发行之金融债券与其保证之公司债及短期票券金额，合计不得超过投资当日全体集合管理运用账户净资产总价值20%及该金融机构净值10%。

（9）投资于任一证券投资信托事业已募集发行之证券投资信托基金受益凭证之金额，合计不得超过投资当日个别集合管理运用账户净资产总价值10%。

（10）不得投资于其他未经“财政部”核准之投资标的。

（二）共同信托基金

共同信托基金是由信托业拟具发行计划，就一定的投资标的，以发行受益证券或记账的方式，向不特定多数人募集，并为该不特定人数人之利益而运用的信托资金。受益证券应为记名式，可以由受益人背书转让；受益证券是指信托业为募集共同信托基金所发行以表彰持有人所得享有共同信托基金受益权的证券。受益权则是指受益人依受益证券或其他表彰受益权的证明文件所记载受益权单位数，得享有信托收益分配、信托财产受偿或其他利益的权利。表彰受益权的证明文件，是指信托业所制发并记载受益人持有受益权单位数的文书。受益权单位净资产价值，则是指每一受益权单位所表彰共同信托基金信托财产的净资产价值。

1. 共同信托基金信托财产净资产价值的计算标准[①]。货币市场共同信托基金的信托财产净资产价值计算方式有成本法（成本+应计利息加减折溢价摊销），已售部分可按市价认列已实现损益。其他共同信托基金信托财产的净资产价值的计算，依下列规定来计算。

（1）股票。

①上市者，以计算日集中交易市场之收盘价格为准。上柜者，以计算日

① 依据我国台湾地区公布实施之证券投资信托基金管理办法第十三条第三项规定办理。

财团法人“中华民国”证券柜台买卖中心（以下简称柜台中心）等价自动成交系统的收盘价格为准。

②认购已上市、上柜同种类之增资或承销股票，准用上开第（1）款规定；认购初次上市、上柜之股票，于该股票挂牌交易前，以买进成本为准。

③暂停交易股票者，自该股票暂停交易日起，以该股票暂停交易前一营业日的集中交易市场或柜台中心等价自动成交系统的收盘价与该股票暂停交易前的最近期依法令公告的财务报告所列示的每股净值比较，如低于每股净值时，则以该收盘价为计算标准；如高于每股净值时，则以每一营业日按当时法令规定的最高跌幅计算的该股票价格。

以上计算的价格以计算至该股票发行公司于暂停交易开始日后最新依法令公告的财务报告所列示的每股净值为止，如该最新依法令公告的财务报告所列示的每股净值高于或低于截至计算日止的计算价格者，则应一次调整至每股净值。惟最新财务报告经会计师出具为非标准式核阅报告时，则采最新二期依法令公告财务报告所分别列示的每股净值的较低者为准。

④暂停交易股票于恢复交易首日的成交量超过该股票暂停交易前一历月的每一营业日平均成交量，且该首日的收盘价已高于当时法令规定的最高跌幅价格者，则自该日起恢复按上市、上柜股票的计算标准计算之。

如该股票恢复交易首日的成交量未达前述标准，或其收盘价仍达最高跌幅者，则俟自该股票的成交量达前述标准且收盘价已高于当时法令规定的最高跌幅价格之日起，始恢复按上市、上柜股票之计算标准计算之。在成交量、收盘价未达前述标准前，则自该股票恢复交易前一营业日的计算价格按每一营业日最高涨幅逐日计算其价格至趋近计算日的收盘价为止。

⑤暂停交易股票若暂停交易期满而终止交易，则以零价值为计算标准，俟出售该股票时再以售价计算之。

⑥持有因公司合并而终止上市（柜）的股票，属吸收合并者，应依换股比例换算持有存续公司股数并依存续公司计算日集中交易市场收盘价格或柜台中心等价自动成交系统之收盘价格计算之；属新设合并者，于新设公司股票上市前以其最后交易日收盘价格计算之。

⑦持有依金融控股公司法转换为金融控股公司股份的上市（柜）股票，于股份转换基准日前停止买卖期间依该上市（柜）股票最后交易日集中市场收盘价格或柜台中心等价自动成交系统的收盘价格计算之；并于股份转换

基准日起按上开第①款及第②款的规定处理。

（2）公债。上市者，以计算日的收盘价格加计至计算日止应收的利息为准；上柜者，优先以计算日柜台中心等值成交系统的成交价加权平均值，如等值成交系统未有公布价格者，则以证券商营业处所议价的成交价加权平均值；如以上两者皆无公布价格者，则采原账列金额，并加计至计算日止应收的利息为准；未上市、上柜者，以其面值加计至计算日止应收的利息并依相关规定按时摊销折溢价。

（3）金融债券、普通公司债及其他债券。上市者，以计算日的收盘价格加计至计算日止应收的利息为准；上柜者，以计算日证券商营业处所议价的成交价加权平均值加计至计算日止应收的利息为准，但计算日证券商营业处所成交笔数未达两笔且成交面额未达台币5000万元者，则采原账列金额并加计至计算日止应收的利息为准；未上市、上柜者，以其面值加计至计算日止应收的利息并依相关规定按时摊销折溢价。

（4）转换公司债。上市者，以计算日的收盘价格加计至计算日止应收的利息为准；上柜者，以计算日柜台中心等价自动成交系统的成交价加权平均值加计至计算日止应收的利息为准。

（5）附买回债券及短期票券。以买进成本加计至计算日止以买进成本按买进利率计算的应收利息为准。

（6）国际金融组织于我国台湾地区境内募集发行之债券。

①上市者，以计算日的收盘价格加计至计算日止应收的利息为准；上柜者，以计算日柜台中心等价自动成交系统的成交价加权平均值加计至计算日止应收的利息为准。

②未上市、上柜者，以其面额加计至计算日止应收的利息并依相关规定按时摊销折溢价。

（7）黄金。

①运用于国内黄金产品者：以计算日“中央信托局”公告的黄金存折买卖牌价为准。

②运用于国外黄金产品者：以计算日伦敦黄金市场上午定盘价为准。

（8）受益凭证。

①上市者，以计算日集中交易市场之收盘价格加计至计算日止应收的利息为准；上柜者，以计算日证券商营业处所议价的成交价加权平均值加计至

计算日止应收的利息为准。

②未上市、上柜者，以其面值加计至计算日止应收的利息为准并依相关规定按时摊销折溢价。

2. 共同信托基金信托财产的运用范围①

（1）现金及银行存款，其金额合计不得超过本基金资产20%。

（2）政府债券、金融债券、经“中央银行”及“财政部”核准之国际金融组织来台发行之债券及短期票券。

（3）上市、上柜公司发行之股票、公司债、可转换公司债。

（4）黄金。

（5）期货及衍生性金融商品。

（6）其他信托业发行之金融资产证券化受益证券。

（7）动产及不动产。

3. 共同信托基金信托财产的运用限制②。信托业运用共同信托基金，应遵守本法及下列的规定：

（1）不得运用于保证或提供担保。

（2）不得从事证券信用交易。

（3）本身管理之各共同信托基金间不得互为交易。

（4）运用于任一公司发行之股票、公司债、可转换公司债及商业本票的总金额，不得超过投资当日该共同信托基金净资产价值10%。

（5）运用每一共同信托基金投资于任一公司发行的股票、公司债、可转换公司债及短期票券的总金额，合计不得超过投资当日该公司实收资本额10%。

（6）存放于同一金融机构之存款、投资其发行的金融债券与其保证的公司债及短期票券金额，合计不得超过投资当日该共同信托基金净资产价值20%及该金融机构净值10%。

（7）信托业除经证券主管机关核准兼营期货信托业务外，运用于期货交易法第三条的期货交易，其未冲销部位期货交易契约总市值不得超过交易当日共同信托基金净资产价值40%。

① 引自我国台湾地区《共同信托基金管理办法》。

② 同上。

(8) 运用于其他信托业发行的任一金融资产证券化受益证券不得超过投资当日该共同信托基金净资产价值20%。

(9) 运用于动产、不动产或“财政部”核准的其他投资，应遵守的规定，“财政部”必要时得另定之。

(三) 共同信托基金与信托资金集合管理账户的区别①

1. 共同信托基金的委托人为不特定多数人，信托资金集合管理账户的委托人为特定的多数人。

2. 共同信托基金是一种公开募集行为，信托资金集合管理账户不得公开募集。

3. 共同信托基金的投资标的多元化，基本没有限制；信托资金集合管理账户的投资标的限制较严格，仅限于投资流动性较高的投资品种。

4. 共同信托基金有最高、最低的募集限额，信托资金集合管理账户没有最高、最低额度限制。

三、台湾地区的不动产信托与 REITs

台湾地区目前与不动产有关的信托业务有多种，包括不动产信托，不动产资产证券化以及不动产投资信托基金等。

(一) 不动产信托业务

台湾地区的不动产信托目前主要以 BT② 形式为主，其基本运作框架如下：

1. 委托人与受托人（信托机构）签订不动产信托合同，将不动产与资金转移给信托机构。

2. 信托机构与建筑公司签订工程承包合同，办理不动产营建管理等事宜。

3. 信托机构按期将工程款项拨付给建筑公司、付息给贷款银行及付款

① http://www.trustsz.com/news/2004/7/2/xintuo/xintuo-15-15-03-143.shtml.

② BT (Build-Transfer) 中文意即建设—转让，是由业主通过公开招标的方式确定建设方，由建设方负责项目资金筹措和工程建设，项目建成竣工验收合格后由业主回购，并由业主向建设方支付回购价款的一种融资建设方式。

给其他相关机构和个人。

4. 不动产兴建完工后，依信托合同约定将信托财产予以处分，合同终止时，将信托财产交还于受益人。

（二）不动产投资信托基金

台湾地区的不动产投资信托基金，是指不动产投资信托契约之信托财产，其范围包括因募集或私募不动产投资信托受托凭证所取得之价款、所产生利息、孳息[1]与其他受益人之各项资产或权利，受托凭证并可在公开市场自由买卖。

1. 不动产投资信托基金投资或运用的限制[2]。不动产投资信托基金，以投资或运用于下列标的为限：

（1）已有稳定收入的不动产。

（2）已有稳定收入的不动产相关权利：指地上权及其他经“中央目的事业主管机关”核定之权利。

（3）其他受托机构或特殊目的的公司依本条例或金融资产证券化条例发行或交付之受益证券或资产基础证券。

2. 不动产投资信托基金闲置资金的运用方式的限制[3]

不动产投资信托基金闲置资金之运用，应以下列各款方式为限：

（1）银行存款。

（2）购买政府债券或金融债券。

（3）购买国库券或银行可转让定期存单。

（4）购买经主管机关规定一定评等等级以上银行之保证、承兑或一定等级以上信用评等之商业票据。

3. 投资 REITs 的优点。以 REITs（Real Estate Investment Trusts，房地产投资信托基金）受托凭证的本质，既不是股票也非债券，而为一种介于两者之间的商品，其报酬与风险亦介于股票与固定收益证券之间，属于中度风险与报酬之商品。一般债券型商品指定期定额支付利息，但是 REITs 受托凭

① 分为法定孳息和自然孳息。前者是基于法律关系而得的收益，后者是依物的自然属性而得的收益。

② 引自我国台湾地区《不动产证券化条例》。

③ 同上。

证付息之多寡系由资产增值来决定，发行前会先做预估年收利息的评估，而随着标的资产租金收入之高低及资产鉴价或交易产生的资本利得而增减类似股票发放股票股利的性质，且其收益不属于固定收益的商品①。投资 REITs 具有以下优点：

（1）规避流动性风险。公开市场募集的 REITs 可以透过市场上的交易与买卖，相对于传统不动产市场交易，能规避一般买卖缺乏之流动性与变现性风险。

（2）规避投资组合风险。由于 REITs 与其他投资工具相关系数低，纳入资产配置，可方便投资人增加投资组合之多元性并分散风险，且 REITs 通常分散投资于数栋大楼，可使投资人享有不动产投资之分散性，避免投资单一不动产导致风险过于集中。

（3）专业不动产经营。一般投资人较无经营不动产之经验与能力，而 REITs 由具有丰富不动产管理经验之经理人负责不动产投资及管理，以增加收益。

（4）公开市场监督。如同一般公司一样，REITs 之管理阶层必须对股东负责，并受债权人、市场大众及主管机关的监督。

（5）高股利收入。投资 REITs 通常可以获得较高且稳定之现金股利收入，这些收入主要来自稳定且可预期之不动产租金收入。

（6）节税。由于 REITs 大部分之收益皆分配给投资人，故其本体如共同基金一般，可享免税的优待。

4. 台湾地区 REITs 的发展。2003 年 7 月 23 日，台湾地区正式公布并实施《不动产证券化条例》。该条例规定了两种不同的不动产证券化的形式：不动产投资信托和不动产资产信托。不动产投资信托，由一中介机构以募集共同基金的方式，发行受益证券募集资金投资于不动产，将收益分配于证券持有人。而不动产资产信托则是不动产的所有人将不动产转移给中介机构，由该中介机构发行不动产资产信托受益证券取得资金，支付给原来的所有人。

按照台湾地区《信托业法》规定，信托公司其最低实收资本额为 20 亿元新台币，显然过高。于是在 2003 年 10 月 1 日，台湾当局“财政部”颁布

① 黄柏翔：“不动产投资信托——台湾经验”，《银行家》2006 年第 11 期。

了《信托业设立标准修正草案》，允许不动产管理机构发起成立仅办理不动产投资信托和不动产资产信托的信托公司，并降低了这种信托公司的资本门槛：仅办理不动产投资信托业务的信托公司，最低资本额为10亿元；仅办理不动产资产信托的信托公司，最低资本额为3亿元。此类信托公司的发起人必须是具有不动产管理经验，成立5年以上，实收资本额在10亿元以上并公开发行的不动产专业管理机构，认购此类信托公司的股份在40%以上。

自2004年5月嘉新国际发行第一支不动产资产信托（REAT①）开始，至2007年年初，一共有7只REAT商品面世，大多面向单一物业，以商用办公楼为主。有面向所有投资者的公募，也有面向合格投资者的私募，总募集金额为164.6亿元新台币。

2005年3月，第一支不动产投资信托“富邦一号”在台湾地区证券交易所上市。截至目前，共有7支REITs在证券交易所上市交易。全部为封闭型，共募集金额518.4亿元新台币。

四、台湾地区的保险金信托

保险金信托，也称人寿保险信托，是一项结合保险与信托的金融信托服务产品，以保险金给付为信托财产，由保险受益人和信托机构签订保险金信托合同书，当被保险人身故发生理赔或满期保险金给付发事时，由保险公司将保险金交付受托人（即信托机构），并由受托人依信托合同的约定管理、运用，并按信托合同约定方式，将信托财产分配给受益人，并于信托期间终止或到期时，交付剩余资产给信托受益人。这是台湾地区针对个人客户的一种主要的信托产品。

（一）保险金信托的意义

鉴于保险金信托具有托孤、安定社会之浓厚公益色彩，台湾地区“金融监督管理委员会”也积极推动此项制度，并研拟于保险法修正草案中开放保险业亦得经营保险金信托业务，未来保户可于订立保险契约同时订立信托契约，不需另向信托业者签订信托合约，对保户而言便利许多，相信对于保险金信托业务推广将有帮助；也期待未来相关税法修正时，能开放保险信

① 不动产资产信托（Real Estate Asset Trust 通称REAT）。

托采他益信托形式时也能享受同等保险金免税的优惠，使这个制度能广为民众接受，真正发挥其保障弱势、安定社会的功能。

（二）保险金信托的基本运作框架

委托人将资金定期定额支付给受托人，由受托人按其意愿购买保险——信托机构可以发挥团购之议价能力。

约定保险金管理方案，保险理赔金给付时进入信托账户。

签约时一次支付策划费，保险金进入信托账户后每年收取0.2% ~0.5%信托报酬。

（三）台湾地区保险金信托运作情况

依据台湾地区遗产及赠与税法规定，若信托的委托人与受益人不同的情形，亦即所谓“他益信托”，在信托成立之时就必须课征赠与税，因此，为避免保险金给付不用课税，但若与信托结合后却必须课税的缺陷，目前坊间[①]出的保险金信托，皆是以自益信托之方式运作。

其模式为，由父母亲购买保险契约后或同时与银行信托部门签订保险金信托契约，且与保险公司另行约定批注事项，约定保险事故发生后保险金将直接支付到银行为子女开设的信托账户，保险契约受益人仍是子女，要保人仍保有保险契约的所有权，保险事故发生后，仍必须由子女向保险公司申请理赔，并非由受托人直接向保险公司申请。

换言之，台湾地区的保险金信托，只是将已确定的保险金交付信托，属于一种金钱信托，与美国保险信托将整张保险契约交付信托的金钱债权信托并不相同。台湾地区保险金信托以自益信托为中心的设计下，信托委托人和保险要保人不同，保险和信托关系无法紧密结合，导致产生制度上的缺陷。

五、台湾地区的职工储蓄信托

职工储蓄信托是指由企业或机关团体之员工组成一个“员工储蓄系统委员会”，由该委员会与信托机构签订合同，约定定期自员工工资、奖金、红利中，提取一定比率之金额或含企业、机关团体所配合提供之奖励部分组

① 街市上（旧时多指书坊）。

成“员工储蓄信托基金”，委由受托人，依据双方约定进行投资。

企业员工储蓄信托的标的包含定存、基金等，不但企业可以达到留才目的，员工通过每个月固定提拨部分金额，也可以加快累积退休老本。不论标的物为何，负责替员工规划的企业人资部门，普遍会要求投资工具属性必须稳健，因为这笔钱本意并不是投资，而是储蓄，风险承受度偏低，而且员工进公司至少三、五年后或退休后才可以动用，所以银行都会建议选择最稳健的存款，并会提供较活期存款更优惠的利率。企业员工储蓄信托以学校、科技公司、外商公司、财团法人等机构较多。

本章小结

近年来，随着经济的发展，台湾地区社会大众的财富与消费能力急速增加。台湾地区先后通过《信托法》和《信托业法》。信托业法律制度的健全，对于确立了岛内信托法制、健全信托业者的经营与发展有着积极的意义，同时还有助于积极推动其投资信托业务、资产管理业务，都市更新土地信托业法及金融资产证券化业务的开展，使得台湾地区未来信托业务空间具有相当大的发展潜力①。

中国台湾地区信托大事记

20 世纪60 年代，台湾当局为吸收岛内外长期资金，引导民间资金流入投资事业，开始批准设立信托投资公司。

1968 年 3 月 18 日，台湾当局“行政院”批准《华侨投资公司信托投资公司审核原则》。

1969 年 5 月 14 日，同样由台湾当局“行政院”批准《民间设立信托投资公司审核原则》。

1970 年 3 月 6 日，台湾当局“行政院”批准《信托投资公司设立申请审核原则》，正式接受岛外华侨及台湾地区企业界人士申请设立信托投资公司。

① 沈光俊：“台湾信托业现状及启示”，WWW. TRUSTSZ. COM，2004 年 7 月 2 日。

1972 年 5 月 2 日，组织成立了“台北市信托投资商业同业公会”。

1975 年 7 月 4 日修正的台湾地区《银行法》，将“信托投资公司”纳入台湾地区《银行法》第六章后。

1991 年底起，台湾当局开始鼓励信托投资公司改制商业银行或并购。

1991 年 7 月 9 日，台湾当局“财政部门”依据《信托业法》第六十二条制定发布“信托业法施行细则”。

1993 年 7 月 2 日，台湾当局公布施行“公务员财产申报法”，对“公职人员”有关财产明文规定了“强制信托”条款，此举极大地促成了台湾地区《信托法》与《信托业法》的诞生并促使社会对信托制度的关注。

1995 年 12 月 29 日，通过《信托法》，于 1996 年 1 月 26 日实行。

1996 年 11 月 12 日，台湾当局颁布实施《信托法》。

2000 年 6 月 30 日，通过《信托业法》，于 2000 年 7 月 19 日实行。

2001 年 2 月 12 日，台湾地区信托业商业同业公会发起人会议举行新闻发布会，宣布信托业同业公会的筹备已接近完成，预定于 3 月 7 日成立公会。

2001 年 5 月底，通过“七大信托相关税法修正案”。

2002 年 6 月，台湾当局颁布实施《金融资产证券化条例》。

2002 年 7 月，台湾当局颁布实施《信托业法实施条例》。

2003 年 7 月 23 日，台湾当局颁布实施《不动产证券化条例》。

2003 年 9 月 30 日，台湾当局颁布实施《不动产证券化实施条例相关子法》。

2003 年 10 月 1 日，台湾当局“财政部”颁布了《信托业设立标准修正草案》，允许不动产管理机构发起成立仅办理不动产投资信托和不动产资产信托的信托公司。

2004 年，修订《信托业法》。

2004 年 5 月，嘉新国际发行第一支不动产资产信托（REAT①）。

2005 年 3 月，第一支不动产投资信托“富邦一号”在台湾地区证券交易所上市。

① 不动产资产信托（Real Estate Asset Trust 通称 REAT）。

第八章 信托业的全球发展

随着经济全球化的浪潮的展开以及发达国家和一部分发展中国家对金融管制的放宽，各国信托业迎接着新一次的发展机遇，传统信托业的制度和业务正发生着巨大的改变。如何适应新经济的要求，在金融竞争日益激烈的市场中生存下来，革新旧的信托制度、完善和增加新业务就成为信托业通往坦途的钥匙。从信托全球革新的动向来看，主要包括信托职能的多样化，即从受托进行财产管理的基本职能发展到集融资、投资、金融服务为一体的综合职能；信托机构与其他金融机构的业务相互交叉，互相补充，信托机构可以兼营银行、证券、保险等业务，而银行等金融机构也可经营信托，使得传统的金融分业界限越来越模糊。自此，从美英日为代表的发达国家开始，随着传统欧洲经济的复苏、东亚国家经济的腾飞，新经济条件下的信托业也在全球各个国家逐渐发展起来。

如前所述，信托业最早产生于欧洲的英国，发展壮大却在美国、日本及其他国家。各国在发展信托业的历程中都形成了本国的一些优势业务和特点。本章拟就信托业在全球各洲的发展情况，分别以几个相对典型代表国①为例，来介绍信托业的全球发展概况。

① 由于要避免与前几章所述内容重复，故另外选择了相对有代表性的国家，非洲的资料收集有难度，故在本章中未提及。

第一节
信托业在欧洲的发展

信托业在欧洲的发展，首当其冲地要谈到英国，但由于前面有专门章节介绍它，故本节仅以法国、瑞士、荷兰等国情况为例来介绍。

一、信托业在的法国的发展

（一）法国信托业的显著特点——官方色彩

地处西欧，北接大西洋，南临地中海的法国是一个金融业高度发达的工商业国家，其金融体系是由多元化的金融机构组成，与西方其他国家金融体系相比较，最突出的特点是金融机构种类多、层次多、业务相互交叉，而表现在政策性金融的方面，则是存有老牌发达国家里并不多见的历史悠久、系统庞大的政策性金融制度与组织体系。大概是受近代传统小农、小商品经济的影响，法国政策性金融机构体系主要是由若干官方和半官方所有的专业性金融机构，以及由政府领导或控制、影响的部分互助合作性质的金融机构等组成。正是由于历史的缘故，其信托产业的发展也深深烙下了官方的印迹，这也是与美英系国家信托业存在差异的地方。

典型代表就是1816年成立的公共金融机构——法国信托局（CDC），其主要负责管理要求特殊保护的私人资金，并将其用于公益性社会和经济领域。法国信托局主要从事公益性活动，它以1816年成立时制定的原则为基础，即管理政府要求给予特殊保护的私营资金。其中包括以下三个内容：

1. A种储蓄本存款（LIVRET A）①，用于投资租借用福利住房和城市设施更新。

2. 统管基金：由公证人代替客户管理的基金和有价物品。

① 是法国颇受欢迎的一种储蓄方式，该账户上的存款无需缴纳任何税费和社会保障费用，并得到政府的担保。

3. 三大国有部门（地方政府，医院和中央政府）公务员的三大退休金分配体制。

另外，信托局还利用自有资金参与四大部门的国有政策管理，即城市设施更新，发展中小企业和技术创新，地方数字化技术发展，微型企业投资和社会经济投资。此外，信托局还通过下设的分公司参与市场竞争行业管理。信托局集团共有员工40000人，其中7000人分布于国际市场。

法国在经历20世纪的经济发展和经济转型后，金融信托已迈入快速发展的行列。

（二）法国不动产投资信托的发展特色——优惠政策

2003年，法国也酝酿产生了具有本国特色的不动产投资信托公司——SIIC。与此同时，原有的部分传统房地产公司也开始朝着SIIC的方向进行结构转型。目的是为了吸引更广泛的股东和投资资金流入公司，以便快速扩大公司规模。依据法律，法国税务当局规定转型公司在支付相当于其4年资本收益税额一半的税款后，可以免除其将来的纳税义务。

SIIC作为目前欧洲最新的REITs形式，依据法国法律规定，必须在法国股票交易所上市交易，其最低股份总额为1500万欧元。法国法律对SIIC设置了一系列的限制措施，如在收益分配上，必须将其循环净收益的85%分配给其股东，也必须在成立后两年内将其资本收益的50%支付在财产买卖上等。

值得注意的是，法国已经将一系列的非限制性措施引入了SIIC，与荷兰的BI不同的是SIIC不存在融资上的限制，也可以从事不动产的主动投资和开发活动。此外，在治理结构上，SIIC也允许利用外部治理或者内部治理的方式，而且法国税务主管部门也允许外国公司在法国本土成立SIIC。

基于以上种种措施，法国SIIC已经成为欧洲各国不动产投资信托中，受限制最少的投资工具。税负效率、受限制最少已经使得SIIC获得了一个快速的起步阶段。在成立之初的一年时间内，有四个企业实体进入SIIC，而其总市场价值已经达到了98亿美元。

（三）法国公益信托的发展模式——委托管理

顾名思义，公益信托（慈善信托）是指出于公共利益的目的、为使社会公众或者一定范围内的社会公众受益而设立的信托。具体来说，就是为了救济贫困、救助灾民、扶助残疾人，发展教育、科技、文化、艺术、体育、医疗卫生事业，发展环境保护事业、维护生态平衡，以及发展其他社会公益事业而依法设立的信托。公益信托通常由委托人提供一定的财产设立，由受托人管理信托财产，并将信托财产用于信托文件制定的公益目的。公益信托就其目的而言，可以分为一般目的公益信托与特定目的公益信托。前者的信托目的是一般公益目的，没有特定的限制；后者的信托目的则局限于特定的公益目的，如扶助某个地区的残疾人。

从世界各国在对公用事业的管理中来看，崇尚自由主义的美国主要采取私有化的方式，由私有企业承担公益信托责任，政府在背后起引导和监管的作用；德国则主张政府干预，政府直接为私人和社会提供公共产品；而与它们不同的法国则成功地创造一种新的模式——“委托管理”制度，这种“法国模式”在世界各地影响巨大，很多国家纷纷采用其经验，建立起符合本国国情的公益信托制度。“法国模式”的核心方式在于保持公用事业所有权的前提下，政府与受托企业通过签订契约来明确双方的行为与职责范围，受托企业有对公用事业进行技术开发、创新的权利和义务，政府有权对受托企业进行监督，并保留对其价格干预和单方终止契约的权力。而这也正印证了法国信托业很大程度上具有官方化和半官方化的性质，这与其他发达国家存在显著的不同。

二、信托业在荷兰的发展

（一）荷兰信托业的起源

16世纪末，荷兰商人巴伦支带着18名船员与一船货物受困北极孤岛，他们苦熬了8个月寒冬，没动托运人的一丝货物，而是用甲板作燃料，靠打猎求生，以牺牲8个人的生命为代价，坚持了“诚信比生命更重要”的商业理念。冬去春来，他们最终有幸把货物送到了委托人手中。荷兰人由此赢得了世界声誉。荷兰人为什么要这么做，他们在遇险的情况下，有理由用别人托运的货物来度过那段日子，挽救船员性命，因为那批货物里就有衣物与药品。但是他们没有这么做。为什么？因为这是一种承诺，一种信誉，一种精神，也是一种维系商业社会交易秩序的基础。这种精神与信托的精神的完全一致的。

（二）荷兰信托业务的发展

1. 荷兰信托业的法源——与大陆法系的渊源。在历史上，荷兰的信托相关法律与大陆法系的典型代表法国是相当类似的，例如，荷兰1809年颁布的第一部民法典就与《法国民法典》十分相近。但是时间进入近代，到1974年起草新的民法典时，它已是一个几乎完全抛弃《法国民法典》模式的新体系。于是乎在新的法律体系下，在发展国内市场的同时大力进行海外投资，荷兰是成为欧洲金融最发达的国家之一。荷兰有着欧洲大陆最为发达的企业年金，有着很大规模养老金资产，而具体关系到社会个体的家庭金融资产比例也是很突出的，因而荷兰的金融机构也是最具国际化的，如荷兰国际集团①（Internationale Nederlanden Groep N. V.，简称ING），是全球著名的集保险、银行、资产管理、退休服务综合金融服务集团，其资产已经与荷兰全国的GDP相当甚至略高。

2. 荷兰的“BI”——以房地产产品为对象的投资工具。1969年，荷兰确立了类似于REITs的“BI”（fiscale beleggings instelling）制度，从而成为欧洲最早采用REITs的国家。BI在荷兰是一个纯粹的税收机制，为了得到过境税的优惠对待（flow - through tax benefits），BI必须符合荷兰中央银行提出的一系列要求，具体包括最低股份资本数额、公司设立地点等方面。

（1）依据BI的组织结构是否为上市公司这一标准，不同类型的BI还分别适用于不同的法律限制。

属于上市公司形态的BI，其受益凭证必须在荷兰规定的股票交易所交易，作为股东的荷兰公司直接或间接持有股份总额最多不得超过上市BI总份额的45%；单个投资者持有的上市BI的股份不得超过其总额的25%。对于非上市公司组织形态的BI，公司股东（本国或外国）持有股份比例最高不得超过总额的25%②。

（2）投资收益方面，荷兰法律对BI并没有设定严格限制，只要是来自

① ING集团，2006年取得台湾荷银投信100%股权；2008年度全球企业500强第7位，福布斯2000强2008年排名第9（综合实力）。

② 宋强松：“房地产投资信托：国际经验与路径选择”，《金融学苑》2007年第1期。

投资活动的收益，均可用于分配。在收益分配标准上，如果应纳税收益在公司的财政年度最后 8 个月内进行分配，BI 在公司层面上就可免缴企业税。

（3）在投资规制上，BI 可以投资于任何形式的被动投资（passive investment），但不能进行主动的投资开发活动。

（4）在融资比例上，BI 最多能借入的资金不得超过其不动产账面价值的 60%，以及其他投资的 20%。

（5）在管理方式上，BI 相对自由，一个合格的 BI 可以使用内部管理方式，也可使用外部管理方式。

由此可见，BI 比美国 REITs 工具受到更多限制，具体体现在公司住所（residency）、最低资本要求（minimum capital requirements）、融资比例（borrowing）、开发限制（development limitations）以及转化成本（conversion costs）等多方面。

虽然存在上述限制，BI 在荷兰还是取得了巨大的成功。从 1990 ~ 2002 年，BI 的年度平均回报率达到了 8%。到目前为止，其市场资本总额达到了 153 亿美元。BI 在荷兰的成功不能全部归结于荷兰的税收透明机制（tax - transparent structure），而应归功于所有 BI 投资几乎都集中于国内财产这一事实。实际上，作为一种以房地产产品为投资对象的投资工具，BI 的成功在很大程度上与这一时期荷兰房地产市场本身的发展不可分割。

3. 荷兰的信托业发展的新模式——泛欧阿姆斯特丹交易所内诞生。2006 年 6 月，泛欧阿姆斯特丹交易所开创了荷兰投资信托基金的一个新市场模式。该模式在相关法规的约束下，以透明公开的方式一提供投资基金委托的自动化及直通式（straight through processing），以便于符合基金行业及最终投资人的需求。这一切建立在密切征询荷兰金融市场管理局（AMF）以及相关基金业者的广泛意见上。

目前，阿姆斯特丹交易所共有 50 个发行人，所发行 300 个国内以及国际的投资信托基金挂牌交易，其市值规模达到 660 亿欧元，每日平均成交金额约为 7900 万欧元[①]。另外，该项模式将可以提供基金净资产价值资讯，使投资者了解其购买的价格及净资产价值间的关联，以达到消弭价差的目的。并且所有的交易单送达交易所后，每天一次以净资产价值为基础之价格

① WFE Focus, July 2006.

成交。该项模式将使荷兰信托基金市场运作与国际实务一致。

三、信托业在瑞士的发展

（一）瑞士信托的雏形——为逃难资本设立公司[①]

位居阿尔卑斯山脉下，处于欧洲心脏部分的瑞士，其国土面积狭小，国土面积仅有4.13万平方公里。由于地理位置的原因，在历史上长期处在欧洲大陆几大帝国的中间，为了免于战火的危及，它于1648年宣布独立并永远奉行中立政策，不参加任何国与国之间的战争。因此，无论政治还是经济上一直都保持比较稳定的状态。于是每逢战争或国际经济危机时，瑞士就成为资本主义各国的最佳避难所，资金大量流入以求避险，并且其税率在发达国家中处于较低的位置。而资金大量的流入和集中为瑞士的金融信托业提供了良好的物质保证。

我们可以看到在屡次欧洲大陆霸权争夺战前后，由于对战争的恐惧和战争本身具有的破坏性，许多国际资本因政治上、经济上或税法上等原因大量流入瑞士，而与此同时瑞士政府为这些逃难资本设立了许多公司，这些公司均以为客户管理或支配财产为目的，尽管这些公司大多是家族式的持股公司，或单纯是家庭财产管理公司，它们具有很强的私人制的性质而不具有社会性，但麻雀虽小却五脏俱全，它们那时已具备了信托主要原则。历史上把它们俗称“居所公司”或“房屋公司”。

（二）瑞士信托业的发展——浓厚的国际色彩

瑞士真正的现代信托业始于1930年前后。当时，瑞士6家大银行联合投资125万瑞士法郎，成立了国家投资公司。1938年几家主要银行又投资设立了投资信托公司。这两家信托投资公司于第二次世界大战后，设立了基金型证券投资信托和不动产投资信托。到20世纪70年代，已占全瑞士投资信托（包括证券和不动产投资信托）的60%，成为瑞士投资信托的主要机构[②]。

① 瑞士信托业，青岛海协信托投资有限公司网站。

② 瑞士的信托业：http：//www. hisyn. com. cn/gw12. asp.

瑞士的信托投资在国际金融市场上居于重要地位，瑞士银行和瑞士信贷是典型的代表，受困于国内市场过于狭小的原因，它们的信托投资对象和投资者均具有很强的国际色彩，在全部信托投资业务中，国际信托投资的比重要远远超过国内信托投资。另外，针对新世纪以来全球经济的发展和巨大变化，其投资方向由起初主要投向发达国家逐步向如中国、印度、巴西、俄罗斯等新兴国家以及部分发展中国家转移，尽管投在发达国家的比重仍然很大。对于瑞士信托资产如何运用的问题，主要是：在国内以房屋、厂房、机器设备等不动产信托为主，适当兼顾其他形式的信托投资；而在国外则以股票投资为主，通过在全球市场进行投资组合，以获取大量的投资收益。

（三）瑞士信托的主要业务形式——契约型投资基金

契约型投资基金是瑞士投资基金的主要形式，这与欧美多数国家以公司型投资基金为主要形式大为不同。此类投资基金契约有两方当事人：一方为投资人；另一方为第三方托管银行和基金投资管理公司。管理公司指示基金的运用事务，保管银行则负责保管基金募集而来的资金及监管管理公司的资金使用情况。保管银行和管理公司依契约规定，对投资人负有直接义务，不过其义务的具体内容则因基金的功能而异。根据瑞士的证券投资信托法律，证券投资信托基金在法律上为管理公司的财产，管理公司应本着全体受益人的利益，依照契约规定管理基金。当管理公司不能清偿时，证券投资信托基金应与管理公司分开，各自独立，为全体受益人而存在，不受管理公司不能清偿的影响。受益人与管理公司之间仅存在契约关系，故对管理公司内部业务事项和基金的管理无影响力，而只能请求其受益凭证的买回①。

第二节 信托业在亚洲的发展

信托业在亚洲地区的发展，最有影响的国家要属日本，但由于前面有专

① 瑞士的信托业：http：//www. hisyn. com. cn/gw12. asp.

门章节介绍它，故本章仅以新加坡、韩国等国情况为例来介绍。

一、信托业在新加坡的发展

在历史上，由于长期属于英国的附属国，其在政治制度和经济上受英国的影响很大，因此它的信托投资基金多为单位信托。除了证券投资信托之外，近年来新加坡的不动产投资信托和基础设施投资信托也有很大的发展。一个重要的特征是，新加坡的单位信托为公募产品，并且在交易所上市。

（一）新加坡 REITs 启动与法律框架建设齐头并进

1998 年 7 月，新加坡证券交易所审核委员会提出了一系列进一步发展资本市场的建议，其中之一就是设立上市财产信托（listed property trusts），即 REITs，旨在增加市场投资品种和促进房地产市场的发展。新加坡金融管理局采纳了该建议，并于 1999 年 5 月颁布了《房地产投资基金准则》（于 2000 年 11 月进行了更新）。紧接着又在 2001 年的《证券和期货法则》（Securities and Futures Act 2001）对上市 REITs 作出相关规定。2002 年，新加坡金融管理局颁布了《集合投资计划守则》，规定了 S－REITs 的集合投资计划（CIS）身份。

至此，新加坡建立起了以《新加坡公司法》、《房地产基金准则》、《证券和期货法则》、《集合投资计划守则》为基础的发展 REITs 较完整的法律框架。在这个框架下对 S－REITs 的典型结构、资产结构、经营范围、上市规定、税收优惠政策等都作出了详细的规定。

（二）新加坡 REITs 市场——选择多样物业

2001 年 11 月，嘉德置地尝试发行一只名为 SingMall Property Trust（SPT）的房地产投资信托，但由于当时市场时机不理想和税收优惠不明确，导致认购不足。2002 年 7 月，嘉德置地重组了 SPT，并以 CapitaMall Trust（CMT）的名字再度发行成功。2002 年 11 月，腾飞基金（A－REITs）成为第二支上市的 REITs。新加坡国内税务局给予的税收优惠是这两只 REITs 成功的主要原因之一，另一个原因是 CMT 和 A－REITs 包含的资产优良，预期收益率分别达到 7% 和 8%。

随后新加坡的 REITs 进入了高速发展时期。2005 年 7 月，上市 REITs

为7支；截至2007年11月底，在新加坡证券交易所上市的REITs已经达到了20支，总市值也从2005年7月的66.8亿美元增长到220亿美元①。

目前，在新加坡证券交易市场上市的20只REITs中，在房地产投资领域内各有主攻并在努力拓宽自己持有的物业类型。如腾飞信托是一家专业的工业房地产投资信托基金。嘉康信托是新加坡唯一的一个纯写字楼信托基金，枫树物流信托主攻物流房地产。在2006年面市的REITs里投资物业的种类更趋多样化。其中城市发展酒店信托是新加坡第一个酒店投资信托，力宝集团的先锋医疗产业信托则是新加坡第一个医药保健投资信托。目前S-REITs已进入根据地域、时期或物业种类的不同进行不同投资组合的时期。

（三）新加坡的基础设施投资信托

新加坡第一个以初次售股（IPO）形式挂牌上市的基础设施商业性信托（business trust）是新源基础设施投资信托。其上市保荐人为大名鼎鼎的淡马锡控股，它持有该信托28.5%的权益份额。淡马锡控股是新加坡最大的国有控股公司，隶属于新加坡财政部。这一上市计划为新源基础设施投资信托筹集到2.864亿新加坡元的资金，而新源目前的初步资产包括城市煤气信托（City Gas Trust）100%的权益份额及新泉信托（Sing Spring Trust）70%的权益份额。

由于淡马锡旗下有不少优秀的基础设施相关资产，如邮政、电力、交通运输等基础设施都可作为新源基础设施投资信托日后展开收购的对象。此外，淡马锡在适当时候也将同信托联手进行投资，以求进一步合作共享收益共同分担风险。在某些情况下，淡马锡还可优先挑起基础设施项目的发展责任，直到有关项目有能力产生现金、有条件被注入信托为止。当然作为合作的另一方，在项目可行的情况下，新源信托也可直接向第三方收购本地或海外的资产。其具体的投资主要把市场焦点集中在亚洲、中东、澳大利亚和新西兰等亚太地区；而在具体的投资领域，新源信托收购兴趣既包含公用事业如水电供应项目，也包括运输和物流基础设施，如机场、码头、公路以及如卫星系统及无线电网络的通讯设施。

在新源基础设施投资信托的设立结构下，城市煤气信托及新泉信托将个

① 新加坡金融管理局："A Consult paper on Regulation of Business Trust"，2003年12月10日。

别发行合格项目融资债券给新源信托，让新源信托通过这批债券赚取免税的利息收入。除了利息，新源基础设施投资信托还可获得这两盘业务所派发的股息。发行合格项目融资债券有助于优化新源基础设施投资信托的资本结构、从而降低税务开销，有助于为投资者提供更吸引人的回报。

二、信托业在韩国的发展

韩国是一个新兴工业化国家，第二次世界大战后由于制定了外向型的经济发展目标，在钢铁、船舶制造、半导体电子等多个行业取得成功，经济已逐步迈入发达国家的水平。在经济增长的基础上伴随着世界背景下的经济国际化和金融自由化，韩国国内的金融证券化发展极为迅速，银行、证券行业的发展同时带动了国内信托业的发展。基金是韩国信托业的主要形式，它包括契约式开放基金和封闭基金。

（一）发展初期，出师不利

1969 年 8 月，韩国颁布了《证券投资信托业法》，作为证券投资信托业的法律准则。1970 年 5 月，韩国投资公司首次发行受益凭证，筹措 1 亿韩元股票信托基金。一开始由于缺乏投资信托知识，且证券市场规模过小又富于变化，在经营有价证券发行过程中出现了一些困难，阻碍了受益凭证的发行。1971 年基金利益上升了 30%，1972 年总统指令冻结私人贷款的偿还，连续两次下调利率，造成证券市场经济上及财务上的有利环境，间接地促进了信托业的发展。1973 年受石油危机的影响，韩国投资公司公开发行的两种特别信托基金，保证不低于一年期存款利率的收益，但仍呈停滞状态。

（二）经济复苏，带动信托起步

1974 年 7 月，韩国成立了第一家专业投资信托公司，即韩国投资信托公司。1975 年韩国经济从不景气中复苏，政府及时修订《证券投资信托业法》，极大地促进了信托业的发展。到 1976 年末信托基金数目为 17 种，6.7 亿韩元。其中股票型基金约为 2.1 亿韩元，债券基金约为 4.6 亿韩元，受益人数为 7.53 万人。1977 年 2 月，韩国投资公司并入证券管理委员会，新成立大韩投资信托公司以代替承担韩国投资公司的业务，其承受信托基金 8 亿韩元。1977 年大韩信托投资公司扩充经营的信托基金 44 亿韩元，市场占有率为33.3%，总数达132亿韩元。其中债券基金约85亿韩元。1976年商业银行获准兼营信托业务。到1977年共有6家，即韩国综合金融、国际综合金融、韩佛综合金融、亚细亚综合金融和朝外综合金融。他们仅只经营债券基金业务。

（三）经济低迷，牵制信托发展

1976年以后，由于政府紧缩金融，股市出现低迷。韩国两家主要投资信托公司于1978年12月增加资本，由3亿韩元增到20亿韩元。但是，由于持有人相继申请买回，使得资金倒流。新增加的资本，几乎用于投资人的买回。为防止大量买回而引起资金倒流，大韩投资信托公司和韩国投资信托公司发行了一种封闭型保证基金，保证收益不低于一年期存款利率。如在三年期满前，基金资产价值达到1倍时，即自动偿付。尽管经营公司作了很大努力，但由于市场上的不利因素，股票型基金在1978年下降59.2亿韩元。而债券基金却由1978年的183.4亿韩元增至1979年的344亿韩元。1980年韩国经济出现了自1960年以来的首次负增长，股市下跌17%，股票型基金下降至43.36亿韩元。

（四）20世纪80年代以来，信托步入快车道

20世纪80年代以来，韩国的国际信托基金发展亦很快。1982年1月，韩国又增设了第三家投资信托公司，即国民投资信托公司。目前主要有3家投资信托公司和6家商业银行参与证券投资信托业务。到1988年底，共有9个各种类型的基金供外国人投资。到1990年底共有10种属国内契约式开放型国际投资信托，3种搭配基金和2种封闭型基金。截至到1990年3月31日，大韩投资信托公司总资产为107亿美元，韩国投资信托公司为118亿美元；国民投资信托公司为57亿美元。韩国信托业的迅猛发展，有以下特征：

1. 开放型基金品种繁多发行量大。20世纪80年代以来韩国发行的国内契约式10种国际信托基金分别为：

（1）韩国国际信托。于1981年11月19日成立，当时金额为1500万美元，1983年12月16日又增发1000万美元，于2001年到期。投资管理者为韩国投资信托公司。

（2）韩国信托。1981 年 11 月 29 日成立，当时金额为 1500 万美元，1984 年 1 月 12 日又增发 1000 万美元，无信托期限。管理者为大韩投资信托公司。

（3）韩国发展信托。1985 年 3 月 29 日成立，金额为 3000 万美元，在香港证券交易所上市，到期日为 2005 年 3 月 31 日，发行 1 年后偿还。管理者为国民投资信托公司。

（4）汉城国际信托。1985 年 4 月 19 日成立，金额为 3000 万美元，2005 年到期（可展期），发行 1 年后偿还。管理者为韩国投资信托公司。

（5）韩国新兴公司信托。1986 年 3 月 31 日成立，金额为 620 万美元，1997 年 3 月 31 日到期，偿还期在 1996 年 3 月 16 日至 1997 年 3 月 16 日之间。管理者为大韩投资信托公司。

（6）汉城信托。1985 年 4 月 30 日成立，2005 年 4 月 30 日到期。金额为 3000 万美元，发行 1 年后偿还。管理者为大韩投资信托公司。

（7）韩国小公司信托。1985 年 12 月 20 日成立，金额为 615 万美元，在韩国证券交易所上市，1996 年 12 月 31 日到期，1995 年 12 月 1 日 ~1996 年 11 月 30 日为偿还期。管理者为韩国投资信托公司。

（8）韩国“1990”信托。1990 年 4 月 6 日成立，金额为 5000 万美元，在香港证券交易所上市，2010 年 6 月 30 日到期。1995 年 6 月 30 日后开始偿还。管理者为国民投资信托公司。

（9）韩国产权信托。1990 年 5 月 9 日成立，金额为 5000 万美元，在香港证券交易所上市，2010 年 5 月 31 日到期，1995 年 5 月 31 日后开始偿还。管理者为高丽投资信托公司。

（10）大韩韩国信托。1990 年 5 月 22 日成立，金额为 5000 万美元，在阿姆斯特丹证券交易所上市，2010 年 6 月 30 日到期，1995 年 6 月 30 日以后开始偿还。管理者为大韩投资信托公司。

以上 10 个开放型基金大多数成立在 20 世纪 80 年代，管理者均为韩国本土信托公司。

2. 搭配基金、封闭基金，同步跟进。

（1）3 个搭配基金为：

①大韩亚洲信托。1990 年 6 月 28 日成立，金额为 1 亿美元，40% 在韩国出售，在香港证券交易所上市，2010 年 6 月 30 日到期，发行 3 年后开始

偿还。管理者为大韩投资信托公司。

②韩国太平洋信托。1990 年 7 月 6 日成立，金额为 1 亿美元，在阿姆斯特丹证券交易所上市，2010 年 7 月 31 日到期，发行 3 年后开始偿还。管理者为高丽投资信托公司。

③汉城亚洲指数信托。1990 年 7 月 20 日成立，金额为 1 亿美元，在新加坡证券交易所上市，2011 年 3 月 31 日到期，发行 3 年后开始偿还。管理者为国民投资信托公司。它们均是 20 世纪 90 年代初在韩国成立，而后在海外上市，发行金额达上亿美元。

（2）两个封闭基金为：

①韩国基金。1984 年 8 月 29 日成立，第一次发行数量为 6000 万美元，1986 年 6 月 2 日第二次发行数量为 4000 万美元，1989 年 8 月 17 日第三次发行数量为 5000 万美元。在纽约证券交易所上市。管理者为美国人斯卡德、史蒂文斯和克拉克。

②韩国欧洲基金。1987 年 3 月 12 日成立，第一次发行数量为 3000 万美元，1988 年 6 月 30 日第二次发行数量为 3000 万美元，1990 年 3 月 8 日第三次发行数量为 5000 万美元。管理者为英国的韩国施罗德基金管理公司[①]。这两个封闭基金的发行时间紧随开放型基金的发行，先后都发行多次，且数额也不小。

（五）设立新的基金，关注知识产权

进入 21 世纪，随着知识产权日益国际化，对本国以及国际知识产权的管理已变得越来越重要，韩国通过设立知识产权局对鼓励和引导本国知识产权的发展起了重要的作用；同时，通过与世界知识产权组织的合作，其共同设立一个新型的基金项目——WIPO 基金[②]，该基金首先于 2004 年由韩国知识产权局设立，其覆盖范围包含工业知识产权的许多项目；并于随后的 2006 年由韩国文化旅游部设立基金来关注版权的相关项目。这些项目为全世界许多发展中国家和极度不发达国家的项目提供资金支持。由于该基金给

① Won - Seok Park, Characteristics of Korean REITs and Their Economic Impacts, Samsung Economic Research Institute, 2002.

② 它即不受地理区域限制，面向任何（世界知识产权组织）成员国，特别强调了给予世界上最不发达国家的支持，例如，2006 年在坦桑尼亚成立了知识产权信息中心。

予许多发展中国家借鉴和学习韩国几十年以来的利用知识产权实现经济增长和国民收入提高的经验，并且该基金不受地理区域的限制，可面向世界产权组织任何成员国，因此其运作弹性很高，覆盖范围很广。

总之，随着韩国经济的发展与金融自由化和资本国际化的发展，韩国的对外投资和外国对韩国的投资规模都将不断扩大，加上韩国证券市场的成长和发育，韩国信托业在未来的发展中将迎来新的一天。

第三节 信托业在美洲的发展

谈到信托业在美洲地区的发展，美国是发展最快的，且在全球都有影响。考虑到前面有专门章节介绍它，故本章仅以加拿大为例来介绍。

一、加拿大信托公司的发展

作为英联邦成员国，自然加拿大的信托业务继承了英国的信托原理。但由于又和美国相接壤，所以发展受到美国信托业的很大影响。

（一）加拿大信托公司依法而立

加拿大是资本主义国家中信托业发展较早的国家之一，早在1835年加拿大就制订了人寿保险及信托公司法，但是到1868年加拿大才成立了第一家信托公司，即多伦多通用信托公司。而真正开办信托业务的却要推迟到1882年。总的说来，加拿大的信托业务在19世纪并不发达。概言之，加拿大的信托业发展的特点是先立法后再建机构再办业务。

（二）加拿大信托公司的种类

到20世纪初，相对于“好邻居”美国来说，加拿大全国信托公司仅10余家，1927年增至62家，有分公司约90家。目前，全国信托公司有100余家。综观目前加拿大的信托大公司，大致可分为三类①：

1. 隶属于大银行财团的信托业务部门，如道明加拿大信托（TD Canada Trust）属于道明银行财务集团（TD Bank Financial Group），皇家信托（Royal Trust）属于皇家金融计划（Royal Financial Planning），更属于皇家银行财务集团（Royal Bank Financial Group），市民信托（Citizens Trust）属于加拿大市民银行（Citizens Bank of Canada）等。

2. 一般的投资信托公司，如加拿大合作信托公司（Co－operative Trust Company of Canada），蒙特利尔信托（Montreal Trust），人民信托（Peoples Trust）、权益信托公司（The Equitable Trust Company）等。

3. 涉足公益性质的环境资源保护、生命健康、教育类的公司，如Pengrowth 能源信托公司（Pengrowth Energy Trust）、PrimeWest 能源信托公司（Prime West Energy Trust）、加拿大奖学金信托计划（Canadian Scholarship Trust Plan，CST Plan）等。

（三）加拿大信托公司的职能

加拿大的信托公司具有以下职能：

1. 接受投资人委托。信托公司 1952 年托管资产的账面价值为 39 亿加元，相当于作为金融中介机构持有的资产值的 8 倍多。1969 年托管资产价值增长到 74 亿加元，但只相当于其作为一般金融机构持有的资产价值的 3 倍多。到 20 世纪 80 年代以后，托管资产价值虽然增长到近 1000 亿加元，但已不到其作为金融中介持有的资产价值的 2 倍。

2. 代人管理财产和安排投资的信托资产。

3. 作为金融市场重要的金融中介机构来吸收存款和发放贷款。从资金获取途径来看，吸收的私人储蓄存款，特别是定期存款和发行的信用债券在资金来源中占了很大比重。这其中重要的原因便是信托公司提供的私人储蓄服务与传统意义上的商业银行完全相同，并不存在程序上的显著差异。

在此基础上，一方面信托公司为了充分获取储蓄资金，于 20 世纪 80 年代推出的每日计息储蓄存款业务发展非常迅速；另一方面信托公司吸收的存款多为长期存款，短期作为长期的补充，通常 1 年以上 5 年以下的约占

① 洪明："加拿大著名信托公司的启示"，《中国信托网》2003 年 9 月 15 日。

60% ~70%，而1年以下的仅仅只占15%左右。由于信托公司不属于商业银行性质，因此法定存款准备率无法对它形成限制，从而起资本成本比市场上的商业银行相对更低，因而在吸收存款上具有较强的竞争力和吸引力。

（五）加拿大信托公司的地位

信托公司在加拿大金融机构体系中具有相当重要的地位，是加拿大金融制度的“四大支柱”之一（银行、保险公司、抵押贷款公司和信托公司）。除了少数几个规模较大的信托公司是在联邦立法机构注册的以外，其他信托公司一般都是在省立法机关注册，受各省有关法律的管辖。如果信托公司跨省经营，则必须在从事经营的省份内的有关管理机构登记并接受监督，并不管是在哪个省取得的注册资格。对信托公司进行监管的机构既有联邦级的，也有省级的。

与美国类似的是，加拿大存款保险公司为所有的信托公司吸收的存款提供保险，同时它还执行着信托公司的最终贷款人职能。所有在联邦注册的信托公司都直接是存款保险公司的正式成员；各省注册的机构可以经省立法机构的批准，申请加入存款保险公司的保险计划。相应的存款保险公司对信托公司吸收的存款责任为：对吸收的每一单个存款账户的最高赔付额为6万加元。从监管的方面来看，对在联邦注册的信托公司，由联邦政府保险监督官员全面负责对其日常经营活动的监督和审查工作；对在省注册的信托公司由各省的注册机构负责审查和监督其日常经营活动，并确保有关法律条文的遵守。

二、加拿大信托业务的发展

（一）加拿大信托业务种类[①]

按信托财产划分，加拿大的信托业务种类包括三个方面：

1. 对保证信托金的运用。保证信托金的来源有三个方面，即信托存款、特别投资证和普通投资证。特别投资证指指定项目的投资信托；普通投资证是指非指定项目的投资信托。这三种保证信托金有利息但不分红，在使用上

① 加拿大的信托业，青岛海协信托投资有限公司网站。

一般用于不动产抵押贷款或以股票债券为抵押的贷款。

2. 固定资金的运用。固定资金主要用于地产的买卖和抵押以及用于以股票和债券为抵押的贷款，或者是政府公债的买卖（包括外国政府公债）。

3. 对生前身后信托财产和代理财产的运用。

（二）加拿大信托业的特点

1. 信托业务品种齐全、规模不一。加拿大信托业经过100多年的发展，现在业务品种已经比较齐全，一些财团混业经营的特征比较明显，如道明加拿大信托。另外，一些规模不大的信托公司则形成了比较专业的经营方向，如加拿大合作信托公司和权益信托公司。

道明加拿大信托（TD Canada Trust），主要为客户提供零售银行服务，广泛的财经服务及产品，包括电子银行及网上银行服务以及超过3000个自动柜员机，在加拿大有超过1000万名的客户。具体包括三方面业务：

（1）个人业务。个人业务又包括个人存款账户、贷款及个人信用、抵押、信用卡、保险、不动产信托、学生服务、美国银行服务、电子银行。

（2）投资业务。投资业务包括担保投资证书及定期储蓄、指定经纪、共同基金、全服务经纪、投资咨询、固定收入、货币市场、注册退休储蓄计划（RRSPs）。

（3）小商业服务。小商业服务包括商业账户、商业信用、电子银行、商人服务、农业贷款、B2B电子商务[①]等，基本上囊括了所有的信托业务品种。

此外，值得一提的是，道明加拿大信托公司在1997年还开发了投资规划人附加服务（Investment Planner Plus，IPP），该服务有助于公司了解客户与众不同的个人特点，这项复杂的投资组合计划以及资产配置服务为公司吸引了超过10个亿的新资产。

加拿大合作信托公司（Co－operative Trust Company of Canada）成立于1952年，开始是为满足加拿大信用合作社和其他金融合作结构扩展金融服

① 企业对企业（Business to Business）电子商务，是电子商务按交易对象分类中的一种，广义上是指通过因特网、外联网、内联网或者私有网络，以电子化方式在企业间进行的交易。这种交易可能是在企业及其供应链成员间进行的，也可能是在企业和任何其他企业间进行的。

务的需要而服务。今天，公司拥有覆盖全国的分支网点，管理资产超过 8 亿美元，托管资产逾 80 亿美元。公司主要产品是储蓄、抵押及个人和公司信托服务。公司通过提供灵活多样的金融设计和创新产品取得了巨大成功，并积极与具有相似经营思想的组织机构发展战略伙伴关系。

人民信托（Peoples Trust）成立于 1985 年，长期从事资产管理，主要发展抵押资产、贷款管理及资产保值业务，还投资政府或银行发行的担保证券。早在 1987 年，公司集中精力开始进行表外融资，1985 年 6 月，公司首次发行了 NHA[①] 抵押证券（MBS）系列。随着对抵押证券系列的深入开发，到 1994 年，公司成长为加拿大最大的多户贷款证券化机构。另外，成为公司核心业务的住房和健康保险也让公司在这方面获得了极好的声誉。

权益信托公司（The Equitable Trust Company）的经营范围更加专业，只投资抵押业务。公司建立于 1970 年，开始经营担保投资证书（Guaranteed Investment Certificates）（GICs），为期 30 天到 5 年不等。这些证书直接出售或通过网络销售给储蓄者。目前公司的所有资产都投资在居民财产抵押业务上，包括投资在加拿大抵押和住房公司（CMHC）发行的多单位居民抵押券上。除了公司自己的账户，权益信托控制着大量的抵押证券组合，包括单个的或多户的 CMHC 抵押券[②]。

总之，加拿大的各信托公司在开展业务时各有自己的侧重点。

2. 全球化经营和风险防范。诸多信托公司都把业务扩展到全球各个地区。全球投资能够在处于多个发展阶段的经济和市场里分散投资，从诸如北美、欧洲和日本的成熟的经济到东南亚和拉丁美洲的快速发展的经济，全球市场能够提供一些在加拿大不能得到的接触高增长地区的途径。

皇家信托（Royal Trust）把全球私人银行作为一项重要业务来经营，在 22 个国家设立了 28 家全球私人银行办事处，帮助客户进入国际网络。公司办公室位于北美、英国、欧洲、亚洲、中东、南非以及拉丁美洲。通过选择财务、政治稳定、高保密的各地办事处中心，公司帮助客户管理其国际信托业务。

道明银行财务集团总部设于加拿大多伦多，分行遍布全球，旗下包括道

---

① NHA 指国家住房局。

② 加拿大的信托业：http://www.hisyn.com.cn/gw10.asp.

明银行及业务广泛的附属公司，为全世界约1300万顾客提供一系列财务产品及服务。

值得关注的是，全球化经营管理要也面临更多的市场风险。除了政治、地缘及披露信息的差异以外，汇率波动对持有国外资产的影响较大。为了防范汇率风险，加拿大信托的全球金融服务（Global Banking Services）在为客户提供多种货币的外汇服务时，恪守这样的一个基础：每笔交易均有一个数额相当的反向交易与之相匹配，以避免出现外汇风险暴露头寸。公司的主要风险头寸数额非常小，且只允许存在于加元交易之中。

道明银行财务集团专门建立了一个有效率的风险管理机构，在整个商业计划范围内从事风险管理工作。具体机构设置包括高级管理机构和执行机构。高级管理机构包括风险管理委员会（RMC）、公司投资政策委员会（IPC）、信用投资政策委员会（FIPC）。执行机构包括执行定价委员会（OPC）、资产流动性管理委员会（ALOC）、最高信用委员会（SCC）。

风险管理是一个全局性的工作，风险管理委员会（RMC）进行的是企业范围内宏观层次的管理，负责市场风险和流动风险，其余部门负责信用风险和操作风险。RMC包括CEO、CFO以及风险管理部、商业部的高级经理人员。RMC负责在保持历史延续的基础上，对企业的风险级别变化做出评估。RMC认为，企业的全面风险控制和相关的风险管理必须和企业的预期损失及必要资本额保持一致。RMC还对可能影响公司业务、运营以及资产组合的一些趋势、时间和行为进行监控，并采取必要措施将公司资产组合维持在一个较为安全的水准。

3. 注重并购。加拿大信托公司在发展过程中并购频繁，不仅国内大公司之间进行合并重组，如道明银行财务集团；其他信托公司也通过购并扩大自身业务，同时还可能被别的公司收购和整合，如蒙特利尔信托。

蒙特利尔信托的成长过程伴随着一系列的收购重组活动，在1989年，公司被BCE公司的动力集团购买；在1992年，蒙特利尔信托购买了中心担保信托公司的股票过户、企业信托和抵押支持证券管理业务。在1993年，公司又购买了中心担保信托公司的石油、天然气财产管理业务。这些对核心业务的收购将蒙特利尔信托整合为加拿大最大的股票过户代理机构。1994

年，丰业银行（Scotia bank）从 BCE 公司（Bell Canada Enterpris）[1] 处购走蒙特利尔信托，进一步加强了自身的国内业务组合，提高了丰业银行的品牌。到 2000 年 4 月，丰业银行又将蒙特利尔信托的股票过户业务和美国证券的过户及信托公司（ASTT）一起售给了计算机股份公司（Computershare），价值 7500 万加元。2000 年 6 月，计算机股份公司同意出价 8000 万加元购买蒙特利尔信托的企业信托业务。接踵而至的收购使得蒙特利尔信托的身价越来越高。

4. 发展电子化交易。随着互联网时代的到来，信托公司纷纷开设了网上服务，像电子银行、B2B 电子商务、网络银行等。道明银行财务集团现为全球首屈一指的网上财务机构，共有 260 多万名网上客户，被列为全球三大网上财务机构之一。加拿大信托的轻松 Web 因特网银行服务被美国的在线银行业务协会命名为最佳国外银行在线程序，同时也是第一家加入 AOL 加拿大因特网在线服务中心的金融机构，为顾客提供金融调研、在线个人理财工具、利率、股市查询以及金融信息，并能通过轻松 Web 进入加拿大信托账户的服务。1997 年简单易行的轻松热线和轻松 Web 账单支付使得顾客账单支付的金额比 1996 年增加了 36%。在全球银行服务方面，客户对国际货币交易需求的增长使得在美国、加拿大和其他国家货币的电汇金额和未偿付信用证的美元金额在 1997 年增加了 90%。公司加入了 Mondex 储值卡（Stored Value Card）的发展计划，这种卡被认为最终将减少顾客在日常购买中的现金需求量。它可在国际范围内使用，持有 5 国货币，并且可以在人与人之间实现先进的电子转移。

市民信托（Citizens Trust）和母公司加拿大市民银行都一直致力发展成为与众不同的公司。市民银行在 1997 年就撤销了全国所有的分行，所有的交易都通过 24 小时的电话服务热线或者因特网来完成。

① 加拿大最大电信集团，即加拿大贝尔公司，2007 年 6 月 30 日该公司宣布，同意以 517 亿加元（约合 485 亿美元）的价格被“安大略省教师退休基金”领导的一个财团收购。安大略教师退休金计划基金是一个比较少见的养老金基金，是 BCE 的最大的股东。

第四节
信托业在澳洲的发展

谈到信托业在澳洲地区的发展，在此仅仅只能以澳大利亚为例来介绍。

澳大利亚地处南半球，从地缘上看它远离亚欧大陆以及美国为核心的北半球地区，并且在从历史上看澳大利亚主要是以农业和矿产行业作为经济支柱，其他的部门和行业发展相对滞后。在20世纪的大部分时间里，金融行业如储蓄银行一直是由联邦政府和4个州政府来经营，政府对金融行业实行全面的管制。但是，随着21世纪的到来，澳大利亚的服务业几乎已经占经济活动的80%，而其中金融服务业是其中增长最快的产业之一，平均保持5.3%的平均增长率。因此，澳大利亚也逐渐成为亚太地区最具潜力的金融服务中心。

在所有的金融行业里，信托基金管理产业又是其中最为突出的亮点。像瑞士信贷集团（Credit suisee）和法国按盛集团（AXA①）等这样跨国金融集团在澳大利亚广泛设立分支机构并且扩展经营业务，包括澳大利亚本土的基金管理公司努力拓展经营规模，使得澳大利亚整个基金管理产业管理的资金总额高达5000多亿美元，在全球基金管理产业中排名第4位。而在亚太地区，凭借其高度发达、稳健谨慎并且流通性的金融市场吸引大量资金流入资本市场，澳大利亚成为亚太地区私人信托权益投资的第二大接受国，接受的私人信托权益投资占整个亚太地区的比例创记录的达到24%。

一、澳大利亚基础设施投资信托发展概况

基础设施投资信托作为信托业的一个主要品种，其发展历经多年，澳大利亚在基础设施投资信托基金方面起步很早，发展规模和资金数额在全球市场上占据重要的地位。目前澳大利亚投资信托的总量已经超过1733亿美元，

① 创始于1816年，总部位于巴黎，是世界最大国际资产管理公司之一；在2006年美国《财富》杂志评选的全球500强企业排行榜中位居第15位。

其中上市的投资信托总量达到334亿美元。

在基础设施投资信托业务的开拓方面，澳大利亚麦格理银行（Macquarie Bank）处于前列。1996年12月，麦格理银行在澳大利亚证券交易所上市了首个基础设施投资信托。截至2006年11月，澳大利亚共有22个基础设施投资信托在证券交易所上市，总规模达到430亿澳元，占澳大利亚流通市值的5%以上。除麦格理旗下信托外，澳大利亚规模在10亿澳元以上的上市基础设施投资信托还有Babcock & Brown Infrastructure①（BBI is a specialist infrastructure entity which provides investors access to a diversified portfolio of quality infrastructure assets.）、斯柏赫基建（Spark Infrastructure）与新能源澳洲网络公司（SP AusNet）②。

基础设施产业基金的发展，促使国外以及本国私人资本得以进入传统只有公营部门才能进入的机场、铁路、公用事业等基础设施产业。这使得澳大利亚政府在基础设施上的支出大为下降，因此政府可以以相对有限的财政收入可以为社会保障、文化、教育、卫生、体育提供更多的资金支持。而通过设立信托基金的方式既可以增加资本市场的投资总量，活跃资本市场，又可以通过专业的资金运作合理的追逐收益和控制风险，为投资者提供一个可以通过基金的方式分享经济增长收益的途径。

二、澳大利亚的其他类型信托发展简介

（一）澳大利亚的房地产投资信托

与广泛流行于欧美的风险创业投资信托和企业并购重组信托不同的是，实物资产是澳大利亚信托投资的主要对象，信托基金获取收益的方式是通过实物资产本身的增值以及运营实物资产产生的现金流来给投资者回报。其中房地产投资信托是最主要的投资品种。澳大利亚的房地产证券化比例很高，超过了50%，而英国和美国的证券化比例则为17%和12%。另外由于房地产市场透明度高的缘故，不管是投资基金、养老基金还是保险公司等机构投

① 是澳大利亚一家多元化的基础设施投资机构。

② 孙冰冰："澳大利亚REITs对我国的启示"，《中国公益信托网（慈善信托网）》，www. charity - trust. com，2006年5月16日。

资者都有一定比例的资金投入进去。

与基础设施投资信托相类似的是，房地产投资信托主要的投资方向为商业房地产、休闲地产等。房地产投资信托投资房地产的主要目的不是为了建设之后的房产出售，主要目的是追逐资产价格上涨所带来的资本增值以及由于出租房产所带来的长期租金收入。这类信托的好处在于首先通过专业化的管理可以有效的规避风险，解决小量资本无法抵御风险的缺点。并且上市的REITs和LPT①有很强的流动性和变现能力，交易成本也相应的较低。自20世纪90年代以来澳大利亚LPT市场发展迅速，目前已成为全球第二大市场。截至2006年底，总市值已达950亿美元（1170亿澳元），过去10年市值年复合增长率为24%。从投资者角度看，投资者通过投资可以得到长期稳定的投资回报，这对退休的中老年人以及保险公司为获取稳定回报有很强的吸引力。

（二）澳大利亚的公私合营信托

公私合营信托也是在政府机构私营化过程中发展起来的信托。政府将一些机构如医院、学校、监狱等委托给信托管理，既可节约政府资金对这些行业的部门的投入，减轻政府的负担，又可通过有限的资金扩大社会服务范围，充分保障城市和远郊国民的生活需求。

三、澳大利亚信托的监管

（一）监管机构及其职能

澳大利亚政府的金融监管主要由三个部门负责。它们分别是：澳大利亚储备银行（RBA）、审慎监管局（APRA）和证券及投资管理委员会（ASIC）。

澳洲储备银行是澳大利亚的中央银行，简称RBA，它掌有实施货币政策，为政府提供金融服务，维护国际收支平衡三大职能。现实中，它可以有效地更新一些调控工具和交易安排，例如扩展国内证券选择范围，使货币政策工具保持与市场的同步发展。

① 上市的房地产信托，在澳大利亚被称为LPT（Listed Property Trust）。

审慎监管局负责对金融机构的审批和监管，监管银行、保险公司以及养老基金等信托的投资者。审慎监管局的主要工作是保护存款人、保单持有人及信托受益人的权益，主要从风险角度对银行、保险及养老金的投资进行监管。信托投资者在满足审慎监管的条件下，对信托的投资将不受比例限制。

证券及投资管理委员会负责信托产品、受托人以及信托交易市场的监管。澳大利亚最通行的信托组织形式为管理投资计划（MIS），是澳大利亚的单位信托，由澳大利亚证券及投资管理委员会监管。通常设立管理投资计划需要到证券及投资管理委员会注册，并且受托人需要取得证券及投资管理委员会颁发的执照。如果管理投资计划不面向零售投资者发行，且合格的投资者少于 20 人，则可以免除注册手续。

此外，如果管理投资计划需要上市，则受到澳大利亚证券交易所的监管，交易所将对管理投资计划进行一系列的合规性审查。

（二）监管重点

从澳大利亚的信托监管经验来看，对投资管理人的监管是控制信托风险的关键因素。澳大利亚通过执照管理、合规审查等手段监管投资管理人，但不对信托本身的市场化特性进行干预，既能够确定合格管理人来降低信托风险，又不会过多干预信托的发起和管理。

通常澳大利亚的信托组织形式为单位信托或者投资公司。单位信托通常由一家公司担任管理人和受托人，称之为责任实体（Responsible Entity）。责任实体作为受托人，受到澳大利亚证券与投资委员会的监管，从组织结构、财务状况、合规性、争议解决机制等方面来考察监督责任实体，并颁发执照。

本章小结

由于各国的国情和文化背景等各方面的差异，发达国家的信托业表现出很大的不同，法国信托业的显著特点是具有官方色彩，法国的 SIIC 已经成为欧洲各国不动产投资信托中，受限制最少的投资工具；荷兰的 BI 以房地产产品为投资对象的投资工具，在实际业务开展中取得了巨大的成功。欧美多数国家以公司型投资基金为主要形式，而瑞士信托的主要业务形式却是契约型投资基金。新加坡的单位信托为公募产品，并且在交易所上市。韩国信托业的主要形式是基金，在加拿大金融机构体系中信托公司具有相当重要的地位，澳大利亚则是以基础设施信托为特色发展信托业。虽然各国信托在发展中表现出极大的差异性，但他们也表现出了一些共性的东西，特别是进入20 世纪 80 年代之后，随着世界经济一体化和资本经营的国际化进程加快以及众多国家对金融管制的放宽，出现了一些新的动向，例如信托职能多元化，信托机能不断深化；国外信托机构与其他金融机构业务交叉，机构交叉，二者这种紧密的融合，使信托机构这一独立的金融机构概念含混不清等情况，这些动向值得我们进一步去关注和研究。

第九章

海外信托业发展模式的比较

从西方发达国家信托业发展的历史来看，它们都经历了从产生、发育到成熟的阶段，其间也都经历了发展、规范、再发展的过程。由于各国的历史、国情、金融制度的差异，信托业的发展路径也各具特色。本章拟从制度、经营模式、组织机构、业务、立法、监管等几方面来进行海外信托的国际比较。

第一节　海外信托制度比较

一、信托制度引进途径比较

如果按照立法模式来看，国际信托制度可划分为英美法系模式与日韩法大陆法系模式。因此，不同法系的国家由于引进信托的方式不同而形成了不同的信托制度。

英美法系的国家分布范围除了本书第一章所提的英国（苏格兰除外）、美国（路易丝安那州除外），还有加拿大（魁北克除外）、澳大利亚、新西兰、印度、巴基斯坦、新加坡、南非等国和中国的香港。大陆法系，因为它的历史渊源是罗马法和日耳曼法，此外还有教会法、商法和城市法，又被称为罗马法系、成文法系、民法法系或罗马—日耳曼法系。它主要以欧洲大陆的法国和德国为代表[①]，在罗马法的基础上，融合其他法律成分，逐渐发展为世界性的法律体系。在大陆法系内部，各个国家和地区的法律制度的情况不尽相同，大体上有两个分支——以法国民法典为代表的拉丁分支和以德国民法典为代表的日耳曼分支。法国、比利时、荷兰、意大利、西班牙和拉丁美洲各国属于前者；而德国、奥地利、瑞士和日本等国则属于后者。中国内地采用的则是大陆法系。

（一）英美法系国家信托制度的引进——殖民地渊源

英国是信托制度的发祥地，但其信托主要是用于家庭领域或转移财产，信托业务主要表现为民事信托非常发达。美国则是国际上率先引进信托制度的国家，并将信托制度发挥到极致，其商事信托非常发达。

由于历史上英美殖民地及其附属国的原因，新西兰、印度、澳大利亚等国家在19世纪下半叶纷纷引进信托制度，形成英美信托法系国家。在此意义上，可以说早期的信托制度是伴随着战争与武力的征服而扩张的。20世纪以来，信托制度凭借着自身无与伦比的制度优势纷纷被大陆法系国家所认同，其中首推日本，韩国紧随其后，法国及我国台湾地区也紧接其后，不断推广信托制度，并使之在本国、本地区的“生根”、“开花”、“结果”。

（二）大陆法系国家信托制度的引进——学习借鉴

对大陆法系国家而言，由于不仅本国现有法律体系、法律制度对信托的排斥、互不兼容上，而且还有许多可以替代信托的制度供给，比如委托制度、行纪、财团法人等，故相对而言引进信托制度难度较大。例如在法国，自1789年开始的近代法国民法传统很难承认所有权可以被用于为所有人的各种利益服务。大多数法国学者认为，英国信托制度建立于所有权的某些属性的基础之上，在大陆法国家，这一制度的价值意义不大，即使这些国家承认受英国或美国法的影响而产生的信托行为的效果，该信托制度本身却不能

① 前面第一章为结合中国实际，仅以中国和德国为代表介绍了大陆法系国家的信托情况。

被引进大陆法的体系①。

由于历史的渊源，法国政策性金融机构体系主要是由若干官方和半官方所有的专业性金融机构，以及由政府领导或控制、影响的部分互助合作性质的金融机构等组成。同样，法国政府对于信托也采取了类似的做法。1816年，法国成立了公共金融机构——法国信托局，主要负责管理要求特殊保护的私人资金并从事公益性活动，信托局还通过下设的分公司参与市场竞争行业管理。法国的银行则对信托采取兼营的方式，直到1952年，法国设立国家信托投资公司后，才使法国的金融信托业得以发展。

在大陆法系国家，日本是继受信托制度最成功的国家。1902年，日本兴业银行开办日本首笔信托业务，给各银行做了很好的示范。但当时信托活动极其不规范，主要表现在两方面：一是信托业务特征并不明显，多从事中介、信贷、保险等非信托业务，导致经济秩序的混乱；二是资本金缺乏，信用度低，容易造成对公众利益的损害。为确保信托理念的完整移植与保护社会公众利益，日本在1905年就出台了《附抵押公司债信托法》，1922年制定了调整信托关系的基本大法——《信托法》和《信托业法》。这些法律的颁布使日本信托业务走上了依法活动的规范之路，为信托业务的不断发展提供了有利的法律保障②。

与其他大陆法系国家比较，虽然德国的信托业发展历史悠久，早在19世纪50年代德国工业化大力推进时期，德国的银行就开始涉足信托业务，但信托业的发展，在德国却一直非常缓慢，既没有机构也没有相关法律。现代意义上的德国金融信托起始并发展应该是在20世纪50年代的当时的前联邦德国。

（三）得天独厚的地理位置和中立的政策——自然引进

如前面第一章所述，瑞士位居欧洲心脏部位，一直奉行中立政策，不参加任何国与国之间的战争，有着稳定的政治环境。当发生战争或国际经济危机时，瑞士就成为资本主义各国的最佳避难所。瑞士为这些逃难资本设立了

① 尹田："法国民法上的托管财产所有权"，《中央政法管理干部学院学报》1997年第6期，第52～55页。

② 刘和平："中外信托制度比较研究"，中国信托前沿——马亚明个人主页。

许多以管理或支配财产为目的、家族式的持股公司，或单纯是家庭财产管理公司，这些公司都具备了信托主要原则。

二、海外信托制度发展的共性①

若以美国、日本为代表，来比较信托业发展的历史及其特点，我们不难发现，这些国家信托业的发展、信托产品的演进具有一些共性的东西。

（一）信托业的发展和信托产品的演进总体上是与经济的发展相伴相随的

美国、日本信托业的发展历史表明，在其经济发展的初期，信托业主要是以财产管理和财产继承为主，不仅业务种类单一，而且规模很小。当经济发展到一定阶段时，会对信托业提出更高的要求。因为经济的发展使得生产性企业对长期资金的需求日益增加，国民收入的增加也扩大了家庭的闲置资金，从而社会各部门对资金融通和金融资产管理的需求也逐渐扩大，这为信托业的发展和信托产品的创新提供的空间。如果信托业超越经济发展规律的扩张则将造成其内部的混乱，例如，日本早期信托业发展的大起大落就是因为这个问题造成的。

（二）具体国情的差异性会引起各国信托业的发展路径及其现状的巨大差异

由于美国、日本信托业的发展和信托产品的具体定位受其不同历史阶段的具体国情的直接影响，因此，使得这些国家信托业的发展路径及其现状表现出巨大的差异。

1. 美国信托业的证券信托高度发达，主要是由其深厚的历史积淀决定的。

（1）19 世纪美国经济发展的早期，股份制公司的快速发展，国内证券市场就已经形成了一定的规模，第二次世界大战后美国资本市场的急速扩大，各种有价证券的发行量的不断上升，直接融资成为美国金融体系中占据

① 陆文磊、翟金林：“美国、日本信托业的比较及对我国信托业发展的启示”（二），中国信托前沿——马亚明个人主页。

主导地位的融资方式，长期以来有价证券的不断增加和金融市场的高度发达为证券信托的开展提供了坚实的基础。

（2）美国资本市场的高度发达，其证券投资的立法和监管也相当成熟完善，这为美国的证券信托提供了依据和发展空间。

（3）美国的诚信制度与法律制度的完善使得美国的投资者放心专业机构来管理自己的资产，这种风俗习惯也为证券信托在美国的迅速发展减少了很多障碍。

2. 日本，其信托业以金钱信托为主，也是由日本的经济和社会环境造成的。

（1）因为日本的证券市场起步较晚，银行在金融体系中始终占据主导地位，所以与美国相比，日本信托业经营有价证券业务缺乏必要的基础。

（2）从社会因素来看，由于日本的家族观念很强，所以有关土地信托和遗嘱信托的业务需求也不大。

这两者的原因使日本的信托业务从一开始就以金钱信托为主，并作为一种特色保留至今。

由此可见，信托业的发展具有两重性，即与经济发展的跟随性和受国情制约的差异性。一方面，信托业作为经济发展的一个组成部分，在其产生、发展、壮大的过程中，与本国经济发展紧密联系；另一方面，作为特定社会的一个组成部分，信托业的发展又受到本国具体政治、文化、历史等因素的制约，从而使得各国的金融制度、金融结构呈现出万般差异的个性。

三、海外信托制度发展的特性[①]

纵览当今现代市场经济国家金融业的发展历程中主要有两种经营模式：一种是以德国为代表的综合银行模式——两业始终融合在一起；一种是以美国、日本为代表的混业——分业——混业经营模式[②]。但具体到各个国家，世界上的信托制度模式则种类繁多，其中比较有代表性的是英国、美国、日本、德国等国家的。

① 马亚明：“发达国家信托业发展及其对我国的借鉴和启示”，《北方信托网》2003 年 12 月 4 日。

② 陈柳钦：“美国和德国金融制度变迁分析及其思考”，《价值中国网》2005 年 8 月 1 日。

(一) 英美法系的信托制度典型

1. 英国模式。英国的信托业是以民事信托为主的模式，这是和英国的历史传统和风俗习惯相联系的。原因有三：一是历史的原因。英国曾经是一个老牌的资本主义国家，拥有的殖民地很多，因此英国人的财产一般以不动产表示；二是传统文化的原因。英国人一般比较的绅士和保守，他们不愿意把财产进行较高风险的证券投资信托和金钱信托；三是经济发展条件的原因。虽然英国的证券市场和资本市场也如日美活跃，却没有形成证券投资信托和金钱信托的氛围。英国的信托业是采取混业经营的模式。

2. 美国模式。美国的信托是通过证券市场直接为政府和企业筹资，它是通过财产管理的形式进行的。因此，美国的信托业是以证券信托为主的模式。美国式证券信托的形成也是缘于美国的经济环境和风俗习惯。第一，经济的全球化和美国经济证券化使得美国经济的高速发展，美国积累了巨大的信托财产，由于美国较盛行股权制，这些财产一般都直接转化为证券；第二，美国发达的资本市场和较成熟完善的法制，为美国的证券信托提供了依据和空间；第三，美国民族是一个比较喜欢冒险，比较率直的民族，他们愿意把自己的财产交给别人管理。

美国实行银行和信托兼营体制，美国信托业是从英国引进来的，但是为了与美国本土情况结合又作了较多的改革，例如其突出的经营特点包括个人信托与法人信托并重；商业银行在经营银行主业的同时，还普遍开办部分信托业务。

(二) 大陆法系的信托制度典型

1. 日本模式。日本信托是以金钱信托为鲜明特征的信托模式。日本之所以以金钱信托为主，是缘于日本的国情的。首先，日本居民的财产以货币形态为主，证券及其他资产较少加之没有以其他财产形式交别人管理的习惯，信托机构经营的对象只能是货币形态的金钱信托；其次，金钱信托的收益比商业银行的利息要高，对委托者很有吸引力；再次，这种以长期(3～5年)形式存在的金钱信托，又通过贷款信托的方式运用于国家的基础产业项目，适应了日本国民经济的发展的需要。

日本虽然实行了严格的银行业和信托业分业制度，但信托银行在以信托业为主营业务的同时，却还具有信托业和银行双重特性。

2. 德国模式。由于德国实行的是全能银行制度的金融模式，在该体制下，所有的金融业务都统一在商业银行内部进行，这有利于各职能部门充分合作，进行产品创新；同一银行内部，银行与信托的两个部门是明确分开的。这种体制给信托安排提供了灵活性，尤其在法人信托业务上体现得非常明显，德国的金融机构可以向客户提供一站式的金融服务。德国的信托一直在随着社会环境的变迁而不断创新，例如德国房地产投资信托起步是很晚，但发展很快，现今它已经成为德国信托市场上的一个主要业务；德国的海外信托投资基金在全球市场上也非常活跃。这一方面与德国人注重稳健守规的性格有关；另一方面还得益于其由来已久的全能银行制度。德国的信托业也是采取混业经营的模式。

第二节
海外信托业组织机构比较

海外信托业的发展历史中，各国的信托规模虽大小不一，但信托业务都一直在积极拓展着；各国的信托机构虽有专营的，也有兼营的，但信托业务一直都在稳定的经营着。一般来说，信托机构的组织形式有两种：一类是单一信托机构，指专业信徒机构，具有完全独立法人资格，专门办理金融信托业务的经济组织；另一类是附属于其他机构的信托机构，指本身不具有独立法人资格或本身虽具有独立的法人资格但受到另一机构控制的信托机构。此外，还有的国家既设有专门信托机构，又允许其他金融机构兼营信托业务。

一、英国的信托机构——个人信托为主

（一）最初的“信托机构”——个人关系

英国信托业以个人受托为主，其承接的业务量占80%以上，它最初是依靠个人关系而进行的信托管理，没有专门的机构。

（二）政府促成的“信托机构”——形式多样

英国历史上第一家专营商业信托的信托投资公司——国际财政公司，由政府于1863年成立的；英国第一家私营的信托机构——伦敦信托执行和证券保险公司成立于1886年；1888年，伦敦信托法律保证信托协会成立，这是英国信托行业的自律组织机构。

除民事信托和公益信托外，英国还有证券投资信托，较常采用的是“养老金基金信托”、“投资信托”和“单位信托”。投资信托公司则为小额投资者分散投资提供了可能。1932年成立的“投资信托公司协会”（the Association of Investment Trust Companies），是投资信托公司的自律性组织，截至1994年8月，这个联合会已有292个成员；1959年创立的“单位信托和投资基金协会”（the Association of Unit Trusts and Investment Founds），是单位信托的行业性自律组织。

（三）颁布法令，规范“信托机构”

英国政府为对个人充当受托人承办的信托业进行管理，1893年颁布了《受托人法》；为规范受托人，1896年又公布了《官设受托人法》，规定法院可以选任受托人，不过这仍然是以个人身份承办信托事务的制度。

1908年英国成立“官营受托局”，以法人身份依靠国家经费来受理信托业务。直到1925年，《法人受托者》条例颁布后，由法人办理的以营利为目的的营业性信托才真正开始。官营受托局在当时英国信托事业中居重要地位，后来由于个人信托市场需求大，大量的私营信托公司应运而生。当时比较有名气的私营信托公司有两家，一个是伦敦受托、遗嘱执行和证券保险公司；另一个是伦敦法律保证信托协会①。

英国的法人受托业务则主要由银行和保险公司兼营，专营比例很小，英国的四大银行，即国民威斯敏斯特银行，巴克莱银行，米特兰银行和劳埃德银行等，其所设立的信托部（公司），集中了英国全部法人信托资产的90%。另外保险公司业也兼营一部分信托业务。

① 马亚明：“发达国家信托业发展及其对我国的借鉴和启示”，《北方信托网》2003年12月4日。

二、美国的信托机构——大银行垄断信托业务

（一）初期的信托机构与保险业关系密切

美国的信托机构在创立初期是与保险业结合在一起的，1822 年成立的“纽约农业火灾保险放款公司”被认为是美国信托业的鼻祖。

（二）信托公司在发展中壮大

1853 年，在纽约成立了美国第一家专门的信托公司——联邦信托公司，其业务比兼营的信托业有了进一步的扩大和深化。根据资料记载，1875～1910 年的 35 年中，美国信托公司由 35 家、资产合计 12290 万美元，增加到 1091 家、资产合计 421690 万美元①。

（三）信托公司在信托业务扩大中被大银行所取代

第二次世界大战至今，美国信托业基本上已为本国商业银行尤其是大商业银行所设立的信托部所垄断，几乎每家银行都有专门开展信托业务的分支机构，专业信托公司很少。据统计，美国约有 14000 多家银行，其中约有 4200 家银行兼营信托业务，他们管理着全美信托资产的 95%，而位于纽约的 4 家商业银行就差不多握有全部信托资产的 17%。由于大银行资金实力雄厚，社会信誉良好，而且可以为公众提供综合性一揽子金融服务，竞争的结果是，社会信托财产都集中到大银行手中。

美国信托业由原来的信托兼营银行业务发展为目前由商业银行兼营信托业务的格局。

三、德国的信托机构——与银行混业经营

德国金融信托业务由一般金融机构经营，银行兼营信托业务十分普遍。尽管在银行内部，银行与信托的两个部门是明确分开的，但信托所提供的金融产品和金融服务，却与银行提供的无明显区别。

20 世纪 70 年代初，前联邦德国有 13 家信托投资公司。在德国联邦金

① “美国对信托制度的引入和对信托业的创新”，《中证网》2004 年 8 月 6 日。

融监管局备案开展信托业务的机构有近百家，基本上都是全能银行控制下的信托机构，其中包括外国银行在德国设立的信托公司。另外，还有一些大型实体企业集团设立的小型信托公司，这些信托机构的业务对象往往是集团内部成员。由于德国实行的是“全能银行制”，德国的商业银行也就成了本土的信托机构，德国的基金也主要由各大银行进行运作。

四、日本的信托机构——专业机构

（一）第一家信托机构由民间筹股改组而成

1904年，东京信托公司成立，成为日本第一家专业信托公司。它在1906年根据日本公司法改组为股份组织，这个公司的业务主要是经营不动产的管理和不动产抵押贷款。从此开始，日本的信托业务从证券的代理推进到为委托人承受财产管理的领域，因此该公司被认为是日本“最先纯粹的信托公司”，同时，该公司是民间筹股改组成立的，又被称为“日本民营信托公司的元祖”。

（二）信托机构经历多次由“膨胀”到“集中”

此后，日本又陆续有福岛信托公司（1906）、横滨信托公司（1906）、神户信托公司（1907）、大阪市的关西信托公司（1912）和济生信托公司（1912）等信托机构成立。到1921年末，日本国内的信托公司已经有514家之多，发展速度之快实属罕见。

日本信托业的经营机构随着1922年和1943年的两次法制规范而急剧集中。1950年之后，由于政府严格信托业的审批和战后日本严格的专业化分工金融制度的实施，日本的信托业便一直集中在主要的7家信托银行（三井、三菱、住友、安田、东洋、日本、中央信托）手中。日本的7家信托银行的信托资产于1994年已占日本民间金融机构资产总量的15%左右。它们是专营信托业务的金融机构，也是目前日本信托业的经营核心。

近年来随着日本经济、金融持续萧条，日本的信托业不断合并重组，有进一步集中的趋势。日本信托业的这种寡头垄断的市场格局不仅有利于行业规模效应的发挥，而且还便于政府的集中管理和控制，为日本信托业的创新和稳步发展起了积极的推动作用。

（三）为增强实力而合并重组

进入20世纪90年代以后，随着日本泡沫经济的破灭，日本各信托银行的不良资产骤然增加，这给其经营带来了困难，同时，美国实施《金融现代化法案》，各大金融机构通过兼并重组，其国际竞争力得到了很大加强，这对日本的信托银行也带来了一定的压力。在上述背景下，为了适应新的形势，增强竞争实力，日本各信托银行也走上了合并之路。其中，1999年三井与中央信托的合并、2000年三菱、日本信托和东京三菱银行的合并最为引人注目。经过合并，日本的信托银行数量进一步减少。

五、加拿大的信托机构[①]——专兼模式并存

目前加拿大的信托大公司，大致可分为三类：

1. 隶属于大银行财团的信托业务部门，如道明加拿大信托（TD Canada Trust）属于道明银行财务集团（TD Bank Financial Group），皇家信托（Royal Trust）属于皇家金融计划（Royal Financial Planning），更属于皇家银行财务集团（Royal Bank Financial Group），市民信托（Citizens Trust）属于加拿大市民银行（Citizens Bank of Canada）等。

2. 一般的投资信托公司，如加拿大合作信托公司（Co - operative Trust Company of Canada），蒙特利尔信托（Montreal Trust），人民信托（Peoples Trust）、权益信托公司（The Equitable Trust Company）等。

3. 涉足公益性质的环境资源保护、生命健康、教育类的公司，如Pengrowth能源信托公司（Pengrowth Energy Trust）、Prime West能源信托公司（Prime West Energy Trust）、加拿大奖学金信托计划（Canadian Scholarship Trust Plan，CST Plan）等。

六、瑞士的信托机构——银行联合投资建立

除1930年左右成立的国家投资公司外，瑞士投资信托公司又是几家主要银行于1938年联合投资设立的。这两家信托投资公司于第二次世界大战后，设立了基金型证券投资信托和不动产投资信托，到20世纪70年代，已

① 洪明："加拿大著名信托公司的启示"，《中国信托网》2003年9月15日。

占全瑞士投资信托（包括证券和不动产投资信托）的60%，成为瑞士投资信托的主要机构。

第三节
海外信托业的业务比较

海外各国和地区在信托业发展“旅途”中，互相学习，互相借鉴，除保持传统信托业务外，还注意创新，形成本国信托的主要特色业务，如英国的“单位信托”实际上是一种大众化的投资手段；日本的“贷款信托”则是日本独创的一种信托新品种。

一、英国信托的主要业务特点

1. 英国信托业务仍偏重于个人信托。这是英国的信托业务与其他国家相比最为显著的特点。无论从委托人还是受托人看，英国的信托业都偏重于个人信托。从委托人角度看，信托的内容大多数是民事信托和公益信托；信托的标的物是以房屋、土地等不动产为主。从受托人角度说，个人受托的业务量占80%以上，而法人受托不到20%，且英国的法人信托主要集中在四大银行手中。由于传统的习惯，故英国的土地等不动产信托至今相对其他国家发达。

2. 信托业务目的发生变化。现今英国不动产信托的目的，已经发生了较大转变——由过去较多限于土地信托财产的权益问题转为以经营盈利为目的，兼顾社会经济发展的目标。例如，现代英国投资信托业务远及海外，运用国内信托资产进行海外投资，是英国信托追求利润最大化的有效途径之一；养老基金已成为英国证券市场上的主要投资者。

二、美国信托的主要业务特点

1. 美国的信托与证券的结合非常紧密，两者在证券业务上表现为既竞争又合作。有价证券信托业务普遍开展是美国信托业发展中的一个显著特点。在美国，几乎各种信托机构都办理证券信托业务，既为证券发行人服务，也为证券购买人或持有人服务。特别是商务管理信托（亦称“表决权信托”），代理股东执行股东的职能，并在董事会中占有董事的地位，从而参与控制企业。

2. 美国的银行兼营信托业务，信托业务与银行业务分别管理。美国是特色鲜明的金融业银、信兼营的代表国家，商业银行在经营银行业务为主业的同时，又允许开办信托业务。

3. 信托业务品种在继承中创新。美国的信托业务，按委托人法律上的性质分为三类：个人信托、法人信托、个人和法人混合信托。个人信托又分为生前信托和身后信托两大类。混合信托有信托投资、不动产信托、公益金信托和管理破产财团等信托业务。美国的个人信托业务与法人信托业务都发展迅速，并随着经济形势的变化出现交替不定的现象。另外，美国还开发了许许多多新型的信托投资工具，比如 MMMF（货币市场互助基金）、CMA（现金管理账户）、MTF（共同信托基金）、融资租赁业务以及把信托资金投资于 CD（大额存单）、CP（商业汇票）和 TB（国库券）等短期资金市场等等。

三、日本信托的主要业务特点

1. 结合本国实际，开发特色业务品种。根据本国的特点，日本开发了适合本国特色的信托业务，如财产形成信托、年金信托、职工持股信托、特定赠与信托。尤其是为适应大众对利息多少的选择趋向，同时创造更有利的储蓄，日本在 1981 年改进了的收益期满兑取型贷款信托等新开创的信托业务，使其信托业务形成了范围广、种类多、方式灵活、经营活跃的特点。

2. 主营信托，兼营他业。日本信托银行除从事各类信托业务外，还从事不动产、证券代理、遗嘱执行等中间业务。事实上，日本信托机构分担证券业务的倾向十分明显，信托资金投资证券的情况很普遍，在一定程度上适应了国民储蓄形式逐渐从存款和信托转向证券的趋势。

随着全球经济金融自由化、国际化的不断发展，日本信托银行业务日趋多元化、专业化，新的金融工具正不断地被开发和使用，以促进日本经济的发展。

四、德国信托的主要业务特点

德国在信托业务的发展上具有以下特点：

1. 信托与银行能提供无差异产品和服务。尽管在银行内部，银行与信托的两个部门是明确分开的，但信托所提供的金融产品和金融服务，却与银行所提供的无明显区别。

2. 信托与证券友好竞争。信托业务与证券业的关系也日益密切，两者之间在同一业务范围的竞争也相当普遍。

3. 信托与金融资产同步发展。信托业的发展使整个金融资产不断扩大，德国金融信托业务的拓展与长期资本市场的发展两者呈同步发展之势①。

五、瑞士信托的主要业务特点

瑞士是世界上信托投资发展较早的国家，并且和英国、德国等国一样，都是对外信托投资比重较大的国家。由于信托市场形成的特殊性，瑞士的信托投资在国际金融市场上居于重要地位，无论是信托投资对象，还是投资者，均带有明显的国际化特点。在瑞士全部信托投资业务中，国际信托投资的比重要远远超过国内信托投资。销售的信托投资受益证券也主要以外国人购买为主体。

瑞士在信托资产的运用方面，国内以不动产信托为主，国外则以股票投资为主。

第四节

海外房地产投资信托（REITs）比较

现在全球的房地产投资信托（REITs）市场，差不多有 14.4% 的 REITs 基金可以投资开发性物业。房地产投资信托（REITs）规模最大的是美国，其次是澳大利亚，其他国家和地区都在发展过程中，例如新加坡，中国香港

① 伍贻康、黄烨菁：“欧盟的信托业发展及其对中国的启示”，用益信托工作室。

地区、中国台湾地区等[①]。

一、海外房地产投资信托（REITs）概念

业界对“房地产投资信托”名称的叫法有多种，例如房地产信托[②]、房地产投资信托基金、房地产投资基金、房地产证券化。规范的房地产投资信托在海外称为 REITs（Real Estate Investment Trusts），即指的是运用信托的原理和功能，通过证券市场募集社会资金并投资于收益性房地产，投资人分享房地产经营收益的金融工具或金融行为，其本质是证券化的产业投资基金[③]。REITs 通过证券化的形式，将流动性较差的房地产资产转化为流动性强的 REITs 份额，提高了房地产资产的变现能力，缩短了资金占用时间，提高了资金利用效率。

REITs 的基本理念最早起源于 19 世纪的马萨诸塞州的商业信托[④]，在 1960 年的税法中，将 REITs 定义为：“有多个受托人作为管理者，并持有可转换的收益股份所组成的非公司组织”[⑤]。此时的 REITs 本质上来被界定为封闭式投资公司。此后，随着相关法律法规的不断变革，对于 REITs 的理解也发生不断变化。根据 NAREIT[⑥] 的最新定义，REITs 是指一种公司，该公司拥有并且在大多数情况下管理诸如住宅、商业中心、写字楼、旅馆和仓库等收益性房产。但是由于各国法律形式的差异，在美国等承认公司制基金的国家，REITs 的形式表现为公司，但是在其他国家，既可以表现为公司，也可以直接表现为信托。以中国的情况看，因为公司制基金与中国的《公司法》相冲突，REITs 可能只能表现为信托。

根据我国香港地区 2005 年修订的《房地产投资信托守则》，REITs 的定义为：“房地产投资信托是以信托形式成立且主要投资于房地产的集合投资

① 孙飞：“中国房地产的路径优化和模式创新”，《新浪房产网》2009 年 1 月 14 日。

② 这种说法容易混淆以房产、土地作为信托财产的房地产信托与投资对象为不动产的信托，因此，不是一种规范的概念。

③ 余红征：“多方博奕、良性互动中的中国房地产信托 ——我国房地产信托的现状、问题与战略应对”，律行天下网：2007 年 11 月 12 日。

④ 郑磊：“REITs 国际比较分析及启示”（一），《价值中国网》2007 年 1 月 15 日。

⑤ An unincorporated association with multiple trustees as managers and having transferable shares of beneficial interest.

⑥ National Association of Real Estate Investment Trusts，NAREIT.

计划，该计划的目的在于向持有人提供来自房地产租金收入的回报。房地产投资信托应根据成立文件使用通过出售其单位获得的基金，以在其投资组合内维持、管理及购入房地产”。我国台湾地区的《不动产证券化条例》(2003 年发布）中将 REITs 界定为不动产投资信托，即“向不特定人募集发行或向特定人私募交付不动产投资信托受益证券，以投资不动产、不动产相关权利、不动产相关有价证券及其他经主管机关核准投资标的而成立之信托”。

传统的房地产投资信托（REITs）[①] 基本上是指专门持有房地产、与抵押贷款相关的资产或同时持有这两种资产的一种封闭基金。现在，也有人把房地产投资信托理解为采取公司或商业信托的组织形式，集合多个不特定的投资者的资金，由专业的投资管理机构，由多种方式运用于房地产投资领域，并将绝大部分收益分配给投资者的一种投资机构（REITs）。但无论是从定义还是特点上，REITs 本质上都可以看成是一种特殊的房地产业投资基金[②]。

总之，中小投资者通过房地产投资信托方式，在承担有限责任的同时，可以间接获得大规模房地产投资的利益。

二、海外房地产投资信托（REITs）的主要特点[③]

与其他房地产投资形式相比，REITs 是一种投资收益稳定、风险较小的金融产品，具有专家理财、分散投资、低门槛、高流动性等基本特点。

（一）收益稳定、风险较小

由于 REITs 投资的标的物为具有可以预见的稳定现金流的不动产资产，因此其收益稳定、抗通胀能力较强、风险较小，能够为投资者带来稳定的收益。以美国为例，REITs 资本溢价长期以来与通胀率保持一致或高于通胀率，波动性相对普通股票较小。

① 按照对不动产进行管理的行为方式，不动产信托可分为不动产代持信托、不动产代运营信托和不动产资产支持信托三种。不动产信托是现代意义信托的起源。

② 宋强松：“房地产投资信托：国际经验与路径选择”，《金融学苑》2007 年第 1 期。

③《中国房地产投资信托发展研究》（主报告），2008 年 3 月 4 日。

（二）专家管理、风险分散

REITs下的房地产资产由具有房地产和投资分析等方面专业知识的人士进行专业化管理，可以有效提高资本效率；同时通过不同类型的房地产和不同地区房地产的组合投资可以有效分散风险。

（三）高派息、低成长

由于REITs必须将大部分利润（通常为90%以上）以分红形式支付给投资者，因此REITs股利回报普遍高于其他金融产品。经研究显示美国REITs的股利回报远高于标准普尔500的股利收益率。同时，该规定也使得REITs自由现金流减少从而影响REITs未来的成长性。

（四）安全性高和流动性好

REITs将房地产从不动产转变成为可以流动的证券资产，实现了产权单位的转移变成简单的证券交易，同时在资本市场挂牌交易使其与其他有价证券一样具有高度的流动性。此外，REITs的实物房地产权益特征和高流动性也为投资者带来了较高的安全感。

（五）透明度高、可预见性强

REITs的资产组成都比较单纯，经营活动也比较简单，租金收入、利息收入比较透明，支出方面有章可循，利润分配有明确法律规定，而且有着严格的信息披露制度，因此投资者通过分析把握REITs经营情况的难度不大，便于投资决策。

三、海外房地产投资信托（REITs）的产生及发展

不动产信托为不动产投资信托的发展奠定了技术基础，不动产投资信托是不动产信托在融资类运作模式上的金融服务技术的升级。不动产投资信托发源于美国，是在美国国内发展非常成熟的共同基金的基础上产生的，主要采取的是房地产信托投资基金的形式REITs（Real Estate Investment Trust），属于主要投资于房地产领域的资金信托，发起人通过发行股份或受益单位，吸引公众资金，由专门的投资机构进行投资经营管理并将投资综合收益按比例分配给投资者的一种投资工具。

（一）海外房地产投资信托（REITs）的产生

如前所述，海外信托制度是源于英国的用益权（Use）制度，而房地产投资信托（REITs）最早却源于美国。美国 REITs 雏形的出现最早可以追溯至 1880 年，当时公司法不允许公司以投资为目的取得或持有不动产，在利益的驱使下，投资者运用商业信托方式规避了公司法的限制从事不动产开发（如马萨诸塞商业信托），随后逐渐发展成为规避公司所得税的不动产投资组织。但 1935 年美国联邦最高法院将商业信托视同联邦公司组织加以课税，导致其发展一度停滞。直到 1960 年 9 月 14 日，美国总统艾森豪威尔签署了《房地产投资信托法案》，并经美国国会正式决定创建房地产基金，标志着美国房地产投资信托基金的正式设立，让所有美国投资者都可以通过汇集资金投资于较大的收益型商业房地产项目。同年，《国内税收法》（the Internal Revenue Code）的通过赋予了 REITs 税赋优惠，将 REITs 作为利润传递（Pass – Through）的特殊税收条例推动了 REITs 的发展。

（二）海外房地产投资信托（REITs）的发展

REITs 在 20 世纪 60 年代初期首次在美国出现，经过近 10 年的发展，在 20 世纪 70 年代初达到顶峰，其后由于经济危机和房地产市场的萧条，REITs 开始出现衰落。后来随着税收法案的修订和有关限制的放宽，使得房地产投资信托的避税优势得以发挥，并且 REITs 不能直接拥有房地产资产的情况也得以改变，房地产投资信托从 20 世纪 80 年代开始再次回升，资产量不断增长。20 世纪 90 年代以来，房地产投资信托（REITs）在美国迅猛发展，逐步成为商业房地产投资的主流，越来越多的房地产通过房地产投资信托（REITs）实现证券化，成为公众产权。同时，房地产投资信托（REITs）在美国的成功也带动了全球房地产投资信托（REITs）的兴起。据不完全统计，截至 2006 年 6 月，全球已有超过 20 个国家通过立法设立了房地产投资信托（REITs），总规模超过 7200 亿美元，其中美国占据大多数。因此，美国房地产投资信托（REITs）40 多年来的发展史可以称为是全球房地产投资信托（REITs）发展的缩影，为其他国家房地产投资信托（REITs）的发展提供了有益的借鉴①。

(三)海外房地产投资信托(REITs)模式的种类

由于房地产投资信托(REITs)采用信托制度作为基本原理，使得其具有极强的可移植性，纷纷被欧洲和亚洲的许多国家借鉴效仿，形成各自具有本国特色的房地产投资信托(REITs)。

1. 从房地产投资信托(REITs)的发展路径来看，存在两种模式：

(1)市场需求加税收推动型。它以美国为代表的，主要采用公司型的信托基金方式。经过几十年的发展，该模式已建立成熟的法律制度环境，形成了全球结构最复杂、品种最多的房地产基金市场。公司型的REITs是指设立以房地产投资为目的的股份有限公司，使投资人取得公司股份的形态，公司再将收益以股利形式分配给投资人。

(2)政府推动型。它以日本、中国香港、新加坡为代表。它们是在20世纪才起步，主要采用契约型的信托基金方式②。所谓契约型的REITs，是指在信托人与受托人缔结以房地产投资为标的的信托契约的基础上，将该契约的受益权加以分割，使投资人取得表示这种权利的受益凭证。

美国模式是税法及相关法律驱动与金融市场协同创新的共同产物。亚洲模式则是通过修改与不动产信托行为相关联的法律之后，采用专项立法推动不动产信托的发展，带有明显的国家行政主导性。

2. 若以信托财产不同为分类标准，目前主要存在以下三类REITs：

(1)美国式的REITs，主要采用资金信托的方式。

(2)日本式的REITs，主要采用不动产信托的方式。典型的做法是业主将房地产物业委托给信托公司换取受益凭证，再由信托公司管理和处置信托财产，通过出租或出售的方式取得收益，信托收益在扣除信托费用后支付给委托人。

(3)中国台湾地区式的REITs，兼采资金信托和不动产信托的方式。

在此，仅比较介绍几种有特色和影响的海外房地产投资信托(REITs)模式。

① "美国REITs发展研究报告"，2008年3月4日。

② 余凯："我国房地产投资信托基金发展模式研究"，《中国论文下载中心》2007年3月5日。

四、海外部分国家的房地产投资信托（REITs）模式

（一）美国房地产投资信托（REITs）模式

美国的REITs通常是以基金的形式出现的。REITs成立并在证券交易所挂牌交易后，便进入正式运作阶段。值得注意的是该类证券一般需经过信用评级机构的评级。房地产投资信托公司必须按成立阶段所定协议实施投资计划。保管机构则依房地产投资信托公司的指示，进行业务操作，执行房地产买卖、佣金收付及租金与相关商品投资的收支等事宜。投资者通过证券商购买REITs证券，投资收益则从保管机构处获得①。

1. 美国房地产投资信托（REITs）的基本类型。美国REITs根据资金投向不同，可分为权益型、抵押型和混合型三种基本类型。抵押贷款房地产投资信托与权益型信托的区别在于前者不拥有对房地产的所有权，它们所拥有的是以基础房地产为抵押品的抵押贷款合同②。混合型房地产信托既投资于房地产物业，又为房地产开发者、经营者提供贷款。该类型具有收益来源多样化的特性。

美国REITs早期以权益型居多，20世纪60年代末，抵押型REITs风靡一时，随着20世纪70年代房地产泡沫破灭，导致大量开发商破产和贷款违约，抵押型REITs受到了沉重打击，相比之下，权益型REITs以其良好的抗风险能力获得了更多投资者的青睐。从收益角度看，尽管在房市场繁荣时期抵押型REITs的收益能够超过权益型REITs，但长期而言，抵押型REITs和混合型REITs的年均回报一般低于权益型，所以，当今美国市场上权益型REITs的数量占近80%，市值占90%左右。

2. 美国房地产投资信托（REITs）的规模及投向。在美国房地产投资信托基金市场逐步发展的同时，房地产投资信托基金这种投资工具的优势也开始在全球范围内得到确认。根据美国国家房地产投资信托基金协会（Nation Association of Real Estate Investment Trusts，简称NAREIT）统计，截至2006

① 宋强松："房地产投资信托：国际经验与路径选择"，《金融学苑》2007年第1期。

② 祝立群："借鉴美国和日本的房地产投资信托模式实现以信托方式投资房地产的金融信托创新"，《中证网》，2004年8月3日。

年底，美国上市交易的 REITs 产品达到 183 支，总规模 4380 亿美元。从历史上看，美国 REITs 数量是呈上升趋势，在 20 世纪 90 年代中期达到高峰，然后逐步下调并趋于稳定。美国在 40 年里共计有 486 家首次上市发行，2003 年还剩下 171 个，这说明有的被摘牌了，其平均寿命是八年零五个月，最长的是 28 年，最短的才 201 天。REITs 的市值在 20 世纪 90 年代以前呈低水平徘徊，此后迅速壮大（见图 9－1）[①]。

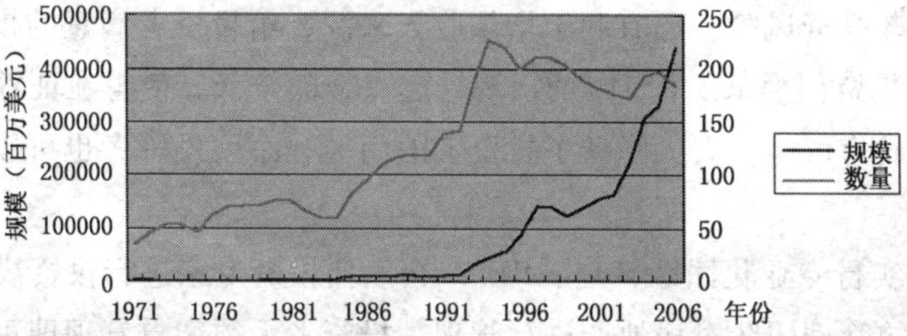

数据来源：NAREIT.

图 9－1　美国上市交易 REITs 数量及规模

从资金投向来看，几乎凡是能够获得租金收益的商业房地产都是 REITs 的投资对象，图 9－2 显示了 NAREIT 统计的截至 2006 年底美国 REITs 投资类型分布图。

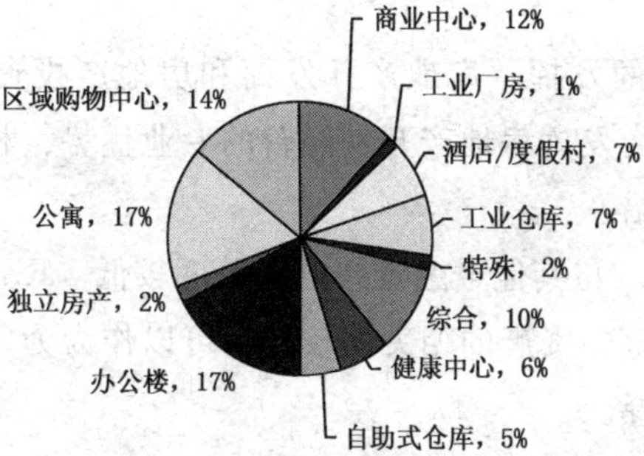

数据来源：NAREIT.

图 9－2　REITs 投资类型分布图

3. 美国房地产投资信托（REITs）的特色。

① “中国房地产投资信托发展研究”（20080304），附件一：美国 REITs 发展研究报告，2008 年 3 月 4 日。

（1）税收优惠。美国1960年税法规定，如果REITs将每年度盈利的大部分以红利方式分配给投资者，则该部分盈利无需缴交公司所得税，而只由投资者缴纳个人所得税，这就避免了对REITs和投资者的重复征税，进而提高了对投资者的回报。

（2）规避风险。REITs所进行的投资是分散了的房地产组合投资，而且还可以投资于其他的REITs，覆盖不同地区、不同类别的房地产项目，不但有利于分散投资风险，还有利于增加收入来源，给投资者满意的投资回报。

（3）投资门槛低。REITs的出现，起点金额较低，使得在证券市场上投资房地产成为可能，大大降低了投资者的门槛，小型投资者也可以投资房地产了。

（4）实行专业化团队管理。REITs会雇佣投资专家进行投资决策，或者雇佣专业的管理团队对房地产进行管理，投资者无须亲自管理即可获得比较稳定的投资。

（5）流动性强。REITs作为房地产的证券化产品，基本上都在各大证券交易所上市，或采取场外直接交易方式，变现十分方便，大大提高了房地产的流动性。

（6）资金信托的属性，REIT发起人首先要通过证券市场募集到信托资金。

（7）职能优势的发挥。房地产开发商和房地产投资商相互独立，各司其职，房地产开发商发挥房地产开发经营的专业优势，相关开发、经营资金则由专业投资商筹措。

（8）分散风险。与其他金融资产的相关度较低。REITs的风险和收益与股票、债券等其他金融资产的相关度较低，可以作为为资产组合提供风险分散的一种很好的选择。

（9）机构投资者为主。REITs资金来源很大一部分是诸如保险基金、养老基金等机构投资者的资金。机构投资者所占的场的比例已经从1993年的18%上升到了1998年的53%。

（10）权益型产品为主。权益型信托产品占到房地产信托总量的90.5%以上。

4. 美国发展房地产投资信托（REITs）的法律环境。美国房地产投资信托的飞速发展除了源于当时强烈的市场需求，还完全受益于美国政府自

1960 年以来不断通过主动修改和新颁布的各项专门法规来推动房地产投资信托的发展，如今美国的房地产投资信托法律体系已成为世界上最成熟和完整的法律体系。

（1）有较完整的投资公司经营房地产投资信托业务管理规则的基本框架。1934 年，美国国会通过了《全国住房法》（NHA）。在该法案授权之下，美国成立了联邦住房管理局（FHA）。1935 年的《公用事业控股公司法》、1939 年的《信托契约法》、1940 年的《投资公司法》和《投资顾问法》、1960 年的《房地产投资信托法》、1986 年的《税收改革法》（TRA86）、1997 年《房地产投资信托的精简法》（REIT A）、1999 年《房地产投资信托现代化法》（RMA）等等构建了投资公司经营房地产投资信托业务管理规则的基本框架。

（2）有专门保护 REITs 投资者的法律规定。美国的《证券法》给予了 REITs 投资者保护。公开发行的 REITs 的证券需要信用评级机构进行评级，然后进行证券登记。在证券登记书中严格地规定了信息的披露要求，委员会对证券登记进行严格地审核。《统一谨慎投资人法》和 2001 年完成的《美国统一信托法》使美国信托制度更趋系统和完善。

（3）有免税的优惠政策。19 世纪 80 年代税法规定成立信托形式的公司可以避免双重征税，REITs 一般只收印花税，只有在受托人累积信托收益不分配时才征收所得税。如果该所得被分配就只对受益人征收所得税，信托公司如果将收入分配给收益人，可以免征公司利润税。20 世纪 30 年代该项优惠被取消，1960 年艾圣豪威尔总统签署了将 REITs 视为过手（pass - through）的特殊税收条例，一直沿用至今。

（二）房地产投资信托（REITs）澳洲模式

澳大利亚是仅次于美国的世界第二房地产投资信托市场。但澳大利亚的第一家房地产投资信托基金（Gerenal Property Trusts）上市是在 1971 年 4 月，比美国要晚整整十年。澳大利亚房地产投资信托实行的是房地产投资信托计划模式（Listed Property Trust，简称 LPT）。这种模式是以信托计划为投资实体，通过发行信托单位来募集公众投资者的资金，是一种集合资金投资计划（Collective Investment Scheme）产品。LPT 是一种向投资者提供高品质房地产的投资方式，其在组织结构和运作模式上都非常类似于美国的

REITs。经过30多年探索与实践，澳大利亚的REITs已形成一定规模并逐步走向成熟[①]。

1. 澳大利亚房地产投资信托（REITs）的内涵及特色。

（1）澳大利亚REITs——LPT的运作模式。和美国REITs采用的公司形式结构不同的，澳大利亚LPT的运作模式采用的是完全市场化的信托模式，其组织结构主要采取两种形式：一种是独立的信托结构，又叫单一独立信托（Stand - Alone Trust），又称为外部管理信托基金；另一种是合订证券结构（Stapled - Securities/Internally Managed Structure），这是一种同时实行信托与管理公司功能的实体，属于内部管理结构。这个结构包含了美国内部管理型REITs的一些特征，能更好的平衡REITs管理公司和REITs投资者的利益，在澳大利亚也越来越受欢迎。大部分LPT采取外部管理方式的独立信托结构。

（2）澳大利亚REITs——LPT允许投资者购买专业管理的房地产投资组合。投资者不但可以获取信托公司所持有的房地产，还可以获得来自于这些资产的定期租金收入。从20世纪90年代开始，LPT的资产组合从包含物业类型的多元化资产组合，转变为专注型的房地产组合。这期间在澳大利亚证券交易所上市的LPT都是专注于某一类型的房地产资产组合。到2005年9月，这类专注型的LPT市值所占整个LPT板块的比例为67%。

（3）澳大利亚的房地产投资基金PSFs。房地产投资基金（PSFs - Property Securities Funds）也是REITSs的一个发展方向。近些年来，在澳大利亚PSFs备受投资者青睐，该类基金的增长速度很快。到2004年基金管理的总资产达180亿澳元，占澳大利亚基金管理总额的2.6%，且呈上升趋势。

（4）澳大利亚的LPT期货交易市场——全球独一无二。2002年8月，澳大利亚证券交易市场正式允许REITs期货的交易，使之成为世界上第一个也是唯一的一个REITs期货市场。目前，REITs期货已开始被用作一种风险管理的工具，随着REITs期货被广泛的应用，流动性逐渐增强，其作用也越来越明显。

① “中国房地产投资信托发展研究”（20080304），附件二：亚太地区REITs发展研究，2008年3月4日。

2. 澳大利亚 REITs 的规模及投向。根据澳大利亚证券交易所统计，截至 2007 年 9 月，使用 Stapled - Structure 的 LPT 共有 22 只，平均规模为 50.27 亿澳元；以 Stand - Alone Trust 形式上市的共有 47 只，平均规模为 7.59 亿澳元。

不断增加的市值比重使澳大利亚 LPT 市场在国际和国内的影响越来越大。截至 2003 年底，尽管澳大利亚股票市值仅占全球股票总市值的 2%，但 REITs 的总资产达到全球 REITs 总资产的 8%，并在 MSCI（摩根士坦利资本国际）指数中占到 13% 的比重。2005 年 12 月，LPT 板块已成为澳大利亚 S&P/ASX 300 指数的第三大组成部分。有 29 支 LPT 股票被纳入S&P/ASX 300 指数的成分股，市值约占 S&P/ASX 300 所有股票市值的 10%。

澳大利亚 REITs 对投资的物业种类和地域的选取具有较强的分散性，但在具体项目上又有较高的集中度。首先，REITs 所投资的物业种类繁多，包括商场、写字楼、工厂、公寓、宾馆及停车场等，其中，商场占投资比例的 54.7%，写字楼占 30.4%，工厂物业占 9.9%，这三项超过 REITs 总资产的 95%（见图 9 - 3）。

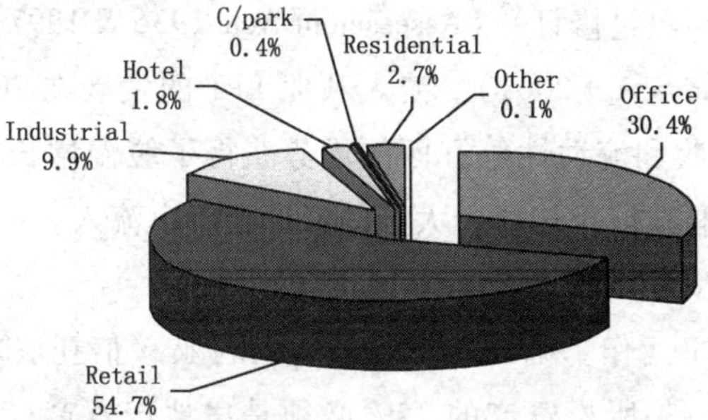

数据来源：PCA（2004）.

图 9 - 3　澳大利亚 REITs 房地产资产的种类比重

澳大利亚 REITs 的投资覆盖了澳大利亚各个洲及自治区，并且包括新西兰，北美等海外投资。国内的投资主要集中在新南威尔士洲（43.2%）、维多利亚洲（15.3%）和昆士兰洲（10.3%）等人口众多、经济较发达的东部沿海地区，占国内投资总额的 86%（见图 9 - 4）。由于澳大利亚 REITs 规模的不断扩大，国内投资资源越显紧缺，因此国际化发展成为 REITs 的必然趋势。近年来，澳大利亚 REITs 对海外的投资有很大程度的增长，1997

年 REITs 海外投资比例不到 5%，到 2004 年 7 月已超过 20%。1990 年澳大利亚政府允许其在二级市场上交易，随着大多数 LPT 在交易所上市，LPT 开始快速扩张。2005 年底，澳大利亚证券交易所挂牌 LPT 总市值约占全球的 10%[①]。

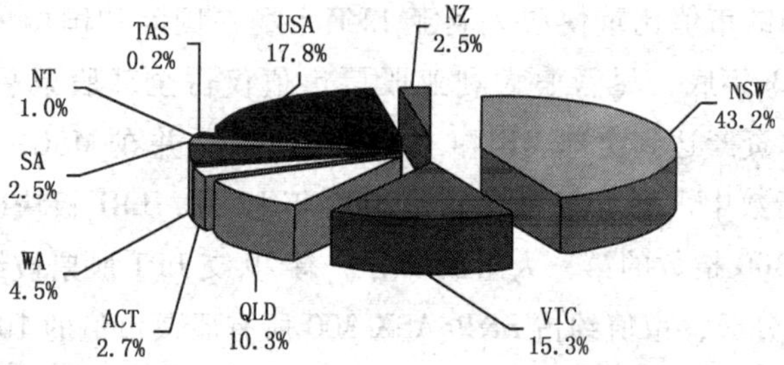

数据来源：PCA (2004).

图 9-4　澳大利亚 REITs 房地产资产的地域分布

3. 澳大利亚房地产投资信托（REITs）的法律环境。与美国一样，澳大利亚的 REITs 发展也是税收驱动型的。基本的法律基础为《1936 年所得税评估法》（1997 年经过修订）（Assessment Acts 1936 & 1997）和《2001 年公司法》（Corporations Act 2001）。澳大利亚 LPT 的发展在 20 世纪 70 年代和 80 年代以其在税收和流动性等方面的优势获得了缓慢增长，1987 年经济危机出现后，澳大利亚股市崩溃，大量的资金从股市流入未上市地产投资信托中，使该市场逐步发展扩大。

澳大利亚 LPT 运作基础环境良好。澳大利亚《信托法》规定 LPT 必须满足两个条件：一是所投资产的 75% 必须是房地产资产；二是信托收益全部分配给投资者。《信托法》对 LPT 的管理结构和资产负债率并没有限定。税收方面的优势是 LPT 的一个显著特征。澳大利亚法律仅要求对没有分配给单位持有人收益的 LPT 必须缴纳企业税，LPT 所分派的股息不会在 LPT 层面征税，只是对投资者所收到的股息征个人所得税，避免了 LPT 所得收益被双重征税。二级市场上，LPT 的交易免征印花税，LPT 基金管理费不需缴纳商品及服务税（GST）；投资者的资本收益减半征税[②]。

① 不动产信托创新研究小组："不动产资产支持信托研究主题报告" 2007 年 12 月。

② 何正荣："美澳加法四国不动产投资信托税收政策介绍"，《税务研究》2006 年第 2 期。

（三）房地产投资信托（REITs）亚洲模式

1. 新加坡的房地产投资信托（S－REITs）。

（1）法律法规紧随REITs：与美国和澳洲一样，为增加市场投资品种和促进房地产市场的发展，1998年7月，新加坡证券交易所审核委员会提出设立上市财产信托（listed property trusts），即REITs。接着新加坡金融管理局就颁布了《房地产投资基金准则》（于2000年11月进行了更新）。紧接着又在2001年的《证券和期货法则》对上市REITs做出相关规定。2002年，新加坡金融管理局颁布了《集合投资计划守则》，规定了S－REITs的身份。

（2）三种组织形式组建REITs：根据《房地产基金准则》的规定，在新加坡，REITs可以采取公司制或信托契约的形式组建。具体组建形式有以下三种：

①公司制的REITs。实际上在新加坡，公司制的REITs并不属于真正的REITs，因为公司制的REITs并不适用于集合投资计划（CIS）和房地产基金指引的监管框架，但同样也不享受税收优惠。公司制的REITs如果上市，将以上市公司的形式存在。它可以在证券交易所上市，也可以作为私人实体存在。

②契约型REITs。所有以信托契约方式组建的REITs，必须符合集合投资计划（CIS）和《证券期货法》（SFA）的条款规定。

③商业信托。还存在一种以商业信托（Business Trust）的形式重组而成的房地产投资信托，不受集合投资计划（CIS）和房地产基金指引中负债比例和经营内容的限制。

（3）新加坡REITs的运作模式。新加坡的REITs运作模式主要有三种，分别是投资型，经营性，收购不良资产，包装精良后打包海外上市。与其他国家和地区的REITs一样，S－REITs向投资者发行信托单位，然后用所融资金购买房地产或者相关资产（包括房地产抵押贷款）。

（4）新加坡REITs的税收优惠政策。为了提高新加坡作为亚洲首选REITs中心的竞争优势，新加坡财政当局陆续放宽了很多相关规定，提供了一系列的鼓励政策措施，主要包括以下：

①免除个人投资者于S－REITs分红的所得税，但合伙或者非个人的投

资者则必须缴纳分红的所得税。

②如果 S - REITs 把 90% 以上的盈利收入派发给投资者，新加坡国内税务局则免除其所得税。

③从 2005 年 2 月 18 日开始，出售给 S - REITs 的物业免征印花税（以前在新加坡的房地产资产的交易要征收 3% 的印花税）。

④外国机构投资者需要按照派息预先缴纳 20% 的所得税，而从 2005 年 2 月 8 日到 2010 年 2 月 17 日，税率由 20% 降至 10%。

⑤外国投资者在新加坡获得的国外物业分红如在来源国已交纳了不低于 15% 的当地税即可免除收入所得税。

这种优惠政策也使新加坡在短短几年时间内，成为仅次于日本的第二大 REITs 市场。

（5）新加坡 REITs 的规模与投向。从 2001 年 11 月，嘉德置地尝试发行一只名为 Sing - Mall Property Trust（SPT）的房地产信托开始，到 2007 年 11 月底，在新加坡证券交易所上市的 REITs 已经达到了 20 支，总市值也从 2005 年 7 月的 66.8 亿美元增长到 220 亿美元①。

目前在新加坡证券交易市场上市的 20 只 REITs 中，在房地产投资领域内各有主攻并在努力拓宽自己持有的物业类型。

2. 日本的房地产投资信托（J - REITs）。

（1）日本房地产投资信托（J - REITs）的财产是不动产。日本的房地产投资信托涵义与美国不同，它的信托财产不是资金而是土地及房产，它是以管理和出售土地房屋为目的的信托。日本是不动产信托在国际上的主要代表国家。日本继受了英美的信托制度，在不动产领域继受的是信托本源的不动产信托，并在其基础上进行了发展。典型的做法是业主将房地产委托给信托公司换取受益凭证，信托公司负责管理和处置信托财产，可以通过出租或出售的方式取得收益，信托收益在扣除信托费用后支付给委托人。日本的房地产信托受益凭证是由信托公司发行的，无法在公开市场上交易，但所有人在信托期间如需资金，可以将受益凭证通过柜台交易的方式进行转让，也可以将信托权证作为担保来融通资金。

（2）日本房地产投资信托（REITs）的发展背景。日本 REITs 的发展始

① “中国房地产投资信托发展研究”，2008 年 3 月 4 日。

于 1984 年，其第一笔土地信托由住友信托开始办理，其后业务量逐年成长。究其发展背景，概言之有八个重要因素：①房地产价格飚升，资产膨胀；②不动产投资观念改变；③政府对于证券发行管制放宽；④住宅融资贷款余额增加；⑤不动产税制改变；⑥企业已发行证券筹资需求增加；⑦休闲与商用不动产渐趋热火；⑧分散投资风险[①]。

(3) 日本房地产投资信托（REITs）的政府支持。经过近 30 年的不动产信托的实践，日本的不动产信托发展日益成熟，对不动产受益凭证投资已经有了一定的市场认知、实践经验和经营规范。泡沫经济后，日本政府为了改变日本建筑业和房地产业的市场的长期低迷状态，采取了一系列措施刺激不动产产业投资。2000 年 11 月，日本重新修订并实施的《投资信托与投资法人法》使设立 J－REITS 成为可能。2001 年 3 月，东京证券交易所制定了 J－REITs 上市交易的相关规则，对希望上市的 J－REITs 在资产和收入比重方面进行了详细说明。根据《投资信托与投资法人法》规定，日本 J－REITs可以采用投资信托与投资法人两种基本制度，具体形式包括投资法人 REITs、委托者指定型投资信托 REITs 和委托者非指定型投资信托 REITs 三种。在符合东京证券交易所规则的前提下，三种形式的 REITs 发行的凭证均可上市交易。

截至 2007 年 5 月底，已经有 41 支 J－REITs 在日本的证券交易所上市，总市值约为 558 亿美元左右。从组织形式来看，目前还没有以投资信托为载体的 REITs 在东京和大坂证券交易所上市，41 支 J－REITs 全部为投资法人形式[②]。

从日本的实践可见，和美国不动产投资信托的推动主体是市场不同，日本不动产信托的推动者是政府，政府是推动经济发展并孵化市场的主要主体。

3. 韩国的房地产投资信托（CR－REITs）。2001 年 4 月 7 日，韩国颁布了《房地产投资信托法》，允许设立房地产投资信托（K－REITs）。旨在鼓励向在经济危机中遭受损失的房地产企业投资，该法于 5 月 24 日进行了修改，准许设立“公司重组房地产投资信托”（Corporate Restructuring Real

① “房地产投资信托（REIT）初探”，《信托法律网》。
② “中国房地产投资信托发展研究”，2008 年 3 月 4 日。

Estate Investment Trusts，简称 CR－REITs），并于7月1日正式实施。

韩国 REITs 必须采用公司制，而且必须是股份公司。较之 K－REITs，韩国政府对 CR－REITs 的设立、上市要求、个人持股比例、房地产持有期限等方面的规定更为宽松，而且 CR－REITs 可以享受更多的税收优惠，CR－REITs更类似于共同基金。由于这些优势，目前韩国设立的 REITs 均为 CR－REITs。截至 2007 年 5 月，共有 10 只 CR－REITs 在韩国证券交易所上市交易，总市值为 10.4 亿美元[①]。

4. 中国香港地区的房地产投资信托（REITs）。

（1）香港地区 REITs 模式的主要特征——专项法规型。香港地区的 REITs 模式主要借鉴了美国税法中规定的 REIT 必须满足的条件，对 REIT 产品提出设立条件和监管要求；以信托计划（或房地产地产公司）为投资实体，由房地产地产管理公司和信托管理人提供专业服务。与美国不同的是，香港地区对 REITs 的规范不是通过体现在税法中的税收优惠的杠杆而实现，而是通过专项的立法（修改投资、信托等有关法律或新建法令），对 REITs 的结构、投资目标、收入分配等方面制订了硬性的规定，所有香港地区设立的 REITs 没有明显的税收优惠驱动的特征，因而可以说香港地区的 REITs 的发展是专项法规型。

美国的 REITs 的发展非常迎合市场的要求，其 REITs 市场化导致的结构变异也得益于比较成熟的市场化经济，以及其较成熟的金融体系；而由于 REITs 在香港地区的发展历史较短，所以 REITs 的形成仅仅是在各个专项法规要求的规定框架内，因而 REITs 在香港地区也没有形成由市场环境所致的结构上的变异。另外，香港地区在 REITs 专项法规中非常强调和规定各参与方的资格和责任。

（2）香港地区 REITs 的规模与投向。香港地区 REITs 的设立始于 2003 年 7 月 30 日，当时香港地区证监会公布了《房地产投资信托基金守则》及有关咨询总结文件，允许以信托的方式成立房地产投资信托基金，但基金只可投资于香港物业。

为增强香港地区 REITs 市场的吸引力，2005 年 6 月 6 日，香港地区证监会修订了《房地产投资信托基金守则》，同意 REITs 可以投资于全球各地

① “中国房地产投资信托发展研究”，2008 年 3 月 4 日。

的房地产。2005年11月8日，香港房屋委员会（HKHA）发起的领汇基金成功发行。2005年12月17日上市的越秀REITs是香港证监会修订《房地产投资信托基金守则》允许香港REITs投资海外物业之后，第一支包含内地物业的上市REITs。截至2007年11月底，香港已有7支REITs，总市值达到了90亿美元[①]。

香港地区REITs的投资范围有以下方面：①可产生收入的房地产，购入暂时不产生收入的房地产资产不得超过总资产净值的10%；②不可投资于空地，不可从事地产开发活动（除非是旧房改造及更新项目）；③不可提供信贷，不可在没有受托人事先同意的情况下资产为其他的债务担保；④不可购买任何有无限债务责任的资产；⑤没有现金持有的限制。

（3）香港地区REITs的区别。香港地区REITs与美国以及亚洲国家的差别主要是在以下几个方面：

①投资地理区域的要求。香港地区的《房地产投资信托基金守则》刚实行时规定REITs的房地产投资只限于香港地区。美国以及其他亚洲国家没有对REITs投资的地理区域进行任何限制；后来才修改了该规定，取消了此限制。

②收入分配要求。在很大程度上借鉴了美国和澳大利亚做法。按《房地产投资信托基金守则》规定，REITs每年必须将不低于90%的净利润以红利形式分配给信托单位持有人。尽管美国、澳大利亚和其他亚洲国家对REITs的收入分配都有要求，但是这些国家对REITs的分配要求与税收条款相联系，尤其是美国的REITs发展基本上是税收优惠驱动，收入分配要求其实是避免双重征税的需要。香港地区与美国在资产增值税方面有一个重要的差别是香港地区投资者对所获的利润分配没有税收的要求。因此，对REITs收入分配的规定在没有相应的税收优惠条款情况下，是限制性很强的要求。

③税收的要求。《房地产投资信托基金守则》规定上市的REITs必须交纳地产税。这样，REITs面临公司资本利得和地产税的双重征税。

④上市的要求。按照《房地产投资信托基金守则》的规定，香港地区REITs必须是上市公司，必须同时遵守香港联合证券交易所的上市规则。

① “中国房地产投资信托发展研究”，2008年3月4日。

⑤股份的要求。REITs 可以使用特别目的投资工具（SPV）持有房地产，但必须保证 REITs 拥有该等特别目的投资工具 50% 以上的拥有权及控制权。

香港地区的 REITs 采用的是比较谨慎而且先执行较强的模式，对控制 REITs 这类新产品的风险具有积极的作用，但是是否会制约 REITs 市场形成和发展有待于在实践中检验①。

5. 马来西亚房地产投资信托（REITs）②。

（1）设立早但发展缓慢。与香港地区相比，马来西亚的 REITs 发展较早。在 1989 年，马来西亚就第一次尝试通过房地产信托基金（Property Trust Funds – PTF）向 REITs 市场进军，可惜市场效果欠佳。1995 年，马来西亚证券委员会重新修订相关的房地产投资信托基金条令，并于 2005 年 1 月重新颁布了《房地产投资信托准则》，允许以信托契约的方式组建房地产投资信托基金；马来西亚证券委员会伊斯兰法律顾问委员会也于 2005 年 11 月颁布了《伊斯兰房地产投资信托准则》，作为《房地产投资信托准则》的补充。PTF 也相应改名为更为广泛接受的 REITs。

2005 年 8 月，新《准则》颁布后的第一支马来西亚 REITs——AXIS REITs，在吉隆坡证券交易所正式上市。到 2007 年 5 月，马来西亚共拥有 13 支 REITs，市值约为 14 亿美元。

（2）管理上严与宽相结合。作为信托契约架构的马来西亚 REITs，实施的是外部管理模式。主要的信托当事人包括基金管理公司和基金受托人。基金管理公司必须按照马来西亚《证券委员会法》的规定批准成立的，在外资持股方面也有严格的限制。基金受托人必须是根据马来西亚《信托公司法》（1949 年）或《公共信托公司法》（1995 年）进行注册的信托公司，实收资本在 50 万林吉特以上。受托人必须独立于基金和基金管理公司。

马来西亚 REITs 的基金单位可以通过公募、私募等多种形式募集，不像香港地区 REITs 要求必须上市。马来西亚与其他国家和地区的 REITs 最大不同在于非常宽松的基金开放性安排。不论是上市，或是非上市 REITs，管理

① 王新军、胡歇庄："香港的房地产融资方式及借鉴"，《上海经济研究》2005 年第 10 期，第 107 页。

② "中国房地产投资信托发展研究"（20080304）附件二：亚太地区 REITs 发展研究，2008 年 3 月 4 日。

公司必须接受基金单位持有人正当的回购要求，而且必须在尽可能短的时间内将现金支付给基金单位持有人（非上市 REITs 为 30 天，上市 REITs 为 90 天）。

（3）投向和投量均有要求。马来西亚 REITs 可以投资于以下方面：房地产；房地产专营公司；与房地产有关的资产；流动资产；资产支持证券与房地产无关的资产等。不可以进行房地产开发，不可以进行贷款展期或向他人提供贷款。

上市的马来西亚 REITs，房地产资产比重应满足以下要求：一是总资产的 75% 投向于房地产、房地产专营公司、与房地产有关的资产和流动资产等；二是总资产的 50% 应投向于房地产、房地产专营公司。

非上市的马来西亚 REITs，房地产资产比重应满足以下要求：一是基金总资产的 70% 应投向于房地产、房地产专营公司、与房地产有关的资产和流动资产等；二是基金总资产的 50% 应投向于房地产、房地产专营公司；三是至少保持 20% 的资产为流动资产；四是剩余 10% 可以投向与房地产有关的资产、资产支持证券与房地产无关的资产。

五、房地产投资信托（REITs）美国模式与亚洲模式比较

亚洲国家的 REITs 结构上与美国 REITs 相比有几个显著的特点：第一，在很大程度上借鉴了美国 REITs 的结构，以信托计划（或房地产管理公司）为投资实体，由房地产管理公司和信托管理人提供专业服务；第二，在 REITs 专项法规中规定各参与方的资格和责任；第三，由于 REITs 在亚洲的发展历史较短，REITs 在亚洲没有形成由市场环境所致的结构变异。

与美国和澳大利亚依靠税收驱动的 REITs 市场不同，亚洲各国家和地区 REITs 的起步主要依赖于专项法规的制定。从 1999 年开始，亚洲各国家和地区纷纷启动了对房地产投资信托相关法律法规的制定、修改和解释，使 REITs 这种创新型的金融产品适用于本国法律基础框架和金融市场。具体比较见表 9－1。

表9-1　房地产投资信托（REITs）美国模式与亚洲模式比较

法　律	美国模式	亚洲模式			
		新加坡	日　本	韩　国	香港地区
立法角度	税收	专项法规	专项法规	专项法规	专项法规
法律结构	公司	信托单位或共同基金	投资信托或投资公司	公司	信托单位
地产区域限制	无限制	无限制	无限制	无限制	仅限香港地区
最低持有年限	无	无	无	无	2年
资产最低持有年限	无	无	无	无	2年
对股份持有限制	最大5个股东不可拥有50%以上的股份	股东持有5%以上的股份，必须通知REITs的管理人	最大股东不可持有75%以上的股份	单个股东不可持有10%以上的股份	无专门限制（如果上市，必须满足上市公司最低流通股数要求）
房地产投资比例	至少75%	至少70%	至少75%	至少70%	至少90%
分红比例	至少90%	至少90%	至少90%	至少90%	至少90%
最高负债比例（%）	无限制	总资产的35%	无限制	不可通过借贷进行投资	净资产的35%
税收优惠	对分红有优惠	对分红有优惠	对分红和交易有优惠	对分红（只对CRREITs）和交易有优惠	无

资料来源：AsiaLaw，2003，June.

六、欧洲房地产投资信托（REITs）模式

与美洲、澳洲、亚洲等地区相比，欧洲的REITs发展，无论是时间、规模还是速度都稍逊一筹。1969年，荷兰通过确立类似于REITs的“BI”（fiscale beleggings instelling）制度，成为欧洲最早设立REITs的国家。1990年12月4日，为了促进房地产行业的繁荣，比利时政府通过法律引入了一些新的投资工具，并给予以税收上优惠对待。但直到5年后，才产生了作为一种专门适用于不动产投资的投资工具SICAFI（比利时语为 sociétés d'investissement à capital fixe en immobiliére，简称SICAFI）。与荷兰的BI相

似，比利时 SICAFI 投资直接指向国内财产，这意味着它们的成功与本国财产市场密切相关。目前比利时共有五个 SICAFI 运作，其市场资本化目前已达 260 亿美元。2003 年，法国则产生了具有本国特色的不动产投资信托公司——SIIC。与此同时，原有的部分传统房地产公司也开始朝着 SIIC 的方向进行结构转型。SIIC 作为目前欧洲最新的 REITs 形式，欧洲各国不动产投资信托中，受限制最少的投资工具。

表 9－2　海外部分国家房地产投资信托（REITs）产生的时间及事件一览表

时　间	地　区	国家或地区名称	标志性事件
1960 年 9 月	美洲	美国	美国总统艾森豪威尔签署了《房地产投资信托法案》，并经美国国会正式决定创建房地产基金，标志着美国房地产投资信托基金的正式设立。同年，《国内税收法》（the Internal Revenue Code）第一次定义“REITs”。
1969 年	欧洲	荷兰	制订“BI”（Fiscale Beleggings Instelling）制度。
1971 年 4 月	澳洲	澳大利亚	第一只 REITs（Gerenal Property Trusts）上市。
1984 年	亚洲	日本	第一笔土地信托由住友信托开始办理。2000 年 11 月，修改了《投资信托及投资公司法》，允许信托所募集的资金运用于房地产投资。
1989 年	亚洲	马来西亚	第一次尝试通过房地产信托基金（Property Trust Funds－PTF）。
1995 年	欧洲	比利时	设立专门适用于不动产投资的投资工具 SICAFI。
2001 年 11 月	亚洲	新加坡	嘉德置地尝试发行一只名为 SingMall Property Trust（SPT）的房地产信托。
2003 年 7 月	亚洲	中国香港	当时香港证监会公布了《房地产投资信托基金守则》及有关咨询总结文件，允许以信托的方式成立房地产投资信托基金。
2003 年	欧洲	法国	设立本国不动产投资信托公司 SIIC。
2003 年 7 月	亚洲	中国台湾	实施《不动产证券化条例》。 2005 年 3 月，第一支不动产投资信托“富邦一号”在台湾地区证券交易所上市。

在其他欧盟国家，如卢森堡、希腊、土耳其和西班牙，也陆续出现了与

美国 REITs 相类似的制度安排①。随着全球金融化的深入，REITs 同样会被推广到其他的欧盟成员国中。

总的来说，国际上 REITs 的成功运作都离不开政府提供的政策支持、先进的管理方法、投资者的热情参与以及房地产企业的积极主导等几个方面。

第五节 海外信托法律比较

信托是普通法对世界法律制度的重要贡献之一。信托法是世界上许多国家法律体系中的一个重要组成部分，是社会财富日益丰富和商品经济迅速发展对社会法制提出的必然要求。信托制度起源于英国，但在不到百年的时间内已为世界上多数国家所接受。各国积极引进信托制度，制定信托立法，健全信托法制，可以说目前信托制度已风靡欧、美、亚、澳各经济发达国家和地区。仅以亚洲为例，亚洲经济飙升的日本、韩国、新加坡、中国香港、中国台湾等国家和地区都是较早引进了信托制度，制定了信托立法并且还不断改造、不断创新，使信托制度日益健全、完善。可以说，这些国家和地区的经济崛起，信托制度的引进和信托法制的健全功不可没。

一、海外信托法律的产生比较

（一）信托业与法律的关系

信托业与法律的关系既互相排斥又密不可分，这种关系反映了信托业的灵活特性，并且这种复杂的关系在信托业起源时即已注定了。

1. 信托因规避法律而产生。信托起源于英国的“尤斯”制，它与英国的土地制度密切相关。这种制度实际上是对所有权的暂时分割，委托人对土地享有使用权和受益权。通过尤斯制土地占有人实现了土地的自由转移，受

① 何正荣：“不动产投资信托的全球化趋势——兼论对我国未来引入 REITs 的启示”（上），《公司法与证券法论丛》（第 2 卷），《信托法律网》www. trustlaws. net.

托人将土地收益交给委托人或委托人指定的受益人如教会。这样既规避了法律的转让限制，又达到了自己的目的。

从以上对于信托起源的考察可以得出一个结论：信托起源于对法律的规避。这是信托业与其他行业在与法律的关系方面最大的不同点。这种不同点也一直保持到现代——使得信托设计具有很大的灵活性，信托业务纷繁复杂，无法整齐划一。

2. 信托的发展有赖于法律保障。在强调信托灵活性的同时，不要忽视了信托业的发展又必须依赖于法律的保护。由于信托行为涉及委托人、信托人和受益人三方面的权利义务，关系较为复杂，且这种信托关系往往持续时间较长，更重要的是要伴随着财产权的转移。特别是在现代社会，信托一般都由商业性的机构如信托公司和银行信托部经营，对它们的行为进行规范，就要有严格而有明确的法律来保障，只有这样，现代信托机制才能够顺利运行。

总之，一方面，信托业因为灵活性而常被用来规避法律；另一方面，信托业又极需要法律的保护。两者的对立与统一的矛盾，这就给信托法律的制定带来极大地挑战。

这种灵活性在英美法系国家，还是比较容易解决的。因为英美法系国家以判例作为法理依据，在必要时可以根据具体情形作出变通，本身就具有较大的灵活性，在很大程度上能够适应信托业的发展和需要。然而在大陆法系国家，在灵活性方面远不如英美法系国家，因为这些国家的法律规定以条律为特点。因此，对于信托业的灵活性往往难于适应，信托成为法律监管的一个难点。如果法律对信托业规定过严，因为市场本身存在着不确定性，常常造成信托业不能适应现实需要，从而限制信托业的发展。如果法律规定松弛，又会因为法律上给信托业留下的操作弹性太大，又容易造成市场的混乱，势必产生投机行为，同样也不利于信托业的发展。

如何在法律以条文规定为特点的国家，制定出具有较好操作性的信托业法律，这即需要充分理解上述灵活性特点，还要对现代信托业的复杂性特点有深刻的理解。

（二）海外信托法律的产生

英国作为世界信托业的发源地，也是最早制定相关信托法律的国家。19世纪以来，英国颁布的有关信托的法令多达数十种，有代表性的信托法，即1893年《受托人法》，主要是对个人充当受托人承办的信托业进行管理。

美国信托业发展还有一个重大特点就是实践先行、法规随后。美国是实行判例法系的国家，目前尚没有全国统一的对信托业的单独立法。美国又是联邦制国家，各州有自己的独立法律，信托业法规也是各有各的特色。美国最早的信托立法是1887年纽约州发布的，比起19世纪30年代引进英国信托业整整晚了半个多世纪①。

前联邦德国曾于1957年颁布过《投资公司法》，但两德统一后，德国迄今没有针对信托业务进行专门的立法，其与信托有关的法律法规散见于不同的法律当中。

二、海外信托法律的内容比较

商事信托制度发端于英美法系，在现代市场经济中得到了广泛的应用。这一制度以资产为核心，以信用为基础，是以权利主体和利益主体相分离为特点的现代财产管理制度，具有破产隔离功能、规避税负功能、制度设计灵活、信义义务标准更为宽松等优势。随着贸易全球化的发展，商事信托制度在大陆法系国家也得到了较快发展②。

（一）英美法系部分国家信托法的内涵

英国政府1893年颁布的《受托人法》，是对个人充当受托人承办的信托业进行管理的开始。1896年，又公布了《官设受托人法》，如规定法院可以选任受托人，不过这仍然是以个人身份承办信托事务的制度。1908年英国成立“官营受托局”，实行以法人身份依靠国家经费来受理信托业务。例如，管理1000英镑以下的小额信托财产，保管有价证券及重要文件，办理遗嘱或契约委托事项，管理罪犯财产等。这种由政府出面开办的信托机构虽然也收取一定的费用，但不单纯以谋取利润为目的，而且其受托业务范围狭

① 邵益民、蔡普华：“美国信托业发展及其对我国的借鉴”，中国信托前沿——马亚明个人主页。

② 沈四宝：“商事信托制度的发展现状”，《中法网》2006年7月19日。

窄。直到1925年《法人受托者》条例颁布后，英国才真正开始了由法人办理的以营利为目的的营业性信托。

美国自1887年纽约州发布信托立法以来，为了竞争的需要，随着信托公司涉足于银行，银行也开始兼营信托业务。首先有州立银行依各州法规获得信托兼营权。1913年《联邦储备银行法》颁布国民银行正式获准兼营信托业务，以后，其他未获准兼营信托业务的州纷纷效仿而修改州法。1939年制订了《信托契约条例》，1940年制定了《投资公司法》和《投资顾问法令》，对有关基金业务作出了规范。美国全国法律委员会早就打算制订全国性的《统一信托法》、《统一信托基金法》等，但至今未见完成。当然，在有关州银行条例以及互助基金等有关法案中，对民事、商事、公益等信托制度作出了必要规范，而且由全美法律协会整理了一本《信托法案例大成》[①]。

（二）大陆法系部分国家信托法的内涵

总体上讲，法国的法律制度不是建立在英美法系的基础之上的，或者说它不是建立在衡平法的基础上的，它的建立基础是罗马法。另外，在法国的法律体系中，并没有在法律所有权和受益所有权之间作出区分，而且它也没有两套独立的法律系统。

德国主要的房地产投资信托业务方面的法律规范被归入《德国民法典》有关房地产经营的法律条文之中。德国有关信托制度方面的两个最重要的法律是《联邦银行法》与《银行法》，另外，还有众多适用于专门业务的专门法规也对信托业务有所涉及。德国银行监管的法律基础是《联邦银行法》和《信用制度法》（KWG）。其中，《联邦银行法》规定了联邦银行在金融监管方面的权力，并规定银行的证券业务要接受《有价证券交易法》管辖，同时接受证券存款审计。《信用制度法》实际上是规定了从事信用活动的金融机构，要在哪些方面接受金融监管机构的监管。根据德国《信用制度法》（KWG）的规定，对德国商业银行业务的监督与调节，主要来自两方面，即

① 邵益民、蔡普华："美国信托业发展及其对我国的借鉴"，中国信托前沿——马亚明个人主页。

联邦金融监管局（BAK）和德国联邦银行。联邦银行必须与金融监管局[①]密切合作，共同完成对银行业的监督和管理。

与美国信托法律的残缺不全相比，日本的信托立法相当完善。在日本除了有一般的信托法律即《信托法》、《信托业法》和《兼营法》外，还有根据不同信托种类而设立的信托特别法，如《贷款信托法》、《证券投资信托法》以及《抵押公司债券信托法》等。每一种信托业务都有法律依据，除了与特别法相配合的业务外，其他的业务都依一般信托办理。同时，很多新设的信托业务都与政府颁布的其他法律有密切关系，大多依据相关法律创办，如退休金信托、福利养老金信托分别依据修订的《法人税法》、《福利养老金保险法》而创设；财产形成信托则依《继承税法》修订案而创设等[②]。

由于严格按照法律办理信托业务，日本除了第二次世界大战期间及结束后的短暂阶段因战争需要信托业务变动较大外，其信托业务一直是稳定而迅速发展的。可以说健全的法律制度使日本的信托业经营有了准确的法律依据和切实的保障，从而对规范业内经营、使其稳步、健康、有序发展奠定了基础。

三、海外信托业监管模式比较

（一）信托业监管的内涵

广义的信托业监管包括国家特定机关、行业协会、投资者、新闻媒体和社会公众对信托业的管理和监督。从法学角度看，对于信托业者这一被监管者具有法定监管权利和义务的，主要是国家特定机关；其他主体对信托业者的监督权利主要是一般意义上的行业自律、舆论、社会道义和具体的合同权利，并不具有国家管理经济上的法定权利。因而本书所论信托业监管主要是国家特定机关对信托业经营者的监管，行业协会的自律管理、投资者和新闻

① 德国于2002年4月22日颁布了《金融监管一体化法案》，该法案授权成立金融监管局（Federal Finanical Supervisory Authority，BaFin），由BaFin负责对德国的银行业、证券投资业和保险业进行统一监管。

② 中诚信托（整理）："论日本的信托制度、信托业务、法律修订与监管改革"，www.trustlaws.net.

媒体的监督则不在本书论述范围之内①。

（二）信托业监管模式

金融的分业经营和兼业经营各有利弊，一国选择信托业经营管理模式必须和具体国情相结合。经营模式的不同则将产生不同的法律监管。在现代市场经济国家金融业的发展历程中主要有两种经营模式：一种是以德国为代表的综合银行模式——两业始终融合在一起；一种是以美国、日本为代表的混业——分业——混业经营模式。20 世纪 90 年代，在金融自由化的浪潮的推动下，绝大部分的发达国家采取了混业经营的模式。目前的形势预示，从分业经营向混业经营回归已成为全球金融业发展的必然趋势。在此，以各国所属法系来介绍信托的监管意义远比以分业监管和混业监管来介绍意义更大。

1. 英美法系部分国家监管模式。

（1）美国——先行动，后立法②。若以 1999 年颁布的《1999 年金融服务现代化法案》为分界线，可以把美国金融监管体系分为新监管体系与旧监管体系。

美国在 1999 年之前实行个别立法、分业监管的体系。银行领域有银行法（《格拉斯·斯蒂格尔法》），证券领域有证券法、证券交易法，保险领域有州保险法。旧监管体系是“纵向个别立法”。

《金融服务现代化法案》从金融机构的稳健经营、投资者的保护、公平竞争等目的出发，制定了多项监管规则。新的金融监管体系将银行、证券、保险统为一体，依法进行横向综合性监管，克服了旧监管体系个别立法个别监管在新经济形势下的不适应性，顺应了金融服务产业融合经营的发展要求。新监管体系是“横向综合立法”。

美国是当代信托业最发达的国家，在对信托业的监管上也有一套科学的程序和方法。美国对信托业实施的是多重监管，在联邦一级即有三家机构对其进行检查，另外还有各州的银行管理机构。在会计处理上信托财产分别记入两个账户：一个是受托账户，一个是代理账户，实行分别管理。美国允许

① 李勇：《信托业监管法律问题研究》，中国财政经济出版社 2008 年版。
② 陈柳钦：“美国和德国金融制度变迁分析及其思考”，《价值中国网》2005 年 8 月 1 日。

商业银行兼营信托业务和信托机构兼营银行业务，但银行业务和信托业务要分别管理。美国对信托业从业人员实行严格的监察，从信托业务的独特性出发，对信托业从业人员制定了严格的守则和注意事项。

美国证券业是世界上最发达的，而美国不允许商业银行经营证券的买卖，就造成了商业银行为此而设立证券信托部代为经营，这也是美国兼业经营发达的主要原因之一。而美国的信托业务也因此带上了广泛经营证券的特点。美国允许信托机构与银行相互经营业务后，由于其大银行实力雄厚，声誉极佳，竞争的结果逐渐形成了美国信托业大都由银行兼营的状况。

然而，虽然美国信托业务多由银行兼营，但信托业务和银行业务在银行内部是严格地按职责进行分工的，即进行分别管理、分别核算，信托投资收益实绩分红等原则。同时还禁止参加银行工作的人员担任受托人，并对信托从业人员进行从业的严格管理，以防止信托当事人违法行为的发生。美国对信托从业人员制订了严格的规则和注意事项：第一，禁止从业人员向银行客户购买或出售信托资产；第二，禁止从业人员向顾客收受礼物或参与信托账户收入的分配；第三，禁止从业人员谈论或泄露信托业务以及有关顾客的情况；第四，任何一个参加银行工作的人员，不能担任受托人或共同受托人，以避免同银行进行业务上的竞争。这些都成为美国信托业的特点。

1980 年，信托财产占全美商业银行总资产的 41.5%，说明在美国信托业务已成为其商业银行业务的一个重要组成部分。美国信托业由原来的信托兼营银行业务发展为目前由商业银行兼营信托业务的格局。

（2）英国——注重自律。英国对信托业的监管也带有传统的烙印。19 世纪以来，英国颁布的有关信托的法令多达数十种。《受托人条例》、《官办受托条例》、《银行业务条例》及《金融服务业务条例》等是其中较有代表性的。这些法律涉及信托关系的调整、信托业的市场准入条件及信托业务范围等方面，为英国信托业的发展提供了有力的法律保障。但目前，英国大部分有关信托的法律还建立在司法判决的基础上。

英国信托业的监管机构主要有法院、英格兰银行和“证券和投资委员会”。法院是个人信托的监管主体，英格兰银行负责监管吸收存款的信托机构，如受托储蓄银行、有限责任受托储蓄银行等，而经营投资业务的信托机构则由“证券和投资委员会”负责监管。英国的监管体系比较强调自律性管理。信托行业协会作为英国的信托业自律组织负有较重的监管任务，这点与美国和日本不同[①]。

2. 大陆法系国家的信托监管模式。

（1）德国——监管一体化。德国的金融监管实行的是一体化监管方案，所以没有特定的针对信托监管模式。对信托的监管与银行、保险、证券等业务一起被统一在联邦金融监管局下。德国政府更加注重全国性、统一性的金融监管。

现代德国金融监管的突出特点就是内部监管（即自我监管）与外部监管（即社会监管与联邦银行、联邦金融监管局监管）相结合。自我监管以建立金融机构的内部治理结构为基础，建立股东大会、理事会、监事会之间的相互制约和制衡机制，以年度业务报告和股东大会为依据。社会监管则通过一些银行设立独立的审计机构，对银行资产营运作出结论，并将其审计报告报送联邦金融监管局。这些社会性质的审计机构要对其审计结果负相关责任。

德国金融监管的另一大特点是对大银行分支机构实行“并账管理”。德国拥有为数较多的大银行，在国内外设有众多的分支机构，资产总额巨大。若这些银行的业务经营出现风险，不但对德国经济金融产生重大影响，而且对全球的经济金融活动带来一系列的后果。因而对它们的监管是非常重要的。德国中央银行和联邦金融监管局在对大银行的监管中，除要求各大银行必须建立内部自我约束机制和内部监控体系以防范风险外，还要求各大银行将国内外各分支机构及银行集团的资本、资产及负债进行汇总，从整体上对其资本充足率、资产质量、抵御风险的能力、债务清偿能力、资产的流动性等进行定期的分析评价。

（2）日本——发现问题，完善法规[②]。第一次世界大战结束的最初几年，欧美各国经济衰退波及到日本，日本经济转入萧条，不少信托公司纷纷破产，日本政府抓住时机规范信托制度，日本政府于1922年制定了信托企

① 张慧：“西方国家信托业监管体系及其借鉴”，《经济纵横》2001年第2期。

② 程志中：“我国信托业的定位：国际经验与中国选择”，中国信托前沿——马亚明个人主页。

业须遵守的《信托法》和监督信托经营的《信托业法》，并实现了信托业和银行业的分离。

在颁布实施法律的同时，日本对所有信托公司进行整顿、合并、改组、解散的处理，信托公司的数目由1921年的400多家锐减到1928的36家。整顿后的信托公司资本雄厚，信誉良好，其业务量迅速攀升，经营的信托财产由1924年的一亿日元猛增到1936的22亿元。在此基础上，日本各信托公司结合本国国情和经济发展状况，开创了"金钱信托"等种种独具日本特色的业务品种，并借此对铁路、矿上等行业进行中长期贷款或投资，信托公司开始执行长期金融的职能，使其地位仅次于以经营短期资金为主的普通银行，成为强有力的金融机构。

第二次世界大战后，日本为了恢复和发展遭到战争破坏的经济，采取了一些特殊措施。本着"适应战后新形势的金融整顿方针"，于1953年日本又对信托业确定了分业经营的模式，并提出了长期金融和短期金融分离的方针，要求信托银行发挥长期金融职能，以信托业务为主，而原来兼营信托业务的银行相继不再经营信托业务，这样，日本的信托业务主要集中到三井、三菱、住友、安田、东洋、日本和中央等7家信托银行手中。从20世纪70年代后半期开始，日本进入了"信托时代"。信托的金融功能和财务管理功能均得以充分发挥，日本的信托业随着日本经济的高速发展获得蓬勃发展，其在金融领域中的地位逐步上升。

日本对信托业实施由大藏省集中监管。信托机构的开业、合并、变更组织、变更业务种类和经营方法、设立分支机构等都必须大藏大臣批准。为实施监管，大藏省内部设有银行局和信托管理机构。金融厅成立后，信托机构的监管由金融厅负责。监管机构积极干预信托业务发展。日本强调对信托业实行专业管理，在立法和监管中都强调发挥信托业的专业职能，不仅成立了专营信托业的独立机构，而且禁止其他商业银行从事长期金融业务；监管机构坚持信托业的规模化经营管理；监管机构严格对金融机构经营信托业务的审批。

监管机构在坚持规模化经营的同时，又重视鼓励创新信托业务，如为适应日本人口高龄化的需要而举办的年金信托和为支持住房建房而开办的住宅贷款债权信托等。

本章小结

现代信托制度最早产生于英国，后来相继传入美国、日本等国。对于美国和日本而言，信托同样属于一种继受制度。目前，美日等国的信托业发展迅猛，其发达程度甚至超过了信托的母国——英国。这其中最主要的原因就在于美日两国没有简单地照搬照抄，而是在本土化方面做了大量的工作，科学地兼顾并将这一制度运用到各自的国家之中①。

进入21世纪以来，一些新现象、新观念都促使世界各国尤其是欧盟国家的金融法律制度向一个系统化、高效率、增加干预却又不失市场化的模式迈进。一些国际资本市场法律框架现今都呈现出较为趋同的倾向。国际资本市场的合作与竞争，必然会对各国的金融法律制度以及交易规则产生有意义的影响。因此如果国内的市场想要参与到国际的竞争中来，有必要将各自的资本市场的法律制度统一到某一个层面上来，以创造出共同的“游戏规则”。

① 程志中：“论信托制度在中国的适应与发展”，WWW. TRUSTSZ. COM. 2005年1月13日。

第十章 海外信托业发展对中国的启示

自海外信托在英国首次诞生以来，经过各种途径的传播，世界上有不少国家已经先后引进了信托制度，并根据本国的情况进行了改革，创新了不少业务品种，无论是英美法系的国家，还是大陆法系的国家，其经济的发展无不受益于信托业。据有关资料表明，至20世纪初，英国财产的1/20已成为信托财产；美国约30%以上的商业银行设有信托部，还有相当数量的独立的专业信托公司，与银行的地位是平等的；日本7家信托银行的信托资产在1994年就已占日本民间金融机构资产总量的15%左右；截至2006年11月，澳大利亚共有22个基础设施投资信托在证券交易所上市，总规模达到430亿澳元，占澳大利亚流通市值的5%以上。澳大利亚政府在基础设施建设的支出已经从原来占预算的14%下降到现在的5%左右，基础设施投资信托的出现是一个重要原因。信托的重要性可见一斑。信托业在当前主要的发达国家，已获得了相当程度的发展，并成为现代金融业的一个重要组成部分。

我国早在20世纪70年代末就开始移植信托制度，投资基金在20世纪90年代开展得如火如荼。但我国的信托从一开始便在过分强调“中国特色”的理论中起步、成长，自移植的第一天就面临着不断的整顿与调整，直至今日信托在我国仍处于改革、完善之中。至今人们对信托还存在着许多误解，实践中信托定位也与国外有所区别，以至于信托在我国远没有合同制度地位高、适用范围广①。我国已经加入 WTO，我国信托制度是否该与国际接轨、如何接轨，这些问题都值得探讨，本章根据前面各章节对海外部分国家信托业发展历史的介绍，拟总结出相关的经验做法，以便给我国经历过曲折发展的信托业以启示和借鉴，并对海外信托业的发展作一个探讨式的展望。

第一节 海外信托业发展经验总结

综观海外各国信托业的发展历史，我们不难看出，信托业的发展与一国经济兴衰是紧密相连的。由于我国处于发展中的国家，是市场经济的国家，隶属于大陆法系，为便于我国学习和借鉴海外的信托业发展经验，在本节中，就大陆法系和英美法系国家的类别分别简要总结他们发展信托业的经验。

大陆法系以中国、德国、法国、日本等为代表，法律一般为实体法，即有成文的法典存在；而英美法系主要以英国和美国为代表，其法律没有成文法典，由判例法、习惯法和司法实践的经验等组成。这些国家在信托业的发展中，学习引进他国经验，结合本国情况，形成了自己特色做法。

一、英美法系国家信托业的发展经验简介

（一）英国信托业的发展经验简介

从经营业务来看，英国信托业仍偏重于传统性业务——个人受托（或称民事信托）和公益信托。除民事信托和公益信托外，英国的证券投资信托也正逐步盛行，较常采用的是“养老金基金信托”、“投资信托”和“单位信托”。为保护参加者利益，英国所有的职业养老金计划都通过“养老金基金信托”建立并进行管理。法人受托的信托业务比例不大但却非常集中。

① 刘和平：“中外信托制度比较研究”，中国信托前沿——马亚明个人主页。

民事信托制度也发端于英国，而民事信托中所委托的信托财产均以土地等不动产为主，所以土地等不动产信托比其他国家都普遍。

随着欧洲经济一体化的深入，英国资本市场与货币市场的界限正在被打破，越来越多地重视全能银行在金融中的地位。1997 年 10 月，SIB① 更名为“金融服务局”（FSA）整合了本来由自律组织负责的监管权力，这样，英国就告别了以自律为主的监管模式，从而走向了大一统。1998 年 7 月英国政府又推出了《金融服务市场法》（FSMA），目的是为了确认金融服务局在英国金融监管框架的核心地位②。

（二）美国信托业发展经验及教训

一般认为，美国的信托业是从英国传入的，但是，美国以公司组织形式、以盈利为目的信托业务，却比英国还要早 80 多年。在第二次世界大战后，由于国内金融环境的变化和政府经济政策的变化，刺激了经济的高速发展，而经济的发展又带动了信托业的大规模发展。美国信托业始终是服务于美国经济发展需要的，美国的金融信托业务已经成为美国商业银行业务中的一个重要组成部分③。

20 世纪 90 年代以来，随着美国利率管制的取消、金融业走向混业经营以及新技术革命的到来，美国的信托业为适应市场的变化和投资者对资金运用的要求，其产品的创新还在不断的扩展和深化之中④。

美国是世界上信托业务由银行兼营的典型国家。美国是实行案例法系的国家，实践先行、法规随后；目前尚没有全国统一的对信托业的单独立法。美国又是联邦制国家，各州有自己的独立法律，信托业法规也是各有各的特色。由于美国房地产投资信托（REITs）市场是全球第一大的。在此，仅以美国房地产投资信托（REITs）为例来简介美国信托业发展的经验与教训。

① 即为英国证券投资委员会（Securities and Investments Board，SIB，该组织 1985 年成立），英国管理及监督各类金融组织业务之机构；英国的金融服务管理局于 1997 年 10 月由其改制而成，为独立的非政府组织，拟成为英国金融市场统一的监管机构，行使法定职责，直接向财政部负责。

② 罗彦、李凯：“英德资本市场监管法律框架比较研究”，《现代经济探讨》2003 年第 6 期。

③ 陆文磊、翟金林：“美国、日本信托业的比较及对我国信托业发展的启示”（一），中国信托前沿——马亚明个人主页。

④ 满岩、朱幼平：“世界信托业发展对我国的借鉴意义”，《中国经济时报》2004 年 4 月 6 日。

1. 美国房地产投资信托（REITs）发展的经验简介。REITs 在美国的出现和发展并非偶然，它是随着中小投资者对一种流动性好、灵活的房地产投资工具的迫切需要和国家相关法规不断完善而产生的，由于其中长期表现出较低风险、较高收益的特征得到了广大投资者的认可从而迅速发展壮大。美国 REITs 的发展和在社会经济中的贡献也为世界各国提供了宝贵经验：①

（1）完善的法律环境。美国 REIT 的发展并非一蹴而就，其发展过程也是相关法律法规不断修缮的过程。美国的 REITs 自 1960 年被立法到现在已经历了 40 多年的市场洗礼，才在法律、税务、透明性、公正性以及内部经营管理等方面逐渐完善。这 40 年间，REITs 经历了多次的失败，也曾遭受严重损失。在这种情况下，美国通过不断的立法改善和调节投资环境使得 REITs 作为新的金融商品能够客观地、理性地成长，从而带动了 REITs 的健康快速发展。

（2）自身不断改革创新。从美国 REITs 的规模与交易量变化来看，最初的 REITs 并没有得到投资者的广泛认可。在此后的发展中，REITs 通过自身的改革创新取得了长足进步，并逐步确立了其在资本市场中的地位。

第一，REITs 在所有权形式上逐步完善：由最初的权益型 REITs 衍生出了抵押型和混合型 REITs，适应了不同市场条件下的需求并捕捉到了一些市场机遇。专业化程度也不断的提高，同时也提高了管理效率和营运能力。

第二，REITs 结构上不断创新：经营者随着市场的变化对 REITs 结构进行积极创新，如 UPREIT、DOWNREIT、双股和合股、纸夹等结构都在一定时期内扮演了重要角色。

第三，REITs 经营方式改革。由于最初的 REITs 运营仅限于拥有房地产，造成股东与资产管理者存在严重的利益不一致，代理成本很高。于是行业协会经过不懈的努力说服管理层允许 REITs 采用自我管理的形式运营和拥有房地产并提供增值服务，逐步拓展了盈利范围和服务领域。同时，REITs 还通过专门从事投资某一类型物业如住宅、写字楼、工业物业、商业中心等方式，提高了投资管理的专业化程度。

① 张建新："国外 REIT（房地产投资信托）的经验与启示"，《经济与管理》2006 年第 12 期。

（3）机构投资者的广泛参与。1991 年以前，REITs 的交易量非常小，机构投资者的交易量仅占总量的 10%。1999 年上升到 39%，说明了机构投资者对 REITs 越来越关注，机构投资者的积极参与也使得总交易量迅速攀升，加速了 REITs 市场的繁荣。研究表明，机构投资者的引入大大提高了 REITs 公司管理决策的质量、提高了 REITs 的绩效、减少了反常的投资波动、提高了市场透明度，促进了 REITs 行业的健康发展。

（4）必要的投资者保护措施。只有投资者的利益不受损害，REITs 才能够健康发展，为此美国对 REITs 的许多方面都作出了严格要求，其中包括在收益分配方面要求将应税年度 90% 的收入以现金方式分配给股东；在股权结构方面不允许超大股东的存在；在收入结构方面要求源于房地产经营收益和 4 年以上房地产的处置收益，防止 REITs 频繁的短期操作；在信息披露方面要求 REITs 尽职履行初次信息披露、持续信息披露和重大事项信息披露等。这些措施有效保证了 REITs 的规范运作，降低了大股东侵犯小股东利益的风险，为投资者的利益提供了保障，从而使得更多投资者参与到 REITs 当中。

2. 美国房地产投资信托（REITs）的教训①。美国房地产投资信托（REITs），从诞生成长直至市场成熟，整整用了 30 年。期间，REITs 的发展充满了曲折。可以说美国房地产投资信托（REITs），有过初期的短期的繁荣，有过 20 世纪 70 年代时候受到过的重创，也有长期的低迷的时候，也有 80 年代的复苏，90 年代又迅猛的发展②。

（1）因为缺乏了解，早期不被投资者看好。美国房地产投资信托（REITs），虽然与标准普尔指数相比，收益率比较令人满意，但投资者对其仍没有完全认可。20 世纪 60 年代仅有 10 家大小不等的 REIT，所有的财产管理职责都由外部公司执行，而这些管理公司绝大多数附属于 REITs，不具有独立性，这为大量的利益冲突埋下了伏笔。在发展初期，整个 REITs 产业的规模非常小，刚刚超过 2 亿美元（2001 年中期 REITs 拥有大约 3000 亿美元的房地产资产），REITs 管理人所拥有的股票份额

① 张兴、张春子译：《投资房地产投资信托》，中信出版社 2006 年版。

② 刘洪玉："美国房地产投资信托发展的经验"，http：//fdc. hbcic. gov. cn. 2007 年 1 月 29 日。

也极少，通常不到1%。

（2）时局经济和自身因素直接影响投资者信心。20世纪70年代是美国整体经济、资本市场、REITs市场混乱的10年。当时，受国际石油输出国组织油价暴涨的冲击，通货膨胀失去了控制。消费价格指数（CPI）在1973年之后的6年间上涨了近1倍。1968～1972年期间，由于许多投资银行愿意提供资金支持，REITs市场上又增加了58个新的抵押型REIT。大多数REIT利用少量的股东权益和大量的借入资金向房地产建筑行业提供短期贷款。抵押型REITs的出现，使REITs行业的总资产从1968年的10亿美元迅速增加到20世纪70年代中期的200亿美元。受到通货膨胀引发的高利率打击，从1973年起办公/写字楼市场开始走下坡路。到1974年年底，不良资产占比已经上升到总投资资产的73%，REITs股票价格暴跌。虽然股权类REITs经营得并不差，同期REITs股票价格也获得了平均4.2%的年度复合增长率，但由于对抵押型REITs的经营失败仍心有余悸，直到20世纪70年代末期，大多数投资者还不能完全接受REITs。结果，导致1979年年底REITs市场的规模比1972年底要小很多。

（3）国家政策刺激引发的非理性投资。1981年通过了《经济振兴法案》为房地产业主创造了一种非常有吸引力的合法避税工具，刺激了购买房地产的热潮，推动着房地产价格暴涨。REITs不得不加入到与有限合伙关系和私人投资者的资本竞争中，由于后者可以对房地产项目投入更多的资本，从而限制了REITs的发展前景。即使REITs已经筹集到房地产购置资本，但房地产价格的急剧飙升使其并不能获得预期的投资回报。市场供求平衡被打破了。国会于1986年通过了《税收改革法案》（Tax Reform Act of 1986），取消了对房地产投资的合法避税条款。到20世纪80年代末，房地产业陷入了严重困境。多方面原因造成了1990年REITs收益率的负增长，形势逼迫下，许多REITs不得不减少了股息发放，这使得投资者做出了过激反应，1990年投资者大量抛售REITs股票，REITs股票价格降到了合理水平之下。1996～1997年有大量的非房地产公司和非REITs投资者手中的“热钱”投向了REITs，随着1997年年底REITs增长趋势的放慢，这类型投资者便匆忙地收回了投资，这加快了REITs股票价格的下跌。

（三）澳大利亚信托业的发展经验简介——以麦格理银行为例[①]

麦格理银行（Macquarie Bank）是澳大利亚最大的银行之一，拥有超过25年的信托管理经验，目前在25个国家，通过28个信托公司，管理102项基础设施资产，所管理资金逾990亿美元，拥有超过1000名基础设施专业人员，已经成为全球最大的非政府的基础设施持有人和全球最大的基础设施受托人。麦格理拥有长期、稳定、优异的信托管理业绩：自2000年以来，麦格理全球基础设施累计指数表现一直优于全球主要指数。

麦格理银行是一家多元化经营的企业，在其业务收入中，投资银行业务占41%，资产和财富管理占29%，借贷业务占10%，金融市场业务占20%。显然，传统商业银行的业务在其业务中只占很小的比重。其中，基础设施投资信托、房地产投资信托和其他类型的信托所占的比重在25%左右。

近年来，麦格理银行的业务发展得十分迅速，该银行2002年利润总额为2.5亿澳元，而2007年财务年度的利润总额将达到13亿澳元。2006年底，麦格理银行在澳大利亚证券交易所（ASX）的市值已经达到199亿澳元，为第12大上市公司，而麦格理银行和由麦格理银行所管理的信托的市值总额，则达到了684亿澳元，市值总额位居ASX第二。目前，在由各种基础设施投资信托管理的澳大利亚国内基础设施中，麦格理银行无疑占据着龙头的地位。麦格理上述的成功得益于公司的基础设施投资信托先进的操作理念。

1. 长期投资，注重稳定回报。传统私募股权基金大多仅作为财务投资者短期持有资产，以获得资本利得为主要目的，一旦获利则迅速将资产变现。而麦格理更注重基础设施资产期限长、现金流稳定的特性，长期持有资产，为信托投资者创造稳定回报，麦格理所持有的一半以上资产的特许经营权期限超过了25年。目前，麦格理拥有102项资产，而迄今为止，仅因为战略考虑售出过8项资产。麦格理基础设施投资信托的主要投资者是养老金、保险等长期投资者，基础设施的特性也正好契合了该类投资者对资产负债匹配的要求以及对风险的承受能力。

① 杨林枫："国外基础设施投资信托对我们的启示"，《普益财富网》2007年8月21日。

2. 集中投资，控股为主。与传统私募股权基金分散投资、参股为主的投资风格不同，麦格理以其集中投资、控股为主的风格确立了其在信托管理领域的地位。麦格理平均每个基础设施投资信托持有的资产不超过 4 个，平均每项资产却超过 9 亿美元。通过控股所投资的资产，能够避免小股东所承受的信息不对称、无法控制分配政策等风险，发挥受托人的积极管理作用，提供增值服务。

3. 积极管理，为持有资产提供增值服务。正是因为控股为主的投资风格，使得麦格理可以对所持有的资产进行积极管理，依托背后麦格理集团的专业资源为所管理的信托提供增值服务。麦格理专业的基础设施团队，能对资产进行技术上、财务结构上的一系列改造，为资产创造其他持有者所不能创造的附加价值，从而为信托投资者带来增值回报。如麦格理所持有的悉尼机场，在麦格理进入以后对机场的布局、安全等方面进行了一系列的改造，目前悉尼机场的零售收入不断攀升，已经达到每名旅客人均消费 40 美元的水平，位列全球机场第二位，而北京首都国际机场仅为人均消费 8 美元。

4. 信托上市，为投资者提供退出安排。如前所述，麦格理信托投资的资产极少变现退出，而是长期持有，为了满足投资者对资金流动性的需求，麦格理往往在信托设立一段时间后，将基础设施投资信托本身上市，从而为原始投资者提供退出和实现资本利得的机会。目前，麦格理管理的 28 支基础设施投资信托中已有 11 支信托在澳大利亚、加拿大、美国、韩国和新加坡等地上市。

5. 专业化管理，提供优质服务。麦格理管理的每一支信托均有各自的投资重点，比如麦格理韩国基础设施投资信托（以高速公路为主），麦格理机场投资信托（以机场为主）等；专业化的投资信托能够最大程度地利用行业经验，选择投资对象，更好地为投资人提供回报。同时麦格理也有其他侧重于某一国家或地区的信托，如麦格理韩国基础设施投资信托和麦格理欧洲基础设施投资信托。

从澳大利亚的信托监管经验来看，对投资管理人的监管是控制信托风险的关键因素。澳大利亚通过执照管理、合规审查等手段监管投资管理人，但不对信托本身的市场化特性进行干预，既能够确定合格管理人来降低信托风险，又不会过多干预信托的发起和管理。

（四）新加坡信托业的发展经验简介——以 REITs 的运作管理经验为例

新加坡的房地产投资信托（REITs）市场虽然起步不久，但在这样短的时间内就取得了不俗的成绩，成为仅次于日本的亚洲第二大 REITs 市场，并积累了一定的运作管理经验。通过对比研究新加坡目前已有的 REITs 的运作管理经验，可以看出它们主要通过以下三大策略来保证 REITs 基金的稳定收益及资产增值。

1. 积极的收购扩张策略。所谓收购扩张策略是指通过积极的寻求和收购符合 REITs 的投资战略及其资产要求的有增值潜力的优质物业，扩大其 REITs 的总资产规模，以提高总收入来源。这种收购扩张的目的在于通过收益增长、未来潜在的收入和资本增值来提高 REITs 股份持有者的回报，并且促进 REITs 资产的多样化、分散投资，以及提高 REITs 资产的质量。在评估潜在的收购机会时，REITs 基金管理者通常会根据地理位置、资产类型和租户结构的不同来进行多样、分散的组合投资，从而最优化 REITs 投资者的风险溢价。收购评估的标准主要包括对分配的影响、租约期限优化配置、租户质量考察、增值机会分析等。

2. 有效的资产管理策略。有效的资产管理策略的目的在于通过采取专业有效的资产管理措施来提高物业资产组合的投资回报率。这些措施包括：改善物业资产质量，通过对物业的翻新和改良可以提高资产的质量和吸引力，从而提高租金水平，增加资产的收益回报；最小化成本支出，在不降低服务水平的前提下，尽可能地压缩运营支出成本，同时 REITs 管理者还可以通过扩大资产的规模以达到规模经济效应及摊薄固定成本的目的；有效的租户管理，包括吸引新的租户，及时了解和跟踪现有租户是否有扩租需要以及所有租户的综合管理。

3. 谨慎的资本与风险管理策略。资本和风险管理策略主要包括两个方面：一是允许 REITs 有一个合理的负债比例，以满足为保证分散化组合投资及未来收购的融资需求；二是为最优化 REITs 股份持有者的风险溢价，可采用合适的利率和货币对冲策略。具体的措施包括：通过谨慎的杠杆作用，保持一份稳健的资产负债表；资产规模扩大的同时，必须确保各种金融机构、资本市场等多元化融资渠道的畅通；尽量减低债务资金成本；通过包括积极运用利率掉期合约等适当的对冲策略，规避潜在的利率风险。

对于新加坡境外的地区进行房地产资产的收购与管理，除了承受境外市场的宏观经济波动的风险外，还要规避货币风险。通常可以借入外币负债，境外投资收入采取外币计价，对冲因汇率波动带来的汇率风险；也可以采用交叉货币掉期机制对境外的资产或负债进行管理，同时降低境外投资的汇率和利率风险。

二、大陆法系国家信托业的发展经验简介

在德国、瑞士、法国等欧洲大陆国家，金融机构实行的是全能银行制度（Universal Banking System）。在这种模式下，没有银行业务之间的界限划分，各种银行都可以全面经营存贷款、证券买卖、保险销售等业务。每家银行具体选择何种业务经营则由企业根据自身优势、各种主客观条件及发展目标等自行考虑，国家对其不作过多干预。广义的全能银行等于商业银行加投资银行加保险公司再加非金融企业股东。

德国是全能银行制度的典型代表。德国法律对银行从事多种业务很少加以限制。全能银行制度模式具有以下优势：

1. 全能银行同时经营商业银行业务和证券业务，可以做到优势互补。证券业可以利用商业银行的资金优势和网络优势为自己的发展提供便利条件。而全能银行也可以通过证券业务进一步密切同企业的关系，争取更多的客户，促进其商业银行业务的开展。

2. 全能银行制度有利于降低银行自身的风险。由于利率与证券行市成反比，当利率下降、银行贷款收益减少时，可以由证券行情的看好来弥补；而当证券行市走低时，通常借贷利率上升，贷款收益将增加，在一定程度上弥补了银行在证券市场上的损失。

3. 全能银行制度使银行充分掌握企业经营状况，降低贷款和证券承销的风险。商业银行和证券公司都希望尽量了解和掌握企业的经营和财务状况，但由于业务限制，它们只能了解有关企业客户的某一方面信息，因此如果将两者结合起来，可以加强对企业资信的全面了解，减少信用风险。

4. 实行全能银行制度，促进了银行业务的创新和竞争力，有利于提高银行效益，并促进社会总效用的上升。

（一）德国信托业的发展经验简介

根据德国《银行业务法》，全能银行的经营范围是：存款业务、贷款业务、贴现业务、信托业务、证券业务、投资业务、担保业务、保险业务、汇兑业务、财务代理业务、金融租赁等所有的金融业务。德国的全能银行享有以机构投资者进行证券投资的独占权[①]。

德国资本市场体制与英国不尽相同。德国的金融体系是典型的混业经营模式，银行还涉足证券业，承担一定量的公司上市、股票承销等活动。1988年，由银行所持的股份已达到整个德国的股票市值的8.1%，而通过银行账户存储的股份更是达到了总量的53.5%。

随着EMU[②]的深化和欧元的启动，德国认识到其全能银行存在着不足之处。越来越多地像英国那样的专业投资银行参与到资本市场的运作中来。与英国不同，德国的银行法显然已经将规范资本市场的内容包含进来了。只有实行这样的严格监管才能保证德国银行的混业经营能够顺利进行[③]。

（二）日本信托业的发展经验简介

日本的信托业是从英美等国引进、并随着日本经济的发展而不断成长起来的。日本国内经济的繁荣和金融市场的活跃，为信托业的发展提供了有利条件，各信托公司有如雨后春笋般设立起来。由于此前信托业扩张过快，信托公司业务不规范、经营混乱以及金融风险加剧等问题相继暴露出来，这促使日本政府开始对信托业进行整顿[④]。

日本是当今世界信托业发展中最具代表性地国家。日本信托业起步较早，发展较快，其信托立法比较完善，政府对信托业实施严格的分业管理。日本法制意义上的“信托”始自1900年的“日本兴业银行法”，当时日本为支持本国产业的发展，缓解资金不足的瓶颈，在新颁布的该法中首次正式

① 中信国际研究所：“德国金融自由化的趋向”，《中国经济网》2004年2月23日。

② 即为欧洲经济与货币联盟，欧洲经济与货币联盟（EMU）计划于1999年1月1日启动。

③ ［意大利］Allessandro Praiti、［美国］Garry J. Schinasi：“欧洲经济与货币联盟对欧洲证券市场的影响”，《金融与经济》1997年第9期。

④ 陆文磊、翟金林：“美国、日本信托业的比较及对我国信托业发展的启示”（一），中国信托前沿——马亚明个人主页。

允许兴业银行经营“地方债券、公司债券及股票等信托业务”。

日本信托发展的经验主要体现在：日本信托业有健全的法律制度作为依据。日本首先通过立法，从法律上确认信托业这一金融行业后，才有真正的信托业务。日本信托业注重不断开拓适合日本国情的信托业务，为日本经济建设提供了大量的长期资金。日本设有专门的信托协会，由经营信托业务的银行团体组成，目的就在于推动信托制度的发展，增进公共利益①。另外，还非常重视信托思想的宣传和普及，设立专业刊物和研究奖金。这样，从硬件和软件上都为日本信托业的发展提供了极好条件。

当然，日本的信托业发也并不是一帆风顺的。

首先，日本的信托业在发展过程中经历过大起大落，在20世纪20年代整顿前后，信托经营机构的数量从最多时的500多家降至30多家，第二次世界大战后又减少至7家，这种情况在英美等西方发达国家是很少见的。日本的信托业之所以会出现大幅起落，根本原因就在于信托业快速发展的初期，由于信托机构对信托原理没有充分理解，经营业务缺乏标准，所以导致了信托业的发展脱离了日本经济发展的轨道，造成了盲目扩张。第二次世界大战后日本政府吸取了以往的教训，通过实行分业化分工对信托业进行了严格的管理，在此基础上形成的7家信托银行，不仅规模大，而且业务范围明确，这就为战后日本信托业的重新繁荣创造了条件②。

第二节

海外信托发展史给我国的启示和借鉴

从以上国家信托业发展的实践经验来看，信托业与经济发展之间存在明显的互动，经济的发展势必带动信托业的发展。信托投资公司应紧紧依托地

① 满岩、朱幼平：“世界信托业发展对我国的借鉴意义”，《中国经济时报》2004年4月6日。

② 陆文磊、翟金林：“美国、日本信托业的比较及对我国信托业发展的启示”（一），中国信托前沿——马亚明个人主页。

方经济的发展，充分发挥高效融资平台的服务功能，充分运用合理的配置资源、引导民间资金投向信托工具，在促进地方经济发展的同时带动自身的发展。国际信托业基本上是银行兼业经营，都有比较完善的立法①。

一、海外国家信托业发展历史的特点

1.“双交叉”。信托机构与其他金融机构业务交叉、机构交叉。银行、信托两者在性质和业务重点上不同，内部结算也自成体系，但界限已经越来越模糊，而且信托所提供的金融产品和金融服务，与银行所提供的也无明显差别。

2.“双化”。随着经济全球化推进，信托业务国际化趋势日趋明显。例如，1984 年，日本与美国达成协议，日本向美国及其他西方国家银行开放日本的信托市场。而随后，西方国家也向日本的银行开放其国内的信托市场。

3.“双集中”。发达国家的信托业在不断发展的过程中集中。英国的法人信托主要集中在四大家银行手中。美国、日本、德国等国也是如此。

4. 发展分先后，各洲有代表。美国信托业发展历史不及英国，但其证券投资基金拥有世界上最大的资产管理量和最复杂的管理系统。英国基金业的发展程度虽不及美国，但在欧洲各国中具有较强的代表性。日本的信托业虽引自英美两国，它的证券基金是以欧美的基金为模本发展起来的，但其资产管理量和系统的完备程度在亚太地区占据领先地位。

二、我国信托业发展的历史回顾——曲折的历程

中国自从 1979 年成立中国国际信托投资公司恢复开办信托业务算起，至今已经走过了近 30 个年头。经济体制改革以来，我国的银行业、证券业都取得了快速的扩张，而信托业尽管在 20 世纪 80 年代曾有过一段时间的繁荣，但随着整顿的展开，信托业就开始一蹶不振，与其他金融同业相比，信托业这些年的历程可谓坎坷，期间经历了五次全国性的清理整顿②。

① 满岩、朱幼平：“世界信托业发展对我国的借鉴意义”，《中国经济时报》2004 年 4 月 6 日。

② 马亚明：“发达国家信托业发展及其对我国的借鉴和启示”（第六部分　发达国家信托业发展对我国的启示：宏观视角），《中国信托网》2003 年 12 月 4 日。

第一次是在 1982 年，针对当时基本建设规模过大、货币发行过多的情况，国务院决定进行信托投资业务清理。

第二次是在 1985 年，针对 1984 年信贷失控、货币发行过多，国务院要求银行停止办理信托贷款和信托业务，以办业务加以清理。

第三次是在 1988 年，为治理经济秩序，中共中央、国务院发出清理整顿公司的决定，同年 10 月中国人民银行开始整顿信托投资公司。

第四次是 1993 年，为治理金融系统存在的秩序混乱问题，开始全面清理各级人民银行越权批设的信托投资公司。

第五次是 1999 年 3 月，国务院下发国发第 12 号文件，宣布中国信托业的第五次清理整顿开始。对所有问题严重、地方政府不愿救助或无力救助的信托公司一律实行停业整顿、关闭、撤销，并进入清算程序。

当然，实践证明，我国信托业自 1979 年恢复以来，在我国经济发展中起着不可忽视的作用，已成为金融体系中的重要组成部分。我国社会主义市场经济的建立，市场结构、所有制结构、投资方式的多样化，应该说为我国信托业的发展提供了广阔的发展前景。所以借鉴国外经验，结合中国实际，进行制度创新，对现有信托公司进行重整改革，尽快建立符合中国特色的信托模式，把信托投资公司办成真正受托理财的金融机构，是我国信托业发展的当务之急[①]。

三、我国信托业发展的现状及难点

我国信托业先后进行了 5 次整顿，平均每 4 年就被清理整顿一次。在第 5 次清理整顿前的 1998 年底，全国具有法人资格的信托投资公司也有 239 家，总资产合计约 6000 亿元。全国批准保留的信托投资公司为 60 家左右，原则上每个省（直辖市）、自治区保留 1 ~ 2 家。

（一）我国信托业发展的现状

在经历脱胎换骨的第五次整顿之后，2002 年 7 月之后的中国信托业让

① 郑桂玲："市场观察：信托业何时走出困境?"，《中国经济时报》2000 年 5 月 11 日。

人有耳目一新的感觉[1]。

在现阶段，我国信托业发展的总体环境大体表现为以下几个特点：

1. 危险与机遇并存。与银行业、证券业的发展相比，我国的信托业已严重滞后于经济的一般发展水平和金融业的改革进程，信托业有着巨大的发展潜力和业务开拓空间。可以说，到目前为止，信托业的核心业务至今为止仍基本处于空白。但另一方面，由于信托业在现代金融体系中的特有功能，随着我国经济的发展和国民收入的增加，无论是企业还是个人对信托产品的需求都会日益强烈，这与信托业的滞后形成了鲜明的反差。这无疑为信托业的发展提供了巨大的机遇。

根据用益信托工作室统计的数据显示，2008 年我国全年发行集合信托产品 670 款，发行规模为 860 亿元。同时，信托公司参与银行发行的银信合作理财产品 3283 款，其中公布发行规模的产品 1985 款，资金规模为 7246 亿元，预计全年银信合作理财产品发行总规模超过 1 万亿元。信托理财规模总量的扩张、银信合作向广度深度的延伸，无论是对银行还是信托公司自身，无论是对理财市场还是其他金融服务，都起到了巨大的推动作用，同时，对资本、产业、货币市场的渗透和影响也前所未有，规模之大，领域之广都是历史上的突破。房地产信托也出现持续增长的现象：2008 年全国共发行了 135 个房地产领域投资的集合信托计划，是上年房地产领域信托计划数量的 2.5 倍，占当年全部集合信托产品的 20.18%；房地产信托资金规模则为 273 亿元，也比上年 121 亿元的房地产信托增长 125.62%。特别是信托公司与银行合作的理财产品已经成为信托产品的主力军[2]。

2. 优势与劣势分明。作为信托业经营主体的信托公司在现阶段的经营优势和劣势比较明显。

根据目前的法律规定，我国信托公司的经营优势主要体现在两大方面：一是信托业务的跨度大、范围广，能在更广泛的领域内进行投资，根据不同领域投资收益率的变化，灵活调整重点投资方向，以提高信托资金的收益，这对投资者的吸引力是巨大的；二是由于我国的信托公司在历史上一直起着

① 巴曙松、钟伟、赵晓、高辉清："信托业前途未卜"，http：//finance. sina. com. cn . 2002 年 10 月 30 日。

② "2007—2008 年中国信托业市场深度分析及发展趋势研究报告"，《智库在线网》。

为地方经济发展筹集资金的作用，与地方政府和地方大型企业间具有相当密切的联系，因此，信托公司能充分利用这些地缘优势，获得充足的业务资源。

信托公司在经营过程中面临着一定的劣势，主要表现在：第一，信托公司稳定的资金来源渠道还是偏窄，这会限制其业务规模的扩大；第二，在经历了多次整顿之后，信托业的信用亟待重塑，社会对信托业的认识也有待提高；第三，信托公司在开发产品的过程中面临着较大的法律、税收制度上的不确定性和业务风险①。

3. 东部与西部失衡。由于历史的原因和经济的现状使得我国东西部的信托业发展极不平衡。

2007 年，上海、北京继续保持全国信托行业龙头地位，信托地区发展不平衡问题也日益突出，东西部信托差距进一步拉大。2008 年对于中国信托行业整体而言，在以竞合的心态和各大金融机构开展合作的同时，如何加快探索混业经营背景下行业的功能定位，找到属于自己的市场蛋糕将成为信托业共同面对的课题和挑战。

4. 兼并与重组加快。2008 年是信托行业兼并重组加快的一年。中外机构对信托公司的青睐依旧，重组整合此起彼伏。一方面，外资参股信托公司有了新的突破。先后有摩根参股杭州工商信托，巴克莱银行参股新华信托，苏格兰银行参股苏州信托；另一方面，国内银行、保险、实业等各机构也加快了对信托行业的介入，信托牌照的争夺。华融国际信托公司成立，标志着第一家金融资产管理公司对信托行业的介入②。

5. 规范与宽松结合。2008 年，随着国家货币政策的转变，监管政策从鼓励信托公司开展公益信托支持灾后重建到央行允许信托公司在全国银行间债券市场开立信托专用债券账户，从《信托公司私人股权投资信托业务操作指引》、《银行与信托公司业务合作指引》的出台，再到信托公司监管评级工作的展开，银监会主席对信托行业发展的寄语都体现了银监会在扶持行业发展中加以规范的监管理念和政策导向，给信托公司 2008 年各项业务的

① 陆文磊、翟金林："美国、日本信托业的比较及对我国信托业发展的启示"（一），中国信托前沿——马亚明个人主页。

② 用益信托工作室："2008 年信托市场回顾与 2009 年信托市场展望"（上），《山西证券金典网》2009 年 2 月 6 日。

开展营造了较为宽松的发展环境，奠定了行业发展的基础。

2009 年将是信托业转型发展的关键期，国内外金融环境变幻万千，有“危”也有“机”。信托一方面充分利用其制度优势拓展信托公司的展业空间。另一方面，应放开手脚，在风险防范的同时，加大创新力度。在信托产品的开发设计、信托业务经营运作等方面，争做开拓者。将市场调研、产品研发、项目运作、营销服务、后续管理等环环相扣的连锁效应，转化为具体的产品和实实在在的利润①。

（二）我国信托业发展的难点

经过 5 次整顿，加上近年来我国金融混业经营趋势的愈演愈烈以及信托公司经营过程中一些深层次障碍的逐步彰显，我国信托业的发展模式与功能定位等问题似乎模糊起来，这些问题都将可能演化成影响信托公司稳健经营，影响新兴理财市场健康发展，乃至影响整个金融体系效率进一步提高的大问题②。

我国信托公司虽经多次整顿，但始终没有解决信托业如何健康发展的问题。一直到《中华人民共和国信托法》和信托业经营的两个基本法规出台，信托业才终于有了基本的法律制度可供依循。2007 年 3 月的信托新政，银监会又对两个基本法规进行了重大修订，进一步明确了信托公司的功能定位，信托公司的专业理财机构角色基本得以确立。但是，当前信托公司的发展仍然面临一些问题，主要有以下几个方面：

1. 社会信用体系的缺失。信托是“以信任为基础”，信任关系的确立和稳定是信托赖以生存的土壤，而我国社会信用关系缺乏刚性，信用链条十分脆弱，信用基础十分薄弱。这显然不利于信托业的发展。

2. 信托新政明确了信托公司的定位，并鼓励信托公司转型为专业理财机构，引导产品结构转向长期投资产品为主。但是，新修订的《信托公司集合资金信托计划管理办法》对集合资金信托产品规定了很高的投资门槛。不可否认，我国信托业对客户的定位过高，一般投资者被拒之门外，信托产

① 潘洁：“2008 信托业：尚能抵御寒流”，《国际金融报》2009 年 1 月 20 日。

② 金立新：“反思信托业功能定位至关重要”，《金融时报》2006 年 7 月 18 日。

品募集规模难以扩大，会让原本就属于小行业的信托业更加乏人问津[①]。同时我国信托业定位的难度还在于它在现实发展中的产业特征不突出，难以形成自己的产业优势和产业规模。政府主管部门从来没有把信托业作为一个产业去加以培育和指导。

3. 理论长期滞后于实践。中国开始信托实践的时候，理论界对于信托的认识处于一片空白，大众对信托的观念大多数仍是一无所知，就是业内人士，也知之甚少，甚至知之有误，他们对信托业的本质及作用大多搞不清楚。很多人对信托的作用及需求的认识是局限于还没有形成市场集中度，仍处于成长阶段的基础上。

4. 缺乏高素质信托专门人才。这是信托业普遍存在的问题，也是近年来信托业经营管理落后的主要原因。信托产业的产品复杂性本身就已成为这一产业准入的门槛，不具备这个行业水准的人，是做不好的这项工作的。

在此，进一步以我国房地产投资信托发展中存在的障碍为例，来说明我国信托业发展中的艰难[②]。

（1）缺乏专门的 REITs 法规制度。从国际市场的发展经验可见，实际上各国关于 REITs 的法案通过一段时间后，REITs 才发展起来的。因此，为了规范 REITs 市场发展，促进各类市场机构审慎开展 REITs 业务，有效管理和控制 REITs 发展中的相关风险，保护投资人及相关当事人的合法权益，我国有必要尽快制定出符合我国国情的 REITs 专项法案，完善 REITs 发展的法律制度环境。

（2）缺乏完备的 REITs 配套财产登记制度。REITs 以收购物业经营获利的模式进行运作，其中物业资产所有权的转让是最核心的环节。从信托型 REITs 的运作来看，尽管 2001 年出台的《中华人民共和国信托法》第十条明确规定："设立信托，对于信托财产，有关法律、行政法规规定应当办理登记手续的，应当依法办理信托登记。未依照前款规定办理信托登记的，应当补办登记手续；不补办的，该信托不产生效力。"但是，由于一直缺乏明确解释和操作指引，有关财产登记部门往往会以没有相关登记规则为由拒绝

① 张文绩："信托业：时来运转"，《上海金融报》2007 年 3 月 9 日。

② 中诚信托有限责任公司："中国房地产投资信托（REITs）发展研究"，中国银监会非银部 2007 年信托业务创新研究课题，2008 年 3 月 4 日。

办理财产信托登记手续。因此，物业业主在筹备将房地产项目注入 REITs 时，取得房地产的产权证明文件成为通过 REITs 融资的前提条件。

（3）缺乏 REITs 市场化运作的基础条件。由于 REITs 涉及受托机构、资金保管机构、物业管理机构以及各类中介服务机构等众多市场主体，而且同一主体可能兼任多个角色，交易结构复杂，风险隐蔽性强，其业务发展对人才、管理制度、中介机构、投资者等方面有很高的要求。尽管国内的许多信托公司、房地产商和其他机构已经进行了一些积极的探索，但在 REITs 业务管理运作的专业化水平、人才队伍建设、合格投资者培育等方面与 REITs 先行国家和地区存在明显的差距，市场化运作的基础依然薄弱。

（4）缺乏匹配的现行税收政策。REITs 作为一种过手证券，其运作的核心是将收益转付给投资者，因此在 REITs 层面各国和地区普遍坚持税收中性原则，以避免重复征税。在我国目前的税收政策体系下，REITs 出售物业环节中因为非交易性过户而导致重复纳税，大大加重了 REITs 交易双方的税收负担。REITs 的期限一般较长，卖出和买入物业可能不只一次，这样就会发生多次重复征税的问题。

四、海外国家信托发展历史给我国的启示与借鉴

尽管海外各国和地区的法制、习俗、历史渊源有所不同，生产力发展水平、社会制度和经济体制差异很大，信托模式和发展状况也不尽相同，但总有一些共性的东西，发展的趋势及各自有特色的东西会给我们以启示，仍然值得我们借鉴和学习①。

（一）重塑信托形象，普及社会信托意识

信托业的发展基础首先是受信于民。海外发达国家的信托业之所以发达，究其原因是其信托观念早已根深蒂固。因此，我国现有的信托公司在经过整顿后，一方面应加强自身的治理，重塑信托形象；另一方面应采取切实可行措施，重视信托理财的宣传，转变个人理财观念，提高全民信托意识。

① 胡莉铭：“国外信托业的发展趋势及对我国的启示”，《当代经济》2006 年第 8 期。

（二）加快法制建设，强化国家信托监管

无论是原生型的英国信托业，还是继受型的美日信托业，我们都可以深刻认识到信托法制先行的必要性。信托法律法规体系的完善都是不可或缺的，这一方面对信托业的发展起到了支撑性的作用，同时也有利于监管部门对信托业的有效监管。英美虽然是判例法国家，但非常注重通过制定法律推动信托业务发展。现代第一个信托成文法就是1893年英国通过的《受托人法》。美国即有相当多的州级的信托法典，又有国会颁发的信托法；1935年，美国法律协会还出版了《美国信托法重述》，作为美国信托活动的法律指南。在信托发展初期，韩国也制定了《信托法》和《信托业法》。我国台湾地区在早期主要通过信托特别立法对信托制度有意识地加以导入，一般信托法则是经过几十年信托实践后，在1995年底实施《信托法》，随后又颁布了《信托业法》，对信托经营者加以规范。特别值得一提的是日本，不仅有《信托法》、《信托业法》、《兼营法》等基础性信托法律，而且连每一项信托业务也都有信托法律法规来规范，如《贷款信托法》、《投资信托与投资法人法》以及《抵押公司债券信托法》等。因此，日本信托业长期以来得到了健康持续的发展，其信托机构本身自然也得到了长足的发展。反观国内信托业立法，在信托公司展业22年以后，才出台了《信托法》，信托公司展业和监管都一直在“摸着石头过河”，在无法可依的信托公司展业和监管下，信托公司随中国经济的景气循环陷入“运动式周期整顿”也就不那么奇怪了。

（三）结合国情，寻求适合的信托业发展模式

信托业在各国的发展并无统一的模式，而是在市场选择下寻求最适合自己发展的道路。在业务重点和信托职能发挥方面，各国也是各有特色。英国信托业仍然以民事信托、公益信托及不动产信托为主。美国信托业以有价证券信托为主。而日本信托业则以“金钱信托”为中心发展了贷款信托、年金信托等许多其他信托产品。

我国是属于大陆法系国家，关键是如何建立既有本国特色又不失信托精神的信托体系。日本“主银行制度”的成功经验也曾受到我国政府的重视，并力图实施，试图加强银行对企业的行为控制，但效果并不理想。因此信托

业的发展只能是在结合本国国情作本土化改造后才能得到更好地发展。

（四）规范管理，选择正确的信托市场定位

金融机构明确定性定位问题，是保障金融业规范发展的前提条件。从欧洲国家的发展历程看，只有当一家金融机构达到一定的规模，才有可能混合经营各类金融业务。我国信托业从开始起，就没有明确信托投资机构在金融业中的地位，业务范围界限比较模糊。原有的信托投资公司和信托投资业在我国金融业中应有的功能和地位未能展现出来。信托业发展之初只是作为银行业的补充，并没有把信托业作为一种重要的社会理财形式和一个独立的金融部门来看待[①]。从中国信托业的长远发展看，必须对信托业给予一个基本定位。我国应借鉴发达国家信托业的一般特征，结合本国经济发展对信托业的客观要求及颁布的《中华人民共和国信托法》和《信托公司管理办法》（本办法自2007年3月1日起施行，原《信托投资公司管理办法》（中国人民银行令〔2002〕第5号）不再适用。）的有关规定，合理选择我国信托业的基本职能，充分发挥信托的多种功能，为国家建设提供资金的源泉，同时为老百姓提供满意的投资产品。

（五）依法创新，形成本国特色信托

日本在移植信托过程中，并没有完全照搬英国的以民事信托为主的模式，对美国以商事信托为主的模式积极借鉴，同时对之加以改造，大胆创新，针对本国国情发明了“贷款信托”等新品种，促进了信托的不断发展。但实际上，各国信托无论如何创新，都无一不是以承继信托的基本法理为前提的，在进行信托创新中要把握信托法的以下几方面的基本精神与理念：[②]

1. 所有权与利益权相分离，即受托人享有信托财产的名义所有权，而受益人享有受托人经理信托财产所生的利益，实现了信托财产的所有权主体与受益权主体的分离，从而构成信托的根本特质。

2. 信托财产的独立性：信托一经有效成立，信托财产即从信托人、受

① 邵益民、蔡普华：“美国信托业发展及其对我国的借鉴”，中国信托前沿——马亚明个人主页。

② 刘和平：“中外信托制度比较研究”，中国信托前沿——马亚明个人主页。

托人和受益人的自有财产中分离出来，而成为一独立运作的财产。

3. 全面的有限责任：从信托内部关系人来看，由于信托一旦设立，信托人除非在信托文件中保留了相应的权利，否则即退出信托关系，信托的内部关系仅表现为受托人与受益人之间的关系。

4. 信托管理的连续性：信托一经设立，信托人除事先保留撤销权外不得废止、撤销信托；受托人接受信托后，不得随意辞任；信托的存续不因受托人一方的更迭而中断。

在学习借鉴他国信托发展经验时，应根据现实需要适时开发新的信托品种，并加强管理。信托品种的创设既要有利于为社会大众增加有效地投资渠道，分散投资风险，又要有利于保证社会资金重点用于国民经济急需的领域。依法推进信托本土化发展，形成本国特色，并及时修订过时的法律，进一步增强法律的时效性与针对性。

（六）加强银信合作，实现“双赢”发展

从海外信托发展历史可以看到，信托业的发展与银行业有着密切联系。要么信托业被大银行所垄断，像英、美等国由其信托部所经营；要么信托公司转为可经营与信托相关的银行业务，比如日本。日本在这方面走过的路堪称典型，其经历了信托业与银行业的分业与混业问题上的变迁，直至在政府的支持下将“信托公司”改为“信托银行”来经营与信托相关的银行业务，以绕过与利用相关法律法规以适应当时社会经济的发展，同时信托机构本身也得到了发展壮大。这其中也体现了政府及监管机构对信托公司的支持与灵活的监管政策。

第三节
海外信托业的展望

一、信托未来经营模式展望

在判断信托模式上应掌握的标准有三个方面：一是否能充分发挥信托的

职能作用；二是否能使信托机构的经营活动得到稳定的发展；三是否有利于降低经营成本[①]。各种信托模式都有各自的长处和短处，如何扬长避短，如何结合本国实际，这是各国政府在采取何种信托模式时应该考虑的。

（一）分业与混业经营模式[②]

海外发达国家的信托与银行、证券业一般都经历了混业——分业——混业的发展过程。1999 年 11 月 4 日美国国会通过《金融服务现代化法》，从法律上确立混业经营模式，其主要内容是废除《格拉斯·斯蒂格尔法》。2000 年初，美国国会又通过《金融服务现代化法〈实施细则〉》，全面推进银行混业经营制度。实行金融混业成为世界金融业的发展新趋势[③]。目前大部分采用了混业经营模式，信托、银行及长期资本市场出现了同步发展的趋势。随着世界经济一体化和资本经营的国际化进程加快以及众多国家对金融管制的放宽，发达国家信托业的制度和业务也发生了很大的变化。信托业混业经营的模式，对金融业发展带来的积极的影响，但是必须明确的是，这个模式的推行是建立在一定基础上的。

随着近年来我国金融业的快速发展，展望我国信托业发展远景，未来信托业可以选择兼业经营、分账管理的体制。银行业可以兼营信托业务，信托业可以兼营银行业务，银行业和信托业通过扩大经营范围增强自身的竞争力。但是，不论是兼营信托业的银行，还是兼营银行业的信托机构，从性质上讲，银行业务和信托业务均应严格分离、采取单独核算的方法，应该指出的是，这是一个中长期的目标。但是从中国金融体系发育的状况看，目前尚不具备这样的条件，究其理由有以下三点：

1. 对于金融市场尚未发育成熟体制而言，如果将投资风险比较大的金融信托纳入银行体系中，由银行进行混业经营的话，必然会带来很高的风险，这也是不可取的。

2. 我国现有的金融活动的社会习惯和制度环境尚不适应混业运行状况。长期以来，我国社会信用机制未能很好建立起来，传统民间习俗也对信托理

① 伍贻康、黄烨菁："欧盟的信托业发展及其对中国的启示"，用益工作室。

② 胡莉铭："国外信托业的发展趋势及对我国的启示"，《当代经济》2006 年第 8 期。

③ 申世军："我国金融业分业经营、分业监管的现状、挑战和改革方向"，《价值中国网》2006 年 4 月 18 日。

财市场开拓缺乏基础，所以金融信托活动除市场风险之外，还会受到许多非市场因素的制约，例如传统习惯和地方政府干预等。在混业经营的模式下，风险传递经常引发区域性金融风险。

3. 我国与信托业监管相匹配的统一的法律和法规建设往往滞后于信托业本身的发展。在我国信托业发展的初期十余年时间里，国家对它的规范只能依据《银行管理暂行条例》、《金融信托机构管理暂行规定》等，专门为信托公司量身定制的信托业法规基本上没有等，一些法规缺乏细则，往往令人无所适从，这些规定远远不能适应信托业的发展需要。目前我国已经制订了信托业的“一法两规”（《中华人民共和国信托法》、《信托投资公司管理办法》和《信托投资公司资金信托管理暂行办法》），其中《信托法》出台之前，草案经历了8年时间的10多次修改，可以说是改革开放30年以来，在各种行业法律中，比较贴近市场经济的一部，它规定信托公司可以投资证券公司和基金公司，寻求资本回报；把信托与证券业务分开，推进信托业长期悬而不决的问题尽快解决。概言之，我国《信托法》的颁布施行以及后来《信托公司管理办法》的出台，为中国信托业的功能定位，信托企业经营机制的转变提供了必要的制度保障，也给我国信托业的发展带来了难得的发展机会和空间。美国房地产投资信托的发展，尤其是重创后的复苏以及20世纪90年代中后期的突飞猛进，主要归功于相关法律法规的不断改革所带来的大力支持①。

海外发达国家的经验告诉我们，没有一套完善、严格的法律制度，全能银行体制是无法顺利运行的。为此，我国应加快相关法律的建设，为我国信托业的规范有序进行，以及更好地与国际接轨，打下坚实的基础。

（二）银信合作问题

根据前面的介绍，我们知道，英国、美国、日本等国家，信托与银行有着良好的互补性，在允许混业经营的监管法规框架下，银信合作一般将是海外金融业的常态②。

① 谢闻麒：“信托牌照走俏 金融机构布局混业经营”，《中国证券报》2007年11月2日。

② 中海信托、中融国信、江西国信等：“2007年中国信托业创新与研究之银信合作发展分析与建议”，2007年12月13日。

对于中国的信托公司来说，从2003年下半年的全国信托业清理整顿基本结束，近几年来，我国信托公司一手抓自营投资；一手抓集合资金信托，争取到生存的权利甚至过上小康生活。但在信托产品火暴热销的同时，客观地判断，就其在国民经济中所发挥的作用来讲，信托业所担当的还仅仅是为商业银行信贷业务拾遗补缺的配角；要成长为真正能够与银行业、证券业和保险业并驾齐驱的金融业第四支柱，还任重而道远①。

我国信托公司的集合资金信托，主要采取同银行信贷正面竞争的同质业务——信托贷款的资金运作方式。尽管集合资金信托具有某些运用范围和监管政策上的优势，但由于银行资金在规模和成本方面遥遥领先，信托仅可形成局部的、暂时的竞争优势，其基础十分脆弱。如果长期依靠单一的信托贷款业务，信托公司既难以获得突破性发展，又有可能大量累积风险。因此，必须清醒地认识到，尽管集合资金信托业务模式在很大程度上支撑着信托业当前的繁荣，但其显著的缺陷使之无法支持信托业扮演国民经济中举足轻重的角色。

2006年年底，我国金融业已经全面对外开放，同样是中国信托业发展史上的转轨时期。我们客观地面对中国信托业的现状，冷静地分析公司所处的经营环境，制定出符合公司战略的发展目标②。中国银监会在2008年底发布《银行与信托公司业务合作指引》，目的以规范银行与信托公司开展业务合作的经营行为，明确信托公司可以将信托财产投资于金融机构股权③。《指引》的出台，最大的意义是通过法规的形式确认了银行理财产品对接信托产品的合规性，对于银行理财业务和信托业务的发展，均具有重大意义。

从银信合作的外部因素上看，目前银信合作主要集中在银行理财与信托的合作上。采用这一合作模式的外部环境基础是：在我国分业经营的监管体制下，政策范围内银行可以涉足的领域有限。这种合作只能是我国银行业从分业到混业过渡期这一特定历史时期的特定产物。一旦对银行投资范围的限制放开，银信合作的外部环境基础也就将不复存在，银信合作也许将会成为历史。

① 陈赤："关于信托投资公司战略方向的思考"，《证券时报》2006年7月18日。

② 黄建峰："转轨时期信托投资公司的发展目标"，《证券时报》2006年7月17日。

③ 银监会："银行与信托公司业务合作指引"，《成都商报》2008年12月23日。

二、信托业务展望

目前海外发达国家信托业的业务品种主要有：个人信托业务、个人代理业务、公司信托业务、公司代理业务、公益信托业务、贷款信托业务、证券投资信托业务等①。

信托制基金的典型代表是证券投资基金，它在美国被称之为共同基金（亦有人称之为单位信托基金）。投资基金在美国是比较活跃的，然而美国并没有精确、统一的产业投资基金的定义，在许多场合是一种笼统、宽泛的称谓。它不仅包括非上市公司（已处于稳定发展阶段）投资基金，也包括了创业风险投资基金、房地产投资基金（REITs）等②。它的主要投向集中在基础设施、房地产、公用事业三大领域项目。

（一）房地产投资信托发展展望

从海外各国和地区房地产投资信托发展的历程看，税收优惠是REITs优于其他房地产经营公司的重要原因。房地产投资必须大量借贷，一方面是由于其投资额巨大；另一方面是由于投资者必须利用财务杠杆来获得较佳的权益投资回报率。利息可以抵扣应纳税额，房地产投资的巨大利息可以起到避税的作用。变现性好。REITs给予变现性很差的房地产投资以很好的股权流动性，是除按揭证券化之外的另一种“证券化”。房地产投资信托是良好的投资渠道。对于房地产开发商来说，它在融资方面提供了更大的灵活性和有效性。虽然它在美国20世纪90年代初期和末期有两个低潮，但在整个20世纪90年代中，REITs发展非常迅猛。1990年，共有119家挂牌REITs，股票市值为87亿美元。到1999年时，共有210家挂牌REITs，股票市值为1307亿美元。数量翻了约一番，股票市值增加为原来的15倍③。

2002年上海国际信托投资有限公司推出国内第一只真正意义上的房地产融资类信托产品——上海国际大厦项目资金信托。随后，10多家信托投资公司纷纷推出类似的信托产品。据用益信托工作室统计数据，2007年1

① 秦立生：“国外信托品种经验与我国信托业务创新”，中国信托前沿——马亚明个人主页。
② “美国产业投资基金对我国信托业的启示”，《上海证券报》2005年7月8日。
③ 王永新：“什么是房地产投资信托”，《北京现代商报》2002年10月16日。

月全国投资于房地产的信托产品 7 个，投入资金 5.7 亿元，分别占当月全部产品的 13.73% 和 14.43%。二月份投资于房地产的信托产品继续保持上升势头，发行数量和规模均列第二位，投资于房地产的信托产品达到 10 个，投入资金 14.36 亿元，分别占当月全部产品的 24.39% 和 27.03%。2007 年 1 月份全国房地产信托产品发行金额约为 5.7 亿元，进入 2 月份这一数据膨胀为 14 亿元。今后信托公司的出路之一是发展机构客户。但机构客户可选择的投资渠道比较多，相比之下，信托公司的产品未必是最有吸引力的。被信托界寄予厚望的 REITs 相关法规仍未出台，房地产信托靠基金上市的道路实现突围的想法难以实现①。

2008 年 6 月 24 日，中信信托和新加坡嘉德置地集团在京合资成立“中信 - 凯德科技园区投资基金”（下称中凯科基金）。这可谓国内投资者参与的首只按照国际私募基金模式设计和管理的房地产股权投资基金。此举表明国内房地产证券化已经迈出了实质性的一步，开发商在内地发行信托产品上市直接融资的可能性指日可待②。

目前阶段，我国信托公司应积极主动地着手推动信托产品的转型，从目前由各个分散的项目所驱动的信托产品转变为标准化的、可复制的基金类型的信托产品，发挥类似基金产品的特性，以组合投资分散风险、以标准化设计增强流动性、以系列化发行建立产品品牌③。即向以 RTITs 为代表的产业投资基金转型。根据用益工作室的统计资料显示，信托产品的投向逐渐趋于集中化，呈现房地产、基础设施和金融三架马车齐头并进的局面。

（二）证券投资信托发展展望

信托工具在证券投资领域的创新就产生了证券投资信托。证券投资基金是一种利益共享、风险共担的投资于证券的集合投资理财方式，即通过发行基金单位，集中投资者的资金，由基金托管人托管（一般是信誉卓著的银行），由基金管理人（即基金管理公司）管理和运用资金，从事股票、债券

① 楼尚、陈华、李娅、朱成碧：“REITs 房地产投资信托基金：烫嘴的洋山芋”，《搜房网》2007 年 6 月 4 日。

② 慈冰：“国内首个房地产投资信托将于年内上市”（中信—凯德科技园区投资基金成立成为前哨），《华夏时报》2008 年 6 月 30 日。

③ 陈赤：“关于信托投资公司战略方向的思考”，《证券时报》2006 年 7 月 18 日。

等金融工具的投资。基金投资人享受证券投资的收益，也承担因投资亏损而产生的风险。证券投资信托在各国的形式各不相同，英国和我国香港特别行政区称“单位信托”，美国称“共同基金”，日本和我国台湾地区则称“证券投资信托基金”，我国则称“投资基金”，但基本特征是，利用信托法理，集合大众资金，组成某种结合，从事证券市场上的投资行为[①]。

信托业和证券业有着密切的关系，没有证券业务的信托机构是很难想象的。在许多发达国家，对于信托机构经营证券业务几乎没有限制。美国的证券投资基金拥有世界上最大的资产管理量和最复杂的管理系统。英国基金业的发展程度虽不及美国，但在欧洲各国中具有较强的代表性。日本的证券基金是以欧美的基金为模本发展起来的，其资产管理量和系统的完备程度在亚太地区占据领先地位[②]。证券投资信托已经成为美国证券市场的主要机构投资者。美国的信托业就是以证券信托为主的模式。

为了加强对信托投资公司的监督管理，2002 年 6 月中国人民银行修订并颁布施行了《信托投资公司管理办法》（本办法自公布之日起施行，中国人民银行 2001 年 1 月 10 日颁布的《信托投资公司管理办法》同时废止），新《办法》明确规定，信托投资公司可以合法开展投资基金业务。在我国证券投资基金的运作过程中，基金托管完全由银行垄断。但国际上，如美国允许信托公司为基金的托管人，日本及香港用法定形式规定信托公司是法定的基金托管人。在 2007 年颁布的《信托公司管理办法》（银监会令［2007］年第 2 号）、《信托公司集合资金信托计划管理办法》（银监会令［2007］年第 3 号）（于 2007 年 3 月 1 日起实施）中，我国银监会将原来的“信托投资公司”改为“信托公司”，是对信托公司运行的规范认定；同时还对信托公司的经营范围作出了新的规定，将信托公司的市场定位调整，明确成为合格投资者提供资产管理服务的金融中介机构，其业态接近于国外私募基金。

基于对现阶段我国信托业所处环境的认识，2007 年信托创新业务就总量尚没有明显增长，但是证券投资类信托产品发展很迅猛，仅在上半年该类

① 魏秋菊：“英国信托制度研究——兼论我国信托制度的发展”，《经济法网》2003 年 6 月 2 日。

② 满岩、朱幼平：“世界信托业发展对我国的借鉴意义”，《中国经济时报》2004 年 4 月 6 日。

产品的资金规模就占全部集合信托产品的70%以上[①]。从长远来看，我国信托业在未来的定位，应积极拓展证券投资信托业务。这也是和我国金融结构的变化、证券业产品日益丰富有关。可以预期，在未来的几年内，我国的资本市场将继续扩大，直接融资的比重将稳步提高，同时，随着资本市场的逐渐成熟和相关法律制度的完善，证券投资的风险也将逐渐下降。如果信托业在经过几年的积累之后，再抓住证券信托迅速成长的契机，则我国的信托业必然会成为金融领域的中坚力量[②]。随着经济的全球化和信息时代的到来，证券投资信托可能将在信托公司的业务量中占有更大得多的比重，但是否能够发展成为与基金匹敌的力量，还需要拭目以待。

（三）信托与基金的关系

基金的种类繁多，其与信托的关系一直是存有争议的话题。值得注意的是，国内一些人士在介绍境外国家与地区的投资信托时，有意或者无意地将投资信托一律称为“基金”，并将受托人（银行、投资信托公司、信托公司等）一律称为“基金管理公司”。对此，我们在这里简单地探讨一下信托与基金的关系，以正视听。这绝对不是一个没有多少意义的话题，相反，这个话题直接关系到信托公司的业务领域的问题。

根据组织形态划分，基金分为公司型基金与信托契约型基金以及有限合伙制基金。公司型基金经常被称为共同基金，主要存在和发展于美国，美国的《投资公司法》就是规范这类基金的法律。国内有人将这类基金说成是一个股份有限公司，但是这种基金虽然有公司之名，却无公司之实，其公司本身没有经营活动，也没有管理层，董事会的主要任务是选择基金的投资管理人和保管人。基金资产是交给投资管理人管理的。所以国内很多人都认为其实也是一种信托。有限合伙制基金的主要当事人为普通投资者（有限合伙人）与风险资本管理者（一般合伙人），他们通过契约构建其合作架构。在基金中，普通投资者是有限合伙人，以其投资为限承担有限责任。一般合伙人是基金的投资管理人。在基金投资方面，一般合伙人在投资占有的份额

① 蒋灿：“信托业的2007：受托资产规模迅速扩大＋信托业务盈利水平提高”，《证券日报》2008年8月19日。

② 马亚明：“发达国家信托业发展及其对我国的借鉴和启示”，《北方信托网》2003年12月4日。

非常之小，但是，一般合伙人对基金的经营承担无限责任，一旦基金破产清算，管理者将承担无限责任。契约型基金是基于一定的信托契约而成立的基金，一般由基金管理公司（投资管理人）、基金保管机构（受托人或者保管人）和投资者（受益人）三方通过签订信托契约而建立。契约型基金的三方当事人之间存在这样一种关系：投资管理人依照契约运用基金资产进行投资，受托人依照契约负责保管信托财产，投资者依照契约享受投资收益。契约型基金募集资金的方式一般是发行基金受益证券或者基金单位。一般认为，契约型基金是一种建立在信托法理基础上的基金，也就是说投资基金本质上是一种信托，因此，很多国家都将投资基金纳入信托法来调整。

总而言之，契约型基金本身就是信托，在很多国家都是被称为单位信托或者投资信托的。而公司型基金是不是信托存在争议，但是有些国家的法律是明确规定，投资公司或者说公司型基金就是信托，例如日本。而美国的不动产投资信托 REITs 不论是采取公司型基金或者信托型基金形式的，都被称为信托（Real Estate Investment Trusts）。基金采用信托制还是其他形式，与法律传统有直接的关系。例如，英国以及英国的殖民地国家、地区，包括中国香港、澳大利亚、新加坡、马来西亚等，不论证券投资基金或者其他投资基金都完全采用信托模式。日本以及受日本影响较大的韩国、我国台湾等国家、地区，也采用信托模式。在日本、韩国和我国台湾地区，证券投资基金的受托管理人叫做“投资信托公司”。只有有限合伙制基金与信托没有直接关系。但是有限合伙制基金主要运用于创业投资领域。因此，多数基金都是与信托有关的①。

三、部分国家和地区信托业发展趋势

（一）海外信托业发展趋势②

当今，在全球经济一体化、资本经营加速国际化以及不少国家对放松金融管制的背景下，海外发达国家信托业的制度和业务正在发生一些大的变化，并呈现出一些新趋势。

① 杨林枫：“国外基础设施投资信托对我们的启示”，《普益财富网站》2007 年 8 月 21 日。
② 马亚明：“发达国家信托业发展及其对我国的借鉴和启示”，《北方信托网》。

1. 信托职能多元化。发达国家在继续强调信托的管理基本职能的同时，对信托的其他职能也愈加重视。如前所述，财务管理是信托的基本职能，信托的其他职能有融资职能、投资职能、金融职能等。例如日本通过增加了信托机构的融资职能，极大地加大了吸收社会游资的力度，为日本的产业和证券市场的发展提供了有利的资金支持。再如一些发达国家的信托机构将金融服务推广到纳税、保险、保管、租赁、期货、会计、经纪人及投资咨询服务领域。

职能的多元化，使信托投资渗透到国家的一切经济生活之中，使之派生出各种各样的社会机能，其中最主要的有三项：一是通过信托资金的运作，发挥投资和融资功能，促进经济发展；二是通过公益信托的运作，促进社会公益事业的发展；三是通过雇员受益信托的运作，配合国家福利政策推行社会福利计划，发挥社会安全与稳定功能。

2. 信托业务国际化。经济的一体化推动了金融的全球化，而信托投资业务的国际化，刺激了各国同行业新业务的开发，促进了世界各国信托业的交流和发展，各国信托业的经营经验日益成为共享的财富，同时信托业的国际竞争也日益加剧。

3. 经营模式混业化。由于国外信托机构与其他金融机构业务交叉，机构交叉，使信托这一独立的金融机构概念含混不清。信托与银行、证券的结合无处不在。信托与证券的结合也越来越紧密，两者在证券业务上表现为既竞争又合作。尽管在银行内部或信托机构内部，银行与信托的两个部门是明确分开的，二者在性质和业务重点上不同，内部结算也自成体系，但界限已经越来越模糊，而且信托所提供的金融产品和金融服务，与银行所提供的也无明显差别。许多国家在信托机构经营证券业务方面，几乎没有法律上的限制。

4. 信托品种大众化。从实践看，海外国家的信托品种一直随着社会环境的变迁而不断创新。从信托的利用者看，早期信托的主要利用者是个人，而现在公司企业早已是信托的重要利用者。早期信托曾被视为富人的专利，而今信托早已步入寻常百姓家中，成为广大中小资产者投资理财的工具，退休养老的手段。从信托的应用领域看，早期信托主要应用于家庭和民事领域，但现代信托已被应用于社会生活的各个领域。

5. 信托财产集中化。海外发达国家的信托业在不断发展的过程中而集中。无论是英美法系的英国、美国，还是大陆法系的德国、日本，都明显存在信托业务集中在少数大银行、大公司手里的现象。近年来，发达国家的信托业有通过并购重组走向更加集中的趋势。

6. 信托交易电子化。随着互联网时代的到来，发达国家的信托公司也纷纷开设了网上服务，像电子银行、B 对 B 电子商务，网络银行等。通过因特网，这些信托公司能为顾客更快、更好地提供金融调研、在线个人理财工具、利率、股市查询以及金融信息等。展望未来的发达国家金融信托业务，它们将把注意力更多地集中于客户的需求，维持与客户的关系，提供电子化高技术的产品和服务以满足客户需求。

7. 信托兼顾公益化。信托金融化和商业化，是现代信托的两大典型特征。正因此，信托业与银行业、证券业、保险业一起构成了现代金融业的四大支柱。另外，在西方发达国家，办学基金、慈善机构等公益活动一般都由信托机构代理经营，公益信托也日益受到重视。

8. 养老金信托数量趋高化。近些年来，海外发达国家的职业年金计划由于政府的推动得到了迅速发展。目前，经合组织（OECD）国家已有 1/3 的雇员自愿参加了补充养老保险。随着养老基金的增长，发达国家的养老金信托呈逐年增长的趋势。

（二）中国大陆信托发展趋势

面对世界其他国家的混业经营趋势，我国也随时将有实行金融业混业经营的可能性。实行混业经营之后，信托业的行业地位将受到挑战。近几年以来，我国信托发行规模迅速增长，依据现状可以预测中国信托业的发展趋势主要体现在以下几方面：

1. 在信托产品方面，个人资产信托、基础设施投资信托、股权投资信托基金业务、房地产投资信托是未来发展的重点。

2. 信托产品原有以政府信用为主的风险控制手段将逐步转向符合市场经济规律的商业化风险控制手段。

3. 信托公司将更加注重品牌效应，突出自身比较优势，增强与其他金融机构的横向合作，以本地经济为依托、逐步覆盖国内市场，涉足国际业务。

基于对现阶段我国信托业所处环境的认识，从长远来看，我国信托业的定位大体可以分两步走[①]。在未来的两到三年内，信托公司的经营模式可能还是选择日本的“金钱信托”类经营模式为好，这是因为与目前我国证券市场的投资的高风险相比，实业投资的风险相对较小，同时伴随着我国经济的快速增长和产业结构的不断升级，实业投资的热点也层出不穷，其收益不仅较高，而且相对稳定，因此，信托公司应当利用其与地方政府和企业的密切关系，通过金钱信托积极吸收社会资金并投资于有潜力的实业领域，这不仅能保证信托产品收益的相对稳定，而且也充分体现了现阶段信托公司的比较优势，从而有利于信托业恢复阶段信托公司新形象的树立和信托产品市场的开拓。从长期来看，在未来的 5～10 年左右时间内，信托业应积极拓展证券投资信托。这也是和我国金融结构的变化、证券业产品日益丰富有关。可以预期，在未来的几年内，我国的资本市场将继续扩大，直接融资的比重将稳步提高，同时，随着资本市场的逐渐成熟和相关法律制度的完善，证券投资的风险也将逐渐下降。显然，无论是证券种类的丰富化还是证券投资的成熟化都有利于证券信托的开展。

（三）中国台湾地区信托业的发展方向

目前，中国台湾地区除了积极推广与辅导信托制度外，也希望兼营信托业务的银行能配合经济金融发展以及社会大众需要，积极研发开办各项信托业务。从台湾地区信托业发展势头，并参考海外发展经验，可以看到中国台湾地区未来信托业务具有相当大的发展潜力和空间。概括说，台湾地区信托业有下列五大业务发展方向：[②] 与员工福利或退休制度结合的信托业务；与金钱债权结合的信托业务；与不动产结合的信托业务；与其他金融商品结合多样化的信托业务；与生活保障或社会公益结合的信托业务。

相信由于理财与保障兼具的功能，使得信托趋向全民化。在我国台湾地区，有价证券信托、不动产信托、证券化业务等，都是这几年让信托观念更普及化的商品。信托功能则从以前的投资理财，提升为家庭财富管理工具。

① 陆文磊、翟金林：“美国、日本信托业的比较及对我国信托业发展的启示”（一），中国信托前沿——马亚明个人主页，2008 年 10 月 6 日。

② 秋日：“台湾信托市场的发展与现状”，《中国台湾网》2005 年 12 月 27 日。

本章小结

基于对海外不同法系的多个国家信托业发展历史的回顾和分析，结合我国信托业改革开放以来信托业成长历程的思考，可以得出这样的结论：

1. 制度需求是推动信托业产生和发展的根本原因，在制度需求不足的情况下勉强推出制度供给，会使信托业偏离本来意义上的方向，这时又需要根据实际情况纠正原有的制度供给。

2. 信托业的发展方向是在市场竞争中通过市场机制确定的，各国的传统、风俗、习惯则是决定信托业发展方向的深层次原因。

3. 全球范围内的金融混业经营和兼并重组已经成为潮流，我国信托业也已经表现出这方面的苗头。

根据比较分析，我国信托业在下一步的发展中应该注意以下几方面的问题：

（1）完善信托公司的市场准入和推出机制，使信托公司的规模和数量由信托的市场需求决定。

（2）根据我国信托业的发展情况，相应地、及时地在制度上进行微调，让市场决定我国信托业的发展方向。

（3）为信托公司间基于市场行为的兼并重组提供制度便利。

（4）为信托公司与其他金融机构之间的合作提供制度保障。

总之，通过介绍和回顾海外部分国家的信托发展历史，我们应深深认识到，简单的、不讲策略的移植、照搬和模仿世界金融所谓最前沿的做法，肯定不是成为金融强国的最优选择。只有结合本国国情的创新，信托业才能真正成为一国金融的四大支柱之一。

附录一

英美法系部分国家和地区信托投资法

一、美国《统一信托法》

美国《统一信托法》（Uniform Trust Code，UTC）的主要内容

UTC 正文由十一章构成。

第一章（GENERAL PROVISIONS AND DEFINITIONS）是定义和贯穿整个法典的原则。其中默认规则（Default Rule）阐明：UTC 实质上是一部默认性的法律。委托人除了服从必须的限定外，可以任意设定信托合同条款，而不必遵守 UTC 的规定。该章还阐述了鼓励非诉讼和解、信托权限按委托人意愿解释和 UTC 由信托普通法和衡平原则补充等原则。

第二章（JUDICIAL PROCEEDINGS）是与信托相关的程序问题，特别是信托关联到一个以上的州或国家时，法院的管辖权问题。原则上，只要有当事人选择或其他法律规定，特定法院对信托关系都有管辖权。同时，该章也声明，大多数关于信托管辖权等的程序性问题并不能都放在法典中规定，而最好参照其他相关法律。

第三章（REPRESENTATION）是关于受益人和其他利害关系人的代表人，包括他们的代理人（私人代表、监护人、福利监督官）和其他合法代表人的规定。关于代表的规定可适用于争议的和解，无论是诉讼的还是非诉

的。代表有法定的注意义务。法院有权在现有代表人不能胜任时，另行任命代表。法院可任命代表人来代表或同意一项为了未成年人、非完全行为能力人、胎儿或由于未知或不能确定身份和住所的人的利益达成一项和解。

第四章（CREATION，VALIDITY，MODIFICATION，AND TERMINATION OF TRUST）是信托的设立、有效、变更和终止。该章规定了信托设立、变更和终止的必要条件。大多数信托设立的必要条件是按照传统的原理设计的，包括：意愿、能力、财产和正当的信托目的。UTC 明确地将信托分为三大类别：非慈善的、慈善的和名义的信托。非慈善信托，即最为普通的信托形式，需要特定的受益人和合法的目的；慈善信托，其实质是为广大的公众利益而设定；所谓名义信托，尽管在普通法上是非强制性的，但在 UTC 上即使缺少确定的受益人也是合法和有强制效力的，最普通的例子就是关于照看动物的信托。

第五章（CREDITOR'S CLAIMS；SPENDTHRIFT AND DISCRETIONARY TRUSTS）是债权人请求，浪费与裁量信托。此章主要是关于浪费信托的效力以及债权人向信托关系人主张债务权利的规定。浪费规则保护的信托，受益人的债权人在受托人分配收益前一般不能对信托收益主张权利。而对于没有浪费规则保护的信托，债权可以请求法院通过限制分配来主张权利。几种特殊的主张可作为浪费信托保护的例外，包括特定的行政请求，为抚养儿童或分居中女方的请求。此章还包括关于裁量信托债权人的主张、委托人的债权人可否要求撤销信托、当受托人未在合理期限内按要求分配时债权人的权利等。

第六章（REVOCABLE TRUSTS）是可撤销信托。将可撤销信托视为有遗嘱的特征是本章也是 UTC 的一个基本政策。该章列明了能力的标准，规定信托除非条款有相反约定一律假定为可撤销；规定了撤回或修改可撤销信托的程序；注明了受益人在委托人生时的权利以及相关抗辩的权限。

第七章（OFFICE OF TRUSTEE）本章是一系列关于受托人职责的默认规定，即所有的规定都可在具体的信托合同中变更。共同受托人的义务也属此章范围，包括受托人委托另一个受托人的条件以及对其他受托人之行为负责的范围。本章有许多创新性的规定，如必须填补空缺受托人时信托关系的变化、辞任的程序、解任的前提、任命继任者的程序。此外还有在违背信托情形发生后，受托人受偿与赔偿的规定。

第八章（DUTIES AND POWERS OF TRUSTEE）是受托人的基本义务和权利。其中关于受托人管理权规定采纳了《统一谨慎投资人法》（UPIA）的最新文本，涉及范围包括诸如解决环境危机权利这样问题。对于受托人义务，特别是忠实义务，UTC 大量地将普通法成文化，并使其相关部分与 UPIA 相调适。特别的创新之处是，UPIA 将受托人职责规定为信托财产的保管和投资，UTC 将此职责扩展至向受益人分配收益。

第九章（UNIFORM PRUDENT INVESTOR ACT）（UPIA）提供了一个适用 UPIA 的空间，可以看作是对 UPIA 的直接采纳。

第十章（LIABILITY OF TRUSTEES AND RIGHTS OF PERSONS DEALING WITH TRUSTEE）是受托人责任及其关系人的权利。一方面，列举了对违反信托的救济。既包括如何计算损害的程度以及向受托人主张权利的范围，也包括受益人的允诺和免责条款的承认与限制；另一方面，规定受托人与受益人之外的其他人的关系。目的在于鼓励第三人在尽可能多的范围与受托人进行商事交易。

第十一章（MISCELLANEOUS PROVISIONS）附则。其中重要的规定是规定 UTC 不但能适用于生效日后的信托也可适用于生效前就存在的信托，目的是在宪法的框架内，最大可能地广泛运用该法典。

二、中国香港地区《单位信托及互惠基金守则》

1991 年初版

1995 年修订第 2 版

1997 年修订第 3 版

1999 年 2 月修订附录第 10 段

2001 年 6，7 及 11 月修订第 2 章第 2.2 段

2001 年 10 月修订第 8 章第 8.2（i）段

2002 年 1 月新增第 8 章第 8.6 段指数基金条文

2002 年 1 月修订第 8 章第 8.5（b）段

2002 年 3 月修订第 8 章第 8.5 段

说明注释：

(a) 证券及期货事务监察委员会根据《证券条例》第15（1）条的规定获得授权认可互惠基金公司及单位信托。按照该条例第15（2）条的规定，证监会在授予认可时，可附加其认为公平和合理的条件。《证券条例》第2（1）条对“互惠基金公司”及“单位信托”的含义已作出界定。为了执行本守则，“互惠基金公司”及“单位信托”可统称“集合投资计划”。本守则就集合投资计划的认可事项定出指引。

(b) 证监会可随时对其授予的认可加以检讨，并在其视为适当的情况下修改或增加认可条件，或撤回认可。

(c) 在香港刊登广告或邀请公众投资于未经认可的集合投资计划，可构成违反《保障投资者条例》第4条的规定的犯法行为。

(d) 本守则并无法律效力。

目　录

货币市场/现金管理基金

认股权证基金

杠杆基金　指数基金条文

期货及期权基金

保证基金

第9章　并非以香港为基地的计划须遵守的额外规定

第III部　获得认可后须持续遵守的规定

第10章　运作事宜

估值及定价

错误定价

更改交易事项

暂停及延迟交易

与关联人士的交易

第11章　文件及汇报

更改文件

向持有人发出通知

增加收费

撤销认可资格

合并或清盘

汇报规定

广告宣传及公告

附录

附录A1　认可司法管辖区计划

附录A2　监察制度

附录B　申请表格

附录C　销售文件必须披露的数据

附录D　组成文件的内容

附录E　财务报告的内容

附录F　广告宣传指引

第Ⅰ部：一 般 事 项

第1章：认可程序

在香港或其他地方成立的计划

1.1　将在香港或其他地方成立的集合投资计划，如果要在香港获得认可，必须遵守本守则的规定。申请认可的计划，如果要求获宽免遵守本守则的任何规定，必须详述理由。在认可司法管辖区成立的计划。

1.2　鉴于某些集合投资计划已获得设有监管制度的司法管辖区认可，本守则接纳该等计划已遵守本守则某些规定。因此，本守则将承认在附录A1载列的司法管辖区成立的计划类别。证监会在审核认可司法管辖区计划的认可申请时，通常会在有关计划的结构、运作规定及核心投资限制已大致符合本守则的规定的基础上进行。然而，申请人应注意，证监会要求该计划在各重大方面均符合本守则的规定，并保留权利要求该计划须遵守有关规定，作为给予认可的一项条件：见附录A1。

提交证监会的文件

1.3　申请人在申请认可集合投资计划时，必须按附录B所列各项，递交填妥的申请表格。申请表格必须附有下列文件：

（a）该计划的销售文件及组成文件，包括其香港销售文件（见第3.6及3.9条）；

（b）该计划最近期的已审核财务报告（如有），及如有更近期的资料，须附上最近期的未经审核财务报告；

（c）管理公司的简介（如适用，见附录B）；

（d）受托人/代管人的最近期已审核财务报告（如适用，见附录B）；

（e）受托人/代管人同意接受委任的信件（认可司法管辖区计划及现行计划无须提供）；

（f）缴付申请费用的支票，收款人注明为“证券及期货事务监察委员会”。

申请人可向证监会索取现行的收费表。此外，如果申请认可的投资计划并非以香港为基地，必须同时提交下列文件；

（g）香港代表协议书及承诺书（见第9章）；

如果申请人要求证监会认可在认可司法管辖区成立的计划，必须同时提交；

（h）该计划在该司法管辖区的认可地位的证明文件。

修订文件

1.4　在某些情况下，要求有关方面修订文件以遵守本守则的某项规定，可能并不适合。因此，证监会可能愿意接纳有关方面表示将会遵守该项规定的书面承诺以及在香港销售文件中就遵守有关规定作出披露。

第2章：行政安排

2.1　证监会已将该会根据《证券条例》有关认可集合投资计划的权力转授予单位信托委员会、证监会执行董事（公司财务）及总监（投资产品）。证监会亦将其根据《保障投资者条例》认可广告的权力转授上述组织及人士。委员会通常是在考虑新的管理集团的申请或新政策事宜时才行使有关权力，否则有关权力通常会由总监（投资产品）行使。

2.2 证监会根据《证券及期货事务监察委员会条例》第6(1)条的规定，成立单位信托委员会，目的是：

（a）根据《证券条例》第3(2)条的规定，审批单位信托及互惠基金公司的发行章程；

（b）根据《证券条例》第3(3)条的规定，就审批发行章程施加条件；

（c）根据《证券条例》第15(1)条的规定，认可互惠基金公司及单位信托；

（d）根据《证券条例》第15(2)条的规定，在认可互惠基金公司及单位信托时施加条件；

（e）就本守则的规定授予宽免；及

（f）考虑与单位信托及互惠基金公司有关的法例及本守则应否予以修订，并就此向证监会提出建议。

单位信托委员会的成员如下：

主席

证监会任何一名执行董事；

委员（10—12人）（于2001年11月修订）

证监会非执行董事；

证监会高级总监（投资产品），（当然委员，主席缺席时担任主席）；（于 2001 年 7 月修订）

财经事务局局长代表；（于 2001 年 6 月修订）

强制性公积金计划管理局代表；（于 2001 年 7 月修订）

香港投资基金公会主席（当然委员）；

基金管理公司代表 24 位；（于 2001 年 11 月修订）

信托公司代表 2 位；

证监会提名的委员；及

精算师委员。

候补委员（6—8 人）（于 2001 年 11 月修订）

基金管理公司代表 3—5 位；（于 2001 年 11 月修订）

信托公司代表 2 位；及

精算师候补委员。

会议法定人数及会议

委员会的会议法定人数是 5 名委员，其中 1 人必须是证监会的执行董事或总监而余下其中 1 人必须受雇于基金管理公司。

秘书一职由委员会委任证监会高级经理（投资产品）担任。秘书可参与委员会的讨论，但并无投票权。

2.3　如果接获要求，证监会将会解释其决定。

2.4　根据《证券及期货事务监察委员会条例》（《证监会条例》）第 9(2)（a）条，证监会可同时执行其已转授的职能、权力或职责。然而，证监会不打算行使这项权利，复核委员会作出的决定，除非委员会：

（a）明显出错；或

（b）程序应用失当；或

（c）明显地错误诠释本守则。

修订本守则的程序

2.5　如果委员会认为本守则的条文应予以修订，委员会可向证监会作出建议。如果证监会接纳委员会的建议，此等改动或修订将会向业内团体及人士公布，并在有需要的情况下给予过渡期，以便有关团体及人士遵守有关规定。

资料私隐

2.6　申请人可能因本守则要求提供的数据而须向证监会提供《个人资料（私隐）条例》所指的个人资料。证监会仅为执行职能而使用申请人所提供的个人数据。证监会在执行职能时，可就申请人提供的个人数据与证监会或香港或海外的任何政府机关、监管机构、法团、团体或个人所持有或所收集的数据进行核对、比较、转移或交换，以便核实有关数据。在符合《证监会条例》第59及59A条载述的限制下，证监会可向其他监管机构披露个人资料。根据《个人资料（私隐）条例》，你有权在该条例订明的范围内及按照该条例规定的方式，要求查阅或改正你曾经提供予证监会的个人数据。如有任何查询，应向证监会个人数据私隐主任提出。

第3章：释义

除非另行界定，否则本守则使用的词汇及表达方式，与《证券条例》所界定的相同。

3.1　“资本市场计划”指主要投资在尚有1年或超过1年便期满的债务证券的计划。

3.2　“集合投资计划”或“计划”指《证券条例》第2（1）条所界定的单位信托或互惠基金公司。

3.3　“证监会”指依据《证监会条例》成立的证券及期货事务监察委员会。

3.4　“委员会”指单位信托委员会。

3.5　“关联人士”就一家公司来说，指：

（a）直接或间接实际拥有该公司普通股本的20%或以上的人士或公司，或能够直接或间接行使该公司总投票权的20%或以上的人士或公司；或

（b）符合上述（a）款所述其中一项或全部两项规定的人士或公司所控制的人士或公司；或

（c）任何与该公司同属一个集团的成员；或

（d）任何在（a）、（b）或（c）款所界定的公司及该公司的关联人士的董事或高级人员。

3.6　“组成文件”指构成有关计划的主要文件。如属单位信托，则包括信托契约；如属互惠基金公司，则包括组织章程及所有重要的协议书。

3.7 “分销职能”概括来说指在本守则9.3（a）至（d）条所述职能。

3.8 “持有人”就计划的单位或股份来说，指在持有人登记册上注明持有该单位或股份的人士；如果该单位或股份的证明书是不记名的，则指持有该证明书的人士。

3.9 “香港销售文件”指在香港分发的销售文件，而文件内载有本守则附录C所规定的数据及任何其他所需的资料，以令投资者在掌握充分资料的情况下，就该计划作出决定。

3.10 “销售文件”指载有计划数据的文件，或与其一并发出的文件，其作用是邀请公众人士作出要约，购买该计划的单位或股份。

3.11 “认可司法管辖区计划”指经由本守则附录A1所列的海外法例认可的计划。

3.12 “具规模的财务机构”指根据《银行业条例》获得认可和发牌以从事银行业务的机构，或实收资本最少为HK $150000000或等值外币的财务机构。

3.13 “受托人/代管人”、“受托人”或“代管人”指依据本守则第4.1条所委任的机构或人士。

第Ⅱ部：认可规定

第4章：受托人/代管人

委任受托人/代管人

4.1 申请认可的集合投资计划，必须委任证监会接纳的受托人/代管人。

注释（1）：根据信托成立的计划必须委任受托人，而互惠基金公司必须委任代管人。本章列出受托人/代管人（不论获委任的是受托人或代管人）的一般责任。受托人将按照信托法的一般原则履行其职责。就互惠基金公司来说，代管人应载列在组成文件，例如代管人协议书之内（见附录D）。

注释（2）：获接纳的受托人/代管人应该：

（i）持续地受到监管机构的监察；或

（ii）委任独立审计师，按照与证监会议定的职权范围，定期审核其内部监控措施和制度及将有关报告呈交证监会备案。

4.2　受托人/代管人必须是：

（a）根据《银行业条例》第16条的规定而获发牌的银行；或

（b）上述银行的附属信托公司；或

（c）根据《受托人条例》第VIII部注册的信托公司；或

（d）在香港以外地方注册成立而获证监会接纳为从事银行业务的机构或信托公司。

4.3　受托人/代管人的账目必须经独立审计，其实收资本及非分派资本储备最少为HK $10000000或等值外币。

4.4　即使上文第4.3条另有规定，如果受托人/代管人是具规模的财务机构（控股公司）的全资附属公司，而又符合下列条件，则受托人/代管人的实收资本及非分派资本储备可以少于HK $ 10000000：

（a）控股公司发出持续有效的承担文件，承诺如果证监会要求，将会认购额外的资本额，以符合规定；或

（b）控股公司承诺不会任由其全资附属公司不履行责任，同时，如果未有证监会事先许可，不会自行处置受托人/代管人的股本或容许受托人/代管人的股本受到处置或予以发行，致令受托人/代管人不再是控股公司的全资附属公司。

受托人/代管人的一般责任

4.5　受托人/代管人必须：

（a）

（i）根据组成文件的规定，保管或控制该计划的所有资产及以信托形式代持有人（如属单位信托）或该计划（如属互惠基金公司）持有这些资产；

（ii）以受托人/代管人名义，或以记入受托人/代管人账下的方式将现金及可注册的资产注册；凡该计划向外借贷，该等资产可以贷方的名义或由贷方委任的代名人的名义注册；

（iii）对其代名人及代理人就构成该计划的部分资产的任何资产的作为或不作为负责；

（b）采取合理审慎的措施，确保集合投资计划在出售、发行、购回、赎回及注销其单位/股份时，均依照组成文件的规定办理；

(c) 采取合理审慎的措施，确保管理公司用以计算单位/股份价值的方法，足以确保出售、发行、购回、赎回及注销的价格，均按照组成文件的规定计算；

(d) 执行管理公司的投资指示，但有关指示与销售文件、组成文件或本守则的规定有所冲突的则除外；

(e) 采取合理审慎的措施，确保该计划符合组成文件内有关投资和借贷的限制及遵照计划的认可条件；

(f) 在年报内向持有人发出报告，说明根据受托人/代管人的意见，管理公司有否在各个重要方面依照组成文件的规定管理该计划；如果管理公司并未有依照组成文件的规定管理该计划，受托人/代管人必须说明管理公司未有依照哪些方面的规定，及受托人/代管人就此采取哪些措施；及

(g) 采取合理审慎的措施，确保在认购单位/股份的款项未收妥前，不会发出单位/股份证明书。

受托人/代管人的退任

4.6　除非委出新的受托人/代管人，而且有关人选事先获得证监会批准，否则现有的受托人/代管人不可退任。受托人/代管人的退任日期，应为新的受托人/代管人的上任日期。

受托人/代管人及管理公司的独立性

4.7　受托人/代管人及管理公司必须为各自独立的个体。

4.8　即使上述第4.7条另有规定，如果受托人/代管人及管理公司均为法人团体，并且拥有相同的最终控股公司，则不论它们是否在香港或其他地方注册成立，受托人/代管人及管理公司均会视为独立，如果：

(a)

(i) 受托人/代管人及管理公司均为具规模的财务机构的附属公司；

(ii) 受托人/代管人及管理公司均非对方的附属公司；

(iii) 受托人/代管人及管理公司并无相同的董事；及

(iv) 受托人/代管人及管理公司共同签署承诺书，声明各自独立处理该计划的事宜；或

(b) 该计划成立所在的司法管辖区规定受托人/代管人及管理公司须各自独立行事。

第5章：管理公司及审计师

委任管理公司

5.1　申请认可的集合投资计划，必须委任证监会接纳的管理公司，但下述的自行管理计划则另有规定。

注释：基金管理公司或获授予投资管理职能的投资顾问的投资管理运作部门，应设于其监察制度获证监会接纳的司法管辖区。监察制度一览表载于附录A2。然而，对于其他司法管辖区，证监会将会按照其特点加以考虑，并可能会接纳管理公司作出的承诺，表示该公司将会应证监会的要求，提供与该计划的管理有关的簿册及记录，以供证监会检查。

5.2　管理公司必须符合以下条件：

（a）公司的主要业务为基金管理；

（b）公司有能力动用足够的财政资源去有效处理业务及承担债务，尤其是该公司的发行及实收资本及资本储备最少须达HK＄1000000或等值外币；

（c）公司借出的款额不能占其资产重大比例；及

（d）公司在任何时候都要维持正资产净值。

5.3　就第5.2（b）条而言，在下列情况，管理公司欠母公司的债项，将会视为部分资本：

（a）有关债项在未得证监会书面同意前不可偿还；及

（b）有关债项就公司清盘时有权分享的收入及其他权利来说，须从属于管理公司的所有其他债项。

董事资格

5.4　管理公司的董事必须具备良好声誉，及证监会必须认为他们拥有足够的经验去执行其职务。在决定管理公司是否值得接纳，证监会可能会考虑管理公司所雇用的人士及任何获委任的投资顾问的资格和经验。

决定管理公司是否可接纳的准则

5.5　管理公司是否可接纳将会根据以下准则评估：

（a）管理公司或投资顾问（该投资顾问已获转授投资管理职能）的关键人员，须具备最少5年在信誉良好的机构管理单位信托或其他公众人士的资金的投资经验，而其累积的专业投资经验所涉及的投资产品，应与正在申请认可的基金所涉及的投资产品属于同一类别。

(b) 管理公司的关键人员必须是专责的全职职员，并在管理单位信托或互惠基金方面具备可资显示的良好往绩。在评核管理公司人员的资格时，证监会可能会要求管理公司提供其董事及获其转授职能者（如有）的履历(见第 2.6 条)。

(c) 管理公司亦必须具备足够的人力及技术资源，而不应纯粹倚赖单一个人的专业知识。

(d) 证监会必须信纳，管理公司申请人整体而言操作稳健。除此之外，管理公司须向证监会提供合理的保证，以显示其具备完善的内部监控措施及书面程序，并由其高层管理人员负责持续检讨有关规定，以确保该公司更新各项措施及程序，以符合最新的法规。涉及利益冲突的事宜必须妥善处理，以保障投资者的权益。

(e) 凡管理公司把投资管理的职能转授予第三者，则该公司须持续监督和定期监察获转授职能者的表现是否称职，以确保管理公司不会因第三者的委任而削减其对投资者应负的责任。虽然管理公司的投资管理角色可以承包形式转授予第三者履行，但管理公司的责任和义务不可因此而得以转授。

注册规定

5.6　管理公司需要取得的注册将视乎其在香港执行的职务而定。在香港注册成立的管理公司，通常必须按照《证券条例》的规定注册成为投资顾问。然而，如果管理公司在香港担任分销职能或进行证券交易，则必须同时根据《证券条例》注册为交易商或豁免交易商。

自行管理计划

5.7　即使第 5.1 条另有规定，计划的董事局如执行管理公司的职能，则该计划可由该董事局管理。在此情况下，本守则内对管理公司董事的提述，即视为对自管理计划的董事的提述。

5.8　自行管理计划的董事不可以主事人身分与该计划进行交易。

5.9　自行管理计划的规例必须包括以下规定：

(a) 如果该计划的董事被认为不再适宜管理该计划的资产，持有人可以召开会议及通过普通决议，革除这些董事的职务；及

(b) 董事酬金须在持有人大会中由持有人厘定 (trustlaws. net)。

管理公司的一般责任

5.10 管理公司必须：

（a）根据该计划的组成文件的规定，纯粹以持有人的利益作为管理该计划的方针，同时亦要履行一般法律加诸其身上的职责；

（b）保存和促使该计划的会计账册及记录得以保存，以及编制账目和报告。每个财政年度最少须出版两份报告，而所有报告必须在第11.6条指定的期间内，发给所有注册持有人及呈交证监会备案；及

（c）确保香港公众人士在正常办公时间内，得以在管理公司或其香港代表的营业地点，随时免费查阅组成文件，并以合理价格购买该等文件的副本。

管理公司的退任

5.11 在下列任何一种情况，受托人或互惠基金公司的董事，必须以书面通知，辞退管理公司：

（a）管理公司清盘、破产或已委出接管人接管其资产；或

（b）受托人或互惠基金公司的董事有良好及充分理由，认为转换管理公司符合持有人的利益，并以书面说明其理由；或

（c）就单位信托来说，代表最少50%已发行单位的价值的持有人（管理公司持有的或视为由管理公司持有的单位除外）向受托人递交书面要求，要求辞退管理公司。

5.12 此外，管理公司亦必须在下列情况退任：

（a）组成文件规定的其他情况；或（trustlaws. net）

（b）证监会撤回对管理公司的批准。

5.13 辞退管理公司的决定，必须由受托人或互惠基金公司的董事通知证监会。

5.14 当管理公司退任或被辞退，受托人或互惠基金公司的董事必须尽快委任管理公司，而新管理公司必须获得证监会批准。

委任审计师

5.15 在该计划成立或日后当审计师一职悬空时，管理公司或互惠基金公司的董事必须为该计划委任审计师。

5.16 审计师必须独立于管理公司和受托人/代管人，而就互惠基金公司来说审计师必须独立于互惠基金公司的董事。

5.17 管理公司必须将该计划的年报交由审计师审计，而该等报告应包

括附录 E 所规定的资料。

第 6 章：运作规定

计划文件

销售文件必须披露的数据

6.1　获认可的计划必须发出一份切合近期发展的销售文件，其中所载资料，应足以令投资人士在掌握充分资料的情况下，就建议的投资作出决定，尤其是该销售文件应该包括附录 C 所列数据。

注释：该计划可以香港说明文件补充海外销售文件，但证监会必须信纳整体而言所有须予披露的数据已经清楚地披露。证监会特别鼓励使用清楚、简短的香港销售文件。

英文及中文版本的销售文件

6.2　除本条另有规定外，销售文件必须以英文及中文提供附录 C 所规定的数据。如果管理公司能够令证监会信纳，该公司只打算向精通其刊印的资料所用语文的人士销售该计划，则证监会可按个别情况，宽免有关资料须以两种语文刊印的规定。

销售文件须夹附的文件

6.3　销售文件必须夹附该计划最近期的已审核年报及账目。如果该计划在出版年报之后其半年报告已出版，亦须夹附该半年报告。

6.4　除非申请表格附有销售文件，否则不可向非持有人提供任何申请表格，但载有附录 C 所有规定的数据的广告或报告，可能会获准夹附在申请表格内。

刊载业绩数据

6.5　如列出业绩数据或估计收益，证监会可能要求提供证明文件。此外，有关方面亦不可提供有关该计划业绩的预测，但发表预期收益则不会构成为业绩预测。

组成文件的内容

6.6　计划的组成文件，应包括附录 D 所载数据。组成文件的内容不可豁免受托人/代管人、管理公司或该计划的董事，根据香港法律或该计划营业所在地的法律规定而对持有人须负上的责任，或豁免该等人士或公司因诈骗或疏忽而违反信托的责任，而且亦不可就此等责任而要求持有人赔偿或要求持有人支付赔偿费用。

更改计划文件

6.7　管理公司及受托人/代管人，可无须征询持有人的意见而修改组成文件，但受托人/代管人须以书面证明，认为建议修改的项目：

（a）就遵守财政、法定或官方规定来说，是有需要的；或

（b）不会重大地损害持有人的利益，及不会大幅度免除受托人/代管人、管理公司或其他人士对持有人须负上的责任，而且亦不会增加由该计划的资产所支付的费用及收费；或

（c）就纠正明显的错误来说，是有需要的。

除非透过持有人所通过的特别决议或非常决议或获得证监会批准，否则计划文在任何情况下都不可作任何更改。

成员登记册

6.8　该计划或（如属单位信托）其受托人或由该受托人委任的人士，必须备置持有人登记册。如果证监会要求，则须将登记册的存放地点通知证监会。

投资方案

6.9　当提供投资方案，须符合以下条件：

（a）有意参与该计划的人士，在订约之前必须详细地获书面通知其权利与义务，及所有将会征收的费用及收费，以及终止参与该计划的后果；

（b）除非计划持有人作出相反的指示，否则必须最少每季一次通知参加者其单位的期初结余、最近期的交易详情及单位的期终结余；

（c）投资方案必须包括一项指示，提示可能有意作出投资的人士，如果他们考虑将投资方案与计划挂钩，则应参考有关该计划的销售文件；

（d）在香港派发的投资方案单张，不可招揽任何人士投资未获证监会认可的投资计划；及

（e）投资方案的首次收费提高至最高限额时，必须最少在3个月前通知有关持有人。

单位/股份的定价、发行及赎回

首次发售

6.10　如属首次发售，则必须待以最初价格发行的单位/股份完成首次发行后，才可将认购款项进行投资。

估值及定价

6.11　发售价及赎回价必须按该计划的资产净值，除以未赎回单位/股份的数目计算。费用及收费可以从计算后所得出的价格扣除，不过数额及计算方法必须在销售文件清楚说明。

非挂牌证券的估值

6.12　如投资并非在认可市场上市或挂牌，应定期由受托人/代管人核准为合资格的专业人士评估价值。如果获得受托人/代管人的核准，此等专业人士可以是计划的管理公司。

交易

6.13　每月最少须有一定期交易日。管理公司或分销公司所提供或公布的发售价，必须是最高买入价，而赎回价则必须是赎回时的实收净价。

6.14　由接到持有人附上详尽数据的赎回单位/股份的要求起计，直至向持有人支付赎回款项为止，期间不可超过一个历月。

会议

6.15　计划召开持有人全体大会，应依照下列安排：

(a) 持有人须有权委派代表；

(b) 票数应依照持有单位/股份的数目按比例计算，如果持有累积单位/股份，则依照所持有的单位/股份价值按比例计算；

(c) 审议通过特别决议或非常决议的会议，其法定人数应为25%已发行的单位或股份的持有人，而如会议只审议普通决议，其法定人数则为10%已发行的单位或股份的持有人；

(d) 如果在指定开会时间之后半小时内，出席人数仍未达法定人数，必须将会议押后最少15日再重开。亲身或委派代表出席重开会议的持有人的数目，即成为重开会议的法定人数；

(e) 如果不同类别的单位/股份持有人可能出现利益冲突，则应该按不同类别分别召开大会。

(f) 审议下列事项时，应召开持有人特别大会：

(i) 修改、更改或增添组成文件的条款，但第6.7条所规定的情况则除外；

(ii) 终止该计划（除非在组成文件内已列明终止该计划的方法，否则该计划的终止必须按规定进行）；

(iii) 提高付予管理公司、该计划的董事或受托人/代管人的费用的最高限额；或

(iv) 征收其他类别的费用。

(g) 凡该计划发行不记名单位，必须有适当条文，规定如何通知在香港的不记名单位持有人即将举行的会议的时间、议程及投票安排；

(h) 该计划的董事、受托人/代管人、管理公司、投资顾问及他们的关联人士，在讨论与他们有重大利害关系的事项的会议中，不得以股份实益持有人的身份投票，或在计算会议法定人数时将其计入；

(i) 在适当召开的会议中，亲自或委派代表出席及有权投票者，可以简单多数投票通过普通决议。

(j) 在适当召开的会议中，必须得到75%或以上亲自或委派代表出席及有权投票者投票同意，方可通过特别决议或非常决议。

费用

6.16 须由计划的资产支付的所有费用及收费，必须清楚说明其水平/基准，并须附有按年计算的百分比（见附录C第C14项）。就投资管理或顾问职能而征收的合计费用亦应予以披露。

注释：管理公司或其任何关联人士向计划征收的交易费用（按百分率计算），可能会因为与管理公司的受信责任有冲突而不获准收取。

6.17 如果征收业绩表现费用，有关费用：

(a) 每年最多只可征收一次；及

(b) 只有当有关计划的每单位/股的资产净值超过对上一次计算及支付业绩表现费用时该计划的每单位/股的资产净值（即以“新高价”作为基础），方可征收。

6.18 以下的费用、开支及收费，不得由该计划的资产支付：

(a) 任何因该计划的单位/股份的交易而须支付予销售代理人的佣金；

(b) 任何有关该计划的宣传或推广活动的费用；

(c) 一般来说并非以香港的认可计划的资产支付的费用；及

(d) 未有在附录 D 第 D10 项所规定的组成文件中披露的费用。

第 7 章：投资：核心规定

本章列明集合投资计划的投资限制的核心规定及其受禁止进行的投资项目。第 8 章所载的专门性计划则另有规定。

投资分布

7.1 该计划如果持有任何单一名发行人发行的证券，则该计划所持有的该等证券的价值，不可超逾该计划总资产净值的 10%。

注释：

(1) 只要在行使任何转换权时所涉及的数目不超过上述适用于任何单一名发行人的 10% 的限制，证监会将会分别对待以相关证券作为基础的投资工具的发行人（例如备兑认股权证的发行人）和该相关证券的发行人。

(2) 证监会可按个别情况，考虑宽免参照由超过 10% 的成分股组成的指数的表现作为其唯一目标的计划，使其毋须遵守本条规定。

7.2 计划不得持有 10% 以上的任何单一名发行人发行的普通股。

7.3 计划如果持有并非在市场上市或挂牌的证券，则其所持有的该等证券的价值，不可超逾该计划的总资产净值的 15%。

注释：市场指任何证券交易所、场外市场或其他开放予国际性公众投资者及该等证券有定期交易的有组织证券市场。

7.3A 即使第 7.1、7.2 及 7.3 条另有规定，如果直接投资在某个市场上并不符合投资者的最佳利益，计划可以透过纯粹为在该市场直接进行投资而成立的全资附属公司进行投资。在这种情况下：

(a) 该附属公司所进行的投资，连同该计划所作的直接投资合计，均须遵守本守则的规定；

(b) 如直接或间接由持有人或计划承担的整体费用及收费因此而有任何增加，均须在销售文件清楚地披露；及

(c) 计划必须以综合形式拟备第 5.10 (b) 条所规定的报告，并将附属公司的资产（包括投资组合）和负债，列入为计划的资产和负债的一部

分。

政府证券及其他公共证券

7.4　即使第7.1条及7.2条另有规定，计划最多可将其总资产净值的30%投资于同一种发行类别的政府证券及其他公共证券之上。

7.5　除第7.4条另有规定，计划可将其全部资产投资于最少6种不同发行类别的政府证券及其他公共证券之上。

注释：

(1)“政府证券及其他公共证券”指经济合作及发展组织任何成员国政府发行的投资或保证清还本金及利息的投资，或该组织任何成员国的政府或地区当局或国营企业在该组织任何成员国发行的固定利息投资，或受托人/代管人认为具有类似地位的其他机构在世界上任何地方发行的固定利息投资。

(2)如果政府证券及其他公共证券以不同条件发行，例如还款期、利率、保证人身份或其他条件有所不同，则即使该等政府证券及其他公共证券由同一人发行，仍会视为不同的发行。

认股权证及期权

7.6

(a)计划可投资于认股权证及期权作套戥之用。

(b)除上述(a)款外，计划投资在非用作套戥的认股权证及期权的价值，以所缴付的溢价的总额来说，不可超逾其总资产净值的15%。

7.7　禁止提供空头期权。

7.8　就证券投资组合而提供的认购期权，以行使价来说，不可超逾该计划的总资产净值的25%。

期货及商品

7.9　计划可为套戥而订立金融期货合约。

7.10　除第7.9条外，计划可以并非为套戥而订立期货合约，但就所有未到期的期货合约来说，该等合约价格的总净值，不论是须付予该计划或由该计划支付，连同实物商品及以商品为基础的投资的总值，均不可超逾该计划的总资产净值20%。

注释：

(1)“实物商品”包括黄金、白银、白金及其他金条。

（2）“以商品为基础的投资”不包括从事商品的生产、加工或贸易的公司的股份。

在其他计划的投资

7.11 计划如持有其他集合投资计划的单位或股份，其总值不可超逾计划本身的总资产净值的10%。此外，该等计划不可主要投资于本章所禁止的投资项目。但如果该等计划以本章限制的投资为主要投资项目，该等持有量不可违反有关限制。

7.12 即使第7.11条另有规定，计划可将其全部资产投资于单一项集合投资计划，并可获认可成为联接基金。在这种情况下：

（a）所投资的计划必须获得证监会认可；

（b）销售文件须说明：

（i）该计划是联接其所投资的计划的联接基金；及

（ii）为符合有关的投资限制，该计划及其所投资的基金将被视为单一实体；

（iii）该计划的年报必须包括其所投资的基金在财政年度结束当日的投资组合；及

（iv）该计划及其所投资的基金的合计费用及收费必须清楚披露。

（c）联接基金不可借进超逾其总资产净值10%的款项，而借款用途须限于应付赎回要求或支付营运费用。

7.13 如果计划所投资的各项计划由同一家管理公司或该公司的关联人士管理，则由持有人或该计划承担并须支付予该管理公司或其任何关联人士的首次费用、管理公司年费或其他费用及收费的整体总额不可因此而提高。

禁止投资房地产

7.14 计划不可投资于任何类别的房地产（包括楼宇）或地产权益（包括期权或权利，但不包括地产公司的股份）。

限制卖空

7.15 如果卖空会引致该计划有责任交付价值超逾其总资产净值10%的证券，则不可进行卖空。

7.16 拟卖空的证券在准许进行卖空活动的市场必须有活跃的交易（见第7.3条注释）。

借款限制

7.17　如果事先未获受托人/代管人书面同意，计划不可放贷、承担债务、进行担保、背书票据，或直接地为任何人士的责任或债项承担责任。

无限责任

7.18　计划不可取得任何可能使其承担无限责任的资产。

对投资在董事/高级人员拥有利益的证券的限制

7.19　如果管理公司任何董事或高级人员单独拥有一家公司或组织的任何类别的证券，而其票面值又超逾该类别全数已发行证券的票面总值的0.5%，或管理公司的董事及高级人员合共拥有的该类别证券，其票面值超逾全数该类已发行证券的票面总值的5%，则有关计划不可投资于该类别的证券之上。

对未缴款/部分缴款证券的限制

7.20　如果证券有任何未缴款，但将应催缴通知而须予清缴，则计划的投资组合不可计入该等证券，但有关该等证券的催缴款项可由计划的投资组合用现金或近似现金的资产全数清缴者则除外，而就第7.8条来说，该等现金或近似现金的资产的数额并未计算在内。

借进款项的限制

7.21　计划不可借进超逾其总资产净值25%的款项（资本市场计划则不可超逾10%）。就本守则的本条来说，对销借款不当作借款论。

对伞子基金的限制

7.22　本章的规定适用于伞子基金的每个成分基金，一如它是单一项的计划，但本章第7.2条则除外。因为根据该条，成分基金投资在任何单一名发行人所发行的任何普通股上的集合投资总额，不可超逾10%。

违反投资限制

7.23　如果出现违反第7章及第8章所述的投资限制的情况，管理公司的首要目标是要在合理时间内，采取一切必要的补救措施，并且应适当地考虑持有人的利益。

计划名称

7.24　如果计划的名称显示某个目标、地区或市场，则该计划最少须将其非现金资产的70%，投资于可反映该计划所代表的某个目标、地区或市场的证券及其他投资项目之上。

第 8 章：专门性计划

本章列明各类专门性计划应遵守的指引。专门性计划指并非主要投资于股份及/或债券的计划、任何可归入本章所述类别的计划，或其他并不符合第 7 章所载规定的计划。

凡希望被列为其他专门性计划者，可依据本章的规定提出申请。证监会将按个别情况考虑这类计划，或如果证监会认为恰当，可待进一步的指引公布后，才考虑有关申请。

8.1　单位投资组合管理基金

(a) 如果计划将其所有资产投资于其他集合投资计划之上，该计划可获认可为单位投资组合管理基金。单位投资组合管理基金可为附带目的而持有现金，及为套戥而订立金融期货合约。

投资限制及借进款项的限制

(b) 根据8.1(a)条的规定，单位投资组合管理基金只可投资在证监会认可的计划的单位/股份，或投资在认可司法管辖区计划（不论该计划是否获得认可)，但该单位投资组合管理基金最多可将其总资产净值的 10%，投资在未获证监会认可的非认可司法管辖区计划。

(c) 即使上文8.1(b)条另有规定，单位投资组合管理基金不可投资于以本守则第 7 章所禁止的任何投资项目作为主要投资的计划。对于受第 7 章限制的投资来说，持有这些投资的数量或价值不可违反有关限制。

(d) 除获得证监会批准外，单位投资组合管理基金必须投资于最少 5 项计划，而任何一项计划的投资额，均不可超逾该基金本身的总资产净值的 30%。

(e) 任何单位投资组合管理基金均不可投资于另一个单位投资组合管理基金。

(f) 作为临时措施，单位投资组合管理基金最多可借进其总资产净值 10% 的款项，以应付赎回要求或支付营运费用。

(g) 单位投资组合管理基金不可将超过其总资产净值的 10% 投资于认股权证基金、杠杆基金、期货基金及期权基金，但如果该单位投资组合管理基金以上述基金为主要投资目标，则不在此限。在这种情况下，本章所载适用于这些专门性基金的条文，亦会适用于这些单位投资组合管理基金（如适用）。

收费限制

（h）凡单位投资组合管理基金投资于同一家管理公司或与该管理公司有关连的人士管理的计划，就所投资的计划而征收的首次费用须全部加以宽免。

（i）单位投资组合管理基金的管理公司，不可按所投资的计划或该计划的管理公司所征收的费用或收费收取回佣。

8.2 货币市场/现金管理基金

（a）货币市场/现金管理基金属集合投资计划，其唯一目的是投资于短期存款及债务证券。

销售文件（trustlaws. net）

（b）销售文件必须清楚强调，购买一项计划的单位/股份并不等于将资金存放于银行或接受存款公司，而管理公司并无责任按要约价值赎回单位/股份。此外，该计划亦不会受到香港金融管理局的监督。

计划名称

（c）该计划的名称不可令人觉得该计划相当于现金存款安排。

申报规定

（d）该计划须于每月最后一个工作天起计的 7 天内，将在该月份认购该计划的资金总额以及截至该月底止由该计划管理的资金总额的详情，呈交予证监会。

投资限制

（e）根据以下条文，计划只可投资于存款或债务证券。

（f）计划的投资组合的平均届满期，不可超逾 90 天。计划亦不可购入超逾 1 年才到期的金融票据。如果购入政府证券或其他公共证券，其余下届满期不可超逾 2 年（见第 7.5 条的注释（1）及（2））。

（g）计划持有由单一名发行人所发行的金融票据及存款证的总值，不可超逾该计划的总资产净值的 10%，但以下情况除外：

（i）如果发行人是具规模的财务机构，而有关总额又不超逾发行人的已发行资本及已公布的储备的 10%，则上述的 10% 限额可增至 25%；或

(ii) 如属政府证券及其他公共证券，则可将总资产净值的 30% 投资在同一个证券发行；或

(iii) 任何少于 US $ 1000000 或按该计划的基数货币计算的等值存款，因计划规模所限，无法以其他形式分散投资。

借进款项的限制

(h) 作为临时措施，该计划最多可以借进其总资产净值 10% 的款项，以应付赎回要求或支付营运费用。

(i) 最低认购额（于 2001 年 10 月删除）

如果计划投资在以港元结算的票据：

(ii) 则每名投资者的最低认购额必须为 HK $ 50000；及

(iii) 如果投资者所持有的该等基金的价值因部分赎回而跌低于港币 HK $50000，则有关管理公司必须要求该投资者全数赎回其单位/股份。

8.3 认股权证基金

下列准则适用于以认股权证为主要投资目标的集合投资计划。

(a) 除第 7.2、7.3、7.6 (b)、7.10 及 7.21 条的规定外，第 7 章所载的核心规定将会适用。

(b) 计划在由任何单一名发行人所发行的认股权证上的投资金额，不可超逾其总资产净值的 10%。

下列额外规定亦一并适用：

投资限制

(c) 计划所持有的认股权证，最少须有 90% 附带认购上市证券的权利（见第 7.3 条的注释）。

(d) 计划只可为了套戥而将资金投资于远期货币合约及金融期货合约。

(e) 禁止将资金投资于实物商品，包括金条、商品期权及以商品为基础的投资（见第 7.10 条注释 (2)）。

借进款项的限制

(f) 作为临时措施，计划最多可借进其总资产净值 10% 的款项，以应付赎回要求或支付营运费用。

销售文件

(g) 销售文件必须解释认股权证的投资性质，并须载有详细说明，阐

述投资于认股权证时须承担的风险

（h）销售文件及任何宣传数据必须载有下列重要提示：

“认股权证价格可骤升骤跌，因此，本基金带有相当大的资本亏损风险。本基金只适合有能力承担此等风险的投资者”。

计划名称

（i）计划的名称必须载有“认股权证”一词。

8.4　杠杆基金

以下的一般准则适用于杠杆基金。然而，申请认可杠杆基金者应注意，视乎计划的性质而定，额外准则（包括获批准的最高杠杆比率）将适用于该计划。因此，申请人应就个别情况所适用的特定原则，征询证监会意见。

（a）如果计划的借贷能力或其他形式的杠杆比率超过本守则第7章所批准的，计划可根据本章规定，获认可为杠杆基金。

有限责任

（b）计划的持有人所承担的责任，必须以其在该计划的投资额为限。

专业知识

（c）就寻求认可的计划的杠杆投资类别来说，管理公司及投资顾问（如适用）必须令证监会信纳它们具备适当的资格。

受托人/代管人的证明

（d）计划的受托人/代管人必须向证监会证明其设有适当的监察措施，以监察计划的杠杆比率不会超过最高限额或符合其他由证监会施加的条件。

资料披露

（e）销售文件必须附有详细解释，说明该计划将会采用的杠杆交易类别及其内在风险。

（f）销售文件及其他广告宣传材料，必须载有配合该计划的内在风险程度的重要警告提示。

（g）计划的名称必须载有“杠杆”一词。（trustlaws. net）

8.4A　期货及期权基金

下列准则适用于投资在期货合约（包括商品及金融期货）及/或期权合约的集合投资计划。

投资限制

(a) 有关计划只可买卖在期货、商品或期权交易所进行交易的期货及期权合约，或其他获得该计划的受托人/代管人批准的场外交易衍生投资产品。

(b) 该计划最少有30%的资产净值是以存款方式持有或投资于流动的短期债务工具，而这部分资产不可用作为保证金。作为期货及期权合约的保证金，及/或作为因购买期权（包括认沽及/或认购期权）而支付的期权金，不可超逾该计划资产净值的70%。

(c) 该计划不可投资于商品期货合约以外的其他商品合约。然而，该计划可购买可在有组织的市场中转让的贵重金属。

(d) 该计划为购买具备同样特点的未平仓期权而支付的期权金，不可超逾该计划的资产净值的5%。

(e) 如果该计划持有任何期货合约月或期权系列的未平仓合约，则该等合约的合计保证金不得超过该计划的资产净值的5%。

(f) 如果该计划持有涉及某种商品或金融工具的未平仓期货或期权合约，则该等合约的合计保证金，不得相等于或超过该计划的资产净值的20%。

借进款项的限制

(g) 作为临时措施，计划最多可借进其总资产净值10%的款项，以应付赎回要求或支付营运费用。

有限责任

(h) 计划持有人承担的责任，必须限于其在该计划的投资额。

专业知识

(i) 申请认可的基金管理公司（及投资顾问，如适用）必须令证监会信纳其具备期货及期权方面的专门经验。证监会决定有关管理公司是否可接纳时，会同时考虑该管理公司雇员或投资顾问的资历和经验。任何申请认可的公司须提交之前5年期间，该公司或该公司雇员所管理的所有期货基金业绩的详情。

受托人/代管人的证明

(j) 受托人/代管人须向证监会呈交书面证明，确认投资计划设有适当的监察程序，以监察该计划有否违反投资限制。受托人/代管人必须表明本身拥有这方面所需经验。

资料披露

（k）销售文件必须：

（i）提供有关该计划拟投资的期货合约（及期权，如适用）类别的详细解释、该项投资的内在风险及将会采取的交易策略；

（ii）在同一部分披露所有该计划应支付的管理、顾问及经纪费用；及

（iii）清楚披露该计划预计将会招致的交易费用的性质及数额，以及交易次数增加对该等费用的预计影响。

（l）销售文件及任何广告数据必须包括一项配合该计划内在风险程度的重要警告提示。该项声明必须在销售文件封面的当眼处显示。

（m）该计划的名称必须包括“杠杆”、“期货”及/或“期权”等文字。

（n）该计划的周年财务报告须披露该计划所招致的交易费用的总额。

（o）任何广告须载有一项声明，表示投资者应参考在该计划的销售文件列明的各项风险因素。

确认声明

（p）该计划的申购表格，须在当眼处载有一项确认声明，由投资者在申购时签署，确认曾经阅读该计划的销售文件，并充分了解该计划的性质及附带风险。

8.5　保证基金（本章在 2002 年 3 月 21 日作出修订）

如果根据该集合投资计划的结构规定，持有该计划的单位/股份的投资者在将来某个指明的日期保证会获得支付某个数额的款项，下列准则将适用。

（a）在有关情况下，第 7 章的核心规定适用于该计划，但须视乎该计划的性质及其相关投资而定。

保证人（于 2002 年 1 月 25 日修订）

（b）保证人必须是具规模的财务机构，并获得证监会核准作为该计划的保证人。

（c）保证人必须是：

（i）根据《银行业条例》获得认可和发牌以从事银行业务的机构；或

（ii）根据《保险公司条例》获得认可的获授权保险人。

注：证监会可视乎每个个案的具体情况，考虑批准其他具规模的财务机构担任保证人。证监会必须信纳该机构持续地受到监管机构的监察及具备可接受的财政状况。

资料披露

（c）该计划的销售文件必须载有：

（i）保证人名称及该项保证条款；

（ii）该计划拟投资在固定利息证券及其他投资项目的百分比；

（iii）一项声明，表示该投资计划的业绩将会受到已设立的保证结构所局限；

（iv）一项涉及所有影响该项保证的适用范围或有效性的重大条件的重要警告提示，包括（在适用的情况下）该项保证只适用于在该项保证指明的日期仍持有其投资的投资者，以及在该日期之前的所有交易，均完全受到该计划资产值的波动影响；及

（v）例证或说明，以清楚显示有关的保证机制。

（d）任何有关投资在该计划的广告或其他邀请，必须载有以上（c）（iv）段所述的重要警告提示及披露保证人的姓名/名称。

（于 2002 年 3 月 21 日修订）

如果根据该集合投资计划的结构规定，持有该计划的单位/股份的投资者在将来某个指明的日期保证会获得支付某个数额的款项，下列准则将适用。

（a）在有关情况下，第 7 章的核心规定及第 8 章的有关规定适用于该计划，但须视乎该计划的性质及其相关的投资而定。

保证人

（b）保证人必须是：

（i）根据《银行业条例》获得认可和发牌以从事银行业务的机构；或

（ii）根据《保险公司条例》获得认可的获授权保险人。

注：证监会可视乎每个个案的具体情况，考虑批准其他具规模的财务机构担任保证人。证监会必须信纳该机构持续地受到监管机构的监察及具备可接受的财政状况。

销售文件须披露的数据

除附件 C 的标准披露规定外，该计划的销售文件还必须载有：

(c) 有关保证人的资料

(i) 保证人名称;

(ii) 业务性质; 及

(iii) 有关其财政状况的资料，包括已缴股本、总资产净值或股东资金以及 (如适用的话)，其信贷评级或任何其他有关的资料。

(d) 有关该项保证的资料

(i) 该项保证的条款，包括该项保证的适用范围及有效性以及可能导致该项保证终止的情况;

注: 有关保证契据必须为销售文件的一部分。

(ii) 例子或描述，以清楚显示有关的保证机制以及高于保证金额的潜在回报的计算方法;

注: (1) 如销售文件列出参考性的参与比率，有关说明应以该参与比率作为计算基础。

(2) 应清楚说明有关例子所使用的假设。此外，应说明所列出的回报率仅作说明之用及实际回报可能会有所不同。

(e) 相关投资的性质的仔细描述，包括:

(i) 该计划在有关销售文件出版时拟投资或估计会投资在定息证券及其他投资项目的百分比;

(ii) 相关投资的发行人/对手方，或挑选有关人选的准则;

(iii) 相关投资的估值方法;

(iv) 为应付赎回要求而将相关的投资变现的机制; 及

(v) 在适用的情况下，在有关销售文件出版时的参与比率或估计的参与比率。销售文件应声明实际的参与比率与所列出作为参考的比率，可能会有所不同，同时应就可能影响最后决定有关比率的因素作出分析。

注: 在适用的情况下，应说明实际参与比率将于何时厘定以及会以何种方法将有关数据知会投资者。

(f) 风险警告

风险警告包括但不限于:

(i) 一项声明，表示该投资计划的业绩表现将会受到已设立的保证结构所摊薄;

(ii) 一项声明，表示超出保证金额的潜在回报将受制于投资风险及不会获得保证；

(iii) 一项声明，表示该计划受制于保证人及相关投资发行人的信贷风险；

(iv) 一项声明，表示该计划受制于相关投资在变现能力方面的风险；

(v) 任何涉及在不同营运者之间可能引起的利益冲突的风险；

(vi) 一项警告提示，说明在某些情况下可能影响该项保证的适用范围或有效性，包括在相关的情况下，该项保证只适用于在其指明日期仍持有其投资的投资者，以及在该日期之前的所有交易，均完全受到该计划资产值的波动所影响；及

(vii) 在适用的情况下，任何须于认购有关投资计划时实时缴付的款项的收费机制以及该等收费对投资者的成本构成的影响。

司法管辖权

(g) 香港法院审理涉及该计划或保证的诉讼的司法管辖权，不会因为保证契据的内容而被减损。

计划的名称

(h) 该计划的名称应准确反映该项保证的性质。

汇报规定

(i) 如果该投资计划的管理公司发现任何可能影响该项保证或保证人以其保证人身份行事的能力，必须在切实可行的范围内尽快通知证监会。

注：如果某项计划的保证人并非分别于第（b）（i）及（b）（ii）段所述的获得发牌以从事银行业务的机构或获授权保险人，该项计划的经理应每年就有关保证人接受监管的情况，向证监会作出汇报。

广告宣传

(j) 任何广告或宣传数据必须：

(i) 载有保证人名称；

(ii) 在适用的情况下，载有一项声明，表示若干费用会在认购有关计划时收取，以及因此而收取的总金额；

(iii) 列明参考日期（如引用参考性的参与比率），及载有一项警告提示，表示实际的参与比率与有关的参考性比率可能会有所不同；

(iv) 载有上文第（f）（vi）段的声明；及

(v) 载有一项声明，指示投资者应细阅销售文件，以了解有关保证人

的进一步资料。

8.6 指数基金（于2002年1月新增的条文）

以下为适用于指数基金的准则。

一般情况

(a) 指数基金属于集合投资计划，其主要目标是要紧贴、仿真或对应某个股本证券、债务证券或其他证券指数，从而提供或取得与有关指数的表现吻合或相对应的投资结果或回报。

(b) 指数基金可通过大体上参照有关指数的成分证券的相关比重，将全部或绝大部分资产，投资在该指数的成分证券之上，从而紧贴该基金的表现。若基金投资在该指数某个具代表性的成分证券样本，该样本应确切地反映出有关指数的整体特点。

注：有关的投资组合可按照抽样方式投资于并非为该指数的成分证券的若干证券，但该投资组合的特点必须与有关指数的特点相若以及这个方法是为了减少在紧贴指数表现过程中出现的错误所需的。

(c) 基金为达致其投资目标，可以根据其已披露的投资目标和限制，投资于其他适当的投资工具，例如投资于获本守则准许或获证监会接纳的衍生工具。

(d) 一般而言，证监会只会在指数基金的相关指数获得证监会接纳的情况下，才会考虑认可该个指数基金，但有关的接纳并非意味着证监会正式批准或认可该指数。如果某指数不再被认为是可以接纳的话，证监会保留撤回有关认可的权利。

注：若指数由于任何原因而很可能不会或已经不再获得接纳，管理公司应立即咨询证监会的意见。管理公司的首要目标，是提出证监会接受的补救行动建议或其他可行方案。

获接纳的指数

(e) 证监会将根据以下准则来评定某个指数应否获得接纳：

(i) 该指数必须清楚界定其目标及/或其旨在代表的市场或界别。

(ii) 注：该指数必须获得证监会信纳其可以适当地反映有关市场或界别的特点。该指数必须能够反映其相关成分证券的价格波动，并且能够在相关市场或界别出现变化时，更改有关成分证券的组成和比重。在相关的情况下，证监会可以要求有关方面就该指数所代表的市场或界别的总值，提供有关的成分证券的市值。

（ii）在一般情况下，该指数的成分证券必须广泛分布。

注：如果该指数的某只成分证券所占比重超过40%，或其首5大成分证券所占比重超过75%，则在一般情况下，该指数将会被视为过分集中。证监会将会因应个别情况或当有关成分证券属于政府证券或其他公共证券时，作出例外的处理。

（iii）该指数必须是可供投资的。

注：证监会要求有关的成分证券必须具备充足的流通性（以其相关比重及成交量作为考虑因素），并可在正常市况及不存在交易限制的情况下随时买卖。

（iv）该指数必须具备透明度和以适当方式发表。

注：该指数的最新水平和其他重要消息，必须在香港的日报发表或能够让投资者方便地取览（例如可向有关基金的香港代表查询或在有关网站内登载）。证监会在进行评核时，亦会考虑到投资者是否可以容易地从市场数据销售商取得有关指数的资料。

（v）指数提供者应具备所需的专业知识和技术资源，以便建构、维持和检讨编制该指数的方法学/规则。这些方法学/规则必须以文件方式清楚列明、贯彻一致和具备透明度。

注：证监会可以要求有关方面提交编制该指数的方法学/规则。

汇报规定

（f）凡发生任何事件而可能影响指数的可接纳性，管理公司都应咨询证监会的意见。若发生任何关乎指数的重大事件，则应在切实可行范围内尽快通知有关持有人。这些事件可能包括制定或计算该指数的方法学/规则、投资目标或特点有所改变。给予持有人的通知应事先送交证监会批准。

投资限制

（g）除下列第（h）及（i）段所述的例外情况外，第7章的核心规定将会适用。

（h）尽管第7.1章已另有规定，但在下列情况下，指数基金的10%以上的资产净值，可投资在由单一发行人发行的成分证券之上：

（i）该等成分证券只限于占该指数比重超过10%的成分证券；及

（ii）在任何情况下，该基金持有该等成分证券的数量，均不会高于该等证券在该指数中各自占有的比重，但如因为指数的组成出现变化才导致超逾有关的比重，及这个情况只属过渡性和暂时性的，则不在此限。

注：（h）（ii）的限制可按个别情况获得宽免。相关的考虑因素包括有关基金是否必须取得这项宽免，才可达到紧贴指数的目标等。

（i）在上述第（h）段的情况下，有关持有量可超出第7.4章所述的30%限额。此外，在上述第（h）段的情况下，尽管第7.5章另有规定，基金仍然可以将其所有资产，投资于任何数目的政府证券发行和其他公共机构的证券发行。

披露

（j）除附录C所述的规定外，指数基金的销售文件必须另外作出以下的披露和警告：

（i）有关该指数打算代表的市场或界别的说明；

（ii）有关该指数的特点及其一般的组合成分，以及在适用的情况下该指数有否集中于任何经济领域及/或发行人；

（iii）该指数首10大成分证券在销售文件日期起计的一个月内的某日的比重；

（iv）有关该基金的投资可能集中于某个单一发行人或若干发行人所发行的证券的声明（如有需要）；

（v）有关由于指数基金本身的投资性质，基金在适应市场转变方面难以灵活地酌情变通，以及指数下跌将会导致基金价值相应下跌的警告；

（vi）有关不能保证或确保在任何时候都会准确地或完全地模拟指数的表现的声明；

（vii）列明导致在紧贴指数表现时可能出现的错误和有关风险，以及为减少该等错误而采取的策略；

（viii）有关编制该指数的方法学/规则的简单说明及/或投资者取得有关资料的方法（例如列出指数提供者的网址）；

（ix）投资者取得有关指数的最新数据和其他重要消息的方法；

（x）该指数的组成可能有变和证券可能会被除牌的警告；

（xi）任何将会影响指数在计算时的准确性和完整性的情况；

（xii）有关因采用该指数而引致的发牌条件（包括可能向指数提供者作

出的弥偿保证）的警告，以及若一旦无法取得该指数时的应变计划；

（xiii）该指数提供者与基金管理公司（或其关联人士）是否独立人士的声明。如果有关人士或公司并非独立人士，则须说明如何解决可能出现的利益冲突的方法；

（xiv）如果该指数不再被认为是可以接纳的话，证监会保留撤回有关认可的权利；及

（xv）任何其他有关和重要的资料，以便投资者可以在掌握充分数据的情况下作出投资决定。

更换相关指数

（k）基金在获得认可后，必须根据其组成文件的规定和必须事先得到证监会的批准，方可更换相关指数。

注：在某些情况下，更换相关指数可能是必须的，例如有关指数已不再存在或不再被视为是可以接纳的。

财务报表

（l）基金必须在中期和年度财务报表中，列出在有关期间终结时，所有在该指数中超过10%比重的证券（如有的话），以及该等证券各自所占的比重。有关报表必须提供在有关期间内，该基金的表现与有关指数的实际表现的比较。

基金名称

（m）基金的名称必须反映有关指数基金的性质。

注：基金名称内应包括“指数”及/或包含着对应相关指数的表现的字眼。

第9章：并非以香港为基地的计划须遵守的额外规定

代表的委任

9.1　如果计划的管理公司并非在香港注册成立，而在香港又没有营业地址，则委任一名香港代表。

9.2　该计划一旦委出代表后，即须继续聘用该代表，直至该计划在香港的认可期完结为止。

代表的职能

9.3　该代表毋须为管理公司的作为或不作为承担责任。如果该计划是

一家公司，则该代表毋须为该计划各董事的作为或不作为承担责任。然而，该代表须获授权代表该计划及管理公司：

（a）在香港接受任何人士提出的认购申请及收取认购股份/单位的款项；

（b）从申请人收到上述（a）款所载的申购款项后，发出收据；

（c）依照该计划的条款向申请人发出合约单据；

（d）接收持有人的赎回通知、过户指示及转换通知，并立即转达给管理公司或该计划；

（e）接收持有人拟向该计划、受托人/代管人或管理公司送达的任何通知或通信，包括诉讼文件的送达；

（f）立即通知证监会有关终止或暂停赎回股份/单位的事项；

（g）让公众人士能在香港免费查阅该计划的所有组成文件，并以合理价格向持有人出售该等文件；

（h）向持有人提供该计划的数据，包括该计划的财务报告及销售文件；

（i）应证监会的要求，将所有与该计划在香港的单位/股份销售及赎回有关的账册及记录，送交证监会；及

（j）处理与所有通常居于香港的持有人在金钱上有利害关系的事项，或处理与在香港出售的单位/股份有关的事项。

委任准则

9.4　由于该代表的分销职能属于证券交易，因此，该代表须：

（a）根据《证券条例》注册为交易商；或

（b）获豁免注册为交易商；或

（c）委任另一个可满足本条（a）或（b）款规定的实体执行分销职能。

9.5　如果该代表依据第9.4（c）条的规定，委任另一个实体执行分销职能，该代表应为管理公司的分公司或代表。

9.6　该代表必须循适当程序，获委任代表该计划及管理公司。

保证书

9.7　该代表必须给予证监会一份保证书，承诺将执行本守则所规定有关代表须履行的一切职责。

代表的退任及更换

9.8　如果该代表退任或遭解雇，须从速委任新代表，但有关的委任须

事先获得证监会批准。

有关香港代表的协议

9.9 该代表、该计划及/或管理公司之间签订的所有合约，其详情必须呈交证监会。签订该等合约后的任何修订亦须通知证监会。

司法管辖权

9.10 香港法院审理涉及该计划的诉讼的司法管辖权不会因组成文件的内容而遭削减。

第Ⅲ部：获得认可后须持续遵守的规定

第10章：运作事宜

估值及定价

10.1 计划必须根据其销售文件、组成文件及第6章的规定进行估值和定价。

错误定价

10.2 如果在厘定单位/股份的价格时出错，便应尽快加以纠正，及采取任何必要的行动以避免进一步犯错。如果有关错误导致价格偏离计划的资产净值达0.5%或以上，受托人/代管人必须立即通知证监会。在这个情况下，除非受托人/代管人另有决定，并且已向证监会提出充分理据，否则投资者应按照以下情况获得赔偿：

(a) 凡个人投资者所蒙受的损失（不论是购入或赎回）超过港币100元或由管理公司所决定的较少金额时，投资者应以管理公司所决定及受托人/代管人所批准的形式获得赔偿；及

(b) 凡蒙受损失一方的是管理公司，则不应支付任何赔偿。

更改交易事项

10.3 凡该计划以一个已知价格交易，而根据已有资料，当该计划的价格超逾或低于该计划的资产现值的5%，管理公司必须延迟交易，并尽快计

算出新价格。

10.4　交易方式如有永久性的改变，必须事先给予持有人最少一个月的通知。

10.5　交易方法的临时改变限于下列情况：

（a）只在特殊情况下实施，但必须顾及持有人的利益；

（b）在销售文件已清楚声明可能有所改变和在哪种情况下会有所改变；及

（c）有关改变获得受托人/代管人的批准。

暂停及延迟交易

10.6　只有在特殊情况下才可暂停交易，但必须顾及持有人的利益。

10.7　如果单位/股份停止交易或暂停交易，管理公司或代表必须立即通知证监会。有关方面必须在作出此等决定后，立即在该计划日常刊登其价格的报章上刊登通知，并且在暂停交易期内，最少每个月刊登有关通知一次。

10.8　如果在某个交易日接获超逾发行单位/股份总数10%的赎回要求，则10%以外的赎回要求可延迟至下一个交易日办理。与关联人士的交易

10.9　除非事先得到受托人/代管人同意，且该计划或管理公司以书面规定，根据下述的包销或分包销合约付予管理公司的所有佣金及费用，以及根据该等合约而获得的所有投资，将构成为该计划资产的一部分，否则任何人士不得代表该计划签订包销或分包销合约。

10.10　如果将构成该计划部分资产的现金，存放在受托人/代管人、管理公司、投资顾问或这些公司的关联人士之处，必须收取利息，而有关利率不得低于当时银行就相同期限和款额的存款提供的商业利率。

10.11　该计划进行的所有交易，或代该计划进行的所有交易，必须按正常的交易关系进行。尤其是管理公司、投资顾问、该计划的董事或其关联人士，如果以主事人身分与该计划交易，必须事先得到受托人/代管人的书面同意。此等交易须在该计划的年报内公布。

10.12　单位信托及互惠基金的管理公司或其关联人士，均不得保留由经纪或交易商提供的任何现金或其他回佣，作为将计划内的资产的买卖交由

该经纪或交易商进行的代价。不过，在下列情况下，物品及服务（即非金钱利益）则可予以保留：

（a）该物品或服务明显地对基金持有人有利；

（b）交易的执行符合按最佳条件执行的原则，而该经纪佣金比率并不高于该计划惯常向提供全面服务的经纪所支付的佣金比率；

（c）已事先在计划的销售文件作出充分披露，而该销售文件的条款已获基金持有人的同意（见附录C第C15页）；及

（d）在计划的年度报告内透过声明定期作出披露，说明经理收取非金钱利益的做法，包括说明其曾经收取的物品及服务。

注释：（a）项所指的物品及服务可包括：研究及顾问服务，包括经济及政治分析；投资组合分析，包括估值及衡量业绩表现的分析；市场分析；数据及报价服务；与上述物品及服务有关的计算机硬件及软件；结算及代管服务以及与投资有关的刊物。然而，这些物品及服务并不包括旅游、住宿、娱乐、一般行政所需的物品或服务、一般办公室设备或处所、会籍费用、雇员薪酬或直接金钱支出。

10.13　与计划的管理公司、投资顾问、董事有关联的经纪或交易商或任何与这些公司或人士有关联的人士，在计划的任何一个财政年度内所负责的交易的价值，不得超过该计划的交易总额的50%。如果该名有关联的证券经纪为该计划提供独有利益，证监会可考虑在个别情况下放宽上述限额。

第11章：文件及汇报

更改文件

11.1　建议对销售文件或组成文件修改或增添的项目，必须事先送交证监会批准。证监会将决定在更改事项生效前，应否通知持有人及通知期（如有）的长短。此等通知期通常不会超过3个月，但个别个案的通知期将视乎有关情况而定（见第6.7条）。

向持有人发出通知

11.2　依据第11.1条的规定及证监会的决定，有关方面必须将销售文件或组成文件的更改或建议更改事项，以向投资者销售该计划时所采用的语

文通知计划的持有人。

注释：如果计划在香港以外的地方注册，即使该计划所属的司法管辖区另外设有关于发出通知的规定，证监会仍可以要求该计划发出额外通知，以确保香港投资者有足够时间考虑及对文件作出响应。

增加收费

11.3 如果管理费用要由香港销售文件内所订明的现行水平，提高至组成文件所允许的最高限额，必须最少在3个月前通知所有持有人。

撤销认可资格

11.4 除下文第11.5条另有规定外，在计划获得认可后，其管理公司应该给予持有人最少3个月的通知，表示其打算不再维持该认可资格。有关通知应事前提交证监会批准。通知内应包括申请撤销认可资格的原因，及认可资格一旦被撤销后，投资者可享有的选择。

合并或清盘

11.5 如果计划要进行合并或清盘，除按照计划的组成文件或有关法例列明的任何程序之外，有关方面应根据证监会的决定，向投资者发出通知。有关通知应事前呈交证监会批准。通知内应包括合并或清盘的原因及投资者可享有的选择（包括，如可行的话，投资者有权毋须缴费而转往另一项认可计划）、合并或清盘的估计开支，及预计将由谁来支付有关费用。

汇报规定

向持有人作出汇报

11.6 在每个财政年度，必须最少出版两份报告。在该计划的财政年度完结后的4个月内，必须出版载有附录E所规定的数据的周年报告和账目，派发予计划持有人。中期报告则须于有关报告期完结后的两个月内出版，并派发予持有人。

11.7 计划的最新的发售价及赎回价或资产净值，必须最少每月一次在香港最少一家每日印行的主要中英文报章公布。如果证监会已就第6.2条授予宽免，则公布只须以该计划获批准刊印的语文刊印。如果该计划暂停交易，则须按照第 10.7 条的规定公布。

向证监会作出汇报

11.8　计划获得认可之后，由该计划或管理公司编制或由他人代为编制的所有财政报告，必须在第 11.6 条所指定的期间内呈交证监会备案。

11.9　如果证监会要求，管理公司或代表必须提供所有与该计划的财政报告及账目有关的资料。

11.10　如果申请表格上的数据有任何更改，管理公司或代表必须尽快通知证监会。

广告宣传及公告

11.11　邀请公众投资于该计划的广告及其他邀请，包括有关公告在内，在香港发出或出版之前，必须呈交证监会申请认可。任何与受托人有关的广告或公告，必须附有受托人的同意书。证监会可视乎需要，更改或撤回认可。批准认可的准则载于附录 F。

11.12　如果计划被形容为已获证监会认可，必须同时声明获得认可并不代表该计划获得官方批准或推介。

附录 A1

认可司法管辖区计划

在审核认可司法管辖区计划的申请时，一般来说会在该计划的结构和运作规定及核心投资限制已大致上符合本守则的规定的基础上进行（作出特别声明的除外）。然而，对管理公司、受托人或专门性计划的审批（见第 8 章），以及本守则所载列特别适用于香港的披露和汇报规定及获得认可后须遵守的规定，并不会获得这项豁免。

申请人应注意证监会要求认可司法管辖区计划在各重大方面均符合本守则的规定，并保留权利，把要求遵守上述规定列为给予认可的一项条件。证监会认可有关司法管辖区，是基于其理解到有关计划是受到类似本守则的法例及规定所监管或它们向投资者提供同样的保障。然而，法例与规定及本守则不时会作出修订，并可能会出现差异，令证监会有必要取得该计划已符合某些特定规定的进一步保证。

尽管证监会已尽量简化认可司法管辖区计划的认可程序，但申请人必须明白在香港获得认可后，仍须承担载于本守则的额外责任，而申请人应深入了解有关责任。

司法管辖区　适用法律　计划类别

法国　1988 年 12 月 23 日颁布的法例　一般证券集合投资计划（OPCVM）

德国　Investment Companies Act of 1970　证券互惠基金《1970 年投资公司法》（UCITS）

英国根西岛　Protection of Investors Law, 1987 第 8 条 A1 类计划《1987 年保障投资者法》

爱尔兰 European Communities（UCITS）单位信托及投资公司 Regulations 1989《1989 年欧洲共同体（UCITS）规则》

英国人岛 Financial Supervision Act 1988 根据第 3 条认可的集合《1988 年财务监督法例》投资计划

英国泽西岛 Collective Investment Funds 根据第 5 条认可的计划（Recognized Funds）（General Provisions）Order, 1988《1988 年集合投资基金（认可基金）（一般规定）令》

卢森堡 1988 年 3 月 30 日颁布的与集合 第 I 部所指的计划投资计划有关的法例

联合王国 Financial Services Act 1986 第 78 条所指的计划《1986 年联合王国金融服务法例》

美利坚合众国 Investment Company Act 注册投资公司 1《投资公司法案》

附录 A2

监察制度

下列司法管辖区的投资管理公司被视为已遵守本守则第 5.1 条所规定和可接纳的监察制度。申请人应注意以下附表并非巨细无遗，而且并不表示其他司法管辖区必定不会获得证监会接纳。作为一般指引，证监会是根据下列事项来决定海外监管机构是否可被接纳：

（a）该海外监管机构或其代表在该司法管辖区内对投资管理公司的监察方式，大致相当于证监会所采取的方式；

（b）证监会及该海外监管机构已订立满意的安排，及时交换投资管理公司的数据。

司法管辖区 监管机构 附注

法国 法国交易所事务监察委员会 须受到与法国交易所事务监察委员会所作的声明的规限

爱尔兰共和国 爱尔兰中央银行 须受到与爱尔兰中央银行协议的声明及额外程序所规限

香港 证券及期货事务监察委员会 注册投资顾问

卢森堡 卢森堡金融管理局 须受到与卢森堡金融管理局协议并已知会证监会

额外审计复核所规限

联合王国 联合王国投资管理监管组织 成员公司有限公司

美利坚合众国 美利坚合众国证券交易委员会 注册投资顾问

附录 B

申请表格

计划的详情 注释

B1 计划名称 如属于伞子基金，包括申请认可的每个 成分基金的名称

B2 计划结构 单位信托/互惠基金/其他（请列明）

B3 计划注册地点 列明适用的法例

B4 认可司法管辖区计划？ 是/否（见附录 A1）

B5 成立日期 就每个成分基金列明有关详情

B6 推出日期及地点 就每个成分基金列明有关详情

B7 是否在证券交易所挂牌？ 是/否（列明证券交易所的名称）

B8 计划类别 债券/股本证券/专门性计划（说明第 8 章的适用指引）/其他

B9 投资目标 就每个成分基金列明有关详情

B10 结算货币 就每个成分基金列明有关详情

B11 基金规模 就每个成分基金列明有关详情

B12 投资者应付的各项收费水平

B13 该计划应付的各项收费水平及其 说明现时及最高的收费水平，如

适用　计算基准

B14 是否收取基金业绩表现费用？　是/否（见第 6.17 条）

B15 估值及交易的频密程度　每日/每周/其他

B16 定价方法　预计方式/实计方式/其他方式

B17 计划的财政年度终结日期　就新计划而言，即为首个年报日期。如属联接基金，则为联接基金及所投资的基金的年结日期

B18 首次最低认购额及日后最低持有量　就每个成分基金列明有关详情

B19 计划文件明细表　组成文件及签立日期计划各方的详情

B20 下列各方的名称、注册/营业地址，见第 5 章及其最终控股公司的名称：

——管理公司　见第 4 章（如果受托人/代管人事前未获得证监会批准，便须附上最近期的

——受托人/代管人　（审核财务报告）

——投资顾问（如有）

——香港代表/分销公司（如有）

——主要经纪（如有）

B21 就受托人/代管人、管理公司及投资顾问来说：

（a）上述公司之中属关联人士的公司　见第 3 章第 5 条（如有）的名称

（b）在上述超过一家的公司任职董事或高级人员的任何人士的名称

B22 就管理公司、受托人/托管人、说明就以下事宜的联络人

香港代表来说：

——监察事宜

——证监会可联络的人士

——行政事宜（例如收取证监会收费）

B23 计划的投资管理活动的进行地点及就每个成分基金列明有关详情（如有负责人分别的话）

B24 就执行投资管理职能的机构来说：

（a）其名称及在证监会或其他监管　就每个成分基金列明有关详情（如有分机构的注册身份别的话）

（b）受哪个监察制度管辖　见附录 A2

B25 存放计划的簿册及纪录的地点

B26 下列各方的名称、注册/营业地址：

——计划的审计师

——在香港的律师（如有）

宽免要求（如适用）

B27 请另外呈交要求宽免的详细论据　有关论据必须针对有关个案的情况，并提供任何其他可行的保障安排。

要求新管理集团呈交的额外数据

B28 管理公司最近期的经审计财务报告及半年度财务报告（如属更近期者）

B29 管理集团的简介　填妥下列各项：

Ⅰ. 组织架构

1. 公司背景/拥有权的简介

2. 管理及组织架构（包括组织架构图）

Ⅱ. 全球投资管理活动

3. 所管理的资产（全球/香港）

4. 所管理的资产的类别/客户基础（全球/香港）

5. 供公众人士认购的认可基金名称（在哪里获认可/注册）

Ⅲ. 香港投资管理活动（如适用）

6. 说明基金经理数目/基金管理运作/研究部门的规模

是否设于公司内部/由第三者负责?

7. 投资方式（主要资产类别/市场/衍生工具的运用）

8. 行政安排（在哪里/如何执行行政安排）

Ⅳ. 监察安排

9. 监察安排的概要，包括为遵守基金经理操守准则而设的程序（如适用）

10. 关联交易：

（a）透过关联经纪落盘进行的业务之比例

（b）请注明关联企业财务公司

（c）请注明存有存款之关联银行

附录 C

销售文件必须披露的数据

本表所载资料并非巨细无遗。计划的董事或管理公司有责任向投资者披露他们可能需要的任何数据，以便投资者得以在掌握充分资料的情况下作出决定。

计划的组成

C1 计划的名称、注册地址、成立地点及日期；如果该计划设有期限，则须加以说明。

投资目标及限制

C2 投资目标及政策的详情，包括投资及借贷限制的概要说明。如果投资政策的本质将令投资者冒不寻常风险，则须载有警告提示及说明所涉风险。

经营者及主事人

C3 下列各方的名称及注册地址（如适用）：

（a）计划/管理公司的董事及其董事局；

（b）受托人/代管人；

（c）投资顾问；

（d）香港代表；

（e）香港分销公司（如并非上述（d）项的公司）；

（f）审计师；

（g）过户处。

单位/股份的特点

C4 最低投资额及日后的最低持有量（如有）。

C5 不同类别的单位/股份（包括其结算货币）的描述。

C6 证明文件。

C7 估值及交易（包括交易日）的频密程度。

申购及赎回程序

C8 刊登价格的每日发行的香港报章的名称（见第 11.7 条）。

C9 认购/赎回单位/股份的程序，及如属伞子基金，转换单位/股份的程序。

C10 由提出赎回要求至发放赎回金额的最长相隔期限（见第 6.14 条及附录 D9（b）条）

C11 在何种情况下可延迟或暂停单位/股份交易的概要说明。

C12 款项不得交付并非为交易商或非豁免交易商的香港中介团体的声明。

分派政策

C13 如有股息分派，须述明分派股息的政策及大约日期（如适用）。

费用及收费

C14

（a）投资者应付的各项费用及收费的水平（见第 6.16 条至第 6.18 条），包括认购、赎回及转换（如属伞子基金）的收费；

（b）该计划应付的各项费用及收费的水平，包括管理费、代管人收费及开办费用；及

（c）增加费用的通知期（见第 11.3 条）。

注释：如果收费或费用难以预先确定，则应披露计算基准或预计的收费幅度。

C15 凡管理公司或投资顾问的关联人士从证券经纪或交易商收取货品或服务（见第 10.12 条），则应呈交收取该等货品或服务所依据的条款的摘要。此外，如果上述任何人士并没有收取回佣，则只须呈交一份没有收取回佣的声明。

税项

C16 就该计划的收益及资本而征收的香港税项及主要税项详情，包括从持有人的分派扣除的税项（如有）。

报告及账目

C17 该计划的财政年结的日期。

C18 说明不同类别的报告应在何时寄发予登记持有人（见第 11.6 条）。如果有发行不记名的单位，必须说明在香港哪些地方可取得这些报告。

警告提示

C19 声明/警告提示必须如下文所列，在销售文件的显眼地方刊出：

（a）“重要提示”——如对本销售文件有任何疑问，应寻求独立及专业的财务意见。

(b) 本守则所规定的其他警告提示（见附录 F)。

一般数据

C20 组成文件的明细表及在香港可免费查阅或以合理价格购买该等组成文件的地点。

C21 销售文件的发出日期。

C22 该计划的董事或管理公司所作的声明，表示会对销售文件所载内容在发出日期的准确性负责。

C23 不得在销售文件列出未获认可的计划的详情。如提及这些计划的名称，必须清楚指明这些计划未获认可，及这些计划并非提供予香港居民投资。

计划的终止

C24 摘要述明该计划可在哪些情况下终止。

附录 D

组成文件的内容

D1 计划名称

D2 参与各方

须清楚列明参与各方，包括管理公司、代表、受托人/代管人及投资顾问（如有）。

D3 准据法律

D4 只适用于单位信托：

(a) 须声明每名持有人均受有关信托契约约束，一如每名持有人都是有关信托契约的签约方，所以受其规定约束；并授权及要求受托人及管理公司执行信托契约条款所规定受托人及管理公司须履行的职责。

(b) 须规定持有人在缴付其单位的购入价后毋须再缴付任何款项，亦不能就其持有的单位而要求其承担更多责任。

(c) 须声明该计划的资产是由受托人以信托方式，根据每名持有人所持有并享有同等权益的单位的数目，代持有人持有的（如计划提供收益及累积单位，此项规定可因应情况作出适当修订)。

(d) 须声明受托人将会按照第 4.5 (f) 条的规定向持有人作出报告。

(e) 须声明受托人应按照第 4.6 条所规定的方式退任。

D5 只适用于互惠基金公司：

（a）声明代管人以信托方式代该计划持有该计划的资产。

（b）根据第 4.5 条所列，列明代管人的责任。

（c）声明代管人应按照第 4.6 条所载列的方式退任。

D6 管理公司

（a）根据第 5.10 条所列，列明管理公司的责任。

（b）声明管理公司应按照第 5.11 条所载列的方式退任。

D7 投资及借进款项的限制

列明运用托管资产进行投资时所受限制及该计划的最高借进款项限额（见第 7 章及第 8 章（有关专门性基金））。

D8 资产的估值及定价

必须就资产的估值及定价制定以下规则：

（a）厘定该计划的资产和负债的价值及其资产净值的方法；

（b）计算发行及赎回价格的方法；及

（c）订定价格的方法及在何种情况下可更改定价方法。

D9 暂停交易及延迟交易

必须说明以下事项：

（a）在何种情况下，单位/股份的交易可以延迟或暂停；及

（b）由收到附有适当文件的赎回单位/股份的要求起计，至将赎回金额发放给持有人为止的最长期限，而有关期间不可超逾一个历月。

D10 费用及收费

必须说明以下事项：

（a）从单位/股份发行价中扣除，应支付予管理公司的首次费用的最高百分比；

（b）从该计划的资产中扣除，应支付予管理公司的最高费用，而有关数字应以每年征收的百分比显示；

（c）应支付予受托人/代管人的费用；

（d）可从该计划的资产摊销的初步支出；及

（e）从计划的资产支付的所有其他重大费用及收费。

D11 会议

须按照第 6.15 条所载的方式举行会议的规定。

D12 与关联人士的交易

必须说明以下事项：

（a）该计划可将资产的部分现金，以存款方式存放于受托人/代管人、管理公司、投资顾问或这些公司的任何关联人士（须为一家获发牌可接受存款的机构），但该机构所提供的利息，根据一般银行惯例，须不低于相同数额的存款在公平合理交易的情况下可获得的商业利率；

（b）该计划可向受托人/代管人、管理公司、投资顾问或以上各方的任何关联人士（须为一家银行）借款，但该银行所收取的利息以及就安排或终止贷款所收取的费用，根据一般银行惯例，须不高于相同数额的贷款在公平合理交易的情况下所收取的商业利率；

（c）如果事前未获受托人/代管人的书面许可，该计划不可与身为主事人的管理公司、投资顾问、该计划的董事或以上各方的任何关联人士进行任何交易；及

（d）所有由该计划或代表该计划进行的交易，必须在公平的基础上，根据当时可取得的最佳条款进行。该计划与其管理公司、投资顾问或董事的关联人士，在任何一个财政年度内所进行的交易的总额，不得超过该计划的交易价值的50%。

D13 分派政策及日期

当分派收益时，须注明分派的政策及大约日期（如适用）。

D14 周年会计期间

须注明每年的哪一天是周年会计年结日期。如属伞子基金，其所有成分基金的年结日期应该相同。

D15 基数货币

须声明该计划的基数货币。

D16 组成文件的修订

须声明修改组成文件的方式（见第6.7条）。

D17 计划的终止

须声明该计划可在哪种情况下终止

附录 E

财务报告的内容

年报必须载有本附录所规定的全部数据，以及一份按照第 4.5（f）条规定由受托人/代管人向持有人提供的报告。

中期报告最低限度必须载有资产负债表及投资组合表。凡该计划曾经派发或建议派发中期股息，应公开股息数额。

所有报告必须列出与前期的比较数字，但投资组合的数字则不在此限。

在报告内提及的任何非认可计划，必须注明“在香港未获认可及并非供香港居民投资”。

资产负债表、收入账项、分派账项、资本账调动表及账项注释所列项目，在适用的情况下，必须加以披露。然而，在披露有关项目时，并非必然要跟随本守则所采用的格式或次序。

尽管证监会认识到认可司法管辖区计划的报告的内容将有所不同，但它们的报告应能够按本附录所载，向投资者披露类似的资料。虽然在审阅认可司法管辖区计划的报告时，一般来说已假设它们大致上已符合本附录的规定，但该计划与关联人士的交易及涉及非金钱利益的安排，仍须加以披露（见账项注释（2）及（3））。证监会保留要求该计划作出额外披露的权利（见附录 A1）。

资产负债表

必须分别披露下述事项：

1. 投资总值
2. 银行结存
3. 成立费用
4. 股息及其他应收款项
5. 应收的认购款项
6. 银行贷款及透支或其他形式的贷款
7. 应付的赎回款项
8. 应付的分派
9. 资产总值
10. 负债总值

11. 资产净值

12. 已发行的单位/股份数目

13. 每个单位/股份的资产净值

收入账项

1. 已扣除预扣税项及按类细分的投资总收入

2. 按类细分的其他收入总额

3. 就单位/股份的发行及注销作出的调整

4. 按类细分从该计划扣除的支出，包括：

(a) 付予管理公司的费用

(b) 受托人/代管人酬金

(c) 付予投资顾问的费用（如有）

(d) 付予该计划的任何关联人士的费用

(e) 成立费用的摊销

(f) 董事酬金及袍金

(g) 代管费用及银行费用

(h) 审计师酬金

(i) 借款利息

(j) 法律费用及其他专业费用

(k) 由该计划承担的其他费用

5. 税项

6. 拨入资本账及从资本账拨出的款项

7. 结转入下期以供分派的净收入

分派账项

1. 期初转承上期的款项

2. 期间净收入

3. 中期分派（以每个单位/股份计算）及分派日期

4. 期终分派（以每个单位/股份计算）及分派日期

5. 结转下期的未分派收入

资本账的调动表

1. 期初计划的价值

2. 已发行的单位/股份数目及就此而收到的款项（如适用，以调整后的

数字计算）

3. 已赎回的单位/股份数目及就此而支付的费用（如适用，以调整后的数字计算）

4. 任何令该计划的价值出现增加/减少的项目，包括：

（a）出售投资的盈余/亏损

（b）汇价收益/亏损

（c）投资的未实现增值/减值

（d）期间减去分派后的净收入

5. 收入账项的款项调拨

6. 该计划的期终价值

账项注释

账项注释应列出以下事项：

1. 主要会计政策

（a）该计划的资产估值基准，包括非挂牌及非上市证券的估值

（b）确认股息收入及其他收入的政策

（c）外汇折算

（d）远期外汇及期货合约的估值基准

（e）成立费用的摊销基准

（f）税项

（g）任何其他因处理被认定为决定交易及说明该计划的财政状况的重大关键事项而采取的会计政策

上述会计政策的任何改动及其对账目的财政影响亦应该予以披露。

2. 与关联人士的交易

应该披露以下数据：

（a）说明在有关期间内，该计划与管理公司、投资顾问、该计划的董事或以上各方或其关联人士有重大利害关系的任何实体进行的交易的性质，连同一项声明，确认这些交易是在正常业务过程中按照一般商业条款而订立的；

（b）

（i）该计划透过身为管理公司、投资顾问或该计划的董事的关联人士的经纪进行的交易的总值；

（ii）按价值计算，上述交易占该计划在该年度内的全部交易的比例；

（iii）就透过该经纪进行的交易而向其支付的经纪佣金总额；及

（iv）就透过该经纪进行的交易而向其支付的平均佣金比率。

（c）在有关期间内，该计划与管理公司、投资顾问、该计划的董事或以上各方或其关联人士有重大利害关系的任何实体，在正常业务过程以外或不按照一般商业条款而进行的交易的详情；

（d）管理公司、该计划董事或该公司或其董事的任何关联人士，如果因买卖该计划的股份或管理该计划而有权获得利润，则应披露该等人士的姓名或名称及其有权获得的利润数额；

（e）凡在有关期间内，该计划没有与关联人士进行任何交易，则只需公开一份无买卖声明；

（f）就管理该基金而收取的费用的计算基准及管理公司的名称应加以披露。此外，凡向计划收取业绩表现费用，应分别披露业绩表现费用的计算基准及所收取的数额。就期货及期权基金而言（见 8.4A），交易费用总额亦必须披露。

3. 与该计划的资产交易有关的任何非金钱利益协议的详情，或如在该期间没有订立上述安排，则只需披露一份并无有关安排的声明。

4. 借款

说明有关借款属有抵押或无抵押及有关借款的年期。

5. 或有负债及责任

说明该计划的任何或有负债及责任。

6. 如果任何资产的自由转让受法律或合约规定所限制，则必须予以说明。

审计师报告

审计师报告应说明：

1. 根据审计师的意见，就该段期间编制的账目是否已按照信托契约（如该计划属单位信托）及本守则的有关规定受妥当地编制；

2. 在不影响上述条文的情况下，根据审计师的意见，有关的账目是否足以显示该计划在该段期间的终结日的真实及公平的财政状况，以及截至该日止期间该计划的交易状况。

3. 如果审计师认为该计划并没有保存妥当的账册及纪录，及/或该计划

的账目并没有按照其账册编制，则应加以说明；及

4. 如果审计师尽其所知及所信，仍未能取得所有与其审计工作所需的数据及解释，则应加以说明。

投资组合

1. 说明该计划所持的每项投资的数目或数量，连同有关该项投资的描述及市值。上市及非上市的投资须予以分开，并按照国家分类。单位投资组合管理计划的投资，亦应说明该计划的注册成立地点。

2. 按成本值说明投资的总值。

3. 该计划持有的每项投资的价值，占资产净值的百分比。

4. 说明自上一个会计期的终结日起，投资组合所持的投资的变动。

附注：

(1) 管理公司应在考虑基金的目的及性质后，对投资组合所持的投资作出最恰当的阐述。下列任何一种做法均可能获证监会接纳：

(a) 所持的每项证券的详情；

(b) 在某个市场所持的不同投资类别；

(c) 在不同国家所持的投资（例如有关基金属全球性股票基金）；或

(d) 对不同证券所持的投资，例如股票、债券、认股权证及期权等（如有关基金属分散投资基金）。

(2) 除属于上文（a）所述的情况，投资组合所持的投资的变动可按百分比显示。

业绩表

1. 涵盖最少3个财政年度的业绩比对表，及包括在每个财政年度的年度结算日该计划的：

(a) 总资产净值；及

(b) 每个单位/股份的资产净值。

2. 涵盖过往10个财政年度的业绩纪录；如果该计划成立未足10年，则须载有其成立后的所有业绩纪录，以显示出在每个财政年度，该计划的单位/股份的最高发行价及最低赎回价。

附录 F

广告宣传指引

作为一般性原则，集合投资计划的每个广告必须事先获得证监会的认可。这项规定源自《保障投资者条例》，而且亦是《单位信托及互惠基金守则》（“该守则”）的规定。根据《保障投资者条例》第 4 条，发出未经认可的广告可视为一项违法行为。本指引应诠释为一项指引而非固定不变的原则，而证监会亦要求发出上述广告的人士，以这些规定的精神和内容作为指引。

本指引适用于各种形式的广告宣传，包括透过印制媒介、小册子、直接推销、“传真速递”服务、在公众场所张贴的海报及互联网宣传获认可的基金。如在互联网上进行广告宣传，该互联网网址的相关网页的硬拷贝，应呈交予证监会审批。

为了有效率地处理有关的广告，证监会鼓励基金管理公司指派一位驻香港的人士与证监会联络。

如果证监会认为适合，可更改或撤回其已授予的批准。除非广告登载的数据不再切合现况，否则广告一经批准，便可继续使用。

公司广告

除非广告可被视为产品广告，否则只宣传基金管理公司所提供的专门知识或服务，而没有提述任何个别产品的公司广告，是毋须取得证监会的认可（例子：某个广告提述具有某些特征的基金，而有关公司现正提供具有该类特征的产品）。

通讯/最新数据

基金管理公司可定期向投资者发放通讯、每月最新数据或数据便览。如果这类数据以标准格式定期刊载，则当上述的标准格式一经批准后，有关公司毋须将每期的资料呈交证监会审批。不过，如上述标准格式在取得批准后有任何改变，则有关改变应呈交证监会审批。

新闻稿

有关获认可计划的新闻稿，毋须预先呈交证监会审批。但发出该新闻稿的人士，应确保该新闻稿不会就有关计划刊登不正确或误导的资料。

广告的内容

1. 广告宣传的一般性原则是任何广告均不得失实、具误导或欺骗成分。以下的陈述和例子将阐释上述原则。

2. 任何广告不可提及任何未经证监会认可的计划，但第 15 段所载的例外情况则除外。

文字及图案设计

3. 有关基金或管理公司的业绩的意见陈述必须是合理的。

例子：如果根据独立的基金业绩报告，某个基金并不是属于业绩最佳的亚洲基金的25%组别，但该基金的广告却宣称："本公司的 XYZ 远东基金是表现最佳的亚洲基金之一"，则这项陈述是误导的。

4. 除非有关计划确实是获认可的保证基金，否则有关广告不应载有某些词语或词组，令投资者认为不会有金钱损失或将会获得保证利润。

例子：safe（安全）、secure（稳健）、protected（有保障）、no risk（无风险）、guarantee（保证）、promise（承诺）等词语。

5. 有关广告不应只着重宣传投资于该计划可能获得的收益，而不提及计划亦同时存在风险。有关广告不应令投资者以为可在没有风险的情况下获取利润。

6. 有关广告不应载有不正确或与其销售文件内容不符的文字、美术稿或图案设计。

例子：如果某个投资在单一国家的基金，而其销售文件中亦已载有风险提示，但其广告却表示该基金是低风险的基金，则有关广告是误导的。

7. 有关广告不应采用可能贬低整个行业声誉的方式作宣传，以损害其竞争对手的名誉，或采用对合理的人士来说是低俗品味的文字或美术稿。

统计/业绩数字

8. 所有引用业绩数字的广告，包括广告内登载的图表，应以每个月的首个或最后一个营业日或基金的首个或最后一个交易日作为参考日期，而有关数字应该以事实为根据。广告应述明计算的基础，例如卖出价对卖出价或资产净值对资产净值。

9. 所有业绩数字（包括所提述的奖项及排名）均应列明数据来源及日期，并且向证监会呈交有关文件，以支持有关数据或计算方法的真确性。广告可登载来自任何国际认可的统计数据来源的业绩数字。虽然公司可引用来自任何统计来源的奖项，但如果作同模拟较，则应该使用同一个统计数据来源。有关广告可登载以事实为根据的预期收益，却不可作出业绩预测。

（a）新成立的基金，必须有最少6个月的业绩纪录支持，才可以登载“其自成立日起计”的业绩数字，并且须清楚述明其成立日期。

（b）除属于（c）项所载的例外情况，成立一年或以上的计划，只可在下列情况下引用不足一年的过往业绩数字：

（i）广告只引用了不足一年的业绩数字；

（ii）过往业绩数字涉及的期间最少有3个月；

（iii）同时附有最近1年或3年的业绩数字（如能够提供的话）；及

（iv）有关数字与较长期数字以同一格式登载，及不会登载于较长期数字更为显著的地方。

（c）只要广告清楚列明该等数字是用作参考用途，及不会登载于较其他业绩数字更为显著的地方，则定期刊物例如每月数据便览可载有最近一个月或最近一个年度的数字。

10. 广告应登载近期及不超过6个月前的业绩数字，而印刷媒介刊登的广告则不应登载超过12个月的过往业绩数字。不论是上述哪一种情况，如果较近期的数据与登载出来的数据有显著差异，则有关数据应予以更新（于1999年2月修订）。例子：如果对上一次刊登的统计数字与最近期的业绩数字比较，有超过10%的差异，则该项差异将视为显著的差异。

11. 广告刊出的业绩数据必须是实际而非仿真数字。对于采用复杂程序的计划而言，为了向投资者阐释该等程序，基金管理公司可能会获准使用假设数字。在这种情况下，该等数字必须是保守的，而且必须清楚列明该等数字只是用作说明用途，而并非表示投资者将来可获得的实际收益。一般来说，只有在所有个别年度的实际收益亦一并刊载的情况下，才可以刊出其平均每年的收益率。

12. 业绩数字的比较应该是公平、准确和相关的，并且应以相同的基准作比较。例子：将香港股票基金与全球性指数或货币市场基金的业绩作比较是误导的。但是，在适当情况下，不同指数之间的业绩比较，例如将香港指数与全球性指数比较，则没有误导成分。

13. 如果广告列出图表，则有关图表应清楚地展示其内容，不得有任何扭曲。如果在同一个图表上列出多套不同的数据，则图表应采用相同的轴。

14. 如果广告登载并非按美元/港元计算的收益，应同时显示按美元/港元计算的收益。与此同时，广告应载有一项陈述，提醒投资者“投资收益是以（外币）计算。以美元/港元作出投资的投资者，需承受美元/港元/（外币）兑换率的波动的风险”。如果所引述的业绩以其他货币计算以便与其他基金作比较，有关广告亦应同时列出该计划按照其基数货币计算的业绩。

15. 只有在以下情况，才可使用未经认可的计划的过往业绩数字，来显示该管理公司的过往业绩：

(a) 该项获认可的计划是一项新推出的计划，所以其本身只有短期的业绩纪录或并无业绩纪录；

(b) 该项未经认可的计划的投资目标，大致上必须与有关的获认可计划的投资目标相同，而该两项计划亦必须由同一组管理人员管理，并采纳类似的投资政策和策略；及

(c) 有关数据应明确显示所引用的业绩数字并非该获认可的计划的数字，而该项未经认可的计划并未在香港获得认可，亦并非提供予香港市民投资。

警告提示

16. 所有广告必须载有警告提示：

(a) 投资者必须注意投资是有风险的，因此应仔细阅读销售文件，以便获取进一步数据；及

(b) 凡引述过往业绩，广告内所显示之过往业绩数据，并不表示在将来亦会有类似的业绩。

上述的警告提示的文字可以改动，但所提示的讯息应该是清晰及不得有任何伪装。如果计划被形容为已获证监会认可，必须同时声明获认可并不包含获官方批准或推介的意思。

17. 警告提示的字体的大小，应尽可能与有关广告的其他部分的字体的大小相同。任何人士在快速阅览有关广告时，都必定能够相当容易地看到该警告提示。

18. 专门性计划的广告必须遵守下列的警告提示的规定：

认股权证基金

“认股权证价格可能骤升骤跌。因此，本基金带有相当大的资本损失风险。本基金只适合有能力承担此等风险的投资者。”

有关广告亦必须指示投资者参考销售文件内所列明的各项风险因素。

杠杆/期货及期权基金

任何广告必须包括一项切合该计划的内在风险的警告提示，以及指示投资者应参考在该计划的销售文件内所列明的各项风险因素。

保证基金

有关广告必须披露：

(a) 所有影响该项保证的有效范围的重大条件，包括在适用的情况下提示该项保证只适用于截至在该项保证指明的日期仍持有其投资的投资者，以及在该日期前的所有交易，均会全面受到该计划资产值的波动所影响；及

(b) 保证人的名称及指示投资者应参考销售文件，以获取进一步数据。

杂项规定

在国际或地区性媒介刊登广告

19. 如国际性或地区性媒介（包括互联网）的广告并非以香港读者为对象，则毋须获得证监会的批准。然而，此等广告不应提述任何香港代表或其联络方法。

投资产品在电台、电视或戏院进行广告宣传时应遵守的规则。

20. 投资产品在电台、电视或戏院播放广告的稿件，应预先呈交证监会作审查，然后再呈交有关录像带作正式审批。

21. 只有依据《单位信托及互惠基金守则》第7章的规则而获认可的基金、货币市场基金及单位投资组合管理基金，才可以在电台、电视或戏院做广告宣传。

22. 一般来说，证监会并不鼓励广告内载有业绩数字。不过，证监会将视乎每个个案的具体情况而加以检讨。激发行动的字句，例如“即日作出投资”（“invest today”）或“实时参与”（“get in now”）等，可能会视为不适当的用语。

23. 每次广告宣传播放完毕之前，应读出有关的警告提示。证监会不会接纳采用印刷媒介刊出警告提示的做法。电视及戏院广告应包括为时至少5秒钟的影像显示，指示投资者参考该计划的销售文件，以取得进一步数据以及显示该计划的香港代表或认可分销商的联络电话号码。电台广告则必须以

旁白形式表达上述内容。

24. 有关广告不应以权威性报告的形式出现，而应该以有礼貌和有品味的形式表达。该等广告应避免运用骚扰性或令人厌烦的手法，例如：夸张的声响效果、不断重复的宣传字句或暗示刻不容缓的文字或词组。

回条式广告

25. 尽管《单位信托及互惠基金守则》第6.4条已列明有关规定，但依据该守则第7章的规则而获认可的计划、货币市场基金或单位投资组合管理基金的广告或报告，只要符合下列源自附录C的要求，则可能会获准夹附在申请表格之内（“回条式广告”）：

（a）C1至C3、C6至C11、C13至C15、C17、C19及C22所载规定；

（b）说明可在何处及如何取得计划的年度报告及半年度报告；

（c）说明可在何处及如何取得整份香港销售文件（按照回条式广告所采用的语言）及组成文件；及

（d）可让投资者了解有关投资的性质所需的任何其他资料。

附录二 大陆法系部分国家和地区信托投资法

一、对俄罗斯联邦的投资和资本输入法

颁发机构：国家杜马·联邦议会

日期：1999 年 2 月 25 日

启事：

《俄罗斯联邦报》，N41 －42040399、《俄罗斯联邦立法会议》N9010399. P. 1096，该文件由俄立法委员会自俄 02012000 号法令修改，关于在俄联邦内大型资本输入形式进行的投资活动。

自 25. 02. 1999　39 号联邦法令。

由国家杜马于 1998 年 6 月 15 日通过，并于 1998 年 6 月 17 日得到联邦委员会赞同。

现行的联邦法律规定了在俄境内的以资本输入形式进行的投资行为的法律上和经济上的基础，并同时向以资本输入形式而进行的投资行为的主体的权利，利益及财产提供保障，无论他们的所有制形式如何。

第一章：总体形式

第一条：基本概念

为实现现行俄联邦法律所要达到的目的而运用的概念有以下一些：

货币投资；有价证券；其他形式的财产企业主及其他以盈利或者获得有益成效为目的的活动主体所享有的，其中包括个人财产的权利以及其他的一些具有货币价值的权利。

资本输入——以资本作为基本的投资方式，其中包括在新的建设项目上的投资，在扩大建设上的投资，在重新建设上的投资，对现有正常运转的企业的设备更新而进行的投资，为购买添置机器、装置、生产工具和器材及计划勘探工作的费用及以其他方面的花费。

投资方案：投资活动的经济合理化，投资活动的规模及其期限的依据，其中也包括根据俄罗斯联邦立法和按规定程序制订的标准而制订的必须的凭证，此外还有实际实现投资方案（商业计划）的描述。

优先投资方案：由俄罗斯联邦列入清单的投资计划和投资数额规模，它们应当符合俄罗斯联邦立法机关的要求。

投资方案中的投资回收期限——从投资方案的拨款之日开始，一直到纯利润的积累数量和折旧扣除数额以及投资花费量之间的差数为正为止的时间期限。

总的纳税负担：是指出预先标注的资金总量，其中包括支付商品输入关税的费用（在进行对外贸易时，根据俄罗斯联邦法令为保护俄罗斯联邦经济利益所采取措施而引起的纳税项目除外）；支付俄罗斯联邦内所征收的各项捐税（源于俄罗斯联邦内的消费商品税和商品增值税除外），由投资人自执行投资计划之日起时支付给国家预算外基金的费用（其中不包括俄罗斯联邦的退休基金费用，商品税和商品增值税除外），由投资人自执行投资计划之日起时而支付给国家预算外基金的费用（其中不包括俄罗斯联邦退休基金），公告《俄罗斯联邦报》2000. 1. 6 N3。对“俄联邦投资和资本输入法”的修改和补充（自俄罗斯联邦 2000. 12. 2 制定的法令），颁发机构：国家杜马 1991. 12. 1 联邦议会 1999. 12. 22。

对第一条联邦法令（1999 年 2 月 25 日）的补充

"关于在俄罗斯联邦投资和资本输入"（俄罗斯联邦立法会议 1999. N. 9 1096 页），有以下几点修改和补充。

1. 对该法令的补充有以下几段内容。

"优先投资方案"由俄罗斯联邦列入清单的投资计划和投资数额规模，它们应当符合俄联邦立法机构的要求。"投资方案的投资回收期限"——从投资方案的拨款之日起，直到纯利润的积累数量和折旧扣除数量以及投资花费量之间的差数为正为止的时间期限。"总的纳税负担"（见前）。

2. 对第二部分补充以下内容：

现行联邦法令不涉及以下内容：与向银行和其他贷款机构联系的关系；以及与向保险机构相联系的关系，以上这些关系分别由联邦关于银行及银行活动的法令及联邦关于保险活动的法令而规范。

第二条：由现行俄罗斯联邦法令制约的关系

现行联邦法律的效力涉及以资本输入形式进行的投资活动而引起的关系。现行联邦法律不涉及与以下活动联系的关系：向银行和其他贷款机构投资，向保险机构的投资，以上这些关系分别由俄罗斯联邦关于银行及银行活动的法令以及联邦关于保险活动的法令而规范（注释：第二条的第二部分是于 2000 年 1 月 6 日执行的）。

第三条：资本输入/投资的工程项目

1. 在俄罗斯联邦投资的客体（工程）包括现有的以个体国有市政当局所有及其他新出现的所有制性质的各种形式，但被联邦法律禁止的形式除外。

2. 对于那些工程的建造的使用不符合俄罗斯联邦法律和按规定程序制定的标准规则规格的投资是被禁止的。

第四条：投资和资本输入的主体

1. 以资本输入形式而进行投资活动（以下简略称为投资活动的主体）的主体包括投资人、订货人、承包人、投资工程的使用人及其他主体。

2. 投资人在符合俄罗斯联邦法律的条件下，利用个人的资金或吸引来的资金进行资本输入。投资者包括个人实体和建立在合作经营契约基础上的法人，此外还有不具有法人地位的法人联合，国家机构，地方自治机关，以及外国经营活动的主体（以下简称为外国投资者）。

3. 订购人——由个人投资者和法人投资者委托的全权负责实现，完成投资计划的全权负责人。在这个过程中，如果没有预先在其间的合同中声明，则订购人不能够干预其他投资活动主体的经营管理以及其他活动，订购人同时也可能成为投资人。非投资人身份的订购人，也在由符合俄罗斯联邦法律的条约或（和）国家契约规定的全权期限和范围内享有支配：使用和分配投入资金的权利。

4. 承包人——根据与订购人订立的，合乎俄罗斯联邦民事法典的承包合同和（或者）国家契约而进行工作的个人实体和法人实体。承包人有责任拥有进出口许可证来执行联邦法律属于进出口性质的经营活动。

5. 投资客体的使用人——他是指个人实体和法人，其中也包括外国的，此外还有国家机构，地方自治机关，世界其他各国，国际联合组织和机构，上述投资客体即是为它们而设立的，投资人同时也可能成为投资客体的使用人。

6. 如果投资人间订立的合同和（或者）国家契约没有确定投资主体的权利，则投资人有权利兼有两个或者两个以上投资主体的权利。

第五条：外国投资者在俄罗斯联邦境内的活动

由于外国投资者在俄罗斯联邦境内进行的投资和资本输入而产生的关系，由俄罗斯联邦国际条约俄罗斯联邦民事法典，现行联邦法律以及其他俄罗斯法规来制约和规范。如果其他的规则由俄罗斯联邦的国际条约来制定，而不是由预先定出的现行联邦法律来制定，则应优先服从国际条约的规范。

第二章：对俄罗斯联邦资本输入的法律和经济基础

第六条：投资人的权利

投资人在以下几方面享有平等的权利：

①在进行投资和资本输入活动中。

②独立自主的决定投入资本规模以及同其他投资主体在符合俄联邦民事法典的基础上缔结合同。

③支配、使用和分配投入资本的规模以及投资后的成果。

④根据联邦立法的规定将自己的执行投资活动和对投资成果的权利按照合同和（或者）国家契约转让给其他个人实体和法人，国家机关和地方自治机构。

⑤对投入的专用资金进行监督。

⑥在合同及相关联邦立法的基础上，联邦自身及吸收的资金以及其他投资人的资金来共同合作投资。

⑦根据联邦法律3规定的有关合同、国家契约中预先规定的内容执行其他权利。

第七条：投资活动的主体的责任

投资活动的主体对以下负有责任：

①根据俄罗斯联邦的国际合同、联邦法律和其他联邦法规、联邦公民法律及其他公民法，此外还有按规定程序制订的标准（规则和准则）而进行投资活动。

②执行国家机构及其公职人员的要求，不得与联邦立法背道而驰。

③对于投入的资金，应做到专款专用。

第八条：投资活动主体之间的关系

1. 投资活动主体之间的关系是建立在依照俄联邦民事法典而在其间缔结的合同和（或者）国家合同之上的。

2. 投资主体之间缔结的条约和国家契约的条件将在它们的生效期间保持自己的效力，现行联邦法律和及其他联邦法中有规定的除外。

第九条：金融投资的资金来源

投入的资本资金来源于投资者本身和（或者）其吸引的资金。

第十条：俄罗斯联邦的国家权利机关、地方自治机关在资本输入和投资过程中的协同合作

根据俄罗斯联邦宪法、现行联邦法律以及其他联邦法规的规定，俄罗斯联邦国家权力机关，联邦主体的国家权利机关和地方自治机构可以自行协

商，从而在资本输入和投资活动中实行协同配合。

第三章：对俄罗斯联邦的投资和资本输入的国家规范

第十一条：国家对俄罗斯联邦的投资和资本输入规范的形式以及方法

1. 国家对于在俄罗斯联邦的投资和资本输入进行的规范是通过俄罗斯联邦国家权利机关以及俄罗斯联邦主体权利机关来进行的。

2. 国家关于对俄罗斯联邦的投资和资本输入的规范规定了：

①国家为发展在俄罗斯联邦的投资和资本输入提供了有利的条件，这些条件是通过以下途径实现的。完善纳税机制、折旧计算机构以及对扣除折旧的利用；为投资行为主体制订专门的、不带有独立自主性质的纳税制度；保护投资行为主体的利益；在不违背俄罗斯联邦法律的前提下向投资主体提供优惠的利用土地和其他自然资源的条件；扩大利用人力资源以及其他预算之外的资金来进行居民住房建设和进行社会、文化方面的建议；建立和发展信息分析中的网络来进行固定定期的调查研究和公布对投资对象的调查研究的结果；采取反垄断措施；在信贷过程中增加利用抵押方法的可能性；在俄罗斯联邦发展金融随着通货膨胀发生的频率，对基本资源进行重新估价，为形成个人投资基金提供可能性。

②国家直接参与投资和资本输入，它通过以下途径来实现：制作、批准和实施投资计划，这些计划由俄罗斯联邦来实施，或者依靠联邦预算资金和联邦中部门的预算资金；设立满足联邦国家需要的工程建筑清单，并依靠国家预算内资金对其进行投资，上述清单的制订程序由俄罗斯联邦政府来决定；在竞争选拔的基础上根据投资计划并依靠国家预算资金（俄罗斯联邦发展预算）和俄罗斯联邦的个人收入资金提供国家保障。国家保障的提供的方式依靠联邦发展预算（俄罗斯联邦发展预算）提供交由俄罗斯联邦政府决定，为实现投资计划而在竞争选拔的基础上分配联邦预算基金（俄罗斯发展预算）和俄罗斯联邦个人预算资金。在竞争淘汰基础上进行的对联邦预算资金（俄罗斯联邦发展预算）的分配是俄罗斯联邦政府来决定的；而对俄罗斯联邦实体的预算资金分配则是由相应的俄罗斯联邦实体的行政机关来决定；对投资方案的检查应该符合俄罗斯联邦法律的要求的；发行有价证券形式的贷款，来确保专用借款；向在投资过程中因故暂时中止和延缓的

建筑、项目注入吸引资金、按照联邦立法，根据市场运作（拍卖和竞争）的结果来向俄罗斯和外国投资者提供租让合同。

③国家对在俄罗斯联邦的投资和资本输入还可以采取其他的方式和方法来实现。

第十二条：在出现紧急特殊形势时国家对于在联邦的投资和资本输入活动的规范和调查

在出现紧急非常情况时，对于在出现紧急非常情况区域内的对俄罗斯联邦的投资和资本输入的规范和调整活动应根据俄罗斯联邦法律来进行。

第十三条：决定实现国家资本投入的程序、方法

1. 实现国有资本的投入的决定应由国家权利机关根据俄罗斯联邦的法律来作出。

2. 对于国有资本输入的划拨和支出在以下范围内预先决定。

①在联邦预算中决定——当这些支出是用来实现联邦专用项目的建设的部分时，或者这些支出是由俄罗斯联邦的总统或者由俄罗斯联邦政府建议的。

②在俄罗斯联邦实体的预算中决定——当这些支出是用来进行相应地区专用项目的建设的部分时，或者这些支出是根据俄罗斯联邦的实体的行政机关建议的。

3. 制订、考察和通过投资计划和它们的实际情况。是根据俄罗斯联邦法律、按照预先制订的用于俄罗斯联邦专用建设项目拨款的程序方法并依靠联邦预算资金来实现的。依靠联邦预算资金来进行的投资计划清单，共同组成了联邦投资规划。

4. 依靠联邦预算资金而进行的投资计划的程序及方式是由俄罗斯联邦政府来确定的；而依靠联邦中实体预算资金来进行的投资计划及方式则是由相应的俄罗斯联邦实体的行政机关来确定的。依靠俄罗斯联邦实体预算资金来进行的投资项目计划清单，共同组成了地区投资规划。

5. 对于使用由俄罗斯联邦联合外国共同进行的投资计划以及（或者）投资规划而划拨的联邦预算资金的决定是由俄罗斯联邦在缔结有关国家间协约之后作出的。

6. 对于用于满足国家需要，并在实现相关投资方案时依靠联邦预算资金而联邦实体预算资金的建设项目的预订承包分配是由预订承包人在符合联邦法律的前提下开展竞争而实现的。

7. 对于用于投资的联邦预算资金的专用和有效利用的监督是由俄罗斯联邦计算局或者（和）对此全权负责的联邦行政机关来行使的。而对于投资的联邦实体的预算资金的专门而有效的利用的监督则是由联邦实体相关的，对此全权负责的行政机关来行使。

第十四条：对于投资方案、计划的鉴定

1. 所以投资方案、计划在它们被通过之前都应当无一例外的接受依靠联邦法律检查，而不论其投资来源和投资实体的所有制形式如何。对于投资计划和方案进行检查的目的在于预先防止订定一些建设项目，而它们会损害个人实体和法人的权力以及国家的利益，或者它们的建设按规定程序制订的规范（规则、条例）所确定的要求；此外，这也是为了评估实现资本输入的成效。

2. 依靠联邦预算资金和联邦实体预算资金来进行投资的建设项目，还有具有重要国民经济意义的投资项目，不论其资本输入来源和投资主体的所有制性质如何，都应接受国家的对此全权负责的国家权力机关的检定和检查。国家对于投资方案计划的检定、检查的执行程序、方式是由俄罗斯联邦政府来确定的。

3. 所有投资计划、方案都应接受根据俄罗斯联邦法律而进行的生态鉴定。

第四章：国家对投资活动的主体权益的保障以及对资本输入的保护

第十五条：国家对投资活动主体的权益的保障

1. 根据现行的联邦法律其他联邦法令以及除此以外的俄罗斯联邦的法律规范，俄罗斯联邦的各主体的法律及俄联邦的各主体的法律规范，国家保障投资活动的主体的权益，不论主体属于何种所有制形式，这种保障主要体现在以下几个方面：

①保障投资人在投资过程中的平等权利。

②保证在研讨投资方案时的公开性。

③有权利对于国家权力机关，地方自治机构及其行政人员的决定和行为（无所作为）向法庭提出上诉。

④保护资本输入。

2. 如果有新的联邦法律以及除此之外的俄罗斯联邦法规成效，从而使输入商品关税（除了由于在对外贸易中，依据俄罗斯联邦法律为保护俄罗斯联邦经济利益而征收的特殊形式的关税）、联邦的捐税（除了俄罗斯联邦境内征收的消费物品税以及商品增值税）和向国家预算外基金储备交纳的费用（除向俄罗斯联邦退休基金交纳的费用）的规模和范围有所改变，也就是说，或者改变和补充了现行联邦法律和俄罗斯联邦的其他法规，从而导致了投资人在俄罗斯联邦领土上实现优先投资计划时的总的纳税负担的加重；或者在实行在俄罗斯联邦境内的投资活动时制订了相对于那些自优先投资方案开好生效之日起执行的符合联邦法律及其他俄联邦法规的总的纳税负担和制度来说是禁止和限制性质的制度，则对于那些执行优先投资计划的投资人来说，在他们输入俄罗斯联邦海关的商品因优先投资的计划的实行而具有专门用途时，新生效的联邦法律，其他法令以及现行联邦法律和俄联邦法规的修改与补充以及对现行联邦法律和俄联邦法规的修改与补充在本条第三点中所指明的期间内不被采用。

3. 在投资期间对执行投资计划的投资者保障（本条所述的条件以及制度）的稳定性，但不得超过上述计划开始执行后七年。投资计划收期限受其形式制约，由俄罗斯联邦政府制订的规章决定。

4. 在特殊情况下，在生产领域或者交通设施建设或者其他基础设施的建设领域中，投资人在执行优先投资计划时，资本回收期限可以超过七年的限制。俄罗斯联邦政府为上述投资人决定是否延长本条第二点所述的条约及制度的效力期限。

5. 本条第二点所述的规则不涉及俄联邦法令中或者新被通过的联邦法令和其他法规中的改动和补充内容，其目的在于维护宪法体系的基础和道义，他人的健康、权利和合法利益以及保障国防和国家安全。

6. 俄罗斯联邦政府还具有以下职能：

在不利于投资者在俄罗斯联邦境内执行优惠投资计划的条件下，而制订以下费用项目征收的高标准进口商品。

俄罗斯联邦政府还具有以下职能：

①在不利用投资者在俄罗斯联邦内执行优惠投资计划的条件下，确定以下方面的变化标准：对商品进口税，联邦捐税和国家预算外基金收费的征收，关于在俄境内投资的禁止和限制制度。

②制订确立投资计划开始执行的日期的程序，其中也包括有外国投资者参与的投资计划。

③制订优惠投资计划的登记注册程序。

④监督投资者在上述（见本条三、四点）期限内属于自己执行优惠投资计划的职责。

⑤如果投资人不履行本部本要点所述的职责，就会被剥夺本条所述的赋予它的特权，由于上述优惠的实现而没有支付的资金数目，应该按俄联邦法律中所示的程序偿还。

［注释］本次版本中的第十五条内容自 2000 年 1 月 6 日起实施。

第十六条：对资本输入的保护

1. 只有在符合俄罗斯联邦宪法，俄罗斯联邦民事法典的条件下，由国家预先支付等偿的赔偿的先提前，输入的资本才能够被国有化；只有由国家机关根据俄罗斯联邦确定的程序和条件下作出决定时，输入的资本才能被征用。

2. 对输入资本的保险须根据俄罗斯联邦法律来进行。

第十七条：投资活动主体所负有的责任

1. 如果投资人违背俄罗斯联邦的法律，条约或（和）国家契约所规定的条件，则投资活动的主体要根据俄罗斯立法有法律责任。

2. 与对俄罗斯联邦的投资和资本输入相关联的纠纷，应根据俄罗斯联邦法律以及俄所签订的国际条约中所规定的方法，程序来解决。

补：终止和暂缓执行对俄罗斯联邦的投资和资本输入。

第十八条：规范对俄罗斯联邦的投资和资本输入活动的基础

1. 对于在俄罗斯联邦投资和资本输入的中止以暂缓执行应根据俄罗斯联邦法律所确定的程序和方式来实行。

2. 关于对在俄罗斯联邦的投资和资本输入的主体的损失的赔偿程序和方法应根据俄罗斯联邦法律以及缔结的国家契约确定。

第五章：规范对俄罗斯联邦的投资和资本输入活动的基础

第十九条：地方自治机构规范对俄罗斯的投资和资本输入的方式和方法

1. 地方自治机构关于规范对俄罗斯的投资和资本输入的具体内容如下：

1）在市政机构里创立有利于对俄罗斯的投资和资本输入的条件主要通过以下途径来实现：

①为投资活动主体在交纳地方捐税方面提供优惠。

②保障投资者的利益。

③在遵守俄罗斯法律的前提下，为投资活动主体提供使用地方市政当局所有的土地以及其他自然资源的便利。

④扩大对于居民资金的利用以及其他预算之外的住房建设投资资金以及社会文化意义的建设项目资金的源泉。

2）地方自治机构直接参与投资和资本输入的途径主要有以下几条：

①制订、通过和执行由市政当局实施的投资计划。

②在竞争的基础上分配地方预算以实现对投资项目的资金注入。在竞争的基础上对地方预算资金的配置的程序和方法由地方代表自治机关根据俄罗斯联邦的立法来执行对投资计划的检查、鉴定应符合俄罗斯联邦立法要求市政当局的债务发放应符合俄罗斯联邦的立未能要求，将属于市政当局所有的因故暂时推迟建设或中止建设的建筑工程和项目加入到投资过程中。

2. 地方自治机关在竞争的基础下，依靠地方预算资金对投资方案提供市政当局的保障，提供这种保障的程序以及方法由地方自治机关的代表根据俄罗斯联邦法律并依靠地方预算资金来确定。

3. 对俄罗斯联邦的投资和资本输入的实际支出由地方预算来制订，对于投入的资金的有目的以及有效的利用的监督由地方自治权力的全权代表机关来进行。

4. 如果有地方权力机构参与的投资机构并由俄罗斯联邦以及联邦主体来实现的投资方案，其制订以及通过应该根据与地方自治机构的协议来进行。

第二十条：市政机构对投资活动主体的权利的保障

在符合下列法律的前提下，地方自治机构在自己的全权范围内保障投资活动主体的权益，具体法律有：现行联邦法律，其他联邦法令，其他俄联邦法律规范，俄罗斯联邦主体的法律以及主体的其他法律规范。

在进行投资活动的过程中保障其平等的权益。

在对投资活动的审议过程中保证公开性。

保证投资活动主体的权利的稳定性。

第六章：总结规定

第二十一条：对于由于现行联邦法律的通过而引起的部分法令的失效的承认

由于现行俄罗斯法律的通过而使与之相矛盾的部分法规失效，失效的法规具体有以下几点：

苏维埃社会主义共和国联盟关于在其国内的投资活动的法律（苏维埃社会主义共和国联盟人民代表大会以及苏联最高苏维埃代表大会公报，1991年，N. 29，1005页）苏维埃社会主义共和国联盟关于对苏联投资法律的生效（苏维埃社会主义共和国联盟人民代表大会以及苏联最高苏维埃代表会议的公报，1991年，N. 29，1006页）联邦法律第五条由于“关于标准化的”联邦法律的通过而引起的对联邦法律法规与补充和修改，“关于保证统一衡量标准”“关于对产品和劳务的证券化”（俄罗斯联邦立法会议1995年，N. 26，2397页）。

第二十二条：现行联邦法律的生效

现行联邦法律自其公布之日起生效。

俄罗斯联邦总统以及俄罗斯联邦政府应该根据现行联邦法律来开展自己的合法行为。

俄罗斯联邦总统　叶利钦

莫斯科　克里姆林宫

1999年2月25日

二、“对俄罗斯联邦的投资和资本输入法”的修改和补充

（1999 年 12 月 1 日国家杜马通过 1999 年 12 月 22 日联邦议会批准）

“议会报”2000 年 1 月 6 日颁布

条款 1：对 1999 年 2 月 25 日第 39 号“对俄罗斯联邦的投资和资本输入法”（1999 年第 9 次联邦立法会议共 1096 页）进行下列修改和补充：

对条款 1 补充以下几点内容：

“优先投资项目是指投资项目资本输入总额符合俄联邦法律要求，并已列入俄联邦政府确定的名单之中。

投资项目资本回收周期是指自资本项目资金投入之日起至纯利润总额与折旧费和投资费用总额差值为正值之日止。优先投资项目投资人自投资项目投入资金之日起税收总额是指应当交纳的入关税（根据俄联邦法律在进行商品对外贸易时保护俄联邦经济利益而征收的特别税种除外），联邦税（俄联邦生产的商品附加的消费税除外），交纳给国家预算外基金的使用（交纳给俄联邦退休基金的除外）的资金总额”。

对条款 2 补充下列内容：

“本联邦法律不适用于对俄联邦银行及其经营法、俄联邦、保险法管辖内的银行，其他信贷机构和保险机构进行的资本输入行为。”

对条款 15 的几点说明：

条款 15：国家保障投资主体的权利

1. 国家根据本联邦法律，其他联邦法律及另外的俄联邦法律性法规，俄联邦公民法及另外的俄联邦公开法律性法规保障的权利人保护资本输入活动；

保险其在投资活动中的各种权利；

公开讨论投资项目；

保证其向法院控告国家权力机关，地方自治机构及其官员的判定、行为（或不行为）的权力。

2. 如果有关修改入关税（根据俄联邦法律在进行商品对外贸易时为保护俄联邦经济利益采取的特别税种除外）、联邦税（俄联邦领土上生产的商品附加值税除外），交纳国家预算外基金费用（交纳给俄联邦退休基金的除外）的税收总额的新联邦法律及另外的规范法律性法令生效，如果（注：自优先投资项目资金投入之日起，根据俄联邦法律和俄联邦规范法律性法规，现行的税额总量与制度的基础上。）对现行联邦法律和另外规范法律性法规进行增加在俄联邦领土内进行优先投资项目的投资人税务总额和制定禁止限制俄联邦领土上的资本输入的制度修改和补充，那么这些新联邦法，另外的规范法律性法规，及其对现行联邦法律，另外规范性法律法规的修改和补充在商品进入俄联邦领土内，用于实现优先投资的情况下，对于优先投资项目投资人，在本条款第 3 点所述的期限内不适用。

3. 保障投资项目投资人在投资项目资本回收期的投资条件及制度的稳定性，但此期限为上述项目资金投入之日起 7 年内。

投资项目资本回收周期取决于投资项目的类型，由俄联邦政府制定的标准确定。

4. 在特别情况下即投资人投资于交通或其他类型设施领域的生产和建设资本回收周期超过 7 年时，俄联邦政府决定是否延长投资人本条款第 2 条中所述的投资条件和制度的实施期限。

5. 本条款第 2 点的情况不适用于修改和补充俄联邦法律，或新通过的有关保护宪法基础，保障个人精神，身体健康，保护国防和国家安全的联邦法规和另外的俄联邦规范性法律法规。

6. 俄联邦政府：

制定评判标准，决定是否改变投资人在俄联邦领土上进行优先项目投资的不利条件，制定征收入关税，联邦税和交纳国家预算外基金费用条件的标准，制定禁止和限制俄联邦范围内资本输入制度；

确定制度，确定投资项目资本投入的起始日，其中包括有外资加入的投资项目；

确定调整优先投资项目的制度；

监督投资人履行本条款第 3、4 点中所述的优先投资项目实施期间的责任；

若投资人不履行本点第一部分所述的责任，他将被剥夺本条款所给予他的特权、特权所减免的资金将按照俄联邦法律规定的制度偿清。

条款2：本联邦法律自正式颁布之日起生效。

代总统普京

莫斯科　克里姆林宫

2000年2月2日　俄联邦法律22号

三、俄罗斯联邦外国投资法

（1999年6月25日国家杜马通过　1999年7月2日联邦委员会批准）

本联邦法确定对外国投资者的投资及其投资收益和利润权利的基本保证，以及外国投资者在俄联邦境内的经营条件。

本联邦法旨在吸收和在俄联邦经济中有效地利用外国物资和资金资源、先进技术、工艺及管理经验，保障外国投资者经营条件的稳定性并使外国投资法律制度符合国际法准则及投资合作国际惯例。

第一条　本联邦法所调节的关系及其适用范围

1. 本联邦法调节外国投资者在俄联邦境内投资时国家对其权利加以担保的相关关系。

2. 本联邦法不调节外国资本对银行及其他金融机构，以及保险组织进行投资的相关关系，这些关系分别由俄联邦关于银行及银行活动的法律和关于保险的法律进行调节。本联邦法也不调节与外国资本为达到一定的社会公益目的，其中包括教育、慈善、科学或宗教等方面的目的，而对非商业组织进行投资的相关关系，这些关系由俄联邦关于非商业组织的法律进行调节。

第二条　本联邦法所使用的基本定义

为了本联邦法的宗旨，使用下列基本定义：

外国投资者——按照所在国法律确定民事权利能力并根据该国法律有权在俄联邦境内进行投资的外国法人；按照所在国法律确定民事权利能力并根据该国法律有权在俄联邦境内进行投资的外国非法人组织；按照国籍所在国

法律确定民事权利能力和行为能力并根据该国法律有权在俄联邦境内进行投资的外国公民；按照永久居住地所在国法律确定民事权利能力和行为能力并根据该国法律有权在俄联邦境内进行投资的长期居住在俄联邦境外的无国籍人员；根据俄联邦的国际协议有权在俄联邦进行投资的国际组织；按照俄联邦法律规定程序行事的外国；外国投资——外国资本以属于外国投资者所有的民事权利客体的形式，如果这些客体根据联邦法律在俄联邦未被禁止流通或限制流通，其中包括货币、有价证券（外币及俄联邦货币）、其他财产、财产权、有货币估价的智力活动成果排他权（知识产权）以及服务和信息，投入俄联邦境内的经营活动客体；外国直接投资——外国投资者根据俄联邦民事法律在俄联邦境内获得以公司形式成立的或重新成立的商业组织注册资本（合股资本）10%以上股份（投资）；对俄联邦境内成立的外国法人分支机构固定资产的投资；外国投资者在俄联邦境内作为融资租赁出租人出租独联体海关进出口税则第十六类和第十七类所列海关估价不少于100万卢布的设备；投资项目——外国直接投资的经济可行性、规模及期限的论据，包括按照俄联邦法律规定标准制定的设计预算资料；优先投资项目——被俄联邦政府批准列入项目清单的投资项目，其外国投资总规模不少于10亿卢布（不少于按本联邦法生效之日俄联邦中央银行当日汇率折算的等值外币金额）或者外国投资者在有外国投资的商业组织注册资本（合股资本）中的最低股份（投资）不少于1亿卢布（不少于按本联邦法生效之日俄联邦中央银行当日汇率折算的等值外币金额）的投资项目；投资项目回收期限——从利用外国直接投资的投资项目开始拨款之日起至包括折旧在内的累计纯利润金额与有外国投资的商业组织或外国法人的分支机构或融资租赁合同出租人的投资支出额之间的差额开始出现正数之日止的这段期限；再投资——外国投资者或有外国投资的商业组织将外国投资所得收入或利润向俄联邦境内经营活动客体进行投资；税赋总额——利用外国投资实施投资项目的外国投资者及有外国投资的商业组织在投资项目开始拨款之时所应支付各种形式税费的货币结算总额，其中包括进口关税（按照俄联邦法律在对外商品贸易中俄联邦经济利益保护措施所涉及的关税除外）、联邦税（俄联邦境内所产商品的消费税、增值税除外）及国家预算外基金费（俄联邦退休基金费除外）。

第三条 俄联邦境内外国投资的法律调节

1. 对俄联邦境内外国投资实施法律调节，适用本联邦法、其他联邦法、俄联邦其他法规，以及俄联邦签署的国际条约。

2. 根据本联邦法及其他联邦法律，俄联邦主体有权就其管辖的问题及俄联邦与其主体共同管辖的问题通过对外国投资进行调节的法律和法规。

第四条 外国投资者及有外国投资的商业组织活动的法律制度

1. 除了联邦法律规定的一些例外，外国投资者的活动及其使用投资所得利润的法律制度所提供的优惠不能少于俄罗斯投资者的活动及其使用投资所得利润的法律制度。

2. 联邦法律可以为外国投资者规定一些限制性例外，其限度只能是维护宪法制度原则、道德，保护他人健康、权利和合法利益，保证国家防卫和安全所必需的。可以根据俄联邦社会经济发展的利益对外国投资者以优惠的形式规定鼓励性例外。优惠的种类及提供方式由俄联邦立法加以规定。

3. 外国法人在俄联邦境内设立的分支机构可以履行部分职能或全部职能，包括以建立它的外国法人（下称母公司）的名义行使代表处的职能，其条件是母公司设立的目的及其活动具有商业性质；母公司应按其在俄联邦境内开展上述活动所接受的义务直接承担财产责任。

4. 有外国投资的商业组织的子公司及其附属公司在俄联邦境内从事经营活动时，不得享受本联邦法所规定的法律保护、保障及优惠。

5. 外国投资者、在俄联邦境内建立的有外国投资的商业组织（外商对该组织法定（合股）资本的投资份额不少于10%）进行再投资时，完全享受本联邦法规定的法律保护、保障及优惠。

6. 俄罗斯的商业组织，从外国投资者加入之日起，即获得有外国投资的商业组织地位。从该日起，有外国投资的商业组织及其外国投资者即享受本联邦法所规定的法律保护、保障及优惠。外国投资者从商业组织中撤出（如有几个外国投资者参加的，则所有外国投资者全部撤出）之日起，该商业组织失去有外国投资的商业组织地位。从该日起，上述商业组织及外国投资者即丧失本联邦法所规定的法律保护、保障及优惠。

第五条　对外国投资者在俄联邦境内活动的法律保护的保障

1. 对俄联邦境内外国投资者的权益应给予充分的无条件的保护。这种保护是以本联邦法、其他联邦法、其他俄联邦法规，以及俄联邦签署的国际条约为保障的。

2. 对于因国家机关、地方自治机关或其工作人员的非法行为（不作为）而给外国投资者造成的损失，外国投资者有权根据俄联邦民事立法要求赔偿。

第六条　外国投资者运用各种方式在俄联邦境内进行投资的保障

外国投资者有权在俄联邦境内以俄联邦立法所不禁止的任何方式进行投资。应根据俄联邦立法对有外国投资的商业组织法定（合股）资本的投资额进行估价。对投资额的估价应以俄联邦货币进行。

第七条　外国投资者权利和义务向他人转让的保障

1. 外国投资者根据合同有权转让自己的权利（让渡诉求）和义务（转移责任）。根据法律或法院判决，外国投资者有义务依照俄联邦民事立法向他人转让自己的权利（让渡诉求）和义务（转移责任）。

2. 如果外国或其全权国家机构为了外国投资者利益而为其出资，对在俄联邦境内的投资进行了担保（根据保险合同），此项投资的外国投资者的权利又转让（让渡诉求）给该国或其全权国家机构，则在俄联邦这种权利转让（让渡诉求）是合法的。

第八条　外国投资者及有外国投资的商业组织的财产被国有化及征用时的赔偿保障

1. 除联邦法律或俄联邦签署的国际条约所规定的特殊情况及理由之外，外国投资者或有外国投资的商业组织的财产不应被强制没收，包括被国有化和征用。

2. 在被征用的情况下，应向外国投资者或有外国投资的商业组织支付被征用财产的价款。引起征用的情况终止时，外国投资者或有外国投资的商业组织有权通过司法程序要求追回仍保留的财产。但在此情况下，他们应退回已得到的赔偿金，同时应考虑到因财产价值降低而带来的损失。在实行国有化的情况下，应向外国投资者或有外国投资的商业组织赔偿被国有化的财产的价值及其他损失。有关损失赔偿的争议应按本联邦法第十条规定的程序解决。

第九条 保障外国投资者和有外国投资的商业组织不因俄联邦法律发生变化而受到不良影响

1. 在向优先发展的外国投资项目开始划拨资金的当日，如果出台了关于调整征收进口关税（按照俄联邦法律在对外商品贸易中俄联邦经济利益保护措施所涉及的关税除外）、联邦税（俄联邦境内所产商品的消费税、增值税除外）、上缴国家预算外基金费（上缴俄联邦退休基金费除外）幅度的新的俄联邦法律法规，或对现行俄联邦法律法规作出了修改和补充，使外国投资者和有外国投资的商业组织在执行优先投资项目中的税赋总额加大，或对在俄联邦的外国投资的禁令和限制增多，则这些新的俄联邦法律法规以及对现行俄联邦法律法规的修改和补充在本条第 2 款规定的期限内将不适用于执行优先发展的外国投资项目的外国投资者和有外国投资的商业组织，但前提是上述外国投资者和有外国投资的商业组织运入俄联邦海关境内的货物专用于执行优先投资项目。本款第一段适用于外商对法定（合股）资本的投资份额超过 25% 的含外资商业组织以及执行优先投资项目的含外资商业组织，而不管该商业组织中外商对法定（合股）资本的投资份额多少。

2. 本条第 1 款关于保证外国投资者投资条件和制度稳定性的规定适用于投资项目回收期，但不超过自外商向该项目划拨资金之日起的 7 年。根据项目种类对投资项目回收期的分类应按俄联邦政府规定的程序进行。

3. 在外国投资者和有外国投资的商业组织所执行的优先投资项目涉及生产领域、交通设施建设或其他基础设施建设，且外国投资总额不少于 10 亿卢布（不少于按本联邦法生效之日俄联邦中央银行当日汇率折算的等值外币金额）、回收期超过 7 年的特殊情况下，俄联邦政府应决定延长本条第 1 款规定的对上述外国投资者和有外国投资的商业组织实行稳定投资条件和制度的期限。

4. 本条第 1 款的规定不适用于为维护宪法制度原则、道德，保护他人健康、权力和合法利益，保证国家防卫和安全而对俄联邦法令进行的修改和补充或实行的俄联邦新法律法规。

5. 俄联邦政府应确定对在征收进口关税、联邦税收和上缴国家预算外基金费、对俄联邦境内外国投资的禁令和限制等方面对外国投资者和有外国投资的商业组织发生不利变化的评定标准；确认本法律第二十四条指定的联邦权力执行机构对优先投资项目进行注册的程序；对外国投资者和有外国投资的商业组织在按本条第2、3款规定执行优先投资项目期间履行应尽义务的情况进行监督。

如果外国投资者和有外国投资的商业组织不履行本款前半部分所规定的义务，则将取消本条所规定的对其实行的优惠。因享受上述优惠而未支付的金额，应按俄联邦法律规定程序予以追回。

第十条　保障妥善解决外国投资者在俄联邦境内进行投资和经营活动中发生的纠纷应根据俄联邦签署的国际条约和俄联邦法律在法院或仲裁法庭，或者国际仲裁法庭上予以解决。

第十一条　保障在俄境内使用和向俄境外汇出收入、利润及其他合法所得款项外国投资者在遵照俄联邦法律纳税后有权在俄联邦境内自由使用其收入和利润，用于遵照本联邦法律第四条第2款规定进行的再投资或其他与俄联邦法律不相抵触的目的，有权不受任何限制地向俄联邦境外汇出其投资所得收入、利润及其他合法所得外汇款项，其中包括：投资所得利润、股息、利息和其他收入；有外国投资的商业组织或在俄联邦境内设立分支机构的外国法人在执行合同及其他交易中履行义务所得款项；外国投资者因撤销有外国投资的商业组织或外国法人设立的分支机构或出让投资财产、财产权和知识产权所得款项；本法律第八条规定的补偿金。

第十二条　保障外国投资者享有将最初作为外国投资带入俄联邦境内的器材和以文件或电子载体记录形式的信息无障碍地带出俄联邦境外的权利。最初将器材和以文件或电子载体记录形式的信息带入俄联邦境内的外国投资者有权无障碍地（不实行配额、许可证和采取其他对外贸易活动的非税率调节措施）将上述器材和信息带出俄联邦境外。

第十三条　保障外国投资者享有购买有价证券的权利

外国投资者有权根据俄联邦有价证券法购买俄罗斯商业组织的股票及其

他有价证券和国家有价证券。

第十四条　保障外国投资者享有参与私有化的权利

外国投资者有权按照俄联邦有关国有和地方所有财产私有化的法律所规定的条件和程序，以获得国家和地方财产所有权或者在私有化企业法定（合股）资本中获得一定份额（投资）的途径参与国有和地方所有财产的私有化。

第十五条　保障给予外国投资者土地、其他自然资源、建筑物、设施和其他不动产的权利

外国投资者应按照俄联邦和俄联邦主体的法律享有获得土地、其他自然资源、建筑物、设施和其他不动产的权利。如俄联邦法律未作其他规定，有外国投资的商业组织可以在招标（拍卖、竞买）中获得租赁土地的权利。

第十六条　给予外国投资者和有外国投资的商业组织海关税费的优惠

外国投资者和有外国投资的商业组织实施优先投资项目时的海关税费优惠应按照俄联邦海关法和俄联邦税法予以提供。

第十七条　俄联邦主体和地方自治机关给予外国投资者的优惠和保障

俄联邦主体和地方自治机关在各自管辖范围内可以给予外国投资者优惠和保障，用俄联邦主体预算资金和地方预算资金以及预算外资金对外国投资者实施的投资项目进行拨款并给予其他形式的支持。

第十八条　外国投资者必须遵守俄联邦反垄断法和进行善意竞争

外国投资者必须遵守俄联邦反垄断法，不进行恶意竞争及限制性经营活动，包括以生产某种抢手商品、尔后将外国生产的类似商品打入市场而自行停业为目的在俄联邦境内建立有外国投资的商业组织或外国法人的分支机构，甚至利用有关价格、划分商品销售市场或参与招标（拍卖、竞买）的恶意协议。

第十九条　有外国投资的商业组织和外国法人分支机构的母公司所实施的财产保险

如俄联邦法律未作其他规定，有外国投资的商业组织应自行办理有关财产损失（灭失）、短缺或损坏的风险，民事责任风险和企业经营风险的财产保险，而外国法人分支机构的上述财产保险则由其母公司自行办理。

第二十条　有外国投资的商业组织的设立和撤销

1. 有外国投资的商业组织的设立和撤销应按照俄联邦民事法典和其他联邦法规定的条件和程序进行，但联邦法律根据本联邦法第四条第2款所作的规定除外。

2. 有外国投资的商业组织作为法人应在向有关机关呈送下列文件的一个月内，到司法机关办理国家注册：有外国投资的商业组织章程和成立合同（俄联邦民事立法规定的情况下）；外国投资者所在国家商业目录，或其他能确认外国投资者法律地位的文件的摘录；由为外国投资者服务的银行开具的有关其支付能力的证明文件；关于支付注册税的单据。为维护宪法制度、道德，保护他人健康、权利和合法利益，保证国家防卫和安全等目的，有外国投资的商业组织可能被拒绝办理注册。外国投资者可因未被办理国家注册而依照法律程序提出申诉。

第二十一条　外国法人分支机构的设立和撤销

外国法人分支机构设立的目的是在俄联邦境内进行其母公司在俄联邦境外所从事的经营活动，撤销时则应根据作为外国法人的母公司的决定。应按照俄联邦政府确定的程序并通过注册办法对外国法人分支机构的设立、经营活动及撤销实施国家监督；本联邦法第二十四条中所规定的联邦执行权力机构实施对外国法人分支机构的注册。为维护宪法制度、道德，保护他人健康、权利和合法利益，保证国家防卫和安全等目的，外国法人分支机构可能被拒绝办理注册。

第二十二条　对外国法人分支机构章程的要求

1. 母公司应向本联邦法二十四条所列的联邦执行权力机构呈交外国法

人分支机构章程及其他文件，文件清单以及在本条第2、3款中涉及的对文件内容的要求应由俄联邦政府予以批准。

2. 在外国法人分支机构的章程中应注明分支机构及其母公司的名称，母公司的法律组织形式，分支机构在俄联邦境内的所在地，母公司的法定地址，建立分支机构的目的及其经营项目，分支机构固定资产投资的构成、金额及期限，分支机构的管理程序。外国法人分支机构章程中可以载入其他反映该分支机构在俄联邦境内的经营活动特点及与俄联邦法律不相抵触的信息。

3. 对外国法人分支机构固定资产投资的估价由母公司根据国内价格或国际市场价格进行。投资额的估价应以俄联邦货币进行。外国法人分支机构固定资产投资估价的金额应在外国法人分支机构章程中注明。

4. 外国法人分支机构有权自注册之日起在俄联邦境内从事经营活动。外国法人分支机构自撤销注册之日起应停止在俄联邦境内的经营活动。

第二十三条 制定和实施外国投资领域的国家政策

按照《关于俄联邦政府》这一联邦宪法法律的规定，俄联邦政府应制定和实施国际投资合作领域的国家政策。俄联邦政府应当：确定对俄联邦境内的外国投资实行禁止和限制措施的合理性，制定有关上述禁止和限制措施清单的法律草案；确定对外国投资者在俄联邦的经营活动进行监督的措施；批准本联邦法第二条所规定的优先投资项目清单；制定联邦吸引外国投资的纲要并保证其实施；吸引国际金融组织及外国的投资性贷款，用以向俄联邦发展预算及联邦一级的投资项目提供资金；就国际投资合作事宜与俄联邦主体进行协调行动；对同外国投资者准备并签订关于由其实施大型投资项目的投资协议的全过程进行监督；对准备并签订俄联邦关于鼓励和相互保护投资的国际条约的全过程进行监督。

第二十四条 负责协调吸引外国直接投资事务的联邦执行权力机构

俄联邦政府应确定负责协调吸引外国对俄联邦经济直接投资事务的联邦执行权力机构。

第二十五条　原先已经通过的俄联邦法律文件及其某些条款因本联邦法已被通过而告失效

鉴于本联邦法已被通过，下列法律文件及条款即告失效：《俄罗斯苏维埃联邦社会主义共和国外国投资法》（俄罗斯苏维埃联邦社会主义共和国人民代表大会及最高苏维埃通报，1991 年，第 29 期，第 1008 页）；《俄罗斯苏维埃联邦社会主义共和国最高苏维埃关于将俄联邦外国投资法付诸实施的决定》（同上，第 1009 页）；《由于俄联邦"关于标准化法"、"关于保证计量统一法"、"关于产品和服务质量鉴定法"已被通过而对俄联邦法律文件进行修改补充的联邦法》第六条（俄联邦法律汇编，1995 年，第 26 期，第 2397 页）；《由于"俄联邦仲裁法庭"联邦宪法法律及俄联邦仲裁程序法典已被通过而对俄联邦法律及其他法律文件进行修改补充的联邦法》第一条第 4 款（俄联邦法律汇编，1997 年，第 47 期，第 5341 页）。

第二十六条　将俄联邦法律与本联邦法取得一致

1. 建议俄联邦总统及俄联邦政府将其法律文件与本联邦法取得一致。

责成俄联邦政府按规定程序向俄联邦联邦会议、国家杜马提交关于因本联邦法而需要对俄联邦法律文件进行相应修改补充的建议。

第二十七条　将俄联邦境内建立的外国法人分支机构章程与本联邦法取得一致

凡在本联邦法开始生效前建立的分支机构，其母公司必须：

在本联邦法开始生效之日起 6 个月内将外国法人分支机构章程与本联邦法取得一致；在本联邦法开始生效之日起一年内办理外国法人分支机构的注册。

第二十八条　本联邦法开始生效日期

本联邦法自正式公布之日起开始生效。

四、越南《投资法》

国　　会　　　　　　　　　　越南社会主义共和国
第 59/2005/QH11 号法　　　　　独立—自由—幸福

越南社会主义共和国国会第十一届八次会议

（2005 年 10 月 18 日至 11 月 29 日）

根据 2001 年 12 月 25 日第十届国会第十次会议第 51/2001/QH10 号决议关于 1992 年越南社会主义共和国宪法的修改补充法，本法对投资活动作出规定。

第一章　总　　则

第一条　调整的范围

本法律对以经营为目的的投资活动，投资商的权利和义务，投资商合法权益的保护、鼓励和优惠投资，对越投资及越对外投资的国家管理等作出规定。

第二条　适用对象

1. 在越南领土进行投资和越南对海外投资的国内外投资商。
2. 与投资活动相关的组织和个人。

第三条　词语解释

在本法律中，对下述词语的理解如下：
1. 投资：是指投资商根据本法和其他有关法律规定以有形或无形资产

进行的投资活动。

2. 直接投资：是指投资商投入资金并参与投资管理的投资方式。

3. 间接投资：是指投资商通过购买股份、股票、债券和其他有价证券、证券投资基金和通过其他财政中介进行投资但不直接参与投资管理活动的投资方式。

4. 投资商：是指根据越南法律规定开展投资活动的组织和个人，包括：

（1）根据企业法成立的各种经济体制的企业；

（2）根据合作社法成立的合作社、合作社联合会；

（3）在本法律生效前成立的外资企业；

（4）经营户、个体户；

（5）外国组织、个人；在外国定居的越南人；常驻越南的外国人；

（6）根据越南法律成立的其他组织。

5. 外国投资商：是指在越南开展投资活动的外国组织和个人。

6. 外资企业：是指外商在越南开展投资活动成立的企业和由外商购买股份、合并、并购的越南企业。

7. 投资活动：是指投资商在准备、实施和管理投资项目的活动。

8. 投资项目：是指为了在具体的地点、确定的时间段内开展投资活动进行中长期资金投入的建议的汇集。

9. 投资资金：是指用于进行直接或间接投资活动的资金和其他合法财产。

10. 国家资金：是指国家财政投资发展资金、由国家担保的信贷、国家投资发展信用资金和国家其他投资资金。

11. 投资业主：是指直接管理、使用资金开展投资活动的资金所有者或组织、资金所有者的代表或贷款人。

12. 外国投资：是指外国投资商把资金和其他合法财产投入到越南所开展的投资活动。

13. 国内投资：是指国内投资商以资金和其他合法财产在越南开展的投资活动。

14. 对外投资：是指投资商以在越南的资金和其他合法财产到国外开展的投资活动。

15. 有条件投资领域：是指只有在符合法律规定的具体条件下才能进行

投资的领域。

16. 合作经营合同（以下简称 BCC 合同）：是指投资商之间以合作经营、利润分成、产品分享为目的所签订的不设法人的投资形式。

17. 建设—经营—移交合同（以下简称 BOT 合同）：是指国家职能部门与投资商签订的在一定时期内建设、经营基础设施工程，在期满后，投资商无偿移交给越南政府的投资形式。

18. 建设—移交—经营合同（以下简称 BTO 合同）：是指国家职能部门与投资商签订的建设基础设施工程，工程建设完毕后，投资商将工程移交给越南政府，越南政府给予投资商一定时间的经营权以便收回投资和利润的投资形式。

19. 建设—移交合同（以下简称 BT 合同）：是指国家职能部门与投资商签订的建设基础设施工程，工程建成后，投资商将该工程移交给越南政府；越南政府创造条件让投资商实施其他项目以便收回投资和利润，或根据 BT 合同规定对投资商进行结算的投资形式。

20. 工业区：是指根据政府规定设立的、具有明确的地理界线的、专门进行工业生产和为工业生产服务的区域。

21. 出口加工区：是指根据政府规定设立的、具有明确的地理界线、专门生产出口产品和为出口产品生产服务的工业区。

22. 高科技区：是指根据政府规定设立的、具有明确的地理界线、专门进行高科技研究开发与应用、培育高科技企业、培养高科技人才、生产和经营高科技产品的区域。

23. 经济区：是指根据政府规定设立的、具有明确的地理界线、为投资商提供特别便利的投资、经营环境，具有特殊经济空间的区域。

第四条 投资政策

1. 投资商可以在法律不禁止的行业和领域进行投资；可根据越南法律的规定自主决定投资活动。

2. 国家在法律面前平等对待各种经济成分、国内外的投资商；鼓励并为其投资活动创造便利条件。

3. 国家承认并保护投资商的财产所有权、投资资金、收入及其他合法权益；承认投资活动的长期存在和发展。

4. 国家承诺履行越南作为成员的与投资有关的国际条约。

5. 国家鼓励对优惠投资领域和地区进行投资并给予优惠政策。

第五条　投资法、国际条约、外国法律及国际投资惯例的应用

1. 投资商在越南领土开展的投资活动必须遵守本法律及相关的法律规定。

2. 在其他法律中已规定的特殊投资活动则按该法律规定执行。

3. 如果越南社会主义共和国作为成员的国际公约的规定与本法律的规定有悖时，则采用该国际条约的规定。

4. 对于外商投资活动，如果越南法律未作规定的，各方可以在合同中商定适用外国法律和国际投资惯例，但外国法律及国际投资惯例不能与越南法律的基本原则相悖。

第二章　投 资 保 障

第六条　资金及财产保障

1. 投资商的投资资金及合法财产不被国有化，不以行政手段加以没收。

2. 由于国防安全和国家利益确实需要征购、征用投资商的财产时，国家将按征购、征用公告颁布时的市场价进行支付或赔偿。

支付或赔偿须保障投资商的合法利益，并对所有投资商一视同仁。

3. 对于外国投资商，本条第 2 款所规定的财产支付或赔偿，将以可自由兑换的货币进行，并可汇出国外。

4. 征购、征用的方式及条件依照法律规定执行。

第七条　知识产权的保护

根据知识产权法及有关法律规定，国家保护投资活动中的知识产权；保护投资商在越南进行技术转让的合法利益。

第八条　开放市场，与贸易相关的投资

为了符合越南社会主义共和国作为成员的国际公约的规定，国家对外国投资商承诺履行以下规定：

1. 按已承诺的进程开放投资市场。

2. 不强迫投资商履行以下要求：

（1）优先购买、使用国内商品和服务，或必须购买国内某一生产厂家的产品和服务；

（2）商品或服务出口必须达到一定的比例；限制出口商品和服务或在国内生产商品，提供服务的种类、数量和价值；

（3）商品进口的数量和价值与商品出口的数量和价值相当或必须以自己出口来平衡进口所需的外汇；

（4）商品生产要达到一定的国产化比例；

（5）国内研究开发要达到一定的水平或价值；

（6）在国内外某一具体地点提供商品及服务；

（7）总部设在某一具体地点。

第九条　向国外转移资金、财产

1. 外商在完全履行了对越南国家财政义务后，可以将以下款项汇往国外：

（1）经营活动的利润；

（2）支付技术、服务及知识产权的款项；

（3）国外贷款的本金及利息；

（4）投资资金、投资清理款；

（5）投资商的其他合法财产及款项。

2. 在越南投资项目工作的外国人，在完全履行对越南国家财政义务后，可以将自己的合法收入汇往国外。

3. 上述款项将按投资商选择的商业银行交易汇率以可自由兑换货币汇往国外。

4. 与投资活动相关的各种款项汇往国外的手续按外汇管理法的规定办理。

第十条　实行统一的价格、费用及手续费

在越南开展的投资活动过程中，投资商可以享受由国家控制的商品及服务的统一的价格、费用和手续费。

第十一条 法律、政策改变时的投资保障

1. 如果新颁布的法律和政策的权利和优惠有比投资商已享有的权利和优惠更多时，则投资商可从新颁布的法律和政策生效之日起，根据新的规定享有该权利和优惠。

2. 如新颁布的法律和政策对投资商在该法律和政策的规定生效前已享有的合法利益产生不利影响时，则投资商仍可保证享有投资证书规定的各种优惠，也可以按以下某项、几项或全部办法加以解决：

（1）继续享受各种权利和优惠；

（2）可以在应税收入中扣除损失；

（3）可以对项目的经营目标进行调整；

（4）在必要的情况下可考虑赔偿。

3. 根据法律的规定和越南作为成员对国际公约的承诺，政府对由于法律、政策的改变给投资商的利益产生的不利影响制定具体的保护规定。

第十二条 解决纠纷

1. 与在越南投资活动相关的纠纷将根据法律的规定，通过协商、和解、仲裁或诉讼解决。

2. 国内投资商之间或国内投资商与越南国家管理机构之间发生的与在越南领土上的投资活动相关的纠纷，将通过越南仲裁或诉讼解决。

3. 一方是外国投资商或外资企业或外国投资商之间发生的纠纷，可通过下述机构或组织之一进行解决。

（1）越南法院；

（2）越南仲裁；

（3）外国仲裁；

（4）国际仲裁；

（5）由纠纷各方协商成立的仲裁。

4. 国外投资商与越国家管理机关之间发生的与在越南领土上的投资活动相关的纠纷，可通过越南仲裁或越南法院解决，除非国家管理机关与外国投资商之间签订的合同或越南作为成员的国际条约中另有规定。

第三章　投资商的权利与义务

第十三条　投资、经营自主权

1. 选择投资领域、投资形式、筹集资金方式、投资地点和规模、投资伙伴及投资项目活动期限。

2. 登记注册经营一个或多个行业；根据法律规定成立企业；自主决定已登记注册的投资经营活动。

第十四条　投资资源的获取和使用权

1. 平等获取和使用信用资金、互助基金；根据法律的规定使用土地和资源。

2. 在国内外租用、购买机械设备以实施投资项目。

3. 聘用越南劳动力；根据生产经营的需要，聘用外国管理、技术人员和专家，如越南作为成员的国际条约另有规定，则按该国际条约的规定办理。

第十五条　与投资活动有关的出口、进口、广告、营销、加工和再加工权

1. 直接或委托进口投资活动所需的机械设备、物资原料和货物；直接出口或委托出口及销售产品。

2. 对自己的产品和服务进行广告和营销，直接与有广告经营权的组织签订广告合同。

3. 根据商业法的有关规定开展产品加工和再加工；在国内下加工和再加工订单，在国外下加工订单。

第十六条　外汇购买权

1. 根据外汇管理法的规定，投资商可以在有外汇经营权的信贷机构购买外汇以满足往来交易、资金交易和其他交易的要求。

2. 政府保证或协助平衡能源、交通基础设施、垃圾处理领域的一些重要项目对外汇的需求。

第十七条 资金或投资项目的转让、调整权

1. 投资商有权对投资资金和项目进行转让和调整。当该转让产生利润时，转让方须根据税法规定交纳所得税。

2. 如须对投资资金和项目转让和调整的条件进行规定，则由政府规定。

第十八条 土地使用权和地面资产的抵押

有投资项目的投资商可根据法律规定，以土地使用权和地面资产作为抵押，向在越南注册经营的信贷组织贷款来实施投资项目。

第十九条 投资商的其他权利

1. 享有本法律和其他有关法律规定的各项投资优惠。

2. 根据非区别对待的原则，获取和使用公共服务。

3. 获取与投资相关的法律、政策文件；了解国民经济，各经济领域的数据和其他经济社会信息；对与投资有关法律、政策提出意见。

4. 根据法律规定，有权对违反投资法的组织和个人进行投诉、控告或起诉。

5. 行使法律规定的其他权利。

第二十条 投资商的义务

1. 遵守有关投资手续的法律规定；严格按照投资登记的内容和投资证书规定的内容开展投资活动。

投资商必须对投资登记的内容，投资项目资料的准确性、忠实性和各种确认的文件的合法性负责。

2. 根据法律规定，充分履行财务义务。

3. 实施法律关于会计、审计和统计的规定。

4. 履行法律规定的劳动、保险义务；尊重劳动者的名誉、人格，保障劳动者的合法权益。.

5. 尊重、创造便利条件以便劳动者成立，参加政治组织、社会政治组织。

6. 执行法律关于环保的规定。

7. 履行法律规定的其他义务。

第四章　投 资 方 式

第二十一条　直接投资方式

1. 成立国内投资商独资或外国投资商独资的经济组织。
2. 成立国内投资商和外国投资商联营的经济组织。
3. 按 BCC、BOT、BTO 和 BT 合同方式的投资。
4. 投资发展经营。
5. 通过购买股份或融资方式参加投资活动的管理。
6. 通过合并、并购企业的方式投资。
7. 其他直接投资方式。

第二十二条　投资成立经济组织

1. 根据本法第二十一条规定的各种投资方式，投资商可以投资成立以下经济组织：

（1）根据企业法成立和活动的企业。

（2）根据法律规定所成立的信贷机构、保险经营企业、投资基金和其他财务组织。

（3）赢利性的医疗、教育、科研、文化、体育和其他服务机构。

（4）根据法律规定成立的其他经济组织。

2. 除本条第 1 款规定的经济组织外，国内投资商还可以根据合作社法的规定成立经营合作社、合作社联合会；根据法律规定成立经营户。

第二十三条　合同方式的投资

1. 投资商可通过签订 BCC 合同的方式合作生产，分享利润，分配产品或其他经营合作方式。

合作的对象、内容、经营期限，各合作方的权利、义务、责任，合作关系和组织管理由合作各方协商一致并在合同中约定。

在油气及其他一些资源的寻找、勘探、开采领域以产品分配合同方式进行合作的 BCC 合同可根据本法及其他相关法律的规定实施。

2. 投资商与国家职能部门签订的关于实施交通，电力生产经营，供排水，垃圾处理及其他领域基础设施的新建、改扩建、现代化改造和运营项目的 BOT 合同、BTO 合同和 BT 合同，由政府总理规定。

政府对以 BOT 合同、BTO 合同和 BT 合同方式投资的领域、条件、程序、手续和方式；合同各方的权利和义务作出规定。

第二十四条　投资发展经营

投资商可以通过以下形式进行投资发展经营：

1. 扩大规模，提高生产能力和经营能力。

2. 更新技术，提高产品质量，减少环境污染。

第二十五条　出资、购买股份、合并、并购

1. 投资商可以对在越南的公司、分支机构进行融资，购买股份。

国外投资商在某些领域、行业出资和购买股份的比例由政府规定。

2. 投资商有权合并、并购公司和分支机构。

合并、并购公司和分支机构的条件由本法、竞争法和其他相关法律的规定进行规定。

第二十六条　间接投资

1. 投资商按以下方式在越南进行间接投资：

（1）购买股份、股票、债券和其他有价证券；

（2）通过证券投资基金；

（3）通过其他的中介财政机构。

2. 通过对组织、个人的股份、股票、债券和其他有价证券进行买卖的方式投资。间接投资的手续根据证券法和其他相关法律的规定办理。

第五章　投资领域、地区，投资优惠和扶持

第一节　投资领域、地区

第二十七条　投资优惠领域

1. 新材料、新能源的生产；高科技产品的生产；生物技术；信息技术；机械制造。

2. 种植、养殖；农林水产品加工；制盐；培育新的植物和畜禽种子。

3. 应用高科技、现代技术；保护生态环境；研究、发展、创造高技术。

4. 劳动密集型。

5. 基础设施，重大项目的建设和发展。

6. 发展教育、培训、医疗、体育和民族文化事业。

7. 发展传统手工艺行业。

8. 其他需鼓励的生产、服务领域。

第二十八条　投资优惠地区

1. 社会经济条件困难的地区，社会经济条件特别困难的地区。

2. 工业区，出口加工区，高科技区，经济区。

第二十九条　限制投资领域

1. 限制投资领域包括：

（1）对国防、国家安全，社会秩序、安宁有影响的领域；

（2）财政、金融；

（3）影响大众健康的领域；

（4）文化、通信、报纸、出版；

（5）娱乐；

（6）房地产经营；

（7）自然资源的考察、寻找、勘探、开采，生态环境；

（8）教育和培训；

（9）法律规定的其他领域。

2. 对于外国投资商，除了本条第 1 款规定的限制投资领域外，还包括根据越南社会主义共和国作为成员的国际条约的国际承诺实施进程的投资领域。

3. 外商投资企业投资的领域原不属于限制投资的领域，如在经营过程中，该领域被列为限制投资的领域，则投资商仍可继续在该领域开展活动。

4. 越南投资商占企业注册资金 51% 以上的，则外国投资商也可适用与国内投资商相同的投资条件。

5. 根据各个时期社会经济的发展需要并符合越南所参加的国际条约的承诺，政府规定限制投资领域的投资项目，成立经济组织的条件，投资方式以及对外资开放的领域。

第三十条　禁止投资的领域

1. 危害国防，国家安全和公共利益的项目。

2. 危害越南文化历史遗迹，道德和风俗的项目。

3. 危害人民身体健康，破坏资源和环境的项目。

4. 从国外进入越南的有毒废弃物的处理，生产有毒化学品或使用国际条约禁止使用的毒素。

第三十一条　颁布投资优惠和限制投资领域和地区目录

1. 根据各时期社会经济发展规划和方向以及越南参加的国际条约的承诺，政府颁布或修改、补充投资优惠领域、限制投资领域、禁止投资领域、投资优惠地区目录。

2. 各部，部级机关，省、中央直辖市人民委员会（以下称为省级人民委员会）不能颁布超越法律规定框架的禁止投资领域、限制投资领域和投资优惠领域的规定。

第二节　投资优惠

第三十二条　投资优惠的对象和条件

1. 投资商的投资项目属本法第二十七条和二十八条规定的投资优惠领域和地区的，可以根据本法及其他相关法律的规定享受优惠。

2. 本条第 1 款规定的投资优惠也适用于新的投资项目和扩大规模，提高生产能力，经营能力，更新技术，提高产品质量，减少环境污染的投资项目。

第三十三条　税务优惠

1. 投资商的投资项目属于本法第三十二条规定的对象的，可享受税法规定的优惠税率，优惠税率的时间和减免税的时间。

2. 投资商可根据税法规定享受向经济组织出资、入股的税后所得分成的税收优惠。

3. 根据《出口税、进口税法》的规定，投资商用于实施在越南的投资项目所进口的设备、物资、运输工具和其他货物免征进口税。

4. 根据税法的规定，对属于投资优惠项目的技术转让所得免征所得税。

第三十四条　亏损转移

投资商向税务机关进行税务决算后出现亏损的，可将亏损转到下一年，并可根据企业所得税法的规定，从企业应纳所得税的收入中扣减。但亏损转移的时间不超过五年。

第三十五条　固定资产折旧

对于投资优惠领域、地区的投资项目和效益高的经营项目固定资产可采用快速折旧法进行折旧；最大折旧率可比固定资产折旧制度规定的折旧率高一倍。

第三十六条　土地使用优惠

1. 投资项目的土地使用期限不超过 50 年；对于投资大、但资金回收慢以及在社会经济条件困难和特别困难地区的投资项目需要更长时间的，土地的使用、租用时间不超过 70 年。

土地使用期满后，如果投资商正确执行土地法并有继续使用土地的需求，国家职能部门将根据土地使用规划审批延长土地使用期限。

2. 投资商在投资优惠领域和地区投资，可根据土地法和税法的规定，减免土地租金、土地使用费、土地使用税。

第三十七条　对投资商在工业区、出口加工区、高科技区、经济区投资的优惠

根据每个时期社会经济发展的条件和本法规定的原则，政府规定对投资商在工业区、进出口加工区、高科技区、经济区投资的优惠。

第三十八条　办理投资优惠手续

1. 对于本法第四十五条规定的不需要进行投资登记和需要进行投资登记的国内投资项目，投资商根据法律规定的优惠投资的优惠和条件，自己确定优惠并向国家职能部门办理享受投资优惠的手续。

如果投资商要求确认投资优惠的，则须办理投资登记手续，以便国家投资管理机关在投资证书中列明。

2. 对于属于本法第四十七条规定的投资审查范围的，符合享受优惠条件的国内投资项目，国家投资管理机关将投资优惠在投资证书中列明。

3. 对于符合享受优惠条件的外资项目，国家投资管理机关将投资优惠在投资证书中列明。

第三十九条　扩大优惠的情况

当需要鼓励发展某个特别重要的行业或某个特殊地区、特殊经济区时，政府将呈报国会审批决定与本法规定的投资优惠不同的投资优惠。

第三节　投资扶持

第四十条　技术转让扶持

1. 国家对技术转让，包括根据越南技术转让法有关规定以技术投入实施在越投资项目的各方创造供便利条件，并保障技术转让各方的合法权益。

2. 国家鼓励向越南转让先进技术、技术源和其他生产新产品，提高生产能力、竞争力、产品质量、节约和有效使用原燃料、能源和自然资源。

第四十一条　培训扶持

1. 国家鼓励设立由国内外组织及个人的出资和赞助的人力资源培训扶

持基金。

企业的培训费被视为合理的开支，作为确实应纳企业所得税的收入的依据。

2. 国家通过培训扶持计划对企业的劳动培训提供国家财政支持。

第四十二条　扶持和鼓励发展投资服务

国家鼓励和扶持各组织、个人开展以下投资辅助服务：

1. 投资、管理咨询。

2. 知识产权、技术转让咨询。

3. 职业教育、技术培训、管理技能培训。

4. 根据投资商的要求提供市场信息、科技工艺信息和其他社会经济信息。

5. 市场营销、促进投资和贸易。

6. 成立，参加各种社会组织、各社会行业组织。

7. 成立服务于中、小企业发展的设计、试验中心。

第四十三条　工业区、出口加工区、高科技区和经济区基础设施的投资

1. 根据政府批准的工业区、出口加工区、高科技区和经济区的总体发展规划，各部、部级机关和省人民委员会对自己管理范围内的工业区、出口加工区、高科技区和经济区围栏以外的技术和社会基础设施建设制定投资计划并组织实施。

2. 对某些存在社会经济困难地区和特别困难地区的地方，国家将根据政府的规定向地方提供部分资金，以便与投资商共同投资建设发展工业区、出口加工区内的基础设施。

3. 国家将提供国家财政和优惠信贷支持高科技区、经济区内的技术和社会基础设施的建设，并采用某些融资方式来投资发展高科技区、经济区的基础设施。

第四十四条　出入境签证

实施投资活动的投资商，长期为在越南投资的项目工作的外国专家和技术人员及其家庭成员可获得多次出入境签证。每次签证的限期最长为五年。

第六章　直接投资活动

第一节　投 资 手 续

第四十五条　国内投资项目的投资登记手续

1. 投资金额在 150 亿越盾以下，且不属于限制投资领域的国内投资项目，投资商不需办理投资登记手续。

2. 投资金额在 150 亿越盾到 3000 亿越盾之间,且不属于限制投资领域的国内投资项目,投资商按省级国家投资管理机关规定式样办理投资登记手续。

如投资商要求颁发投资证书，则由省级国家投资管理机关颁发。

3. 投资登记的内容包括：

（1）投资商的法理资格；

（2）投资项目的目标、规模和实施地点；

（3）投资资金、项目实施进度；

（4）土地使用需求和保护环境的承诺；

（5）投资优惠的建议（若有）。

4. 投资商在展开投资项目前进行投资登记。

第四十六条　外资项目的投资登记手续

1. 投资金额在 3000 亿越盾以下，不属于限制投资领域的外资项目，投资商在省级国家投资管理机关办理投资登记手续，颁发投资证书。

2. 投资登记资料包括：

（1）本法第四十五条第 3 款规定的文件内容；

（2）投资商的财务能力报告；

（3）联营合同或 BCC 合同、企业章程（若有）。

3. 省级国家投资管理机关从收齐符合要求的投资登记资料之日起十五天内，颁发投资证书。

第四十七条　投资项目的审查

1. 对于投资金额在 3000 亿越盾以上和属于限制投资领域的目录的国内

投资项目、外资项目须通过审查后才能颁发投资证书。

2. 投资审查的期限，从收齐符合要求的资料之日起不超过三十天；必要时，可以延长期限，但不超过四十五天。

3. 对于国家重大项目，则由国会决定项目的投资立项和项目标准，政府规定项目的审查程序和手续并颁发投资证书。

4. 政府规定分级审查和颁发投资证书事宜。

第四十八条　投资金额在3000亿越盾以上、不属于限制投资领域目录项目的审查手续

1. 项目资料包括：

（1）颁发投资证书的建议书；

（2）投资商法理资格的确认书；

（3）投资商的财务能力报告；

（4）对投资的目标、地点、土地使用需求、投资规模、投资资金、项目实施进度、工艺技术方案、环保措施等内容的经济—技术陈述。

（5）对于外国投资商，资料还包括：联营合同或BCC合同，企业章程（若有）。

2. 审查内容包括：

（1）符合技术基础设施规划、土地使用规划、建设规划、矿产和其他资源的使用规划；

（2）土地使用需求；

（3）项目实施进度；

（4）环保措施。

第四十九条　属于限制投资领域目录项目的审查手续

1. 对投资金额在3000亿越盾以下，且属于限制投资领域目录的项目，审查手续如下：

（1）项目资料包括：投资项目须满足的条件的陈述；本法第四十五条第3款规定的国内投资项目的投资登记内容，或本法第四十六条第2款规定的外资项目的投资登记内容；

（2）审查内容包括投资项目必须满足的各项条件。

2. 投资金额在3000亿越盾以上，且属于限制投资领域目录的项目，审查手续如下：

（1）项目资料包括：投资项目须满足的条件的陈述；本法第四十八条第1款规定的审查材料内容；

（2）审查内容包括投资项目必须满足的各种条件及本法第四十八条第2款规定的内容。

第五十条 与成立经济组织相关联的投资手续

1. 外国投资商第一次对越南进行投资需有投资项目，并在国家投资管理机构办理投资登记或投资审查手续，以获取投资证书。投资证书同时也是经营登记证书。

2. 已在越南成立外资经济组织，如有新的投资项目，则可办理该投资项目的实施手续，而不一定要成立新的经济组织。

3. 国内投资商有与成立经济组织相关联的投资项目的，则根据企业法和其他相关法律的规定进行经营登记，并按本法规定办理投资手续。

第五十一条 投资项目的调整

1. 当需要对投资项目的目标、规模、地点、形式、资金和期限进行调整时，投资商需办理以下手续：

（1）对于投资登记的项目，由投资商自行决定并在决定调整之日起10日内，到省级国家投资管理机关登记调整的内容；

（2）对于属于审查投资的项目，投资商书面向主管的国家投资管理机关提出项目调整建议。

投资项目的调整建议书包括项目的实施状况，调整的理由和与已获审查内容的改变等内容。

2. 国家投资管理机关在收齐符合要求的资料之日起15日内向投资部通报投资证书的调整情况。

3. 投资项目的调整，采取对投资证书的内容进行调整、补充的方式办理。

第五十二条　外商投资项目的活动期限

符合项目活动要求的外国投资项目的活动期限不超过五十年；必要时，政府决定项目更长的活动期限，但不超过七十年。

项目的活动期限在投资证书中注明。

第五十三条　项目立项、投资决定、投资审查的责任

1. 投资商自我决定投资项目；对投资登记的内容、投资项目的资料及履行投资承诺的准确性、真实性负责。

2. 具有项目立项、投资决定、投资审查和确认权的组织、个人对自己的申请和决定负法律责任。

第五十四条　对有多个投资商关注的项目的投资商的选择

对有两个以上投资商关注的、行业规划确定的重要投资项目，须根据招标法的规定通过招标方式来选择实施项目的投资商。

第二节　开展实施投资项目

第五十五条　实施项目的土地租用和交接

1. 对有土地使用要求的投资项目，投资商与项目所在地的土地管理部门联系，办理土地交接或租用手续。

土地的交接、租用程序和手续根据土地法的规定办理。

2. 如投资商已获得土地移交而在规定的期限内未开展项目或土地的使用与批准使用的目的不符，将按土地法的规定收回土地，并收回投资证书。

第五十六条　建设土地的准备

1. 当国家根据土地法规定征用土地时，国家职能部门有责任在将土地移交或租给投资商之前，进行土地征用，补偿和拆迁。

土地的征用、补偿、拆迁事宜根据土地法的规定执行。

2. 对于投资商租用由国家交付或出租给土地使用者的土地的，土地的拆迁赔偿事宜由投资商自己负责。

如投资商与土地使用者就土地赔偿和拆迁事宜达成协议，而土地使用者不履行协议义务时，则项目所在地的有职权一级的人民委员会有责任根据法律的规定，在将土地移交给投资商之前组织拆迁。

3. 对于符合国家职能部门批准的土地使用规划的投资项目，投资商可根据土地法的规定接受土地使用权的转让和租用，接受经济组织、经济户、个人以土地使用权入股投资，而不须办理土地征用手续。

第五十七条　矿产、资源开发利用投资项目的实施

矿产、资源的开发利用投资项目根据矿产、资源法的规定实施。

第五十八条　建设性投资项目的实施

1. 对于建设性的投资项目，根据建设法的规定进行立项，审定，技术设计，预算，总预算的审批。

2. 投资商对工程质量和环保负责。

第五十九条　机械设备的鉴定

投资商对为实施投资项目所进口的构成固定财产的机械设备的价值和质量的鉴定负责。

第六十条　在越南市场销售产品

1. 投资商可不受地域的限制直接或通过代理在越南市场销售产品；可代销在越南生产同类产品的组织和个人生产的产品。

2. 投资商自行决定自己生产的产品售价和自己提供的服务价格；如该类商品、服务的价格由国家监管，则售价根据国家职能部门公布的价格框架实行。

第六十一条　外汇账户、越南盾账户

1. 投资商可以在经许可的在越南经营的银行开立外汇账户和越南盾账户。经越南国家银行的同意，投资商也可以在国外的银行开立账户。

2. 在国内外的银行开立、使用和注销账户根据越南国家银行的规定办理。

第六十二条　保险

投资商根据保险法的规定，通过与在越南经营保险业务的企业以签订保险合同的方式对自己的财产和其他进行保险。

第六十三条　聘用管理机构

1. 投资商可以聘用管理机构对需要专业性强、高水平管理技能领域的投资项目的投资和经营活动进行管理。

2. 投资商对合同规定的与管理活动有关的管理机构的全部活动负越南法律责任。

3. 管理机构对投资商投资项目的投资和经营活动的管理负责；管理机构在履行合同规定的自己的权利和义务过程中要遵守越南法律，对自己在合同规定范围以外的活动直接负越南法律责任。

第六十四条　项目暂时停止，收回投资证书

1. 投资商暂时停止投资项目时，要向国家投资管理机关通报，以作为考虑暂时停止期间减免土地租金的依据。

2. 如投资项目在取得投资证书12个月后，投资商不展开项目或没有能力根据所承诺的进度实施项目且无正当理由的，则收回投资证书。

第六十五条　终止投资项目活动

有以下情形之一的，可终止投资项目的活动：

1. 投资证书规定的活动期满。

2. 根据合同、企业章程或投资商各方关于项目实施进度的协议、承诺所规定的活动终止条件。

3. 投资商决定终止项目活动。

4. 由于违法行为，根据国家投资管理部门的决定或根据法院，仲裁部门的宣判、决定终止活动。

第六十六条　国家对重要工程和项目的担保

根据本法规定的原则，国家决定重要投资项目，决定对项目的贷款、原料供应、产品销售、结算及履行合同其他义务进行担保，并指定国家职能部门作为担保人。

第七章　国家资金的投资、经营

第六十七条　国家资金的投资和经营管理

1. 国家资金的投资和经营要符合各个时期社会经济发展的战略、规划、计划。

2. 国家资金的投资和经营须符合目标，有成效，确保对各种来源的资金，各类投资项目有适当的管理方式，投资过程要公开、透明。

3. 根据法律规定，以国家资金进行投资或与其他经济成分联营、联合，须经国家决定投资的职能管理部门审批、同意。

4. 明确投资过程的每个环节各部门、组织和个人的职责、权力；对使用国家资金进行的投资和经营，实行国家分工、分级管理。

5. 实施投资要按法律、按进度、保质量，反对铺张、浪费、流失和封闭。

第六十八条　国家资金对经济组织的投资和经营

1. 以国家财政投资资金对经济组织的投资通过国家资金投资和经营总公司实行。

2. 国家资金投资和经营总公司根据国有企业法的规定和其他有关法律的规定开展活动；在只有一个成员的责任有限公司，由两个或两个以上成员组成的责任有限公司，或由国营公司改制或新成立的股份公司中，履行国有资金所有者的代表权。

3. 政府规定国家资金投资和经营总公司的组织和活动。

第六十九条　国家对公益活动的投资

1. 国家通过交计划、订货或招标的方式，对公益产品和服务的生产、供应进行投资。

2. 各经济成分的组织、个人均可平等地参加公益产品和服务的生产和供应，政府规定的特殊情况除外。

政府颁布公益活动的扶持政策和公益产品、服务目录。

第七十条　国家投资发展信用资金的投资

1. 国家投资发展信用资金的使用对象为有良好社会经济效益，有还款能力的一些重要领域，行业和重大经济发展计划的投资项目。

使用国家投资发展信用贷款的项目在决定投资前，其财务计划、还贷计划须通过放贷机构的审批同意。

2. 政府对不同时期的国家投资发展信用资金投资的扶持政策，可获贷款对象的目录及信用条件进行具体规定。

第七十一条　国家资金投资项目授权管理的组织及个人

被授权代表国家资金所有者的组织、个人对资金保值、发展和有效使用负责。

直接代表国家资金所有者，代表企业中国家股份的组织、个人，根据国家资金使用及管理法和企业法的规定，履行义务、开展活动。

第七十二条　投资项目的内容变更、暂缓、停止、撤销

1. 如需变更投资项目内容，投资商须将变更的内容及原因呈报国家职能主管部门审批；如果项目正在实施中，则投资商须有项目评估报告。

2. 在得到国家职能主管部门书面同意变更内容后，投资商方能根据规定对项目进行立项、评估和报批。

3. 在下列情况下，投资项目将被暂缓、停止或撤销：

（1）从决定投资之日起12个月后，投资商在未经职能主管部门书面同意而不实施项目的；

（2）未经职能部门书面批准而变更项目目标的。

4. 职能主管部门决定暂缓、停止或撤销投资项目，要有充分的理由，并对自己的决定承担法律责任。

第七十三条　选择实施项目的承包商

使用国家资金的投资项目须根据投标法的规定，通过投标方式选择项目的咨询服务，货物采购和土建安装的承包商。

第八章 对外投资

第七十四条 对外投资

1. 投资商可根据越南法律的规定和投资接受国法律的规定对外国进行投资。

2. 国家为对外投资提供便利条件，并根据社会主义共和国所参加的国际条约，保护在国外的越南投资商的合法利益。

3. 国家在平等和一视同仁的基础上，为各种经济成分的投资商获取信贷创造便利条件，并对特别鼓励投资领域的对外投资项目进行贷款担保。

第七十五条 鼓励对外投资的领域和禁止对外投资的领域

1. 越南国家鼓励在越南的经济组织向可带动大量劳动力出口；有效发挥越南的传统工艺行业；开拓市场和自然资源开发；增强出口、创汇能力的领域进行对外投资。

2. 越南国家对危害到国家机密、国防安全和越南的历史、文化、风俗习惯的对外投资项目不予批准。

第七十六条 对外投资的条件

1. 对外直接投资的投资商必须具备以下条件：

(1) 有对外投资的项目；

(2) 充分履行对越南国家的财务义务；

(3) 获得国家投资管理机关颁发的投资证书。

2. 间接对外投资必须遵守金融、证券法和项目其他有关法律的规定。

3. 使用国家资金对外投资要遵守国家资金使用管理法的规定。

第七十七条 对外投资商的权利

1. 在投资项目得到投资驻在国和地区职能部门的批准后，根据外汇管理法的规定，可将货币和其他合法财产等投资资金转到国外。

2. 享受法律规定的各种投资优惠。

3. 聘用越南劳动力到投资商在国外设立的生产、经营单位工作。

第七十八条　对外投资商的义务

1. 遵守投资所在国的法律。

2. 根据法律规定，将在国外投资所得利润和其他收入转回国内。

3. 对外投资的活动和财务状况实行定期报告制度。

4. 充分履行对越南国家的财务义务。

5. 在国外的投资活动结束时，根据法律规定，将全部资金和合法财产转回国内。

6. 如投资商不按本条第 2 款和第 5 款的规定把对外投资的资金、财产、利润和其他收入转回国内，须经国家职能部门的同意。

第七十九条　对外投资的手续

1. 对外投资项目包括：

（1）投资登记的项目，是指注册投资金额在 150 亿越盾以下的项目；

（2）投资审批的项目，是指注册投资金额在 150 亿越盾以上的项目。

2. 投资登记、审批手续规定如下：

（1）对于投资登记的项目，投资商根据国家投资管理部门提供的格式进行登记，领取投资证书；

（2）对于投资审批的项目，投资商根据国家投资管理部门提供的格式递交材料，以便审批，颁发投资证书。

政府具体规定鼓励、禁止和限制对外投资的领域；对外投资项目的投资条件、优惠政策；对外投资活动的程序、手续和管理。

第九章　国家对投资的管理

第八十条　国家对投资的管理内容

1. 编制并指导落实投资发展战略、规划、计划和政策。

2. 颁布并组织落实关于投资的法律法规。

3. 指导、协助投资商实施投资项目，解决投资商遇到的阻碍，回应投资商提出的要求。

4. 颁发、收回投资证书。

5. 指导、评估投资效果；检查、清查和监督投资活动；解决投资活动中的投诉，控告；嘉奖；处理违规行为。

6. 组织与投资有关的人力资源培训活动。

7. 组织、开展投资促进活动。

第八十一条　国家对投资的管理责任

1. 政府对全国范围内的投资进行统一的国家管理。

2. 计划投资部对政府负责履行对投资活动的国家管理职能。

3. 各部、部级机关有责任在自己的职责范围内，对分管领域的投资履行国家管理职能。

4. 各级人民委员会有责任根据政府分级管理制度，对在所管辖地的投资履行国家管理职能。

第八十二条　根据规划对投资进行管理

1. 根据规划法的规定，政府对各项规划的组织编制、报批作出规定。

2. 投资项目必须符合技术基础设施规划，土地使用规划，建设规划，矿产和其他资源的使用规划。

地区规划，行业规划，产品规划必须符合本法第二十七条、第二十八条、第二十九条和第三十条关于投资优惠领域，投资优惠地区，限制投资领域和禁止投资领域的规定，且作为投资商选择、决定投资的方向。

3. 国家规划职能部门有责任在大众传媒上公布有关投资活动的规划。

4. 对在本条规定的规划中未涉及的投资项目，国家投资管理部门有责任汇合国家规划职能部门在投资商提出要求之日起三十天内作出答复。

第八十三条　投资促进

1. 国家各级机关根据政府的规定开展投资促进活动。

2. 国家机关投资促进活动的经费由国家财政拨付。

第八十四条　跟踪、评价投资活动

1. 国家各级投资管理部门根据法律规定，对投资活动进行跟踪了解、评价和报告。

2. 投资的跟踪了解和评价的内容包括：

（1）根据职责规定颁布有关法律的实施细则和投资法有关规定的实施事宜；

（2）根据投资证书的规定开展投资的情况；

（3）全国、各部门、各行业、各地方的投资情况；分级管理投资项目的情况；

（4）同级国家管理部门，上级国家投资管理部门关于投资评估结果，存在问题和投资违法行为的处理措施建议的报告。

第八十五条　对投资活动的清查

1. 投资清查的任务如下：

（1）清查关于投资法、投资政策的落实情况；

（2）发现、阻止和处理或建议上级职能部门处理投资违法行为；

（3）澄清并建议国家职能部门解决有关投资的投诉、控告。

2. 投资检查的组织和活动根据清查法的规定实施。

第八十六条　投诉、控告、起诉

1. 个人有投诉、控告和起诉权；组织根据法律的规定有投诉、起诉权。投资活动中的投诉、控告、起诉事宜以及投诉、控告、起诉的解决根据法律规定办理。

2. 在投诉、控告或起诉期间，组织、个人仍需执行国家投资管理部门的行政决定。当国家投资管理部门对投诉、控告的解决作出了决定或法院作出的决定，判决已生效，则根据该决定，判决执行。

3. 国家各级投资管理部门有责任在自己职权范围内解决组织和个人的投诉、控告；当接到不属于自己的职权范围内的投诉、控告时，有责任及时转到有职责的部门、组织，并书面通报投诉和控告人。

第八十七条　违法行为的处理

1. 凡违反本法和其他有关投资活动的法律规定的人，将视违法行为的性质、程度，给予纪律处分、行政处罚或追究刑事责任；如造成损失则须根据法律规定进行赔偿。

2. 利用职务、权限之便阻碍投资活动的；对投资商进行勒索，制造麻烦的；不按规定及时解决投资商的要求的；不按法律规定履行其他公务的；将视其违法行为的性质、程度给予纪律处分，行政处罚或追究刑事责任。

第十章 执行条款

第八十八条 本法生效前正在开展的投资项目的法律适用

1. 在本法律生效前，已获得投资许可证的外资项目不需重新办理投资证书。如投资商要求根据投资法的规定重新进行登记的，则办理换领新投资证书的登记手续。

2. 国内投资商在本法生效前已经进行的投资项目不需办理投资登记或投资审查手续；如投资商要求颁发投资证书的，则向国家投资管理职能部门进行登记。

第八十九条 生效执行

本法律自2006年7月1日起生效执行。

本法替代1996年的《外国在越南投资法》，2000年《外国投资法若干修改、补充法》和1998年的《鼓励国内投资法》。

政府将制定和颁布本法的实施细则。

本法于2005年11月29日召开的越南社会主义共和国第十一届国会八次会议上通过。

国会主席

阮文安

主要参考文献

1. 蒋孟引：《英国史》，中国社会科学出版社 1988 年版。

2. 张淳：《信托法原论》，南京大学出版社 1994 年版。

3. 杨林枫等：《信托产品概述》，中国财政经济出版社 2008 年版。

4. 余辉：《英国信托法：起源、发展及其影响》，清华大学出版社 2007 年版。

5. 何宝玉：《英国信托法原理与判例》，法律出版社 2001 年版。

6. 沈达明：《衡平法初论》，对外经济贸易大学出版社 1997 年版。

7. 于研、郑英豪：《信托投资》，上海译文出版社 2003 年版。

8. 杨林枫、罗志华、张群革：《中国信托理论研究与制度构建》，西南财经大学出版社 2004 年版。

9. 左毓秀、史建平：《信托与租赁》，中国经济出版社 2001 年版。

10. 王淑敏、齐佩金：《金融信托与租赁》（第二版），中国金融出版社 2006 年版。

11. 闵绥艳：《信托与租赁》，科学出版社 2006 年版。

12. 霍玉芬：《信托法要论》，中国政法大学出版社 2003 年版。

13. 盖永光：《信托业比较研究：历史演进、定位与发展》，山东人民出版社 2004 年版。

14. 李青云：《信托税收政策与制度研究》，中国税务出版社 2006 年版。

15. 李勇：《信托业监管法律问题研究》，中国财政经济出版社 2008 年版。

16. 张兴、张春子译：《投资房地产投资信托》，中信出版社 2006 年版。

17. 安德鲁·伊沃比：《信托法基础》，武汉大学出版社 2004 年版。

18. 马亚明："发达国家信托业发展及对我国的启示"，《中国信托理论与实务研究》，天津人民出版社 2002 年版。

19. 陈建华：《香港金融的发展及其未来走势》，经济管理出版社 2001 年版。

20. 冯邦彦：《香港金融业百年》，东方出版社 2007 年版。

21. 罗大钧："信托法律关系之探析"（上），《政法论坛》2001 年第 2 期。

22. 余辉："近现代英国信托法律制度的确立"，《法律科学》2003 年第 6 期。

23. 曹严礼："美国信托业的发展及其对我国的启示"，《内蒙古财经学院学报》2000 年第 4 期。

24. 范建华、徐思远："美国的证券投资信托及其启示"，《中国投资与建设》1994 年第 3 期。

25. 冯季英："中外信托业监管制度比较研究"，《湖南科技学院学报》2007 年第 7 期。

26. 黄瑞："美国企业年金计划及启示"，《当代经济》2004 年第 5 期。

27. 李青云："美国非增值管理类信托产品一瞥"，《大众理财》2005 年第 4 期。

28. 李勇："美国'统一信托法典'述评"，《邵阳学院学报》2005 年第 1 期。

29. 余辉："美国信托法的发展及其对我国的启示"，《河南科技大学学报》2003 年第 3 期。

30. 章新锋："美国房地产投资信托的发展对我国的启示"，《广西金融研究》2007 年第 3 期。

31. 周志红："美国员工持股制度对我国的启示"，《高科技与产业化》2004 年第 6 期。

32. 宋蔚蔚："国外信托模式和品种类型对我国信托产品创新的借鉴"，《商业研究》2005 年第 8 期。

33. 杨大楷、刘伟："国外信托业发展研究"，《当代财经》2000 年第 4 期。

34. 常宇："简析日本的信托业及对我们的启示"，《现代日本经济》1996 年第 4 期。

35. 石劲磊、王继松："日本信托业的发展及对我国的启示"，《山西财经大学学报》2002 年第 2 期。

36. 陈玉林："日本信托业的发展及其对我国的启示"，《经济与社会发展》2003 年第 7 期。

37. 桂霄燕："日本信托业概括及其借鉴"，《南方金融》1999 年第 10 期。

38. 庞峰亭、韩若鹏："日本信托银行发展演进史对我国信托投资公司发展的借鉴"，《经济师》1997 年第 12 期。

39. 王礼平："世界各发达国家信托制度比较研究"，《财经问题研究》2004 年第 1 期。

40. 张慧："西方国家信托业监管体系及其借鉴"，《经济纵横》2002 年第 1 期。

41. 盖永光："英美日信托业制度变迁比较及启示"，《科学与管理》2005 年第 1 期。

42. 戴群中："德国全能银行制度及其对我国的启示"，《税务与经济》2007 年第 2 期。

43. 陈柳钦："全能银行：德国金融混业经营及其监管"，《中国证券期货》2006 年第 7 期。

44. 黄欣："中国私募基金及其对香港基金管理业的启示"，《上海金融》2001 年第 12 期。

45. 黄晓慧："香港信托法律制度浅探"，《西南民族学院院报》2000 年第 9 期。

46. 姬长进："房地产信托投资基金前景诱人"，《证券论坛》2006 年第 7 期。

47. 刘文军："借鉴香港经验发展内地基金市场"，《新金融》1997 年第 6 期。

48. 马铮："香港与内地信托制度的比较分析"，《五邑大学学报》2004

年第 1 期。

49. 宋旺兴、王琪："略论中国香港信托法律制度——兼谈我国大陆信托制度及现状"，《河南省政法管理干部学院学报》2001 年第 4 期。

50. 苏杰："海外 REITs 发展状况及我国发展 REITs 的思考"，《当代经理人》2006 年第 2 期。

51. 汤丹、陈奇志："香港基金业发展探析"，《财贸研究》1998 年第 3 期。

52. 汪建新、舒红："从'越秀 REITs'和'凯德 REITs'看中国 REITs 海外上市"，《商业视角》2008 年第 4 期。

53. 王中洋："香港基金的发展及其特点"，《港澳经济》1994 年第 9 期。

54. 武为群："香港基金市场的发展"，《国际金融研究》1996 年第 4 期。

55. 王新军、胡歇庄："香港的房地产融资方式及借鉴"，《上海经济研究》2005 年第 1 期。

56. 王月春："香港与内地信托制度的比较研究"，《法制与社会》2007 年第 12 期。

57. 叶朝晖："香港基金业发展、创新及启示"，《亚太经济》1998 年第 1 期。

58. 张俊宇、朱辉："香港开放 REITs 对内地房地产市场的影响"，《房地产金融》2006 年第 2 期。

59. 张伟伟："房地产投资信托基金（REITs）融资模式的法律分析——以越秀房地产投资信托基金（香港）为蓝本"，《房地产金融》2007 年第 4 期。

60. 朱明星："关于亚洲与美国 REITs 发展模式的比较"，《世界经济》2006 年第 1 期。

61. 周雪燕："房地产投资信托基金的障碍与突破"，《观察》2005 年第 12 期。

62. 董坚勇："台湾信托投资公司的发展及前景"，《台湾研究集刊》1989 年第 4 期。

63. 杨胜刚："论台湾信托业的改革与发展"，《台湾研究》1999 年第 2

期。

64. 黄柏翔："不动产投资信托——台湾经验"，《银行家》2006 年第 11 期。

65. 孙静："德国信托法探析"，《比较法研究》2004 年第 1 期。

66. 宋强松："房地产投资信托：国际经验与路径选择"，《金融学苑》2007 年第 1 期。

67. 尹田："法国民法上的托管财产所有权"，《中央政法管理干部学院学报》1997 年第 6 期。

68. 王新军、胡歇庄："香港的房地产融资方式及借鉴"，《上海经济研究》2005 年第 10 期。

69. 张慧："西方国家信托业监管体系及其借鉴"，《经济纵横》2001 年第 2 期。

70. 罗彦、李凯："英德资本市场监管法律框架比较研究"，《现代经济探讨》2003 年第 6 期。

71. 张建新："国外 REIT（房地产投资信托）的经验与启示"，《经济与管理》2006 年第 12 期。

72. 胡莉铭："国外信托业的发展趋势及对我国的启示"，《当代经济》2006 年第 8 期。

73. 郑凌云："德国金融监管体制演变"，《德国研究》2006 年第 4 期。

74. 何正荣："欧洲房地产投资信托的发展及未来展望"，《中国房地产金融》2006 年第 3 期。

75. 倪馨："新形势下信托业的创新与发展"，《经济日报》2005 年 9 月 21 日。

76. 伍贻康、黄烨菁："欧盟的信托业发展及其对中国的启示"，《金融时报》2001 年 5 月 19 日。

77. 满岩、朱幼平："世界信托业发展对我国的借鉴意义"，《中国经济时报》2004 年 4 月 6 日。

78. 郑桂玲："市场观察：信托业何时走出困境?"，《中国经济时报》2000 年 5 月 11 日。

79. 潘洁："2008 信托业：尚能抵御寒流"，《国际金融报》2009 年 1 月 20 日。

80. 金立新："反思信托业功能定位至关重要"，《金融时报》2006 年 7 月 18 日。

81. 陈赤："关于信托投资公司战略方向的思考"，《证券时报》2006 年 7 月 18 日。

82. 黄建峰："转轨时期信托投资公司的发展目标"，《证券时报》2006 年 7 月 17 日。

83. 银监会："银行与信托公司业务合作指引"，《成都商报》2008 年 12 月 23 日。

84. "美国产业投资基金对我国信托业的启示"，《上海证券报》2005 年 7 月 8 日。

85. 田守正笃："日本信托业的发展"，《金融时报》2001 年 12 月 6 日。

86. 用益信托工作室："台湾信托市场的发展与现状"，《金融时报》2005 年 7 月 11 日。

87. 马亚明："台湾信托市场"，《金融时报》2003 年 10 月 20 日。

88. 高文琦："从美国制度看保险金信托在台湾的推进与发展"，《台湾经济日报》2005 年 10 月 16 日。

89. 何海红："日本投资信托基金大举缩减海外投资"，《中国证券报》2008 年 2 月 17 日。

90. 陈清："发达国家信托业发展趋势及其对我国的启示"，《亚太经济》2004 年第 4 期。

91. "台湾不动产信托行为与课税实务研究"，《暨南大学》2006 年。

92. 李佩纯："台湾信托课税之法律问题研究"，《华东政法学院》2006 年。

93. 宁国强："论桥本政府的金融改革——日本金融大爆炸"，《渤海大学》2008 年。

94. 许雄斌："信托创新理论与实践"，《博士学位论文》2004 年。

95. 王礼平："中外信托制度问题研究"，《东北财经大学博士学位论文》2003 年。

96. 陈刚："中外信托发展比较研究"，《对外经济贸易大学硕士学位论文》2005 年。

97. 颜朝晖："信托业的国际比较及其对我国信托业发展的启示"，《厦门大学》2006年。

98. 常照伦："两岸信托法制的比较研究"，《中国政法大学》2005年。

99. 林琳："我国对发达国家信托立法的借鉴"，《哈尔滨工程大学硕士学位论文》2007年。

100. 刘和平："中外信托制度比较研究"，中国信托前沿——马亚明个人主页。

101. 秦立生："国外信托品种经验与我国信托业务创新"，中国信托前沿——马亚明个人主页。

102. 陆文磊、翟金林："美国、日本信托业的比较及对我国信托业发展的启示（一）"，中国信托前沿——马亚明个人主页，2008年10月6日。

103. 伍贻康、黄烨菁："欧盟的信托业发展及其对中国的启示"，用益工作室。

104. 中海信托、中融国信、江西国信等："2007年中国信托业创新与研究之银信合作发展分析与建议"，2007年12月13日。

105. 李维刚："日本信托业历程对我国信托业发展的启示"，《中国金融家网》2008年8月11日。

106. 马亚明："发达国家信托业发展及其对我国的借鉴和启示"，《北方信托网》2003年12月4日。

107. 杨林枫："国外基础设施投资信托对我们的启示"，《普益财富网站》2007年8月21日。

108. 陆文磊、翟金林："美国、日本信托业的比较及对我国信托业发展的启示"（二），中国信托前沿——马亚明个人主页。

109. 洪明："加拿大著名信托公司的启示"，中国信托前沿——马亚明个人主页。

110. 邵益民、蔡普华："美国信托业发展及其对我国的借鉴"，中国信托前沿——马亚明个人主页。

111. 程志中："我国信托业的定位：国际经验与中国选择"，中国信托前沿——马亚明个人主页。

112. 何德旭、王卉彤："日本统一金融监管的教训及启示"，http://finance.sina.com.cn. 2005年8月10日。

113. 魏秋菊："英国信托制度研究——兼论我国信托制度的发展"，

http://www. wtolaw. gov. cn. 2003 年 6 月 2 日。

114. 刘书燃："论国际信托的法律适用——兼谈我国涉外信托关系的法律适用立法"，《信托法律网》2006 年 12 月 18 日。

115. 朱大旗："金融信托法"（一），中国民商法律网 2005 年 2 月 18 日。

116. 何锦璇（Lusina HO）："英美法传统下信托法的功能"，信托行业巡礼——研究成果篇，WWW. TRUSTSZ. COM. 2005 年 1 月 13 日。

117. 中国法学会商法学研究会（第三届年会暨学术研讨会）会议简报（三），2004 年 11 月 10 日。

118. 夏雨："从台湾经验看我国大陆信托税制的修改与完善（1）"，《信托法律网》2006 年 11 月 22 日。

119. 沈光俊："台湾信托业现状及启示"，WWW. TRUSTSZ. COM，2004 年 7 月 2 日。

120. 洪明："加拿大著名信托公司的启示"，《中国信托网》2003 年 9 月 15 日。

121. 孙冰冰："澳大利亚 REITs 对我国的启示"，《中国公益信托》2006 年 5 月 16 日。

122. 陈柳钦："德国金融混业经营的监管机制"，《国务院发展研究中心信息网》2008 年 11 月 4 日。

123. 陈柳钦："美国和德国金融制度变迁分析及其思考"，《价值中国网》2005 年 8 月 1 日。

124. "美国对信托制度的引入和对信托业的创新"，《中证网》2004 年 8 月 6 日。

125. 孙飞："中国房地产的路径优化和模式创新"，《新浪房产网》2009 年 1 月 14 日。

126. 余红征："多方博弈、良性互动中的中国房地产信托——我国房地产信托的现状、问题与战略应对"，《律行天下网》2007 年 11 月 12 日。

127. "中国房地产投资信托发展研究"附件一：美国 REITs 发展研究报告，2008 年 3 月 4 日。

128. "中国房地产投资信托发展研究"附件二：亚太地区 REITs 发展研究，2008 年 3 月 4 日。

129. “中国房地产投资信托发展研究”，2008 年 3 月 4 日。

130. 何正荣：“不动产投资信托的全球化趋势——兼论对我国未来引入 REITs 的启示（上）”，《公司法与证券法论丛》（第 2 卷），《信托法律网》：www. trustlaws. net.

131. 沈四宝：“商事信托制度的发展现状”，《中法网》2006 年 7 月 19 日。

132. 中诚信托（整理）：“论日本的信托制度、信托业务、法律修订与监管改革”，《信托法律网》www. trustlaws. net 采集。

133. 刘洪玉：“美国房地产投资信托发展的经验”，http：//fdc. hbcic. gov. cn. 2007 年 1 月 29 日。

134. 杨林枫：“国外基础设施投资信托对我们的启示”，《普益财富网》2007 年 8 月 21 日。

135. 巴曙松、钟伟、赵晓等：“信托业前途未卜”，http：//finance. sina. com. cn. 2002 年 10 月 30 日。

136. 中诚信托有限责任公司：“中国房地产投资信托（REITs）发展研究”，中国银监会非银部 2007 年信托业务创新研究课题，2008 年 3 月 4 日。

137. 《2007—2008 年中国信托业市场深度分析及发展趋势研究报告》。

138. 刘洪玉：“美国房地产投资信托发展的经验”，《中国不动产网》2004 年 12 月 20 日。

139. 秋日：“台湾信托市场的发展与现状”，《中国台湾网》2005 年 12 月 27 日。

140. 证券之星编辑整理：“略论信托、房地产信托及其在我国的历史发展状况”，《中国房地产金融》2007 年 6 月 1 日。

141. 《中国信托研究网》。

142. 《百度百科网》。

143. 《价值中国网》。

144. 《中国信托网》。

145. 《信托网》。

146. 信托 ABC（英文）。

147. 中泰信托（公司）。

148. 衡平信托（公司）。

149. 用益信托工作室。

150. 中国金融网 http://www. zgjrw. com.

151. [英] P. V. Baker and P. ST. J. Langan: Snell's Principles of Equity, 105 - 106, Sweet & Maxwell LTD, 1982. 转引自何勤华著:《英国法律发达史》, 法律出版社 1999 年版。

152. [英] 戴维·M. 沃克:《牛津法律大词典》(中译本), 光明日报出版社 1998 年版。

153. Richard Edwards, & Nigel Stockwell; Trusts and Equity [M]. 2002.

154. Won - Seok Park, Characteristics of Korean REITs and Their Economic Impacts [M]. Samsung Economic Research Institute. 2002.

155. Han Ju Kim and Young Jun Kim. REITs Real Estate Investment Made Easy The Korea Securities Dealers Association. [M]. Securities Market in Korea. July issue. 2001.

156. M. Grimaldi and F. Barrière, 信托与受托, in Towards a European Civil Code, A. S. Hartkamp at alli (eds.), Kluwer Law Intrernational and Ars Aequi Libri, 1997, 2ND ED, P. 571.

157. WFE Focus, July 2006.

158. http://www. nationaltrust. org. uk. 英国信托协会网址。

159. http://germanyfinance. cn/main. php. 德国财经网址。

160. http://www. bafin. de. 德国联邦金融监管局网址。

161. http://www. fefsi. org. 欧洲投资基金协会网址。

162. 新加坡金融管理局. "A Consult paper on Regulation of Business Trust". [S]. 2003. 12.

163. 瑞士的信托业. http://www. hisyn. com. cn/gw12. asp.

164. http://www. td. com.

165. http://www. montrealtrust. com.

166. http://www. canadatrust. com.

167. http://www. royalbank. com.

168. http://www. co - operativetrust. ca.

169. http://www. peoplestrust. com.

170. http://www. citizenstrust. ca.

后记

虽然本人是在高校从事金融教学与研究的教师，但对于信托的了解并不是来自教科书，而是媒体关于信托公司的报道，且更多的是负面的。只是还未等我进一步“细”看“它”，“它”的大多数就消失了。且被人们嗤之以鼻。我还有几个熟人在信托公司工作，也随着信托公司的消失而失去了联系。让我对信托重新有认识的原因还是一个偶然的机会，我拜读了杨林枫先生与其他几位业内人士合写的《中国信托理论研究制度构建》，书中既述说了我国信托业的坎坷发展历程，又饱含着信托业人士对信托事业的深情。其实，我国信托业之所以有如此劫难，原因很多，仅仅怪罪于信托公司和从业人员是不客观的。

纵观海外信托发展历史，我们可以发现，无论是英美法系的国家还是大陆法系的国家，其信托发展情况有很大的差异，但或多或少都遇到过一些挫折：有的是先立法再开业，有的是先引进再完善，有的国家还经历了大起大落再大调整的。我们暂且把这些看作是信托业发展中的一种成长经历。

由于本书是一帮毫无信托从业经验的高校普通师生合作的“产物”，难免其中有许多瑕疵。写作中最难的是资料的收集，尤其是英、美、德、日等国之外的其他国家的信托方面的资料。本书各章节在编写过程中，借鉴了不少业界人士的论文、课题、报告、网站专栏等，在此深表谢意！本书的写作还得到了不少领导、同事、好友的支持，如杨林枫、王金佑、方灏、胡颖荻、刘能华等提供了大量的基础性资料，尤其是杨林枫先生还为本书的写作提纲及相关内容提出了建设性的宝贵指导意见，原江西财经大学党委书记伍世安教授、江西财经大学金融学院院长吕江林教授对本书的写作给予了大力的支持，曾鸿志博士提供了信托法律资料的来源信息，何晓勤教授对书中的部分译文给予了具体指导。对此，我们表示真挚的谢意！另外，我还要感谢我的家人，特别是我的父母，是他们的理解和关心，才使得我能与伙伴们历时三年坚持完成此书！

本书由刘金凤、许丹、何燕婷担任主编，写作的具体分工是：写作提纲是由刘金凤完成。第一章，刘金凤；第二章，许丹；第三章，何燕婷；第四章，王琼、胡荣；第五章，冷保卫、许丹；第六章，官维、刘金凤；第七章，金珍珍、何燕婷；第八章，刘佳、许丹；第九章，许丹；第十章，刘金凤、钟婧；附录，钟婧、金珍珍。全书由许丹进行总纂，刘金凤最后进行了全书的修订。

本书的内容若是对读者有所帮助，则是我们大家的欣慰，若有不当之处则敬请批评指正！

最后，感谢中国财政经济出版社的领导和编辑的热情指导和辛勤付出！

刘金凤

2008 年 11 月